欧州の教育・雇用制度と若者のキャリア形成

国境を越えた人材流動化と国際化への指針

[編著]
藤本昌代／山内麻理／野田文香

東京 白桃書房 神田

まえがき

　現代日本における高等教育制度は，様々な問題を孕んでいる。例えば，少子化に伴う 18 歳人口の減少による大学入学者数の減少や労働力縮小への大きな危惧があり，政府は海外留学生や社会人学生（リカレント教育）の受け入れ拡大政策を進めている。そして日本は大学院教育において，先進国 G7 の中で低学歴国家という評価を受けている。世界では国際モビリティを高めるための制度や枠組みの標準化が進められており，リカレント教育などによる国内モビリティの促進，職業教育の格上げ（一部，大学の学位授与を許可）など，様々な制度変革が行われている。

　日本は欧米の要素を教育制度に取り入れたものの，職業資格と社会の関係において欧米と大きく異なる独自の文脈（大学格付けによる企業の新卒一括採用による職業資格の軽視，企業内訓練による大学への職業教育のニーズの低さなど）により，当初の導入目的が達成されているとは言い難い。他方，（後述するが）教育費の無償化政策を導入しているフランスでは，学歴インフレが起こっており，若年層の失業率は日本よりも非常に高く，教育費の無償化だけでは解決しえない社会問題が存在する。

　本書では欧州を中心に教育制度，雇用制度，入職後のキャリアについて議論しているが，それは日本に紹介されることが多く，中央政府の介入が少ないアメリカに比べ，日本と同様に政府主導型の制度の導入が行われる欧州の方が日本への応用可能性が高いからである。また，異なる社会システムや文化を有する国々が国境を越えて協働し合う欧州の方向性には，今後，さらに国際社会の中での位置づけを熟慮しなければならない日本にとって非常に有用な視座が多々存在する。本書で示す欧州の状況や問題点は，今後，日本政府がどのような制度を形成するべきか，日系企業は何を理解する必要があるのか，若者がグローバル社会において国際競争力に打ち勝つために求められる能力について議論する上で重要な要素を提供するであろう。

　グローバル化によって私たちは多くの国や地域の文化を知ることができ，相互理解を深めることができた。しかし，グローバル化は国際競争を激化さ

せ，多くの問題を生み出した。現在，世界的に「国際競争力」を強化するために多くの制度が改革され続けている。それは貧富の差や労働搾取の問題だけでなく，高等教育を受ける若者たちを取り巻く環境にも大きな影響を与えている。特に自国が発展するために，国内外で活躍できる人々，科学技術の発展を担える人々の育成に注力する国が多く，経済的合理性を追求する政策的態度がうかがえる。かつてその国の文化，歴史的経緯で成立していた制度は，「競争に勝つため」に変更を迫られ，元来の性質の一部が成立経緯とは無関係にデフォルメされたような形に変化していることもある。また，「競争に負けないため」に協力体制を組み，自国の文化や歴史的経緯を標準化しなければならないことも起こっている。

その一方で，そのことは若者に新たな「機会を与える」大きな転機となる制度の成立でもある。グローバル化のうねりはローカルな制度に影響を及ぼし，正の側面と負の側面を我々の前に現わす。将来を担う若者たちの失業問題は深刻であり，国際競争力を高めるために，各国で専門教育を強化する制度が作られる。組織に依存しない専門的知識や技能を持つ人々は，組織間移動が容易かもしれないし，急な倒産や解雇の際にも転職をしやすいかもしれない。専門性を求める労働市場が拡大すると，人々は「職業人性」を強め，組織へのコミットを低めたり，頻繁な転職をするのだろうか。本書では若者の就業に関わる文脈において，専門性を高める教育制度，専門性の高い人々のキャリア，彼らの流動性，規範，行動に着目し，その背後にあるグローバル化による国際競争や社会構造との関係を検討する。

若者が長い職業人生を送る上で，労働市場の発達，就業場所の選択，自己実現，移動の自由，あるいは契約終了，解雇，倒産などによる受動的転職に晒されず，家族との穏やかな生活の継続が可能な状況にあるかということは重要である。それらはどのような制度によって改善されるのか，経済的理由のみに吸引される制度変革だけでなく，人が社会参加のしくみとして就業する上で，私たちには調整していかなければいけないことが山積している。たとえば，欧州の高等教育は，労働者の能力やスキルと労働市場のミスマッチの問題に改革を迫られ，若者の失業率の高さが深刻な国々も多く，雇用創出は急務である。移民の問題をはじめとする社会的な流動性による労働力の構造的変化への対応，特に欧州の場合，シェンゲン協定により各国間での行き来が自由化され，労働力，労働市場の拡充に伴い，人々の資格，評価基準などの教育制度の標準化，雇用制度の変革への必然性が高まった。

欧州の場合，全体的な結束力を高めることでアメリカやアジアへの国際競争力を高めることを意図して，「欧州高等教育圏」（第Ⅰ部第3章）を構築するために「ボローニャ宣言」（第Ⅰ部第3章）から始まった学生や職業人の国際移動を円滑に行うためのしくみ作りが行われてきた経緯がある。若者が労働市場を求めて国内外に移動できるようにするためには，互いの国の教育制度における評価が自国の教育制度の評価とどのように対応するかの置き換え基準を明確にする必要がある（第Ⅰ部第6章）。またそれに伴い，高等教育修了者の増加，企業が若者をリクルートするしくみなど，雇用制度も変化している（第Ⅰ部第2章，第Ⅱ部第4章，第5章）。本書の前半ではこれらの教育改革に着目し，欧州各国の教育制度，雇用制度，教育と雇用の接続の変遷について丹念に調べ，整理している。

　また，教育内容が職業に直接つながりやすい専門教育，特に理系科目重視への傾倒が進んでいる現在，高度専門職に対するニーズも高まっており，教育制度はどんどん労働市場からのニーズを吸収し続けている。しかし，高等教育修了者が就く専門的職業に従事する人々がどのような働き方，キャリアの展開をしているのか，高等教育を受けた後，どのように就業しているのかということについて不明な点が多い。特に国際競争力で重視される高度専門職を育成する専門的教育，あるいは高レベルなジェネラリスト育成教育の制度化は，「選抜」を勝ち抜いた者が有利になるような競争的環境を強化し，社会的に高地位に就く者や国際社会で生き残れる者を生み出す。その一方で，そこに残れなかった社会的弱者を生み出すしくみ，いわゆるメリトクラシーによる負の部分も生成する。また，勝ち抜いたかのように見える者もこれまでは「高学歴者」「専門職」として，社会的弱者の対比に挙げられ，優位な人々としてしか扱われてこなかったが，高等教育を修了し，学歴を積み上げても就職が困難な状況に追いやられている者もいる（第Ⅱ部第7章）。そして，競争的環境で勝ち抜き，選抜的なポストを勝ち得た人も過重労働により，心身を病む可能性が高い状況で就業することが常態化し，自己裁量により，労働時間をコントロールできることと引き換えにするにはあまりにも長時間働かざるをえないような規範，制度の中にいる（第Ⅱ部第8章）。また高い社会的地位を獲得している人々には社会からノブレスオブリージュが期待されるが，過重労働，競争重視の働き方を余儀なくされ続けても，これらは果たして今も内面化されているのだろうか。社会的弱者だけに目を向けている間に勝ち残り組の人々の心身を歪ませるような制度が強化され，彼らが権力を手

中に収めた時，ノブレスオブリージュもなく，利己的に歪んでいくかもしれない（第Ⅱ部第8章）。従って，社会で起こる現象として，高学歴者，専門職の労働環境，キャリアについても看過できない状況があるといえよう。

　しかし，このような制度変革の中で，専門的教育を受けた人々の労働市場は刻一刻と変化しており，大量に生み出された高等教育修了者の資格はインフレーションを起こす。例えば，研究者を目指した若者が，ポストを獲得できなかった場合，日本でも多くの就職浪人を生みだしているが，欧米では新たな職業として，科学技術系のコーディネーターなどのインターフェース職の労働市場が開拓されている（第Ⅱ部第9章）。専門的教育を受けた人々の職業的地位は看護師団体の行動に見られるように職業団体によって社会的承認を強化される。マスメディアでも準専門職から専門職への社会的承認を勝ち取るために教育制度と資格制度が強化され，就業する上で人々に関門を設け，無資格者との差異を強調するようになる（第Ⅱ部第10章）。このような競争的労働市場の中で，人々の専門性への承認，職業地位の獲得，労働市場それ自体など，教育制度と入職経路だけでなく，高等教育修了者のキャリア，地位，職業的承認は動的に変化し続けている。

　果たして誰が幸福に働いているのだろうか。国際競争に晒される私たちはどこに向かおうとしているのか。自国の誇り，文化，制度はグローバル化によって標準化の中に埋没，消失せざるを得ないこと，自国の不自由な制度を他国の好循環制度に習い修正するべきこと，若者に新しい機会を付与するための移動を保証するために標準化するべきこと，あるいは経済力の強い国だけが優秀な人々を集めることができる凝集性をもち，経済力の低い国から頭脳流出が起こることなど，私たちはどのように考えるべきなのだろうか。失業率が高い国，経済状態が悪い国の人々が労働市場を求めて，経済力のある国で自由に働けるように教育制度の標準化が行なわれ，能力の高い人々だけが生き残ることができ，それによって一時的な国際競争力が高まったとしても，多くの勝ち残れなかった人々に補助金を与えるだけでは，何の解決策にもならない。社会参加ができるしくみとして，自己実現ができるような雇用を創出してこそ，社会のしくみが循環するといえよう。

　これらの点に鑑み，本書では，各著者が経済学，政治学，社会学（教育，労働，メディア）の立場からドイツ，スイス，フランスでの調査（イギリスもデータ比較において含まれる）および収集した内容を中心に，現代欧州における教育制度，雇用制度とそこに横たわる問題を示している。教育制度と就業制

度，国ごとの制度と多くの人々が協力できる標準化，「職業」概念の強い国で決められた専門性とそれ以外の応用可能性を広げる転職，キャリアの展開の自由度と複数の選択肢を持った職業人生のあり方など，本書の情報や議論が今後，ますます国際化に対応する必要に迫られる日本の若者の教育，働き方についての問題提起になれば幸いである。

令和元年9月
編著者

第2刷に当たって

　まず，本書に第2刷の機会を与えられたこと，また幸運にも初版を大学教育学会「JACUE セレクション 2020（2019 年度認定図書）」に選定いただいたことに，深く感謝をする次第である。本トピックスが，現代社会において多くの人々の関心を集めていることを改めて強く感じている。

　不平等を克服すべく，若者に多くの教育機会が付与され，就業しやすい制度が整えられてもなお，若年労働者の失業率は下がらない。高等教育が進んでいる国の若者の失業率とあまり進んでいない国のそれとの違いは，私たちに何を問いかけているのだろうか。

　高等教育を受けた若者が教育の場から就業の場へ移行する上で，欧州にはどのような制度があるのか。そのような問題意識の答えを見いだすべく調査・研究し，その結果報告として公刊した本書には，ドイツ，フランス，スイスの具体的な事例，欧州横断的に取り組まれている制度変革など，多くの解決の糸口，あるいは存在するジレンマなど，私たちが考える必要のあるトピックスを示している。第2刷も，読者にこれらのトピックスへの関心を高めていただく一助になればと願う。

　今回，第2刷に当たって，全章において文章の推敲を加えているが，さらに第1章，第2章ではドイツの制度に関する新たな情報を加筆し，第4章では図 4-1 〜図 4-3 を更新し，第6章では図 6-1 を更新した。第7章では図 7-1，図 7-2，表 7-4，表 7-5 を更新した。また第9章では RMA（日本では URA と呼ばれる）職に関する情報を大幅に加筆した。読者のみなさまに少しでも役立つ情報を発信できていれば幸いである。第2刷に当たり，白桃書房のみなさまに多くのご支援をいただいたことに改めて感謝する次第である。

執筆者を代表して
令和 2 年 12 月
藤本昌代

目　次

まえがき

序　章

欧州の教育・雇用制度と若者のキャリア形成——藤本 昌代 ⋯⋯⋯⋯⋯ 001

本書の構成

第 I 部　教育訓練システムと雇用システムとの連動　007

第1章

各国の教育訓練システムの特徴——山内 麻理 ⋯⋯⋯⋯⋯⋯⋯⋯⋯⋯ 009

1　教育システム ⋯⋯⋯⋯⋯⋯⋯⋯⋯⋯⋯⋯⋯⋯⋯⋯⋯⋯⋯⋯⋯⋯⋯⋯ 009

1-1　最近の趨勢 ⋯⋯⋯⋯⋯⋯⋯⋯⋯⋯⋯⋯⋯⋯⋯⋯⋯⋯⋯⋯⋯⋯⋯⋯ 009

1-2　ボローニャ・プロセス ⋯⋯⋯⋯⋯⋯⋯⋯⋯⋯⋯⋯⋯⋯⋯⋯⋯⋯ 011

1-3　教育訓練システムを分類する基準 ⋯⋯⋯⋯⋯⋯⋯⋯⋯⋯⋯ 011

1-3-(1)　職業訓練制度の発達と高等教育制度　012

1-3-(2)　複線型教育制度　015

1-3-(3)　職業教育と高学歴化　017

1-3-(4)　選抜の方法：「タテ」の学歴，「ヨコ」の学歴　019

1-3-(5)　進級や卒業の難しさ　020

1-3-(6)　教育コストの負担と学生の就学パターン　023

1-3-(7)　高等教育管轄の主体　024

1-4　日本への示唆 ⋯⋯⋯⋯⋯⋯⋯⋯⋯⋯⋯⋯⋯⋯⋯⋯⋯⋯⋯⋯⋯⋯ 027

2　各国の高等教育制度 ⋯⋯⋯⋯⋯⋯⋯⋯⋯⋯⋯⋯⋯⋯⋯⋯⋯⋯⋯⋯ 030

2-1　早期に高学歴化が進んだフランス ⋯⋯⋯⋯⋯⋯⋯⋯⋯⋯⋯ 030

2-2　グランゼコールにおけるエリート教育 ⋯⋯⋯⋯⋯⋯⋯⋯ 031

2-3　入試の方法と社会階級の移動 ⋯⋯⋯⋯⋯⋯⋯⋯⋯⋯⋯⋯⋯ 033

2-4　高等教育履修者比率が低かったドイツ ⋯⋯⋯⋯⋯⋯⋯⋯ 034

2-5　スイスでは成人の３％が博士 ⋯⋯⋯⋯⋯⋯⋯⋯⋯⋯⋯⋯⋯ 036

vii

目 次

2-6　博士号取得者の比率と産学連携 ································· 037

3　教育訓練システムの分類 ······································· 038

第2章

各国の雇用システムと
教育訓練システムとの補完性 ──山内 麻理 ········· 047

1　入職の方法 ··· 047

1-1　既卒者と競い合うダイレクトエントリー ················ 048

1-2　幹部候補生の採用：ドイツとフランスの違い ············ 049

1-3　インターンシップと職業訓練 ·························· 051

1-4　欧州の就職事情と日本の新卒一括採用 ·················· 052

2　教育システムと採用方法の補完性 ······················· 054

2-1　就職活動と大学 ····································· 054

2-2　教育システムの違いとタレントプログラム ·············· 055

2-3　企業規模と学歴ヒエラルキー ·························· 056

2-4　不本意なポストでも就職すべきか，それとも待つべきか ···· 058

2-5　学歴シグナル効果と採用方法 ·························· 059

3　キャリア形成とトップマネジメント層への昇進パターン ···· 060

3-1　フランス型とドイツ型の経営幹部昇進パターンの違い ······ 061

3-2　トップマネジャーの内部昇進 ·························· 063

3-3　トップマネジャーの権威付け：学歴，上級公務員，
　　　オーナーファミリーとの関係 ·························· 064

3-4　拡大する欧州企業間の役員兼務 ························ 066

4　高学歴化と経済・社会効果 ····························· 067

第3章

欧州の高等教育改革
─ボローニャ・プロセスが目指す調和と標準化─ ──野田 文香 ········· 073

1　欧州の高等教育改革を取りまく政治的枠組み ············· 075

1-1　ボローニャ・プロセス（1999） ······················· 075

viii

| 1-2 | リスボン戦略 (2000) | 076 |
| 1-3 | コペンハーゲン・プロセス (2002) | 077 |

2　欧州高等教育圏の構築を目指すボローニャ・プロセス 077

2-1　ボローニャ宣言にいたるまでの政策経緯 078
2-2　ボローニャ・プロセスの展開 081
2-3　欧州に共通する政策，枠組み，ツールの構築 083
　　2-3-(1)　欧州共通学位制度：3段階(学士-修士-博士)の学位構造へ 083
　　2-3-(2)　欧州単位互換蓄積制度 085
　　2-3-(3)　質保証制度 087
　　2-3-(4)　ディプロマ・サプリメント 088
　　2-3-(5)　欧州チューニング 089
　　2-3-(6)　欧州高等教育資格枠組み 089
　　2-3-(7)　欧州資格枠組み 090
　　2-3-(8)　欧州職業教育単位制度 091
　　2-3-(9)　欧州共通履歴書 091

第II部　各国の労働制度，教育制度および高度専門職の働き方 097

第4章

欧州の労働と社会保障に関する制度と専門職の研究経緯——藤本 昌代 099

1　労働に関する社会構造の国際比較 099

1-1　労働時間の国際比較 099
1-2　職業別就業構造の国際比較 101
1-3　失業率の国際比較 102

2　労働政策の国際比較 103

2-1　労働時間制度の国際比較 104
　　2-1-(1)　アメリカの労働時間制度 104
　　2-1-(2)　イギリスの労働時間制度 105
　　2-1-(3)　ドイツの労働時間制度 106

2-1-(4) フランスの労働時間制度　107

2-2 解雇法制および失業保険概観 ································· 108

3 専門職に関する研究経緯 ································· 109

3-1 専門職の定義に関する研究経緯 ················· 109

3-2 専門職論の研究経緯 ····························· 111

3-3 研究者・技術者に関する研究経緯 ··············· 112

3-3-(1) 1960 年代アメリカの研究者の指向　112

3-3-(2) 1980 年代後半の日本，アメリカ，
イギリスの技術者のキャリア・処遇　113

3-3-(3) 1999 年，2000 年の日本，アメリカ，
イギリスの研究者・技術者の指向　114

3-4 国際社会の中の日本の傾向 ····················· 116

4 労働制度と就業者および専門職と組織の関係のまとめ ········· 116

第**5**章

ドイツの教育訓練システムと
キャリア形成──山内 麻理 ································· 125

4-1 労働者を取り巻く環境と社会保障制度 ··········· 116

4-2 専門職の流動性に対する予期と組織の関係 ······· 118

1 教育システムの特徴 ····························· 126

1-1 最近の趨勢 ····································· 126

1-2 中等教育と進路：複線型教育制度 ··············· 128

1-3 中等教育と進路：中等教育機関の選択 ··········· 130

1-4 中等教育と進路：大学入学資格保有者の増加 ····· 131

1-5 高等教育機関 ··································· 132

1-6 大学間のヒエラルキーが顕在化か ··············· 135

2 職業訓練制度 ································· 136

2-1 デュアルシステムの変遷 ······················· 136

2-2 大学進学と職業訓練を同時に行う二元学習プログラム (DSP) ··· 137

2-3 二元学習プログラム参加者のインタビュー ······· 140

3 雇用システム ································· 141

3-1	多様な入職経路	141
3-2	トレイニープログラム：役割の変化か	142
3-3	売り手市場と大卒者の就職	144
3-4	インターンシップ	144
3-5	大手企業の採用やインターンシップ	146
3-6	報酬レベル	150
3-7	昇進	154

第**6**章

フランスの高等教育と
学位・免状・資格制度──野田 文香 161

1 フランスの教育制度：多様な学位・免状・資格 163
1-1 後期中等教育（リセ） 163
1-2 バカロレア 164
1-3 高等教育制度と学位・免状・資格 165
- 1-3-(1) 上級技術者課程（Bac+2）　166
- 1-3-(2) 技術短期大学部（Bac+2）　167
- 1-3-(3) 大学　167
- 1-3-(4) グランゼコール　171
- 1-3-(5) 特別高等教育機関　179
- 1-3-(6) 教職教育高等大学院　179
- 1-3-(7) 専門学校　179

2 フランス社会における学位・免状・
職業資格の管理と質保証 180
2-1 フランス社会における資格のとらえ方：免状インフレ 180
2-2 高等教育に求められる専門分野別コンピテンスの明確化 181
- 2-2-(1) 学位・免状内容のわかりにくさの問題　181
- 2-2-(2) 高等教育の学位・免状の整理と分野別参照基準の策定　182
2-3 教育と労働との接続を目指す
フランスの国家資格枠組み（RNCP） 182
- 2-3-(1) フランスの国家資格枠組みの歴史　182
- 2-3-(2) RNCP への学位・免状・資格の登録　184
- 2-3-(3) RNCP の活用の実態と課題　186

第7章

高等教育修了者の就職における学歴インフレと文理格差──藤本 昌代 …… 193

1 フランスの労働者の就業観 …… 194

2 理系重視の価値観および学歴インフレ …… 196
- 2-1 理系重視の価値観 …… 196
- 2-2 学歴インフレ …… 197

3 フランスの学位・資格と就業の関係 …… 197
- 3-1 若年層の学位・資格別離学 3 年後の従業上の地位 …… 197
- 3-2 若年層の初職獲得 3 年後の従業上の地位の世代の推移 …… 200

4 フランスの高学歴労働者のキャリア …… 201
- 4-1 大卒・大学院修士文系専攻出身者 …… 202
- 4-2 グランゼコール文系（ビジネス・スクール）出身者 …… 204
- 4-3 大学院理系修士・グランゼコール（エンジニア）出身者 …… 205

5 日本における産業間格差による文理の学歴インフレ …… 207

6 フランスの学位・資格とキャリアの関係に対する考察 …… 211
- 6-1 進路選択における階層間格差による学歴インフレ …… 211
- 6-2 高学歴者における仕事のミスマッチと働き方の二極化 …… 212
- 6-3 フランスの社会保障制度 …… 212
- 6-4 雇用制度とコスモポリタニズム …… 213

7 日本との比較から見るフランスの就業傾向のまとめ …… 214

第8章

フランスの管理職・専門職の長時間労働とノブレスオブリージュの瓦解──藤本 昌代 …… 219

1 エンジニアとカードル …… 220

2 分析データの回答者概観 …… 224
- 2-1 サンプルサイズ，データ構成 …… 224

2-2 「エンジニア」の分類······225

3 「エンジニア」資格取得ルート別の属性，行動の特徴······226
3-1 「エンジニア」の社会的属性······226
3-2 「エンジニア」を取り巻く社会関係資本······227
3-3 中心部にいる「エンジニア」······229
3-4 「エンジニア」が就業するセクターとその威信······229
3-5 「エンジニア」の転職行動······231
3-6 「エンジニア」の経済的報酬······233
3-7 難関 G.E. 出身者が就業する産業と所得の関係······234

4 「エンジニア」の資格取得ルート別の態度の特徴······235
4-1 「エンジニア」の仕事満足度······235
4-2 「エンジニア」のワークライフバランス志向······237
4-3 「エンジニア」の組織，社会への貢献に対する態度······238

5 現代フランスにおける「エンジニア」および カードルの就業状況······241

6 高学歴者としての「エンジニア」における 資格取得ルート，世代による傾向······244

付　表······251

第9章

科学技術立国スイスの研究支援人材—リサーチ・アドミニストレーターの実態と動向——ヤング 吉原 麻里子······259

1 科学技術立国スイス······260
1-1 早期工業化と産業の構造転換······260
1-2 高い研究開発水準······261
1-3 基礎研究活動を牽引する高等教育セクター······264

2 スイスに集積する高度専門人材······266
2-1 博士課程に高い留学生の割合······266
2-2 在留する留学生と研究開発人材の増加······268
2-3 高度専門人材のキャリア選択······269

xiii

3 研究活動を支える高度専門人材 ················· 270

3-1 研究支援職の発生 ················· 270
3-2 スイスの研究支援人材 ················· 271

4 スイスの研究活動を支える制度と人材 ················· 272

4-1 連邦工科大学の RMA ················· 272
4-2 研究助成機関の RMA ················· 275

5 スイスにおける研究支援人材の実態 ················· 276

5-1 属性 ················· 277
5-1-(1) 科学的な素養　277
5-1-(2) 信頼関係の醸成　278

5-2 キャリアパス ················· 279
5-2-(1) アカデミック・キャリアからの転向　279
5-2-(2) 多様なセクターを回遊　280

5-3 適性 ················· 281
5-3-(1) 高い対人調整能力　281
5-3-(2) サポート業務に対するコミットメント　282

5-4 就業観 ················· 283
5-4-(1) 知的活動への近接性　283
5-4-(2) 業務内容の非ルーチン性　283
5-4-(3) ワークライフバランスのとりやすさ　284

6 研究支援人材のアイデンティティーをめぐる考察 ················· 285

6-1 アイデンティティーをめぐる矛盾 ················· 285
6-1-(1) 「科学から身を引く」という自覚　285
6-1-(2) 「科学」や「研究」へのアタッチメント　286

6-2 社会的認知度の低さ ················· 287

7 欧州における RMA 職業化の動き ················· 289

7-1 研究支援の専門資格プログラム ················· 289
7-2 研究支援者の国際ネットワークと職能団体の発生 ················· 290

第**10**章

仏ジャーナリストの専門職化と専門教育の変容
―組合組織が支えるジャーナリズム学校の序列化―――松村 菜摘子…297

1 ジャーナリストという専門的職業―組織化と社会的地位……………299

　1-1　ジャーナリストの専門職化が進んだ背景……………………300
　　　1-1-(1)　職業集団の組織化と組合運動の高まり　300
　　　1-1-(2)　メディア産業の変化―大家族（grande famille）から
　　　　　　　企業（entreprise commerciale）へ　300
　　　1-1-(3)　ジャーナリストは専門的職業か？　301

　1-2　ジャーナリスト組合の活動とその特殊性…………………302
　　　1-2-(1)　足踏みを続ける初期の組合活動　302
　　　1-2-(2)　ジャーナリストによるジャーナリストのための組織　303

　1-3　ジャーナリスト法の成立……………………………………304
　　　1-3-(1)　ジャーナリストに関する定義付け　305
　　　1-3-(2)　アマチュアジャーナリストや広告業との分離　305
　　　1-3-(3)　労働者・専門家としてのジャーナリストの法的保護　305
　　　1-3-(4)　フランスにおける労働法・労働協約の重要性　306

　1-4　独自の承認システム「記者証」がもたらしたもの…………307
　　　1-4-(1)　フランス独自の記者証システム　307
　　　1-4-(2)　記者証の権威化と記者証委員会の影響力　308
　　　1-4-(3)　記者証に関わる税制優遇策　309
　　　1-4-(4)　労働協約の対象基準の拡大　309
　　　1-4-(5)　記者証システムと労働協約が阻む新規参入　310

2 ジャーナリズム学校の拡大とジャーナリスト組合の影響……311

　2-1　ジャーナリズム学校〈界〉の現在―需要の拡大と学校の増加…311
　　　2-1-(1)　ジャーナリストの労働市場で存在感を見せる
　　　　　　　認定校（Écoles reconnues）　312
　　　2-1-(2)　「認められたジャーナリズム学校」の優位性　313
　　　2-1-(3)　認定校の基準の曖昧さ　315

　2-2　職業的倫理問題と教育への要請………………………………317
　　　2-2-(1)　ドレフュス事件がもたらした余波　317
　　　2-2-(2)　金満主義メディアへの危機感　318

　2-3　認定校と組合組織の不可分な関係……………………………318
　　　2-3-(1)　1930 年代

　　　　　　—ジャーナリズム学校の発展と組合組織のつながり　318

2-3-⑵　戦時期の対独政策とドゴール政権の影響
　　　　　　—政治的位置と組合組織との距離　319

2-3-⑶　労働協約に書き込まれる認定校　320

終　章

今後の高等教育修了者の働き方の展望·······325

謝　辞
索　引

序章

欧州の教育・雇用制度と若者のキャリア形成

本書の構成

　本書の構成は 2 部に分かれており，第 I 部「欧州の教育訓練システムと雇用システムとの連動」は欧州各国の教育制度，労働市場への入職のしくみの整理，欧州の教育制度の標準化への制度変革などについてまとめている。第 II 部「欧州各国の教育制度および高度専門職の働き方」は，欧州およびアメリカの労働制度について概観し，ドイツ，フランスの教育制度を詳述する。そして高度専門職の転職，定着の傾向の違いが発生する制度的要因を分析し，フランス，スイスにおける専門的職業従事者の働き方，キャリアについてまとめている。

　第 I 部「欧州の教育訓練システムと雇用システムとの連動」，第 1 章「各国の教育訓練システムの特徴」では，本書の背景となる高等教育制度，職業訓練制度に関する欧米諸国の諸制度の特徴について概観している。教育の無償化では解決しない若者の失業率を改善するために学生，職業人の流動性を高めるために欧州で取り組まれた教育制度である「ボローニャ・プロセス」について概観し，学校と就業の場を架橋する制度を紹介し，各国の教育制度（日米の一般教育を継続して高等教育に進学するタイプと中等教育の早い段階で職業教育と一般教育を分離する複線型教育など）を比較する。その結果として，若者の就職において「選抜」される基準として「タテ」の学歴と「ヨコ」の学歴の違いが存在することを示し，選抜の困難さが入学時，進級・卒業時にある場合

001

の違いについて比較している。そして欧米の大学，大学院レベルの進学傾向，博士学位取得者数の比率などの違い，生涯教育制度の整備の違いなどを示している。

　第2章「各国の雇用システムと教育訓練システムとの補完性」では，欧米諸国の雇用システムに着目し，それに対する教育システムの変化，相互作用について述べている。まず，学校教育を修了した新卒者がどのように仕事を獲得するかという点について，学生自身によるダイレクトエントリー，企業が積極的に取り組む幹部候補生の採用（ドイツとフランスの比較），インターンシップ制度などを紹介している。また，教育機関においても学生が就職しやすくなるように教育制度の中にインターンシップを含め，カリキュラムの工夫をしていること，そして学歴シグナル効果と入職の関係，幹部候補生のキャリア形成のパターンの違い（ラテンモデル，ドイツモデル，アングロダッチモデル）などを説明している。本章では，これらを日本の状況と比較しながら，教育システムと雇用システムの補完性と昇進構造について述べている。

　第3章「欧州の高等教育改革―ボローニャ・プロセスが目指す調和と標準化―」では，「ボローニャ宣言」が目指す中核的な共通目標，詳細な経緯について述べている。まず，ボローニャ・プロセスにおける6つの目標を示し，学生や労働者が国境を越え，自由に行き来することができる，流動性向上のための欧州共通の枠組みが説明され，「リスボン戦略」「コペンハーゲン・プロセス」への展開について触れられている。次いで「欧州高等教育圏」の構築を目指す上で，解決すべき若年層の失業問題がある中，各国の「多様性，文化の尊重」と高等教育ガバナンスの欧州連合のための「標準化」の狭間で内政と外圧で揺れ動く各国の教育省の政策経緯について示している。そして，それを乗り越えて欧州に共通する政策，枠組み，ツールとして欧州共通学位制度，欧州単位互換蓄積制度の整備，欧州質保証機関国際ネットワークの構築，ディプロマ・サプリメント（学習内容の補足説明情報），欧州チューニング（達成されるレベルに到達するために必要なカリキュラム内容の提示），欧州資格枠組み（EQF），欧州高等教育資格枠組み（QF-EHEA），欧州職業教育単位制度，欧州共通履歴書等々が構築されていることを説明している。

　第Ⅱ部「欧州各国の教育制度および高度専門職の働き方」，第4章「欧州

の労働と社会保障に関する制度と専門職の研究経緯」では，第Ⅰ部で議論された「教育と就業の接続」，若者，職業人の「流動性」などにより職業達成に至った後，どのような状況で彼らが就業しているのか，どのような社会保障制度に守られているのか（いないのか）など，各国の就業状況，制度について概観する。まずどの国が最も長時間労働しているのか，失業率が高いのはどの国なのかなど，就業に関する全体傾向を示し，労働政策の国際比較として，労働時間に関する制度についてまとめている。これらの制度を知ることで，就業する人々が組織に留まることを選択しがちであるのか，転職することを選択しがちであるのか，労働時間，失業に対するリスクをどのように考えるのかについて把握することができる。そして，高等教育を受けた人々が専門職に就くことが多いため，専門職の特性に関する研究経緯を概観している。ここでは彼らの所属組織へのコミットメントの低さと職業への注力姿勢の特徴，科学技術系の専門職の職業志向，キャリア，処遇，専門職の流動性に対する予期と組織との関係などの研究を紹介している。

　第5章「ドイツの教育訓練システムとキャリア形成」では，ドイツの教育訓練制度を概観し，若者のキャリア形成やドイツ型雇用システムの特徴について議論している。まず，ドイツの複線型の教育制度について説明し，中等教育制度の生徒のコース別の比率を概観し，現在，中等教育機関への進学者に与えられている選択肢として，大学入学資格を保有している人々が増加していることを示している。ドイツの中でも各州によって傾向が異なり，伝統的な分岐型教育制度を採用する所と総合的教育制度を採用する所があることを説明している。ドイツは近年まで高等教育進学者が限定的であり，公務員，科学者，専門職養成に注力する傾向であったが，最近では急激に高等教育進学率が増加し，労働市場に新規参入する若者のプロファイルが大幅に変化したことから，企業の採用プロセスも変化していることを述べている。1970年代に始まった大学進学と職業訓練を同時に行うデュアルスタディ・プログラムは，徐々に進学者が増加し，多くの州で導入されており，それらのタイプについて紹介されている。そして入職システム，インターンシップ，報酬レベル，昇進の違いなど具体的な事例を挙げている。

　第6章「フランスの高等教育と学位・免状・資格制度」では，国家としてボローニャ・プロセスによる欧州での教育制度の標準化のイニシアチブを取

る立場と自国の教育制度へのプライド，内政的な問題のジレンマで苦慮するフランスの状態について議論する。はじめに，フランスが「上海ショック」（2003年に公表された世界大学ランキング「上海交通大学ランキング」の上位100位以内に大学2校しか入らず，最も難関とされるグランゼコールがランクインしなかったこと）に衝撃を受け，高等教育の国際競争力強化に注力するようになった経緯とフランスが従来から取り組んでいる「職業専門化」促進の教育制度の相互作用により，学位・免状・資格制度がどのように変遷を遂げてきたかを示している。そして，フランスの教育制度の構造，取得できる学位・免状・資格について，最低限の必要年数，種類，難易度，進学者の比率，教育機関間の「選抜」の違いについて詳述している。最後に「国際競争力強化」「流動性強化」のためにエリート育成校と大学の相互接近という現象が起こっていること，外圧と内政のジレンマが起こっていること，「免状インフレ」が起こっていること，教育と労働の接続を目指すインターフェースとしてのRNCPの取り組みの紹介とジレンマの存在等々を示している。

　第7章「フランスの高等教育修了者の就職における学歴インフレと文理格差」では，フランスの就業構造と学位，資格の違いによる離学後のキャリアと，そこに見られる学歴インフレと不平等，高等教育修了者の就職が必ずしも有利であるとは限らないこと，文系と理系の格差があることを質的調査をもとに示している。まず，フランスの人々の就業観を欧州全体で行われた生活意識調査の中から抽出し，フランスの人々が自身のアイデンティティとして仕事も重視していることを示す。次に理系重視の価値観と文系に起こっている学歴インフレの研究経緯を示し，フランスの政府系研究所による量的データから文理格差を検討する。そして，高等教育修了者の離学後のキャリアについて，インタビューの内容を検討しつつ，その違いを示す。最後に，日本の学歴インフレが理系高等教育修了者に起こっており，フランスと質的違いがあることを検討する。

　第8章「フランスの管理職・専門職の長時間労働とノブレスオブリージュの瓦解」では，国によって「エンジニア」の社会的評価が大きく異なるため（イギリスではあまり社会的威信は高くない職業として扱われ，日本では優秀である指標として理系分野への進学者として評価される），フランスにおけるエンジニア，カードルという職業がどのような位置づけにあるのかを確認する（非常に選

抜的な試験に合格しなければ取得できない資格をもった人々でなければ就けない職業という認識）。本章ではエンジニアの資格取得に至る経緯の違いは，彼らの社会関係資本と関係するか，その後のキャリア，就業観にどのような違いが現れるのかを検討する。ここでは，フランスのエリートたちの非常に過酷な長時間労働の常態化から，本来，社会からノブレスオブリージュが期待されていた彼らの現在の就業観，使命感について，瓦解が起こっているのではないかという仮説をもとに検証を行う。

　なお，第 8 章の詳細なデータ，資料は「付表」に収録している。

　第 9 章「科学技術立国スイスの研究支援人材―リサーチアドミニストレーターの実態と動向」では，天然資源の乏しい小国ながら，早い時期に工業化を遂げて科学技術先進国の礎を築いたスイスに注目する。同国における質の高い研究環境は，国外から多くの高度人材を集めており，スイスに集積した高度専門人材，大学の研究者を高い専門性で支援するリサーチアドミニストレーター（日本では一般に URA と呼ばれるが，本研究では欧州で普及している「RMA」を略称として使用）となって，スイスの競争力を支えているという仮説を提示する。さらに，現地で行ったインタビュー調査の結果をもとに，まだ知見の蓄積が少ない研究支援者の実態について新しい洞察を提供し，彼らのアイデンティティーをめぐる考察を展開する。最後に RMA をめぐる職業化の動きを紹介し，近年の動向がもたらす影響についても概観する。スイスの事例は，研究者でも技術者でもない「研究支援職」を新しい職種として確立することの，社会的意義や重要性を示唆している。

　第 10 章「仏ジャーナリストの専門職化と専門教育の変容　―組合組織が支えるジャーナリズム学校の序列化―」では，フランスのジャーナリストが准専門職から専門職に認められるようになろうと地位獲得のために活動してきた経緯がまとめられている。まず，ジャーナリストが置かれた社会的環境，文脈について示し，ジャーナリストの労働市場，社会的地位の変化が専門職教育にどのような変化をもたらしたかについて検討している。そして社会的地位獲得に職業組合が承認システムを確立する経緯がまとめられ，職業組合の活動と教育・学校制度の構築の関係について議論されている。

藤本 昌代

第 I 部

教育訓練システムと
雇用システムとの連動

　第 I 部では，欧州主要先進国における高等教育や職業訓練制度の特徴を整理し，若者の就学と就労のプロセスについて明らかにする。欧州諸国，あるいは，より限定してイギリスやアイルランドを除く大陸欧州諸国を見た場合，社会保障の高さや労働者の「脱商品化」[1] (Esping-Andersen 1990, 1999) への取り組みという点で共通する社会的背景が思い浮かぶ。その反面，各国の教育システムや雇用システムには様々な違いがあり，大陸欧州諸国と一言で括るには無理がある。日本とドイツ，日本とフランスと言った 2 国間の比較については各国の先行研究をもとに可能だが，欧州諸国間に存在する制度の違いやその社会的背景，また，労働市場における結果や評価を視野に入れつ

1　個人が労働市場に参加しなくても一定の生活水準を維持できるようにするための政策。デンマーク出身の社会学者であるエスピン＝アンデルセンが 1980 ～ 90 年代に提唱した。

つ日本の特徴について議論することは容易ではない。他方，そのような多国間の横断的比較なしに，それぞれの制度の是非を議論することは，欧州諸国に存在する社会や制度の多様性が提供する様々な示唆や教訓を見逃すことになる。

　そこで，第 1 章では，フランス，ドイツ，スイスなど本書で取り扱う主要欧州諸国の高等教育や職業訓練制度について，各国の社会的，政治的背景を踏まえ概観する。第 2 章ではそれらの国々における採用や昇進パターンなど雇用システムと教育訓練システムの連動について考察する。教育と雇用については，これまでそれぞれの分野の専門家が別々に議論することが多かった。しかし，その両者の間には強い補完性があることがわかっており（Hall & Soskice 2001, Hall & Gingerich 2009)，同時に議論することで，日本の教育訓練システムや雇用システムの特徴，その長所や短所についてより深い知見を得たい。続く第 3 章では，現在，欧州諸国の教育制度に大きな影響を与えている学位や資格の標準化の動き ——ボローニャ・プロセスと呼ばれる—— について，その決定の背景，導入のプロセスについて紹介する。

第 **1** 章

各国の教育訓練システムの特徴

はじめに

　本章では，欧州主要先進国の高等教育や職業訓練の実態について明らかにし，若者の就学パターンやキャリア形成との関連について議論する。まず，第1節では，職業訓練の発達，授業料の負担，入学試験の有無や進級・卒業の厳格さなど教育訓練システムを比較するための基準となる項目を整理する。第2節では，本書で取り扱うフランス，ドイツ，スイスの教育制度の特徴を要約し，第3節では，Verdier の分類に従い，欧州における生涯学習レジーム（lifelong learning regime）の特徴を整理し，日本への示唆を検討する。

1　教育システム

▶1-1　最近の趨勢

　まず，欧州の教育システムにおける最近の動向について概観する。最初に説明しておかなければならないが，欧州の教育システムは今世紀に入って非常に大きな変貌を遂げている。その背景として，欧州諸国の教育制度の透明性向上を目的として2000年代初頭に導入されたボローニャ・プロセスがある（後述）。比較的最近まで，欧州大陸諸国における高等教育履修率は，アメリカ，イギリス，カナダ，オーストラリアなどのアングロサクソン諸国や，日本，韓国などの東アジア先進諸国と比べ相対的に低水準で推移しており，そのため，それらの国々の多くでは，大学卒業者は依然として社会のエリー

009

トとして見なされる傾向があった。高等教育進学率が低い背景として、ドイツ語圏や北欧諸国などを中心に職業訓練制度が発達していることがあるが、それと関連して、高等教育からの学位取得に要する期間が比較的長期であるという教育制度上の特徴を持つ国もあった。

ボローニャ・プロセス以前のドイツやスイスでは高等教育進学後に最初に取得できる学位は修士相当であり、取得に要する期間は早くて 5 年程度、平均では 6～7 年程度が必要とされてきた。ボローニャ・プロセスの結果、3 年のバチェラーと 2 年のマスターが導入され、若者の大学進学率が上昇したため、教育制度は大きな影響を受けている。フランスではドイツ語圏に比べて高学歴化が先に進展したが、高等教育開始 3 年後にリサンス（licence）、次に一年制のメトリーズ（maitrise）、5 年次以降に専門課程があった（大場 2009）。従って、ボローニャ・プロセスの結果、バチェラー相当の学位取得に要する期間は変更なし、マスターについては一年制のメトリーズと専門課程の一年目が統合された。

欧州大陸諸国では、一部のエリート校（フランスのグランゼコール（後述）など）を除き、入学試験が課されないことが多いが、学位や資格が社会で重視される傾向があるため卒業や進級については厳格に管理されている。そのため、たとえ、高等教育に関わるコストの個人負担が低いとは言え、成績がそ

図 1-1　OECD 諸国の 25～64 歳成人の高等教育履修率（2016 年）

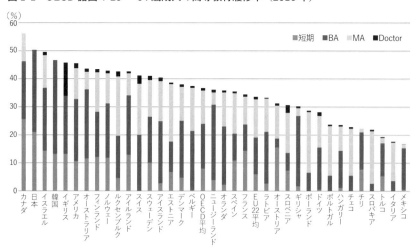

注）日本と韓国の修士と博士は学士に、カナダとチリの博士は修士に含まれる。
出所：OECD 2017a, Education at a Glance: 50, Table A1.1.

れほど振るわない若者（すなわち高等教育に進学しても学位を取得せずにドロップアウトする可能性の高い者），早期に就職先を確定したい若者，裕福な家庭の出身でない若者らは，職業訓練制度や職業コースを選択する傾向があった。その結果，高等教育のコストが無償あるいは低額である大陸欧州諸国の方が，日本，アメリカ，イギリス，韓国など教育コストが高額の国より，これまで高等教育履修率が低かった点は注意を要する（OECD 2017a）（図 1-1 参照）。

▶1-2　ボローニャ・プロセス

　ボローニャ・プロセスについて簡単に触れる（詳細は第 3 章参照）。1999 年にヨーロッパ 29 カ国の教育相がイタリアのボローニャに集まり，域内の労働移動を促進するために，各国の様々な職業資格や学位を標準化し比較可能とすることに合意した。そこでは，イギリスとアイルランドが採用していた 3 段階の学位（バチェラー，マスター，ドクター）に統一することが決定されたため，それまでドイツやフランスなど欧州大陸諸国で長らく続いてきた独自の学位は，アングロサクソン型に改められることになった。例えば，ドイツにおいては中等教育機関（ギムナジウム）を卒業して 5 〜 7 年程度の高等教育を受けると，ディプロム（*diplom*）やマギスター（*magister*）と言われる修士相当の学位を取得することができたが，この制度は改められ，バチェラー（3 年）とマスター（2 年）の二つに分解された（Bosch 2010: 159）。他のヨーロッパ諸国においても同様の変革がもたらされた。さらに，ボローニャ会議の 3 年後の 2002 年にコペンハーゲンで開かれた欧州教育相会議において，各国の職業資格や学位を 8 つのレベルから成る欧州資格枠組み（EQF：European Qualification Framework）に当てはめ，標準化することも決定されている。コペンハーゲン・プロセスの導入度合いについてはそれぞれの国で異なるものの，ボローニャ・プロセスによる学位の変更は既に実施されており，高等教育で得られる最初の学位がマスター相当からバチェラー相当に変更された国では，それまで既に進展していた教育の大衆化や若者の高学歴化にさらに拍車が掛かり，職業訓練制度や企業の採用方法，技能形成のあり方など雇用システムの広範囲な分野に渡って少なからず影響を受けている（詳細は第 5 章参照）。

▶1-3　教育訓練システムを分類する基準

　以下，欧州における教育訓練システムの特徴について整理していく。教育訓練システムを比較するためにはいくつかの基準に従って議論することが有

用であろう。例えば，職業訓練制度が発達しているか否かにより高等教育への進学率が異なる可能性がある。また，高等教育への入学に際し厳しい選抜が行われるか否か，むしろ，進級や卒業が厳格に管理されているか，言い換えれば，入口が厳しいか出口が厳しいかにより，若者の就学パターンや企業の採用方法は異なるだろう。また，教育のコストをだれが負担するかという点も若者の就学や就労行動において重要となろう。最後に，教育制度をだれが管轄するのか（国か地方かなど）という点にも触れる。

1-3-(1)　職業訓練制度の発達と高等教育制度

最初に，職業訓練制度と高等教育制度の関連について議論する。政府の就労支援が積極的で，企業間コーディネーションや労使協調が機能している欧州大陸諸国では，職業訓練が発達し体系化されている国々が多い（Hall & Soskice 2000）。ドイツを始めとする欧州大陸諸国の若者は，企業や公共の教育機関が提供する職業訓練や一般教育を通じて技能を習得できるが，アメリカやイギリスのような英語圏の国々では，高等教育への進学を通じて技能を獲得することがより一般的である（Schneider & Paunescu 2012: 735）。前者においては，労使間の協調や国家の支援により職業教育を通じて職種別技能や企業特殊的技能を習得できるが，そのような協調や支援が期待できず，雇用保障も低い後者の国々では，自己資金による高等教育就学を通じて高度な一般的技能を獲得することが優良な就職先を見つける最善の方法だからである。表1-1に見られるように，ほとんどの欧州諸国において，中等教育の段階から企業による職業訓練や学校による職業教育が発達し，教育機関のプログラムも職業教育志向のものと一般教育志向のものに区別される傾向がある。

日本は，欧州大陸諸国同様，企業間コーディネーションや労使協調がある国として分類されることが多いが，職業訓練制度については，高等専門学校など一部の教育機関が職業教育を行うものの，一般教育と職業教育の区分は不明瞭であり，企業横断的な職業訓練制度は不在であることから，例外となる。

ただし，欧州大陸諸国においても，フランスやスウェーデンのように国家が主導して職業訓練制度を強化してきた国々と，ドイツ語圏やオランダ，デンマークなどのように企業間コーディネーションや労使協調を主軸に職業訓練が発達してきた国々とでは事情が異なる。後者の国々では，デュアルシステムと言われる，企業内 OJT と公立の職業学校における座学を組み合わせた職業訓練制度が発達しており，企業がそのプログラムの策定や職業資格の

第1章 各国の教育訓練システムの特徴

表1-1 25歳〜34歳の最終学歴と中等教育における職業教育と一般教育の比率（%）

	注	後期中等教育より下	後期中等教育またはその上（大学を除く）			大学	後期中等教育またはその上（大学を除く）志向する教育プログラムの比率	
			職業	一般	区別なし		職業	一般
		(1)	(2)	(3)	(4)	(5)	(6)	(7)
OECD主要国								
オーストラリア		12	22	18	a	48	54	46
オーストリア		10	43	8	a	39	84	16
ベルギー		17	28	11	a	43	72	28
カナダ		7	11	24	a	59	31	69
デンマーク		16	28	11	a	44	72	28
フィンランド		10	37	12	a	41	m	m
フランス	1	13	31	11	a	45	74	26
ドイツ		13	51	7	a	30	88	12
イタリア		26	37	12	a	25	m	m
日本	2	x(4)	x(4)	x(4)	40d	60d	m	m
韓国		2	x(3)	29d	a	69	m	m
オランダ		14	34	7	a	45	84	16
ニュージーランド		19	27	15	a	39	65	35
ノルウェー		19	20	13	a	48	61	39
スペイン		34	11	13	a	41	45	55
スウェーデン		18	22	14	a	46	60	40
スイス		8	33	10	a	49	76	24
イギリス		15	18	18	a	49	50	50
アメリカ		10	x(4)	x(4)	44d	47	m	m
OECD平均		16	26	17	4	42	59	41
EU22平均		15	30	13	3	40	68	32

注）1. 2014年の数値 2. 高等教育の数値は中等教育後の高等教育以外のプログラムを含む（全体の5%未満が該当）

a：カテゴリーが異なるためデータを適用できない d: 他カテゴリーの数値を含む m: データが入手不能

x(4)：区別なし（4）に統合
x(3)：一般教育（3）に統合

出所：OECD 2016a, Education at a Glance: 44, Table A1.4 より主要国のみ抜粋

管理にも深く関わっている。そのため，職業資格に対する信頼度は高く，実際の労働市場において職業資格の有無がポストや賃金の決定において重視される傾向がある（特に伝統的な産業）。

　逆に，フランスのように国家主導で職業教育や職業資格の制定が強化されてきた国では，企業を主体とする徒弟制度は周辺的であり，フルタイムの学校教育をベースに職業訓練が行われてきた。フランスについては学校教育制度のヒエラルキーの中に学位や職業に関連する資格が組み込まれており（Verdier 2017: 209），教育機関で行われる職業教育も企業で行われる職業訓練もフランス政府が制定する同一の基準に沿って設計され共通の資格が提供さ

013

れる（フランスでは日本語の学位や資格に相当する単語として，grade（学位），title（称号），diplôme（免状）がある。詳細は第6章参照）。従って，教育システムにおける学位と（職業）資格の位置付けや序列は明確である。他方，高度な技術者資格であるエンジニアや，パティシエやフローリストなど技能者が取得する職業適性証（CAP：Certificat d'Aptitude Professionelle）のように労働市場で重視される伝統的な資格や学位がある反面，職業バカロレア[2]やVAE（Validation des Acquis de l'Expérience）[3]など最近になって創設された資格や制度については，企業側の評価，すなわち，労働市場における価値や企業の人事制度における位置付けは必ずしも明確でない（Méhaut 2010:110）という見方がある。

　また，職業資格の多くが学位と連動し，教育法典に記載された「資格と学位免状の公認表」においても特に高水準のものは大学の「学位免状」や「国家学位」，あるいは，グランゼコールの卒業免状であり（浅野 2005: 146, 147, 松田 2016: 30），取得した教育機関のタイプ（グランゼコールか否か）やその入学ルート（準備学校（後述）を経てグランゼコールに入学したか否か）までが重視される傾向もあることから（第8章参照），学歴社会という呼び方が相応しいとも言える[4]（フランスの教育制度については第6章参照）。

　ドイツについては，その逆の傾向があり，（教育機関ではなく）労使や企業間のコーディネーションを中心に職業訓練が行われ資格が認定されてきたことから，労働市場における職業資格の価値は比較的明確であるが，高等教育と職業訓練が異なるステークホルダーによって運営されてきたため，コペンハーゲン・プロセスにおける両者の紐づけや格付け作業はそれぞれのステークホルダーが自分の領域の学位，または，職業資格を上位に位置付けようとするため難航している面がある[5]。

2　バカロレアは中等教育修了試験に合格すると取得できる大学入学資格であり，普通バカロレア，技術バカロレアと1985年に新設された職業バカロレアがある。職業バカロレアの創設により後期中等教育で職業コースを選択した若者も大学入学が可能となったが，ドロップアウト率は高い（第6章参照）。
3　自分の職業経験を取得できなかった学位や資格に等値できる制度。
4　例えば，フランスには1万4000もの職業資格が存在するが，全国職業資格総覧（RNCP：répertoire national des certifications professionnelles）に無条件に登録される9500程度の資格のうち約8割は高等教育研究省によるもの――すなわち，大学など教育機関が授与するもの――であり，例えば，ナント大学の「歴史学」学位までが含まれる（図6-4, 6-5参照）。他方，ドイツの職業訓練は企業関係者が中心に運営するため，訓練職種は定期的に改定され現在330程度だが，「自動車電気工」「ITスペシャリスト」など労働市場で明確に認識される資格が多い。

第 1 章　各国の教育訓練システムの特徴

1-3-(2)　複線型教育制度

　ドイツやスイスなど企業による職業訓練が発達した国々では複線型の教育制度を持つことが多く，中等教育の比較的早い段階で（ドイツの場合 10 歳か 12 歳），若者の進路を，職業訓練を志向するものと，一般教育を継続して高等教育に進学するものに分類する（OECD 2016b: 167）。このような複線型教育システムにおいては，一旦職業訓練に繋がるコースを選択した若者が大学に入学することが困難であったため，学校教育制度と職業訓練制度の間の透過性が低いことが歴史的に問題視されてきた。それに対して，アメリカや日本の教育制度は普通教育を中心とする単線型の制度であり，高等教育機関入学までは多くの若者が共通の普通科教育を受ける。たとえ，商業科や工業科を選択したとしても，（高校の履修科目と大学の受験科目の関係で入学試験が不利になる可能性はあるものの）卒業生の大学入学資格について何らの制限がある訳ではない（日本については戦後の教育改革において複線型から単線型へ移行している）。

　フランスについては，後期中等教育機関である「リセ（lycée）」（日本の高等学校に相当）に普通リセ，技術リセ，職業リセのような 3 分類の教育課程が導入され，取得できるバカロレア（それぞれ，普通バカロレア，技術バカロレア，職業バカロレア）のタイプによってその後の進路に影響があるものの，最初の分岐はコレージュ（中等教育前期で日本の中学校に相当）の 3 年次，年齢にして 15 歳程度（Powell et al. 2012: 407, OECD 2016b: 167）と遅いことから，欧州大陸諸国の中では日米に近い制度を持っており，ドイツに比べるとより平等（egalitarian）と評価する向きがある（McCormick 1986）。ただし，フランスの教育システムは高等教育が一般の国立大学とグランゼコールに分かれるという別の分岐がある（後述）。

　スイスについてはドイツのようなデュアルシステムによる職業訓練とフランスのような学校ベースの職業訓練の両方があり，フランス語圏やイタリア語圏で後者の比率がドイツ語圏と比較して相対的に高いという地域差があるものの（2013 年時点フランス語圏で 26.6%，イタリア語圏で 31.4%，ドイツ語圏では 4.4% のみ），全体としてはデュアルシステムへの参加者が大勢（65% 程度）を占めるためしばしばドイツ型として分類される（SERI 2016:11）。他方，デュアルシステム修了者が継続教育機関として進学する上級専門学校（Professional

---

5　例えば，大学入学資格であるアビトゥアを初期職業資格と同じ 4 として格付けるべきか，一段上の 5 とすべきかで高等教育関係者と職業訓練関係者の間で合意できず結論が持ち越された（山内 2016）。

015

Education and Training Colleges）は高等教育として分類され[6]，また，1990 年代以降のスイスでは，職業訓練を修了した若者が大学入学資格（職業バカロレア）を取得し専門大学に進学することも一般的となっている（スイスの制度については第 9 章参照）。

ドイツのような早期に高等教育進学者と職業訓練参加者に分岐させる複線型の教育制度は，子供の進路選択に親の学歴や社会的地位，経済的状況が強く影響することになるため，社会階層の世代間継承を生じやすいという指摘があり[7]，最近では多くの国で職業訓練と一般教育の透過性を高め職業教育から高等教育への移行を容易にするような措置が講じられている（例えば，ドイツにおいては高等教育進学資格を持つ若者が大学進学前に職業訓練に参加することは一般的であったが，その逆は，制度はあってもより困難であった。最近では，大学入学資格は複数のルートで取得可能となっている）。他方，ドイツと異なる教育システムを持つフランスにおいても，職業コースに進学し職業バカロレアを取得する若者は，これまで本人や両親の期待に反し成績が芳しくないためにそうするもの，あるいは，労働者階級や事務職の子弟など家庭背景によることが多く（Méhaut 2010: 115），多くの国で共通する傾向ではあるものの，やはり中等教育の段階で出身階級による進路への影響が見られる。実際，職業バカロレア取得者のうち 7 割が労働者，一般サラリーマン，非就労者家庭の出身だが，一般バカロレア取得者の場合その比率は 40％である（ドュリュ＝ベラ 2007:39）。また，フランスについては若者の学力を測るために OECD が実施している PISA（program for international student assessment）の点数と生徒の出自との相関が OECD 諸国の中でも最も高いという調査もある（Verdier 2017: 209）。

ドュリュ＝ベラ（2007: 55）の意見では学校制度と社会移動との関係は必ずしも明確ではなく，フランスとドイツは両方とも社会移動が低い国とされるが，前述のとおり両者の教育制度はかなり異なる。同様に，スウェーデンやオランダは社会階級の流動性が高い国とされるが，前者は単線型，後者は複線型の中等教育制度を有する。スウェーデンは 70 年代まで複線型の教育制度を採用していたがその後単線型に移行[8]，ドイツでは当時，教育制度改革が学校戦争とまで言われる論争に発展したが，結局保守派の反対で複線型の教

6　スイスの高等教育は総合大学・専門大学をレベル A，継続職業教育機関をレベル B として分類してきた。

7　例えば，Buchmann and Dalton 2002, Buchmann and Park 2009 など。

8　ただし，若者の失業率上昇を受け，その後，職業訓練を再強化している。

育制度が存続し（Bosch 2010），州による違いが拡大しているものの南部の州を中心に伝統的な分岐が継続している。かつて徒弟制度が発達していたイギリスの職業訓練は次第に衰退したものの，2017年に職業訓練機構（The Institute for Apprenticeships）を設立，訓練税を導入するなどして技術教育の（再）強化を図っている。職業訓練の発達と関連するかは不明だが，ドイツでは，2000年にOECDが最初に実施したPISAの得点が平均以下であったことから（ドイツではPISAショックと言われている），国を挙げてその克服を行っている（Verdier 2017: 207）。また，当時のドイツにおける大学進学率は，欧州諸国の中でも特に低く，OECDから懸念されたこともあった（Bosch 2010: 137）。

　職業訓練制度の分類についてはThelen（2014: 72）が参考になる（表1-2）。日本については，公共の職業訓練が発達せず，もっぱら企業が単独で企業内訓練を行う国と分類される。日本で公共の職業訓練制度が発達しなかった歴史的背景として，明治以来，コストの高い職業教育を排除して，教科書と黒板だけで指導できる読み・書き・算が「教育」であるとするという考え方が成立し，文部省もそのような教育の事務を管理するところと位置付けられた（明治8年（1875）の太政官布達による），縦割り行政とあいまって，職業訓練と教育の区別が促進された（中上 2007: 47）という見方がある。

1-3-(3)　職業教育と高学歴化

　職業訓練は，従来大学に進学しない若者に一定の職務能力を備えさせる目標を担っていたが，ドイツでもフランスでも最近は高学歴化が進展し，高等教育と職業訓練のハイブリッド化が起こっている。ドイツの職業訓練生もかつての徒弟のイメージからは程遠く，全職種でも4分の1程度が，金融やITなどの一部の人気セクターでは6～7割程度の研修生が大学入学資格を

表1-2　職業教育と政府や企業の関係

公的なコミットメント		初期職業教育への企業の関わり方	
		低い	高い
高い		集団的，国家主導	集団的，企業主導
		スウェーデン，フランス，フィンランド，ノルウェー	ドイツ，オーストリア，スイス，オランダ，デンマーク
低い		自由型	細分型
		アメリカ，イギリス	日本

出所：Thelen 2014: 72

第Ⅰ部　教育訓練システムと雇用システムとの連動

保有，職業訓練開始年齢も 1970 年代の 16.6 歳から最近では 20 歳程度にま
で上昇している（Bosch 2010:149, BIBB 2014: 28）。また，職業訓練と学位を同時
に取得できる二元学習プログラム（duales studium, dual study program）（詳細は第 5
章参照）と呼ばれる制度も誕生している。このように，訓練生が高学歴化し
職業訓練自体も高度化している反面，優良な訓練ポストの数は頭打ちであり，
訓練ポストと若者の希望職種にミスマッチも生じている（山内 2016）。

　上述のように，フランスにおいては，学校教育制度の中に，職業バカロレ
ア（高校レベル）や職業リサンス（学士レベル）と言った職業コースが拡大して
きたが，その一方で，ドイツ型デュアルシステムを模範とし（Verdier 2017），
職場における OJT と座学を組み合わせた職業訓練も奨励されてきた。その
代表的な制度が，企業や公的機関における訓練（OJT）と（教育機関や企業など
が設置する）見習い訓練センター（CFA）で座学を受ける「見習い訓練制度（交
互制職業教育：alternance）」と言われる制度である。この制度は，もともと，
中等教育レベルの若者を対象とし，取得資格も初級資格が中心であったが，
1987 年の法律改正により上級技術者免状（BTS[9]）など高等教育課程を修了す
ることで取得できる資格や免状，エンジニアなど全国職業資格総覧（RNCP）
（詳細は第 6 章参照）に記載されている資格の取得も可能になると，高学歴の
若者による参加も見られるようになっている。2007 年度時点の制度利用者
（30 万人程度）のうち 25% 程度が高等教育レベルの若年者であり（五十畑 2016:
52），8 割のグランゼコールにおいても導入されている（Walther 2013: 60）。見
習い契約終了後の就労機会については，高等教育の学生に限ると 80% 程度
が受け入れ先企業から何らかの採用のオファーをもらっており（五十畑 2016:
54），意見は分かれるが，フランスの職業教育における新たな展開である。

　フランスの大学では，従来より短期で報酬の伴わないことも多かったイン
ターンシップ（スタージュ（stage）と呼ばれる）によって職業経験を積むことが
一般的であり，年間 120 万人程度が参加している（五十畑 2016: 55）。スター
ジュはもともと（インターンシップを卒業の条件とする）グランゼコールの学生
を対象とするものであったが（五十畑 2016: 55），高等教育の大衆化とともによ
り多くの学生が参加するようになり，それとともに質が問われるようになっ
た。その点，学位や資格の取得が可能で，手当も必ず支給され，企業に監督

9　フランスには上級技術者免状 BTS（Brevet de Technicien Supérieur）や技術短期大学部免状
　DUT（Diplôme universitaire de technologie）など 2 年制の技術系高等教育を修了すると取
　得できる資格や免状がある（詳細は第 6 章参照）。

018

義務もある見習訓練制度が高等教育機関でも利用されるようになってきている。スタージュについても，その後の法改正により一定期間を超えるものは有償とすることが義務化された（五十畑 2020: 211, 219）。

ただし，上位グランゼコール学生に対する青田買いにも似た企業側の対応とは対照的に，一般の大学生に対する優良な訓練ポストやインターンのポストは狭き門であり，教育訓練というより搾取という側面があるという指摘も多く，玉石混交の状態にある（五十畑 2016，海老原 2016）。職業訓練が最も進んだドイツにおいてさえ中小企業における職業訓練は就労機会に結び付く確率が低く，また，訓練というより生産活動への従事という面が強いことが長らく労働経済学者らの間で研究の対象となってきている（Mohrenweiser & Backes-Gellner 2010, Busemeyer et al. 2012）。

1-3-(4)　選抜の方法：「タテ」の学歴，「ヨコ」の学歴

次に，高等教育入学時の選抜の有無や進級，卒業の難易度について議論する。高等教育入学に際して試験を課したり中等教育時の成績，その他の基準により選抜を行う国々では，必然的に，大学間にヒエラルキーが存在することになる。対して，大学入学時の試験や選抜がない国々では，大学間のヒエラルキーが比較的曖昧でむしろ何を専攻したか，あるいは，どのような成績でどのくらいの年限で卒業できたかがより重視される傾向がある。前者に該当する国の若者は，受験勉強に励み難易度の高い有名校に入学することを目標とし，企業の方も大学の名前を採用候補者の潜在能力の重要なシグナルと見なす。後者に該当する国々では，大学の名前以上に，何を専攻したか，どのような成績で卒業したか，さらには，どの教授のもとで学んだかなどが考慮される。さらに，早期に進級し，最終的にどの段階まで学位を取得したかが重視される傾向がある。従って，優秀な若者は（研究者を目指してということではなく）修士や博士など，より高度な学位を取得することになる。例えば，各国の主要企業のトップマネジメントのバックグラウンドに関する比較調査を見ると，ドイツでは，DAX30 銘柄とその他の主要 30 社を対象とした Davoine & Ravasi（2013）の調査においても，主要 200 社を対象とした Bauer & Bertin-Mourot（1996）の調査においても，トップマネジャーの約 45% 程度が博士号を保有していることが確認されている。

OECD（2013）は同年代の若者を職業コースや普通コースに分けること，あるいは，同レベルの学位を提供する教育機関の間に序列があることを横の階層化（horizontal stratification）として，学士，修士など学位の高さにより分

類することを縦の階層化（vertical stratification）としている。日本語では「ヨ
コ」の学歴，「タテ」の学歴という言葉が使われることがある。高等教育に
関して言えば，ヨコの学歴が重視される国としては，日本や韓国やフランス，
後者についてはドイツ語圏や北欧の国々が相当する。フランスは行政職や企
業の経営幹部を育てるグランゼコールにおけるエリート教育が発達し，これ
らの教育機関においては厳しい選抜が行われ序列があるが，一般の国立大学
は入試がなく，原則として序列はないため，より厳密に言えば混合型と言え
よう。アメリカやイギリスもアイビーリーグやオックスブリッジなど名門校
という言葉があるように，ヨコのヒエラルキーがあるが，アメリカのコミュ
ニティカレッジや州立大学（一部を除く）は，地元の学生を多く受け入れてい
る（苅谷 2017）。また，ドイツの高等教育ではタテの学歴が重視される傾向が
あるが，中等教育を開始する段階で，学業成績や家族の意向により複線型進
路のうち，一般教育を継続して大学進学を目指すか（その場合は，普通科教育
を行うギムナジウムと言われる中等教育機関に進学する），職業訓練を目指すかとい
うヨコの選択をすることになり，やはり，混合型の特徴を有している。

1-3-(5) 進級や卒業の難しさ

　選抜方法の違いや，進級や卒業の難易度の違いは中等教育の段階から存在
する。すなわち，中等教育において，同じ学年を複数年履修する（落第する）
生徒の比率が高い国とそうでない国がある。

　OECD（2016a）のデータによれば，フランスでは中等教育の生徒のうち 2
割以上が同じ学年を繰り返し履修することを経験している（表 1-3 最右列参照）。
ドイツについても 18% が同学年を複数年履修している。欧州でもっともこ
の比率が高い国は，ベルギー，ルクセンブルグ，ポルトガル，スペインであ
り，3 割程度の若者が中等教育で落第を経験している。こうした国々では義
務教育を修了できずドロップアウトする若者が出現する。つまり，所定の期
間通学したからと言って，義務教育の卒業が保証されている訳ではない。進
級を遅らせることは，学業成績不振だけなく，マイペースでの就学を尊重す
るなど様々な個人的理由によるが，OECD（2016b）によれば，落第する学生
のプロファイルは，男性であること，移民であることに加え，社会的バック
グラウンドも関連しており，何らかの社会的差別が影響している可能性も示
唆される（OECD 2016b: 164）。このように進級が難しい国々では，単に同じ年
齢というだけで強い同期意識は働きにくい。日本においては中等教育も高等
教育も全員が同時に入学しほぼ同時に卒業することが当たり前になっている

第1章　各国の教育訓練システムの特徴

表1-3　15歳の生徒が属する学年，及び，初・中等教育を再履修する生徒の比率

	(1) 15歳の 生徒が 属する学年 （最頻値）	グレードの ばらつき (PISA 2006)		(1)より下の グレードに 属する		(1)の グレードに 属する		(1)より上の グレードに 属する		初等・中等教 育で同学年を 繰り返し履修 したことのあ る生徒の比率 (PISA 2015)	
				生徒の比率 (PISA 2006)							
		S.D.	S.E.	%	S.E.	%	S.E.	%	S.E.	%	S.E.
オーストラリア	10	0.53	(0.01)	9.3	(0.5)	70.8	(0.7)	19.9	(0.6)	7.1	(0.3)
オーストリア	10	0.62	(0.01)	51.3	(1.1)	48.7	(1.1)	0.0	(0.0)	15.2	(0.7)
ベルギー	10	0.61	(0.01)	35.8	(0.8)	63.2	(0.8)	1.0	(0.1)	34.0	(0.8)
カナダ	10	0.44	(0.01)	15.0	(0.6)	83.8	(0.7)	1.2	(0.1)	5.7	(0.4)
チリ	10	0.65	(0.03)	23.1	(1.2)	70.8	(1.2)	6.1	(0.5)	24.6	(0.9)
チェコ	10	0.60	(0.01)	48.5	(1.5)	51.5	(1.5)	0.0	c	4.8	(0.4)
デンマーク	9	0.42	(0.02)	12.2	(0.6)	85.3	(0.7)	2.5	(0.4)	3.4	(0.3)
エストニア	9	0.56	(0.01)	28.9	(0.9)	69.4	(0.9)	1.8	(0.2)	4.0	(0.4)
フィンランド	9	0.33	(0.01)	11.8	(0.5)	88.1	(0.5)	0.0	(0.0)	3.0	(0.2)
フランス	10	0.63	(0.01)	40.0	(1.2)	57.5	(1.2)	2.5	(0.3)	22.1	(0.6)
ドイツ	9	0.69	(0.01)	13.9	(0.7)	56.5	(0.6)	29.6	(0.9)	18.1	(0.8)
ギリシャ	10	0.56	(0.02)	8.0	(1.0)	78.8	(1.0)	13.3	(0.6)	5.0	(0.7)
ハンガリー	9	0.62	(0.01)	7.7	(0.9)	65.7	(0.5)	26.6	(0.5)	9.5	(0.6)
アイスランド	10	0.09	(0.01)	0.2	(0.1)	99.2	(0.1)	0.6	(0.1)	1.1	(0.2)
アイルランド	9	0.81	(0.01)	2.8	(0.4)	58.5	(0.8)	38.7	(0.9)	7.2	(0.5)
イスラエル	10	0.38	(0.01)	14.9	(1.1)	84.7	(1.1)	0.4	(0.1)	9.0	(0.6)
イタリア	10	0.48	(0.02)	16.7	(0.7)	80.4	(0.7)	2.8	(0.2)	15.1	(0.6)
日本	10	0.00	c	0.0	c	100.0	c	0.0	c	0.0	c
韓国	10	0.16	(0.02)	2.0	(0.6)	97.3	(0.6)	0.7	(0.1)	4.7	(0.3)
ラトビア	9	0.51	(0.02)	19.0	(1.1)	78.0	(1.1)	3.0	(0.4)	5.0	(0.4)
ルクセンブルク	9	0.65	(0.00)	12.1	(0.3)	53.4	(0.4)	34.5	(0.4)	30.9	(0.5)
メキシコ	10	0.88	(0.01)	44.0	(2.2)	48.9	(2.0)	7.1	(0.4)	15.8	(0.9)
オランダ	10	0.58	(0.02)	48.8	(1.2)	50.7	(1.2)	0.4	(0.1)	20.1	(0.5)
ニュージーランド	11	0.33	(0.01)	6.2	(0.4)	89.4	(0.5)	4.4	(0.3)	4.9	(0.3)
ノルウェー	10	0.10	(0.02)	0.5	(0.1)	99.0	(0.3)	0.5	(0.3)	0.0	c
ポーランド	9	0.25	(0.01)	4.4	(0.4)	95.0	(0.5)	0.6	(0.1)	5.3	(0.4)
ポルトガル	10	0.92	(0.02)	49.1	(1.5)	50.7	(1.5)	0.2	(0.1)	31.2	(1.2)
スロバキア	10	0.58	(0.02)	41.3	(2.2)	58.7	(2.2)	0.0	c	6.5	(0.5)
スロベニア	10	0.32	(0.01)	3.7	(0.3)	90.5	(0.4)	5.8	(0.2)	1.9	(0.3)
スペイン	10	0.63	(0.01)	40.1	(0.9)	59.8	(0.9)	0.0	(0.0)	31.3	(1.0)
スウェーデン	9	0.20	(0.01)	1.9	(0.2)	95.9	(0.4)	2.2	(0.3)	4.0	(0.4)
スイス	9	0.64	(0.02)	16.9	(0.8)	62.6	(1.5)	20.6	(1.7)	20.0	(1.0)
トルコ	10	0.66	(0.03)	43.7	(2.0)	53.7	(1.9)	2.6	(0.3)	10.9	(0.7)
イギリス	11	0.13	(0.01)	0.9	(0.1)	98.4	(0.1)	0.7	(0.1)	2.8	(0.3)
アメリカ	10	0.62	(0.08)	12.4	(1.6)	70.9	(1.4)	16.7	(0.6)	11.0	(0.6)
OECD 平均		0.49	(0.00)	19.6	(0.2)	73.3	(0.2)	7.1	(0.1)	11.3	(0.1)

注) c: 日本とノルウェーは自動進級の方針のためゼロとした。
出所：OECD 2016b, PISA 2015 Results, Annex B1. Table II.5.9, および，II.5.4

が，そのような国は世界では極めて稀である。

　さらに，ドイツ，スイス，アイルランドなど，他の生徒よりも先に進学する生徒の比率が高い国もある。表1-3は，15歳の若者が属する学年に関する調査（2006年当時）だが，標準学年（最頻値）より先に進学する生徒の比率が最も高い国はアイルランド（38%），次いでルクセンブルク（34%）である。ドイツも29%と相対的に高く，ヨーロッパ諸国では，日本だけでなく，アメリカと比べても，進学，進級，卒業のタイミングは人それぞれであること

第 I 部　教育訓練システムと雇用システムとの連動

図 1-2　所定の期間で大学を卒業する学生の比率

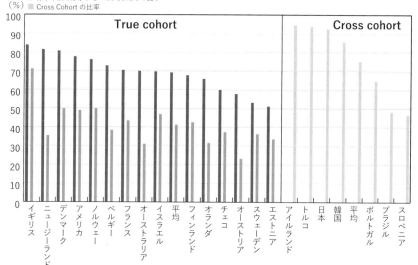

注）True cohort：特定の個人を高等教育入学後から所定の年数後まで追跡したもの。
　Cross cohort：ある年の卒業者数を所定の年数以前の入学者数で除したもの。
出所：OECD 2016a, Education at a Glance: 166, Figure A9.1.

がわかる（表 1-3 参照）。

　高等教育の履修状況を見ても、日本では所定期間で卒業する若者の比率が 90％を超えているが、大陸欧州諸国を見るとその比率が半分にも満たない国が少なくない（図 1-2）。地域による順位を大まかに見ると、日本、イギリス、アメリカ、大陸欧州諸国の順で所定の期間で卒業する大学生の比率が高く、入学時に選抜のない国ほど、そして教育コストの個人負担が低い国ほど時間を掛けて卒業する傾向があるようだ。

　大陸欧州諸国においては、同一労働同一賃金の原則が発達し、技能や知識に関連する学位や資格が賃金格差や昇進の正当な根拠と見なされるため、学位や資格は厳格に運営され合格点に満たない学生や訓練生に修了資格を付与することは社会的に正当化され難い背景がある。また、就職に際し、大卒者であっても職業経験が重視されるため、在学中にインターンシップやその他の就労経験を積むために時間を使うことも一般的である。反対に、アメリカの教育システムについては、厳格な基準がないまま単に訓練過程を終了したことを認める役割しか果たしていないという指摘がある（ザークル 2004: 227）。

第1章　各国の教育訓練システムの特徴

日本に関しても，内部労働市場の原理が強く，学位や資格がそのまま給与水準や昇進可能性に大きく反映されるわけではないことから，学位の付与がそれほど厳格に管理されていないとしても労働市場における秩序を乱しているとは言い難い面があろう。

1-3-(6)　教育コストの負担と学生の就学パターン

　教育のコストをだれが負担するかという点も学生の行動に大きな影響を与えよう。高等教育が実質無料である北欧諸国やドイツやフランスでは，所定の在学期間に捉われずに自由に学習し卒業する傾向がある。他方，前述の通り，それらの国々では，進級や卒業が厳格に管理され，同一学年や単位の複数回履修やドロップアウトが多い国もある。しかしながら，学生やその父兄が授業料を負担していないため落第の経済的コストは低く，見方を変えれば，納得の行くまで，あるいは，本当に技能や知識が身につくまで教育や訓練を受けることのできる「権利」と言う意見もある（浅野 2005: 23）。その点，教育コストが低い国で落第が多いのは偶然ではない面があると考えられる。

　表 1-4 はドイツの大学で情報工学を専攻する学生数だが，同じ年の第一学期在籍者数と卒業者数を比較すると，後者は前者の 4 割程度に過ぎない。すなわち，就職市場で高く評価される情報工学のような学科では多くの学生が第一学期の履修を開始するものの，試験や授業に付いて行けず（あるいは，適性がないと判断し），途中で進路変更（転部），または，ドロップアウトしていることになる。全学部のドロップアウト率は，2014 年の卒業生が総合大学（後述）で 32% 程度，専門大学（後述）で 27% 程度，修士課程においては，総合大学で 15%，専門大学で 19% である（BMBF 2017: 61）。

　加えて，大陸欧州諸国では，社会保障制度や奨学金制度も発達していることから，学生割引や奨学金などを利用しながらゆっくり卒業するもの，一旦就労してから高等教育に復学するもの（一部の国では徴兵制もある）も多く，大学生の年齢や経歴は人によって相当異なる（社会保障制度については第 4 章参照）。

表 1-4　情報工学専攻の大学卒業者数の推移（ドイツ）

	総学生数	第一学期在校生数	卒業者数
2003	130,700	32,100	7,800
2012	158,400	54,200	20,600
2013	170,100	58,000	21,200

出所：Bundesagentur für Arbeit Statistik (2015)

第Ⅰ部　教育訓練システムと雇用システムとの連動

　労働政策研究・研修機構（JILPT）が行った日欧 12 カ国の比較調査（2003）によれば，当時，ドイツやフランスやスウェーデンの大学生の入学時の平均年齢はそれぞれ 21.9 歳 , 20 歳 , 23.2 歳であり，日本のように 18 〜 19 歳で入学し 22 〜 23 歳で卒業することが当たり前の国は，世界的にみるとかなり珍しかった。他方，ドイツ企業を対象とした調査によれば，企業側の採用基準には，「卒業までに要した期間」や，「所定期間での卒業」という項目があることから（後述），時間を掛けた入学や卒業を企業が高く評価しているかについては疑問がある。1980 年代以降，企業は若い大卒者を大量に雇い，早いうちからトップを目指して競争させ選抜する傾向を強めたようだ（石塚 2008: 62）。また，直近の OECD のデータによれば，ドイツの典型的な大学入学年齢は，2014 年時点で 19 〜 21 歳（OECD 2016a），2015 年時点で 18 〜 20 歳程度（OECD 2017a）と，教育制度の変化や大学進学率の上昇を受け若年化しているようだ。

　日本においては，留年は経済的負担を増す結果となり，また，卒業後もすぐに働き始めない限り親のすねをかじり続けることになる。ギャップイヤーを利用して海外で経験を積むというのは一つの理想かもしれないが，通年採用が増えたとは言え，新卒採用が依然として最も可能性の高い就職機会であるとすれば，リスクを冒してそのような制度を利用できるのはある程度富裕層の子弟に限定されよう。

　ちなみに，欧州では域内の学生の移動や留学を促進するために，単位の互換などを可能とするエラスムス計画が導入されており，学生は追加の授業料を支払う必要なく加盟国内の大学に留学することができる（第 3 章参照）。他方，欧州域外からの留学生に対し授業料を徴収するかどうかは，国によって方針が異なる。スウェーデンやデンマークは 2000 年代に方針を転換，EU域外からの留学生からは相応の授業料を徴収し始めたため，留学生の数は激減している（OECD 2017b）。ドイツでもバーデンヴュルテンベルク州など一部の州で同様の動きが始まっている。

1-3-(7)　高等教育管轄の主体

　最後に，教育制度についてだれが管轄するかについても触れておきたい。日本やフランスの大学は主に国が管轄している。ドイツやスイスでは主にそれぞれの州（ドイツでは länd, スイスでは canton）が管轄している。この違いは，言うまでもなく，連邦制を敷いているか否かという政治経済の仕組みと関連している。連邦制のドイツやスイスでは高等教育機関を含めて州が教育制度を管轄する。フランスではグランゼコールについても一般の大学についても

024

図1-3 州別中等教育機関別進学者比率：5年次生徒の進学先（2014/15年度）

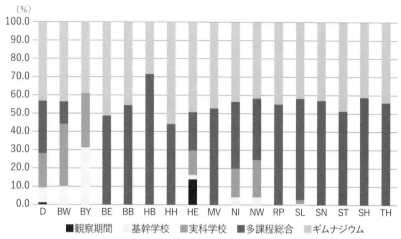

注）ベルリン（BE），ブランデンブルク（BB），メクレンブルク・フォアポメルン（MV）の3州に関しては7年次進学時。州名略称については表1-5参照。
出所：Buildungs in Deutschland, Tab D1-2A（BMBF 2016): 77, 259

　国が管轄している。フランスについては私立の教育機関の設置は自由だが，学位授与については国家が管理する（村松2008，大場2008）。また，筆者が複数のフランスの大学教員から聞いた話では，国立大学の教員採用においては公的な手続きにより候補者のリストアップや承認が行われることがある。
　強い連邦制を敷いているドイツでは，義務教育の年限や各年次での科目選択などにも州による違いがあり，国内であっても州を跨ぐ転勤で子供の転校が問題となることがある。例えば，複線型教育制度を持つドイツでは，大学を目指す若者と職業訓練を志向する若者は，異なる中等教育機関に進学し，伝統的には，前者がギムナジウムへ，後者は基幹学校や実科学校に入学する。しかしながら，中等教育機関の選択の実態は，州の方針により大きく異なっている。図1-3は，州ごとの中等教育課程の生徒数比率だが，州によって各学校の在籍者比率が大幅に異なるだけでなく，学校形態の分岐自体が異なっている。通常，旧西ドイツの州のうち保守的とされる州では，伝統的分岐を維持している地域が多く，旧東ドイツの州，あるいは，左派色の強い州ではより統合型の教育制度を採用している。しかも州議会選挙で政権交代が起こると学校制度も変化することがある。
　1970年代のドイツでは職業訓練を志向するものと高等教育を志向するも

第 I 部　教育訓練システムと雇用システムとの連動

のの両方を包摂する総合学校，また，90年の東西統合後の旧東ドイツ州では基幹学校と実科学校を合わせた多課程学校が導入されたが，2000年代になると，ドイツ16州のうち11の州でギムナジウムと多課程学校の2分岐型が基本形となっていった。2015年時点で，伝統的な3分岐型複線型制度を維持している州は5州あるが，そのうち，バイエルン州（BY）とバーデンヴュルテンベルク州（BW）は総合学校がほとんど存在せず，最も伝統的な3分岐を維持している。その両州とも南部の豊かな地域に位置し職業訓練ポストや就職機会に恵まれたエリアであり，政治的には保守色が強い。残りの3州，ヘッセン州（HE），ニーダーザクセン州（NI），ノルトライン・ヴェストファーレン州（NW）では，総合学校がある程度普及し，4種類の中等教育機関が存在しているが，これらの州では，キリスト教民主同盟（CDU）と社会民主党（SPD）の間で政権交代が起こっている（坂野 2017: 110）。

　また，中等教育機関の選択において，だれの意見が尊重されるかについても州による違いがある。かつては，初等教育である基礎学校の教員による進学指導が重要だったが，80年代には保護者の意向を尊重する州が増え，各州文部大臣常設会議（KMK）のとりまとめによれば，2015年度には16州のうち11州が保護者の意向を尊重，残りの5州では学校側が適正試験や授業を行い，一定期間の試行期間を設定しているものの，最終的な判断は学校側にある（坂野 2017: 103, 111）。バイエルン州は大学進学資格の取得が最も難しい州と言われているが，中等教育進学に当たって保護者の希望より学校側の判断が優先される州である（坂野 2017: 105）。従って，基礎学校における成績が優れない若者は親が希望したとしてもギムナジウムに進学できないこともある。また，親の意向が反映されやすい州であっても，進学後に異なる中等教育機関間を移動することも珍しくなく，学業成績などによりギムナジウムからレアルシューレ（実科学校）など他の学校群に移動することがある。

　表1-5は，ギムナジウムに進学した学生数のその後の推移（第5学年生，すなわち，ギムナジウム入学時の学生数を100としている）だが，ドイツ全体として，第11学年時までにギムナジウムの生徒数は1割程度減少する中で，保守的と言われるバイエルン州（BY），あるいはニーダーザクセン州（NI）では，それぞれ，16.5%，20.2%の生徒数が減少しており，州による違いが見られる。

10　例えば，バイエルン州の州都，ミュンヘンの郊外にはBMWやシーメンスがある。隣りのバーデンヴュルテンベルク州では，シュトゥットガルトにダイムラー，ポルシェ，ボッシュなどの有力企業がある。

第1章　各国の教育訓練システムの特徴

表1-5　ギムナジウム進学後の進路変更（生徒数の増減）

		2006/07 5年生	指数（5年生＝100）	6年生 (2007/08)	7年生 (2008/09)	8年生 (2009/10)	9年生 (2010/11)	10年生1) (2011/12)	11年生2) (2012/13)
		生徒数	ギムナジウム						
ドイツ全体	D	286,502	100	100	96.0	94.1	90.4	85.3	91.0
バーデン・ヴュルテンベルク	BW	41,463	100	100.8	98.7	96.4	93.7	85.0	85.7
バイエルン	BY	47,996	100	100.3	94.7	92.0	88.1	88.8	83.5
ベルリン	BE	11,821	X	X	100	90.8	94.1	93.6	97.7
ブランデンブルク	BB	7,236	X	X	100	101.8	101.9	101.0	93.6
ブレーメン	HB	2,663	100	99.5	100.4	97.6	94.0	125.3	128.0
ハンブルク	HH	6,930	100	97.7	96.5	95.6	92.9	87.4	89.6
ヘッセン	HE	25,875	100	97.3	93.6	89.4	86.0	3,15)	100.9
メクレンブルク・フォアポメルン	MV	4,215	X	X	100	100.8	98.2	97.5	97.8
ニーダーザクセン	NI	36,583	100	99.8	89.2	90.3	85.2	85.8	79.8
ノルトライン・ヴェストファーレン	NW	71,260	100	100.7	95.7	93.7	91.5	103.8	101.5
ラインラント・プファルツ	RP	16,215	100	98.9	100.1	97.9	92.0	91.8	96.9
ザールラント	SL	3,909	100	99.6	96.8	92.5	94.3	87.5	86.7
ザクセン	SN	10,639	100	102.2	100.8	97.8	91.8	88.4	82.9
ザクセン・アンハルト	ST	6,046	100	100.3	101.8	99.0	94.3	89.1	84.2
シュレスヴィッヒ・ホルシュタイン	SH	11,132	100	97.8	95.9	94.4	89.0	87.7	85.4
チューリンゲン	TH	5,791	100	102.5	102.8	100.4	95.5	97.3	90.0

注）ベルリン（BE），ブランデンブルク（BB），メクレンブルク・フォアポメルン（MV）の3州に関しては7年次の生徒数を基準値（＝100）として適用。

出所：Bildung in Deutschland 2014, Tab D2-2A（BMBF 2014: 255），表D2-2A（坂野 2016 表3-8）

　また，総合大学入学資格（ドイツのアビトゥア（Abitur），スイスのマトゥラ（Matura））の取得は，必ずしも全国統一ではなく，州によって，あるいは，ギムナジウム（中等教育機関）や各担当教員の選択により試験内容や難易度が異なる（異なっていた）。フランスのバカロレアは日本のセンター試験同様，全国で試験内容や試験日が統一されている。

▶1-4　日本への示唆

　さて，日本でも高等教育無償化がしばしば議論されるが，既に，授業料が無償，または，低額である大陸欧州諸国の実態からどのようなことが言えるだろうか。少なくとも，ドイツ，フランス，スイスの例からは，大学入学のためには，まず，大学入学資格を取得することが前提であり，希望する若者全員が一定の年齢で大学に入学できる訳ではないことが言える。例えば，高等教育進学が早くから奨励されてきたフランスでさえ，バカロレアの合格率は例年9割程度である（第6章参照）。多くの大学が州の予算により運営されているドイツやスイスでは，アビトゥアやマトゥラの合格率に州による差が

027

第Ⅰ部　教育訓練システムと雇用システムとの連動

あるが，そもそも，上述のとおり，複線型の中等教育制度において総合大学入学資格に繋がる普通科教育を行う学校群（ギムナジウム）を選択できるかどうかは，教員の判断を重視する州もあり本人や両親の判断に委ねられているばかりではない。最近では，職業訓練を含め他のルートから専門大学など高等教育機関に入学することが可能となっているが，ギムナジウムに入学する学生は 2000 年以降もドイツで 3〜4 割，スイスでは 2〜3 割程度とかなり限定的である。

　進級や卒業が相対的に難しい大陸欧州諸国の若者は，大学入学資格を取得した後も，最終的にドロップアウトせずに卒業できるどうかをある程度考慮の上進路を決定する。それが，教育の無償（低額）化が進展している大陸欧州諸国においてこれまで高等教育履修率が相対的に低かった理由の一つである。

　以上のようにドイツ，フランス，スイスにおける事例は，希望する若者を全員漏れなく無料で高等教育機関に送り込み厳格な試験もなく卒業させるということではない。日本では少子高齢化により一部の高等教育機関の経営が困難となり無秩序に学生の勧誘を行う大学も少なくないようだが，高等教育無償化の議論は，そうした教育機関の救済（すなわち大学過剰の問題）と切り離して議論すべき課題であろう。また，無償にした場合，海外留学生の扱いをどうすべきかという議論もあろう。

　表 1-6 は，2015 年前後の日仏独スイスの大学数，および，学生数（大学院を含む）の比較である。各国で高等教育の定義が異なるため大学に相当する教育機関を対象としているが，それでも，いくつかの重要な違いがある。例えば，日本やフランスでは，2 年制の短期課程があるが，ドイツやスイスでは短期の大学はない。特に，フランスの 2 年制技術課程である STS（修了すると前述の上級技術者免状（BTS）が取得できる）は，リセ（高校）に附設されているため，学校数は 2378 と非常に多いが，各校の学生数は 100 人程度と非常に小規模である。従って，フランスの大学数については STS を除いた数字を記し，括弧内にそれを含めた数字を記した。また，大学院大学やインターネット大学等の扱いは国によって異なる。この表から言えることは，学生数を考慮しても大学数が日本より相対的に少ないことである（特にドイツ語圏）。また，これらの国々では私立大学は有償である[11]。

---

11 北欧諸国では無償の私立大学もあるが，例えばスウェーデンの場合，Stockholm School of Economics など伝統的な大学がいくつか含まれるだけである。

第1章　各国の教育訓練システムの特徴

表 1-6　日・仏・独・スイスの大学数と学生数（大学院を含む）

	大学に相当する教育機関数		学生数
日本 (2016)	1,118		3,002,084
大学	777		2,873,624
国立		86	610,401
公立		91	150,513
私立		600	2,112,710
短大	341		128,460
公立		17	6,750
私立		324	121,710
フランス (2015)	696[1] (3,074)		2,164,200
大学＋グランゼコールなど	554		1,728,200
一般大学 (CPGE 除く)		72	1,445,600
技師学校（エンジニアスクール）		261	146,400
商業学校（ビジネススクールなど）		191	136,200
教職教育高等大学院		30	na
2 年制技術過程	111 (2,489)		372,300
IUT		111	116,200
STS(リセに併設)		2,378	256,100
その他の大学・大学院相当の高等教育機関 (Paris-Dauphine, EHESS など)	27		63,700
ENS	4		
ドイツ　(2015/6)	426		2,757,799
総合大学	107		1,756,452[2]
公立		85	
私立		22	
専門大学	215		965,811[3]
公立		105	
私立		110	
芸術大学	52		35,536
公立		45	
私立		7	
教育大学	6		
公立		6	
私立		0	
神学大学	16		
公立		0	
私立		16	
行政大学	30		
公立		29	
私立		1	

029

第Ⅰ部　教育訓練システムと雇用システムとの連動

スイス（2015/6）	35		238,756
総合大学	12		145,946
州立大学		10	
連邦工科大学		2	
専門大学（教育大学除く）	9		72,704
公立		7	
私立		2	
教育大学	14		20,106

注1）リセ（高校）に併設された高等教育機関（STS）を除いた数字。（　）内は含んだ数字。
　　2）教育大学学生数を含む。　3）行政大学学生数を含む。
出所：日本；文部科学省『学校基本調査』, フランス；ministere de l'education nationale, *Repères et références statistiques sur les enseignements, la formation et la recherche*, ドイツ；連邦統計局 *Fachserie 11 Reihe 4.1 (zusammenfassende Übersichten special evaluation)*, スイス；連邦統計局 *Education Statistics 2016*, 連邦教育研究イノベーション局（SERI）*Higher Education and Research in Switzerland*.

2　各国の高等教育制度

　それぞれの国の教育システムの詳細については各章をご参照いただくとして, 第2章の雇用システムとの関連を議論する上で必要となるため, ここでも簡単に紹介する。

▶2-1　早期に高学歴化が進んだフランス

　まず, フランスだが, 欧州諸国の中では企業における職業訓練の発達が相対的に低かったこともあり, 高等教育への進学が国によって主導されてきた。大学入学資格であるバカロレアの取得率を同世代の人口の80％まで上げるという政府目標が1985年に打ち出されたこともあり[12]（ドュリュ＝ベラ 2007: 144, Méhaut: 111）, 他の大陸欧州諸国に比べると大学進学率は早期に上昇し（各国の高等教育履修率については図1-1を参照）, 大学入学資格（バカロレア）を持つ者の比率も1990年代にはドイツの2倍以上であった（Walther 2013: 58）。ただし, それらの背景として85年に導入された職業バカロレア, 2000年に導入された職業リサンス（バチェラーに相当）など職業教育系のコースがこの目標に大きく貢献している（リサンス取得者のうち約3割が職業リサンス, バカロレア取得者のうち約6割が職業バカロレアである（Céreq 2013））。従って, フランスの教育

12　この決定の背景には当時のフランス首相が日本の自動車工場を訪問した際, 日本ではバカロレア取得者（筆者解説：高卒者のことと思われる）が, 自動車の生産に従事していることに触発されたという背景がある（ドュリュ＝ベラ 2007: 145）。

は，かつては一般教育中心と指摘される傾向があったが（例えば，Maurice et al. 1986 など），最近の実態とはやや矛盾している（Méhaut 2009: 114）。実際，OECD の統計（表 1-1）によれば，職業志向の教育を受ける後期中等教育就学者数の比率は 74％と高い。

　前述のとおり，フランスの高等教育は成績優秀者が選択するグランゼコールと一般の国立大学に大別される。国立大学への入学は試験を課してはいけないことになっているため，中等教育を修了し大学入学資格であるバカロレアを取得した若者であれば一定の条件のもと原則どこかの大学に進学できる。そのため，国立大学の教育環境は必ずしも高くなく，かつては学期の始まりには席に座れない大学生も珍しくなかったそうだ[13]。その点，2 年制の技術系短期教育課程である IUT（Institut universitaire de technologie）や STS（Section de Technicien Supérieur）は，学生の選抜を行うことができ，かつ，1 年間学習を延長することでバチェラー学位を取得することも可能なため，（特に，庶民階級出身者の間では）3 年制の国立大学より優秀な学生が行くというねじれ現象もある。

　なお，フランスの国立大学入学については，マクロン新大統領の教育改革により 2018 年度からパルクールシュップ（parcoursup）と呼ばれる新制度が導入され，大学入学の手続きは以前より選抜的となりつつある（詳細は第 6 章参照）。

▶2-2　グランゼコールにおけるエリート教育

　学業成績が高く比較的裕福な家庭の出身者はグランゼコールを目指すことになる。グランゼコールは行政職や企業の経営職，技術職などを育成するためにエリート教育を行うフランス特有の学校群である。グランゼコールへの入学については，一旦国立大学に入学してから試験を受けるなどいくつかの方法があるが，中等教育修了後リセに併設された 2 〜 3 年制の準備学校（CPGE：Classe préparatoire aux grandes écoles）に入学し特別な教育を受けることが伝統的でエリートとしての評価が高い入学方法と言われている（Walther 2013: 62）。準備学校を卒業してコンクール（concours）と言われる選抜試験に合格するとグランゼコールに入学できるが，どのグランゼコールにも合格できずに一般の大学に行く学生もいる。有力な準備学校はパリにあるアンリキャト

13　筆者が 2016 〜 17 年に訪問していたフランス研究所の同僚の話では，9 時に開始する授業の席を取るために 7 時半に出席することが必要な時代もあったそうだ。

第Ⅰ部　教育訓練システムと雇用システムとの連動

ル（Henri IV）やルイ・ル・グラン（Luis le Grand）を始め大都市にあることが
多いため，準備学校入学の段階で親元を離れ，パリなど大都市に転居する学
生もいる。101 あるフランスの行政区のうち 21 の区域ではどのリセにも準
備学校が併設されていない（van Zanten 2016: 118）。

　グランゼコールという名称には公式な定義が存在する訳ではなく，政府統
計もエンジニアを輩出するエンジニアスクール（écoles d'ingénieurs），商業・経
営・会計学校（école de commerce, gestion et comptabilité），法律・行政学校（écoles
juridiques et administratives），高等師範学校（écoles normales supérieures）など学校
種類名による分類が掲載されているだけである（夏目・大場 2016）。一般的に，
グランゼコール評議会が認める高等教育機関が自他ともに認めるグランゼ
コールという見方があるようだが（浅野 2005: 42），この定義に従うと現在 220
校程度のグランゼコールがある（第 6 章参照）。従って，グランゼコールの中
にも相当の序列があり，人文系の ENS（École Normale Supérieure），科学系の X
（École Polytechnique），政府高官や経営者を多く輩出することで知られる ENA
（École Nationale d'Administration），ビジネススクールでトップの HEC（École des
hautes études commerciales）などを筆頭に多数が存在する。最難関グランゼコー
ルを tres grandes écoles と表現することもあるようだが（Walther 2013: 74），
トップ校の評価は安定している。

　授業料は，一般バカロレアの 3 分野である人文系（L：littéraire），科学系
（S：scientifique），経済・社会系（ES：économique et sociale）のトップとされる上
述の 3 校（ENS，X と ENA），および，陸海軍管轄の若干のグランゼコールで
は無償であり，就学者には公務員としての俸給も支給される（浅野 2005: 43）。
その他の大多数のグランゼコールは無償ではないが，ビジネススクール（商
業・経営・会計学校）については比較的高額な授業料が課される。

　フランスでは企業の求人募集において，高卒，大卒など学位の高さ（通常，
バカロレア取得後に必要となる履修年数で表現される）に加え，学位授与機関の タイ
プ（レベル）まで学歴要件として記載されることが多い（Walther 2013: 74）。
例えば，homme/femme, de formation supérieure de type Ecole de Commerce
de premier rang（Bac+5）とあれば，「トップレベルのビジネススクール（すな
わち，上位のグランゼコール）を修了した男女」となり，通常の国立大学出身者
や下位のグランゼコール出身者は，Bac+5（バカロレア取得後 5 年間の教育を受け
たもの，つまり，修士相当）であったとしてもよほどの経験がない限り応募し
辛くなる（または，応募できない）。フランスが学歴社会と言われる所以であろう。

▶2-3　入試の方法と社会階級の移動

　グランゼコールの入学試験であるコンクールでは，ペーパー試験に加え英
語によるプレゼンテーションなど口頭試験もあり多面的な選抜方法が課され
る。そのため，筆記試験の準備だけでは不十分であり，両親の教養や教育水
準，社会的階層，経済力などが少なからず影響すると言う意見が根強い（van
Zanten 2016）。フランス政府は試験や選抜を透明化し社会的移動を促進するよ
う努めているが，グランゼコール在校生のうち親が単純労働者は 1%（デュ
リュ＝ベラ 2007: 40），公立校が多い準備学校においても労働者階級の親を持つ
学生は 12% 程度である（van Zanten 2016: 118）。準備学校の生徒一人に対する
政府支出は 1 万 5080 ユーロと，国立大学生の 1 万 770 ユーロを大幅に上回
ることから（van Zanten 2016: 118），教育に対する政府支出が社会的階層の固定
化に貢献するという皮肉な結果になっており，ブルデュー（Bourdieu）の言
うエリートの「再生産」がいまだに継続していることが，最近の著書におい
てもしばしば指摘されている（デュリュ＝ベラ 2007: 40, 村松 2008: 217, Walther
2013: 61, 藤本 2017）。

　シアンスポ（パリ政治学院）の教授である Van Zanten の著書に（van Zanten
2016: 117），選抜が受験生の社会的・経済的背景とは一切無関係に行われるた
めには，試験官が学生の属性を知り得ないペーパー試験のみが理想形である
とした Turner（1960）の主張が紹介されている。カリフォルニア大学のジェ
ローム・カラベル教授も，アメリカ社会学学会の学術賞を受賞した著書 *The
Chosen* の中で，ハーバード，エール，プリンストンなどアメリカ東海岸の
名門大学の入学者選抜が現在のように学業成績だけでなく，高校時代の社会
活動など幅広い経験を重視するようになった背景として，大学側にユダヤ人
排除の意図があったことを指摘している。すなわち，学業重視の選抜を継続
すると（当時東欧からの移民が増加していた）ユダヤ人学生の比率が大幅に上昇
する可能性があったことを父兄や大学関係者が憂慮したことが選抜方法変更
のきっかけであり，移民を制限しようとする当時の社会運動がそれを後押し
したということである（Karabel 2005: 1）。日本の大学入試がペーパー試験偏重
と非難され，アメリカ型がベストプラクティスとして紹介されることが多い
が，社会的移動という点においては，比較的軽微な投資で筆記試験さえ合格
すれば有名大学に入学できた日本の制度はむしろ評価すべき点もあったのか
もしれない。

第Ⅰ部　教育訓練システムと雇用システムとの連動

▶2-4　高等教育履修者比率が低かったドイツ

　フランスの大学は国の管轄であるが，ドイツでは，各州（Länd）が管轄する州立の総合大学（Universität）が高等教育における中心的役割を果たしてきた。伝統的なドイツの複線型教育制度においては，中等教育の開始時（年齢にして10歳）に，普通教育を続け大学進学を目指すか職業訓練を受けるかを選択する。

　総合大学では，人文科学，社会科学，理工科学，医学など幅広い専門分野を履修でき，ボローニャ・プロセス以前は，卒業に要する期間は平均で5〜7年程度と長期の学習が必要とされた。1968年には技術学校などを母体に専門大学（Fachhochschulen, 英語ではUAS：university of applied science）が設立されたが，専門大学は総合大学よりは短期の3〜4年程度で卒業できたため，若者の高等教育履修を促進した。ただし，ボローニャ・プロセス以前は総合大学を卒業して取得できる学位（diplom）は修士相当であったため，専門大学の学位は，diplom FHと記され，総合大学の学位と区別されていた（より下に見られていた）。専門大学は，経済・経営，法律，エンジニアリングなど実務に関連する科目を中心に提供している。専門大学の教員になるためには，学位（通常，博士）に加えて，実務経験を要するなど総合大学とは異なる方針で運営されている。

　専門大学は，もともと全国にあった小規模の技術学校などを母体として設立されたため，2015年時点で州立と私立を合わせて215（うち州立が105，その他教会設置など私立系が110）と，総合大学（全体で107，うち州立が85，私立が22）より学校数は多いが，各校の学生数は少人数なため全体としては総合大学の学生数の2分の1程度である。2015年時点で，ドイツ全体として約48万人程度が高等教育の学位（学士，修士，博士，および，旧ディプロムなど）を取得している（図5-6参照）。ちなみに，フランスの国立大学数は2015年時点で72（2016年は71）だが，それ以外にエンジニアスクールやビジネススクールなど（各校の学生数は数百人程度と小規模だが）相当数のグランゼコールがある。一般の国立大学は（200ユーロ程度の登録料を除けば）無償だが，グランゼコールは前述のような一部のトップ校を除くと有償である（ただし，商業系のグランゼコール（ビジネススクール）が高額であるのに対し，理工系は数百ユーロ程度と低額な学校が多い）。

　ドイツではこれまで職業訓練制度が発達していたこともあり，成人（25〜64歳）の高等教育学位取得者の比率は28％程度（OECD 2017a）と欧州の中で

も低水準である（フランスは 34% 程度）。25 〜 34 歳に限定すると，ドイツが 31%，フランスが 44% とより高水準だが，フランスについては日本同様短期の高等教育が含まれる。ボローニャ・プロセスが定着した 2000 年代後半以降のドイツでは，若者の大学進学は急速に進展し，2016 年時点で若者の 53% が大学進学資格を保有している（第 5 章参照）。

　ドイツの若者は専門分野によって，あるいは，居住地との距離などを考慮して大学を選ぶ傾向があるが，エンジニアを重用する職業文化があること，就職に結び付く科目の選択が重視される傾向があることなどから，高等教育において，科学や技術，エンジニアリングなどを専攻する若者が相対的に多く，その比率は OECD でも最高水準である（OECD 2017: 52）。

　また，ドイツの高等教育は，（エリート教育ではなく）教授と学生のコミュニティーを重視し，フンボルトの理念に基づき研究と教育の両立を目指すとされる（Powell et al. 2012: 414, Davoine & Ravasi 2013: 154）。大学間の序列が低く，且つ，受講料も実質無料であることから，優秀な若者には，早期に進級し上の学位を目指す者が多く，結果として各自の専門分野がさらに磨かれることになる（タテの学歴）。ボローニャ・プロセス以前のドイツの総合大学では，制度的には 9 セメスター（4.5 年）を修了し最終試験に合格し論文を提出することで卒業できたが，4.5 年で卒業する学生は非常に稀であり，進級の速さは優秀さや勤勉さの一つの証左でもあった。そのため，企業の採用基準に「卒業までに要した期間」という項目があったくらいである[14]。ボローニャ・プロセス定着後の今日においても，採用者の評価基準の一つとして「所定学習期間での卒業」という項目があり，29% の企業が選考において重視する項目の一つと回答している（Staufenbiel 2017: 10）。ただし，学位取得期間の短期化により，進級や卒業速度の個人差が減少していると予想されるため，この指標の重要度は低下している可能性がある。

　これまで，大学間のヒエラルキーが低かったドイツだが，最近は，エクセレンスイニシアチブのように，国が特定の大学に研究費を重点的に割り当てるような制度が始まり，学生の質を問うイニシアチブではないものの大学間の序列が徐々に明らかになりつつあるという見方もある。また，ボロー

---

14 例えば，吉川（2004: 193）で紹介されているドイツ経済誌 WirtschaftsWoche（2003）のドイツ大企業 250 社の人事部長を対象とする調査では，大学卒業者の採用で重視する項目として，「在学期間」は，「実務経験」，「外国語能力」，「卒業成績」，「外国経験」に次ぐ 5 位であり，10 段階評価（10= 非常に重視する，1= 重要でない）において 7.7 ポイントであった。

第Ⅰ部　教育訓練システムと雇用システムとの連動

ニャ・プロセスにより，欧州単位互換システム（ECTS：European Credit Transfer System）が普及した結果，最終試験も以前のような厳格なものではなくなり学位授与の難易度が低下したという声を聞くことがある。

▶2-5　スイスでは成人の3％が博士

　スイスにおいては，ドイツ同様，州（canton）が管轄する総合大学が教育の中心であるが，26の州に対して，総合大学の数は10しかないため，大学が設置されていない州の若者は通常近隣の州の大学に進学する。その他，ビジネスに関連する大学としては，1990年代に設立された専門大学（公立が7校，私立が2校）と，二つの連邦（国立）工科大学があり，後者は世界的な評価も高い。加えて，職業訓練修了者が継続教育のために進学する上級専門学校（professional education and training college）も高等教育機関として分類される（ただし，一般の州立大学や専門大学と上級専門学校は区別している）。

　欧州のほぼ中央に位置するスイスでは，その北東側がドイツと，北西側がフランスと接しており，教育訓練制度においてもその両国の影響が垣間見られる。例えば，スイスでは職業バカロレアが1993年に導入されたが，フランスではそれに先立つ85年に導入されている。ドイツで68年に設立された専門大学は，スイスでは95年に設立されている。しかしながら，その導入の判断や目的はスイス独自のものであり，労働市場の需要に応えるべく職業訓練の一般教育部分を強化しその魅力を高めるためであった。従って，スイスの専門大学設立は，職業訓練修了者を受け入れるためであり（Hoffman & Schwartz 2015: 21），実際，入学者の過半数（55％）は職業訓練を修了したあとに職業バカロレアを取得したものである（Graf 2013: 164）。その点，普通教育（ギムナジウム）に進み一般の大学入学資格を取得した生徒が進学することが多いドイツの専門大学とは異なる。スイスにおける職業バカロレアと専門大学の導入プロセスは極めて計画的であり，専門大学入学に必要となる職業バカロレアを1993年に，その2年後の1995年に専門大学を設立している。

　小国であり，ろくな資源を持たないスイスでは，国際的競争力の重要性が広く国民の間で認識されている。そのせいか，政治的には保守色が強く，教育制度にもその影響が見られる。例えば，スイスのリーダーたちは，大学入学者数が一定数を超えると，大学，職業訓練の両方の質を低下させるという懸念を共有している。そのため，後期中等教育機関の選択時に，3割程度の学生にしかギムナジウムへの入学を認めていない。Hoffman & Schwartz（2015:

13) の分析によれば，スイスの教育課程では，3 つの段階で大学へのアクセスをコントロールする仕組みが存在する。すなわち，後期中等教育入学時，後期中等教育卒業時，そして，大学進学後 2 年次への進級時である。

その一方で，職業訓練の魅力を維持，強化するための努力は奏功し，職業訓練後に職業バカロレアを取得し（一般の高等教育に分類される）専門大学に入学する若者も多い。そのため，高等教育履修者の比率はドイツ語圏の中では高く，また，ドイツで観察されるような職業訓練の将来に対する懸念もそう高くない。2010 年時点でも主要企業 200 社のトップマネジャーのうち 6 %程度が職業訓練出身者であり（Davoine et al. 2015），低下したとは言え職業訓練出身者がトップマネジャーに昇進することも珍しくはない。アメリカのシンクタンク，全国教育経済センター（NCEE）は，スイスの職業訓練を欧州最強としている（Hoffman & Schwartz 2015: 1）。

スイスの高等教育では，二つの連邦工科大学はエリートとされるが，一般的には，ドイツ同様，大学間のヒエラルキーは低く，高等教育においてはタテの学歴が重視される傾向がある。OECD の統計によれば，スイスの 25 〜64 歳の人口のうち博士号取得者は 3% 程度と OECD 諸国でも最高水準である（図 1-1）。また，IMD のように（ネスレやノバルティスなど）多国籍企業が設立に関わりアングロサクソン方式で教育を提供する世界的に有名なビジネススクールもある（Davoine & Ravasi 2013: 159）。スイスの大学の授業料は無償ではないが，（大学・学部により）1000 フラン前後と低額である。

▶2-6　博士号取得者の比率と産学連携

スイスに次いで，博士号取得者の比率が高い国は，アメリカ（1.78%），スウェーデン（1.55%），ドイツ（1.38%）である。こうした国々では産学連携が活発で，研究所から企業への転職も多い。ドイツで産学連携が活発な理由として，フラウンホーファーなど主要研究所において商品化やイノベーションを奨励するインセンティブ体系があることがしばしば指摘されるが（中村2015），加えて，企業関係者の多くが研究者としてのバックグラウンドを持ち大学や研究所の研究者らと共通の言語で語れるという背景が関係している可能性もあろう。ドイツの大手企業では博士課程就学者に対する特別な就労プログラムもあり，積極的に博士号取得者を採用する姿勢が観察される（第5 章参照）。

逆に，ヨコの学歴が重視され，専門性よりむしろ一般教育を重視する日本

やフランスのような国では研究者を目指すもの以外が博士号を取得する動機は低い傾向がある。フランスにおける修士号や博士号取得者の比率はそれぞれ9%，0.7%程度と他の欧州諸国に比べ限定的であり強力な研究大学が不在なことなどを問題視する声もある。日本については大学までの高等教育履修者の比率は（短大も入れると）これまでトップレベルだったが，修士課程や博士課程の履修率は低い。フランスでは，もっとも優秀な若者が入学するグランゼコールは，前述のとおり行政や経営など実学を重視する高等教育機関であるため，制度上博士課程を持っていなかった。最近では高度な研究を促進するためグランゼコールに博士課程を附設，あるいは，博士課程を持つ一般大学と合弁させるような措置が取られている。

　ちなみに，誤解されることがあるので追記するが，グランゼコールには医学部や薬学部，法学部は存在しない。従って，医者や弁護士志望の若者は通常，一般の国立大学に入学する。大学教員や研究者を目指す若者の多くもグランゼコールではなく一般の大学に入学する。フランスでは医療系コースの入学についても試験を行わない原則を貫いているため医学部進学に繋がるコースには志望者が殺到する。ただし，1年目の基礎課程が修了した段階で成績によって選抜する仕組みがあり，その時点で多くの者が進路変更する。従って，医学部については志望者の意欲だけでなく実質的にクォータが存在している（Méhaut 2010: 112）。ドイツにおいても公立大学は原則誰でも入学できるが，医学部を始めとして実験器具が必要とされる学部や，その他の人気学部では人数制限があることが多く，アビトゥアの得点による足切りなどが行われる。また，アビトゥアの成績がすぐに入学できるほど良くない学生も，看護学実習や市民活動に参加しながら一定の待機期間を経ると，医学部入学への高いモティベーションとして評価されるドイツ独特の制度もあるようだ（奈良・鈴木 2014: 195）。

3　教育訓練システムの分類

　Verdier（2017）に従うと，欧州における生涯学習のレジーム（lifelong learning regime）は，その目的，技能の概念，公平性の原則，資金の提供者などの観点から5つに分類される（表1-7参照）。

　ドイツなど労使や政府間の協調による職業教育訓練制度が発達した国は「コーポラティスト型」，フランスについては選抜を重視する「アカデミック

型」とコーポラティスト型の混合，スウェーデンは，人生初期（つまり家庭環境）の不利を長期化させない教育機会の平等や生涯教育への高いアクセス，さらに，それらを支える高い政府支出を特徴とする「ユニバーサル型」，伝統的に職業教育が発達しながら，教育へのアクセスを重視するデンマークはコーポラティスト型とユニバーサル型の混合としている。「市場型」のアメリカについては，初期の職業教育も継続教育も個人の責任であり，教育や訓練の結果は市場における価値，すなわち，報酬レベルで評価される。市場型に近いが，より公的な制度や監督が充実しているレジームを「組織化された市場型」とし，イギリスについて，組織化された市場型，アカデミック型[15]，ユニバーサル型[16]の混合としている。

　国民の生涯教育を国の責任と考え，教育における機会均等を重視する北欧諸国では，高等教育に至るまで教育が無償であるだけでなく，それに加えて，セカンドチャンスや生涯学習を重視する傾向がある。例えば，スウェーデンにおいては 30 〜 39 歳の成人の 14％が高等教育機関に就学している（表 1-8参照）。アカデミック型のフランスでは，進級や卒業に際しては厳格な基準

表 1-7　生涯教育のレジーム

	「脱商品化」された生涯教育レジーム			市場中心的生涯教育レジーム	
	コーポラティスト型	アカデミック型	ユニバーサル型	市場型	組織化された市場型
公平性の原則	職業共同体へのアクセス	学校のランクや選抜	人生初期の不平等を補償	提供するサービスの有用性	公正な価格
教育訓練の証明	職業資格	教育機関による証明書	国のディプロマ	報酬レベル	技能の認証
初期職業訓練の主要アクター	企業	教育機関	社会	個人	「指導された」個人
リスク	無資格者の烙印	学校教育における不平等	コスト	研修への投資不足	不十分なインセンティブ
エンプロイアビリティの責任	職業レベルの協定	企業と公的機関	国と労使	個人	個人と当局
制度の主要アクター	ソーシャルパートナー	教育機関	公的機関	見えざる手	公的な規制・認定機関

出所：Verdier 2017 を参考に筆者作成

---

15 オックスブリッジを頂点とするヒエラルキーがあることなどがその理由。
16 2000 年以降労働党が推進した政策には，14-19 strategy などすべての若者を対象とするものがある。

第Ⅰ部　教育訓練システムと雇用システムとの連動

表 1-8　継続教育参加率

	30-39 歳人口の就学比率（%）		継続教育への参加比率（%）		高校以下で同学年を二度履修した生徒の比率（%）		
	2005 年	2012 年	2007 年	2012 年	2003 年	2012 年	2016 年
ドイツ	2.5	4	43	53	21.6	20.3	18.1
デンマーク	7.8	9	38	66	3.6	4.7	3.4
フランス	2.6	3	32	36	39.5	28.4	22.1
スウェーデン	13.3	14	69	66	3.5	4	4
イギリス	15.8	7	40	48			2.8
OECD 平均	5.7	6		51	13.8	13.3	
EU21 平均			34				

出所：Verdier 2017, OECD 2014, 2016b

が設けられ，[17] 上述のように中等教育終了以前に同じ学年を再履修する若者の比率はつい最近まで 3 割程度であり（表 1-8 参照），男子学生だけを見ると実に 45.9% が同じ学年を複数年履修していた時期もある（浅野 2005: 21）。

　このように及第点を取れずに同じ学年を繰り返し履修することが一般的な国においては，就学の過程でそれぞれの生徒が自分の能力や学業への関心の高さに応じた速度で進級していくことが当たり前となり，年齢を基準とした同期意識は日本に比べれば希薄となろう。

おわりに

　以上のような教育システムの違いは，企業の採用方法や研修・昇進の仕組みなど雇用システムの特徴とも大いに関係する。日本については，職業訓練制度がなく，中等教育も高等教育も普通教育が一般的であり，且つ，進級や卒業が容易であるという特徴がある。また，高等教育における授業料も比較的高額であることから，多くの若者が同時に卒業する傾向が強い。新卒一括採用が非難される機会が増えているが，同時に卒業し労働市場に流入する若者を，有能な人材を常に求める立場にある企業が一括で採用することはある意味自然な流れであり，両者の間の補完性を考えた場合，採用方法を大きく変えるためには，雇用システムのみならず，教育制度や社会保障制度などについて同時に議論することも必要となろう。

　採用の基準が，今後も専門性より潜在能力重視であり，入社後の企業内育

---

17 成績評価は，「文章を暗記することができる」，「内容を理解し説明することができる」と言った「絶対基準」に基づくため，一定の水準に満たないものを進級させることができない（浅野 2005: 22）。

成が前提ということであれば，現在の日本の採用方法は企業，学生両者にとって効率的な面もあろう。他方，雇用システムの多様化（山内 2013）とともに，技能形成や昇進方法に対する企業の方針が今後益々変化するのであれば，採用の方法もさらに多様化すると考えられる。そして，そのことは，学生の就学パターンや（自らに対する）教育訓練投資の方法に少なからず影響を与えるであろう。

山内 麻理

参考文献

浅野清（2005）．『成熟社会の教育・家族・雇用システム：日仏比較の視点から』NTT 出版．

Bauer, M., & Bertin-Mourot, B.（1996）. *Vers un modèle européen de dirigeants? ou Trois modèles contrastés de production de l'autorité légitime au sommet des grandes entreprises?: comparaison Allemagne, France, Grande-Bretagne*. Abacus Edition.

BIBB（2014）. *VET data report Germany*. Bundesinstitut für Berufsbildung.

BMBF（2014）. *Bildung in Deutschland*. Bundesministerium für Bildung und Forschung.

BMBF（2016）. *Bildung in Deutschland*. Bundesministerium für Bildung und Forschung.

BMBF（2017）. *Education and Research in Figures 2017: Selected information from the BMBF's data portal*. Bundesministerium für Bildung und Forschung.

Bosch, G.（2010）. The revitalization of dual system of vocational training in Germany. In G. Bosch & J. Charest（Eds.）, *Vocational training: International perspective*.（pp. 136-161）. Routledge.

Bourdieu, P.（1986）. The forms of capital. In J. Richardson（Ed.）, *Handbook of theory and research for the sociology of education*.（pp. 241–258）. Greenwood Press.

Buchmann, C., & Dalton, B.（2002）. Interpersonal influences and educational aspiration in 12 countries: The importance of institutional context. *Sociology of Education*, 75（2）, 99-122.

Buchmann, C., & Park, H.（2009）. Stratification and the formation of expectations in highly differentiated educational systems. *Research in Social Stratification and Mobility*, 27（2009）245-267.

Bundesagentur für Arbeit Statistik（2015）. *Der Arbeitsmarkt für IT-fachleute in Deutschland Mai 2015*.

Busemeyer, M., Neubäumer, R., Pfeifer, H., & Wenzelmann, F.（2012）. The transformation of the German vocational training regime: evidence from firms' training behavior. *Industrial Relations Journal*, 43（6）, 572-591.

Céreq（2014）. *Quand l'école est finie: Premiers pas dans la vie active de la génération 2010*. Enquête 2013. Centre d'études et de recherches sur les qualifications.

Davoine, E., Ginalski, S., & Ravasi, C.（2015）. Impacts of globalization processes on the Swiss national business elite community: A diachronic analysis of Swiss large corporations（1980-2010）. In G. Morgan, P. Hirsch, & S. Quack（Eds.）. *Elites on trial*.（pp. 131-163）. Emerald Group Publishing Limited.

Davoine, E., & Ravasi, C. (2013). The relative stability of national career patterns in European top management careers in the age of globalization: A comparative study in France/Germany/Great Britain and Switzerland. *European Management Journal, 31*(2), 152-163.

ドーア，ロナルド著／藤井真人訳（2001）．『日本型資本主義と市場主義の衝突―日・独対アングロサクソン』東洋経済新報社．

デュリュ゠ベラ，マリー著／林昌宏訳（2007）．『フランスの学歴インフレと格差社会：能力主義という幻想』明石書店．

海老原嗣生（2016）．『お祈りメール来た，日本死ね：「日本型新卒一括採用」を考える』文春新書．

Esping-Andersen, G. (1990). *The three worlds of welfare capitalism.* Polity Press（岡沢憲芙・宮本太郎訳『福祉資本主義の三つの世界：比較福祉国家の理論と動態』ミネルヴァ書房，2001年）．

Esping-Andersen, G. (1999). *Social foundations of postindustrial economies.* Oxford University Press（渡辺雅男・渡辺景子訳『ポスト工業経済の社会的基礎：市場・福祉国家・家族の政治経済学』桜井書店，2000年）．

Estevez-Abe, M., Iversen, T., & Soskice, D. (2001). Social protection and the formation of skills: A reinterpretation of the welfare state. In P. A. Hall & D. Soskice (Eds.), *Varieties of capitalism: The institutional foundations of comparative advantage* (pp. 145-183). Oxford University Press（遠山弘徳・安孫子誠男・山田鋭夫・宇仁宏幸・藤田菜々子訳「資本主義の多様性・序説」『資本主義の多様性：比較優位の制度的基礎』ナカニシヤ出版，2007年）．

藤本昌代（2017）．「フランスの就業構造と高学歴者のキャリア：学歴インフレと不平等」『同志社社会学研究』*21*，1-24．

Graf, L. (2013). *The hybridization of vocational training and higher education in Austria, Germany, and Switzerland.* Budrich UniPress Ltd.

Hall, P., & Gingerich, D. (2009). Varieties of capitalism and institutional complementarities in the political economy: An empirical analysis. *British Journal of Political Science, 39*(3), 449-482.

Hall, P., & Soskice, D. (2001). *Varieties of capitalism: The institutional foundations of comparative advantage.* Oxford University Press（遠山弘徳・安孫子誠男・山田鋭夫・宇仁宏幸・藤田菜々子訳『資本主義の多様性：比較優位の制度的基礎』ナカニシヤ出版，2007年）．

Hoffman, N., & Schwartz, R. (2015). *Gold standards: Swiss vocational education and training system.* National Center on Education and the Economy.

石塚史樹（2008）．『現代ドイツ企業の管理層職員の形成と変容』明石書店．

五十畑浩平（2016）．「フランスにおける職業教育の新たな潮流：高等教育における交互制職業教育」宮本悟編『フランス：経済・社会・文化の実相』（第2章，pp. 41-57）．中央大学出版部．

五十畑浩平（2020）．『スタージュ　フランス版「インターンシップ」：社会への浸透とインパクト』日本経済評論社．

Jansen, A., Leiser, M., Wenzelmann, F., & Wolter, S. (2015). Labour market deregulation and apprenticeship training: A comparison of German and Swiss employers. *European Journal of Industrial Relations, 21*(4), 353-368.

Karabel, J. (2005). *The chosen: The hidden history of admission and exclusion at Harvard, Yale, and Princeton.* Houghton Mifflin.

苅谷剛彦（2017）．『オックスフォードからの警鐘：グローバル化時代の大学論』中公新書

ラクレ.

松田紀子（2016）.「フランスにおける教育・資格・職業能力の連関：戦間期から高度成長期へ」『大原社会問題研究所雑誌』688, 2016-2, 29-39.

Maurice, M., Sellier, F., & Silvestre, J. (1986). *The social foundation of industrial power*. MIT Press.

Mayer, M., & Whittington, R. (1999). Euro-elites: Top British, French and German managers in the 1980s and 1990s. *European Management Journal, 17*(4), 403-408.

McCormick, J. (1986) . Introduction. In M. Maurice, F. Sellier, & J. Silvestre (Eds.), *The social foundation of industrial power* (pp. vii-xi). MIT Press.

Méhaut, P. (2010). Vocational training in France: Towards a new vocationalism? In G. Bosch & J. Charest (Eds.), *Vocational training: International perspective* (pp. 110-135). Routledge.

Mohrenweiser, J., & Backes-Gellner, U. (2010). Apprenticeship training: Investment or substitution? *International Journal of Manpower, 31*(5), 545-562.

村松岐夫（2008）.『公務員制度改革：米・英・独・仏の動向を踏まえて』学陽書房.

村田弘美（2011）.「フランスの実践型人材養成システム：見習い訓練制度のしくみと実際」『Works Review』6, 132-145.

中上光夫（2007）.「フランスにおける「職業訓練」と職業資格」『国際地域学研究』10, 47-60.

中村吉明（2015）.「公的研究機関の研究マネジメント：産業技術総合研究所とフラウンホーファー研究機構のケーススタディ」日本 MOT 学会第 6 回（2014 年度）年次大会研究発表会.

奈良信雄・鈴木利哉（2014）.「ドイツにおける医学教育と医師国家試験」『医学教育』45(3), 193-200.

夏目達也・大場淳（2016）.「フランスの高等教育における職業教育と学位」大学改革支援・学位授与機構編『高等教育における職業教育と学位：アメリカ・イギリス・フランス・ドイツ・中国・韓国・日本の 7 か国比較研究報告』(pp. 63-81). 大学改革支援・学位授与機構。

Neubäumer, R., Pfeifer, H., Walden, G., & Wenzelmann, F. (2011). *The cost of apprenticeship training in Germany: The influence of production processes, tasks and skill requirements*. University of Koblenz and BIBB.

大場淳（2008）.「フランスの高等教育と学位授与権」『日仏教育学会年報』14, 45-55.

大場淳（2009）.「ボローニャ・プロセスとフランスにおける修士教育」『日仏教育学会年報』15, 103-113.

OECD (2014, 2016a, 2017a). *Education at a Glance*. OECD.

OECD (2016b). *PISA 2015 results: Policies and practices for successful schools*, Volume II. OECD.

OECD (2017b) *Education indicators in focus*. Retrieved from http://www.keepeek.com/Digital-Asset-Management/oecd/education/tuition-fee-reforms-and-international-mobility_2dbe470a-en#.WfbQQLpuJdg#page2

Powell, J., Graf, L., Bernhard, N., Coutrot, L., & Kieffer, A. (2012). The shifting relationship between vocation and higher education in France and Germany: Towards convergence? *European Journal of Education, 47*(3), 405-423.

リクルートワークス研究所「新卒一括採用」に関する研究会（2010）.『「新卒採用」の潮流と課題：今後の大卒新卒採用のあり方を検討する』リクルートワークス研究所.

リクルートワークス研究所（2014）．『フランスの労働政策と人材ビジネス2014』リクルートワークス研究所グローバルセンター．

労働政策研究・研修機構（JILPT）（2003）．「高等教育と職業に関する国際比較調査：ヨーロッパ側報告（欧州委員会への報告）からの抜粋」資料シリーズ2003 No. 135，（独）労働政策研究・研修機構．

Saatkorn（2016）. *Staufenbiel JobTrends 2016: Interview und infografiken.* Saatkorn. Publishing House.

坂野慎二（2017）．『統一ドイツ教育の多様性と質保証：日本への示唆』東信堂．

Schneider, M., & Paunescu, M.（2012）. Changing varieties of capitalism and revealed comparative advantages from 1990 to 2005: A test of the Hall and Soskice. *Socio-Economic Review, 10,* 731-753.

State Secretariat for Education, Research and Innovation（SERI）（2016）. *Vocational and professional education and training in Switzerland, facts and figures 2016.* Swiss Confederation.

Staufenbiel（2017）. *JobTrends 2017: Was berufseinsteiger wissen müssen.* Staunfenbiel Institut & Kienbaum.

Steedman, H., Wagner, K., & Foreman, J.（2003）. *The impact on firms of ICT skill-supply strategies: An Anglo-German comparison.* London School of Economics.

Swiss Coordination Centre for Research in Education（SKBF/CSRE）（2014）. *Swiss education report 2014.*

Swiss Federal Department of Home Affairs（FDHA）& Federal Statistical Office（FSO）（2016）. *Education statistics 2016.*

Thelen, K.（2014）. *Varieties of liberalization and the new politics of social solidarity.* Cambridge University Press.

Turner, R. H.（1960）. Sponsored and contest mobility and the school system. *American Sociological Review, 25*(6), 855-867.

van Zanten, A.（2016）. Promoting equality and reproducing privilege in elite educational tracks in France. In C. Maxwell & P. Aggleton（Eds.）, *Elite education: International perspectives.* Routledge.

Verdier, E.（2017）. How are European lifelong learning systems changing? In R. Normand & J. L. Derouet（Eds.）, *A European politics of education: Perspectives from sociology, policy studies and politics.* Routledge.

Walther, M.（2013）. *Repatriation to France and Germany: A comparative study based on Bourdieu's theory of practice.* Springer Gabler.

山内麻理（2013）．『雇用システムの多様化と国際的収斂：グローバル化への変容プロセス』慶應義塾大学出版会．

山内麻理（2016）．「ドイツ職業教育訓練制度の進化と変容：二極化とハイブリッド化の兆し」『日本労務学会誌』*17*(2)，37-55．

吉川裕美子（2004）．「ドイツ高等教育とインターンシップ：大学生の職業への移行」寺田盛紀編『キャリア形成・就職メカニズムの国際比較：日独米中の学校から職業への移行過程』（pp. 182-195），晃洋書房．

ザークル，クリストファー（2004）．「アメリカ合衆国における高校生の学校から職業への移行過程」寺田盛紀編著『キャリア形成・就職メカニズムの国際比較：日独米中の学

校から職業への移行過程』（pp. 218-238）．晃洋書房．

第 **2** 章

各国の雇用システムと 教育訓練システムとの 補完性

はじめに

　第1章では，各国の教育システムの特徴について俯瞰し，その社会的背景について議論した。本章では，各国の雇用システムの特徴，取り分け，教育システムとの関連が強い，採用や昇進の方法を明らかにし，教育システムと雇用システムの補完性について議論して行く。企業が優秀な人材を見つけ，彼らを企業内でどう配置し活用するかは，採用担当者，そして，企業全体にとって極めて重大な関心事である。その作業をいかに効率的に行うかは，各国の教育訓練システムとも深く関わっている。

　一般に，教育訓練を受ける目的がより良い就労機会を得るためと考えるならば，雇用システムのあり方が教育システムに影響を与えてきたと考える方が自然であろう。特に，昨今のように若者の就労や企業の国際競争力が先進国の多くで重要な政策課題であればなおさらである。ただし，歴史を遡れば，伝統的な高等教育機関は必ずしも就労のために設立された組織ではないこと，教育システムも雇用システムも異なるステークホルダーがそれぞれの視点や制約に基づき構築され運営されてきた制度であることから，必ずしも一方向ではなく，相互に影響し合っているという見方もできよう。

1　入職の方法

　先ず，採用のプロセスについて議論する。第1章で明らかにしたように，

第Ⅰ部　教育訓練システムと雇用システムとの連動

欧米，取り分け，欧州大陸諸国においては，そもそも大学生の卒業時期が一定でないため，新卒一括採用は成立しない。また，職務主義が普及しているため，（幹部候補生を除けば）新卒者もポストや職種を特定して入社することが一般的である。そのため，欧州の若者の多くは，在学中のインターンシップや，その他の短期就労機会を通じ，職務経験を積み，将来の正規雇用を勝ち取るためのきっかけを作る。企業の立場からも，若者に就労機会を与えるという社会的責任を果たしつつ，将来正規雇用者として採用する人材を見極める。従って，優良企業のインターンポストを獲得すること自体，非常に難易度が高く，学生は，両親のコンタクトや就職サイトの情報など様々なルートを通じてインターンシップの機会を模索する。

▶1-1　既卒者と競い合うダイレクトエントリー

　フランスでもドイツでも大卒者の一般的な入職方法は，社内の空きポスト

図2-1　ドイツ大学生の専攻別内定までに要した月数と平均コンタクト企業数

	活動期間（月数）	コンタクトした企業数	卒業前に就職活動を開始した生徒の比率（％）
土木工学(FH)	2.5	11	57
情報工学	3.1	17	62
医学	3.2	14	63
法律	3.4	14	15
建築(FH)	3.7	14	24
情報工学(FH)	4	23	48
福祉(FH)	4.2	11	61
経営・経済	4.6	34	42
数学	4.7	31	45
教育	4.7	13	44
人文科学	4.8	6	22
経営・経済(FH)	4.8	29	48
経済	4.8	29	49
電気工学	4.9	32	63
機械工学(FH)	5.3	32	58
物理	5.6	28	47
心理学	5.6	21	39
化学	5.7	21	44
電気工学(FH)	5.9	29	56
自然科学	5.9	10	15
機械工学	6	35	66
語学	6	33	7
生物	6.1	21	35
歴史	7.5	21	41
社会科学	7.6	23	35

注）（FH）は専門大学卒業生。
出所：Fischer 2000

第 2 章　各国の雇用システムと教育訓練システムとの補完性

に直接応募することである。このような採用（ドイツではダイレクトエントリーと呼ばれることが多い）では，新卒者であっても，（若手）既卒者と競ってポストを獲得しなければならないため，学生のうちから実務経験を積んでおくことが重要となる。

　大学で何を専攻したかということが非常に重視されるため，同じ大学であっても情報工学や経営・経済など実務に直結する学科を専攻した学生とそうでない学科を専攻した学生とでは，日本の比ではなく，就職のチャンスが異なり，初職を得るまでの期間やコンタクトした企業数などに明らかな違いがある。図 2-1 はドイツの大学生が就労機会を得るために要した期間，コンタクトした企業数などに関する調査だが，最も期間の短い工学系の学生が 2 ～ 3 カ月であるのに対し，社会科学や歴史を専攻した学生は 7 ～ 8 カ月程度掛けて就職先を探している。前述の JILPT（2003）の調査でも，欧州では大学で勉強したことに関連する職務に就く学生の比率が日本より遥かに高いことが確認されている。

▶1-2　幹部候補生の採用：ドイツとフランスの違い

　幹部候補生の採用方法については，ドイツとフランスで異なる。ドイツでは，伝統的にトレイニープログラムと呼ばれる研修制度を通じて新卒（または，準新卒）の幹部候補生を採用してきた（Davoine & Ravasi 2013, Walther 2013）。このプログラムには二つの目的があると言われてきた。一つは，社内の複数の機能を経験し幅広い知識を得ること，もう一つは，そうした経験を通じて自分の適性を発見することである（Evans et al. 1989, 2002）。従って，このプログラムに参加すると，通常 18 カ月から 2 年程度の間にいくつかの配属を経て，自分に最も相応しい専門分野を特定できた。正式に入社すると，空きポストを待って早期に管理職に就き，専門分野内で昇進を重ねた。中でも，博士号保有者のように高い専門能力を持つものは，最終的に役員ポストまで昇進する可能性が高かった（Evans et al. 1989: 125）。他方，職能を超えた異動は，大変優秀な成績で技術系の博士号を取得したものや，本部のスタッフ部門に配属された極一部のエリートを除くと稀であった（Evans et al. 2002: 376）。ドイツ企業では，従来，（前期）中等教育を修了した若者向けにデュアルシステムを通じて職業訓練を提供したきたが，そうした訓練の文化や習慣が，大卒者の社内育成とも関連している（Evans et al. 1989, 2002）。

　トレイニープログラムは，優秀な成績で総合大学の学位（ディプロム，また

049

は，博士号）を取得したものが対象とされてきたが，近年の大卒者増加を受け，企業によってはバチェラーを含むより広範囲な新卒者向けプログラムとして位置付ける傾向もある。従って，かつてのように，必ずしも，幹部養成，あるいは，ハイフライヤー[1]向けプログラムとは言えなくなってきている（詳細は第5章参照）。

　フランスの場合は，有名グランゼコール出身者が，いきなり管理職として採用され多数の部下を管理する習慣がある。教育システムとの関連について言及すれば，フランスではグランゼコール入学時に厳しい試験が課され，そして，有力なグランゼコールでは企業や政府の幹部になるためのエリート教育が行われるため，企業は幹部候補の入社に際して，教育機関の名前を有力なシグナルとして活用する。第1章でも触れたとおり，フランス企業の求人広告では，学歴要件として，学士・修士など学歴の高さ（bac + 年数）だけでなく，「トップクラスのビジネススクール」というように教育機関のランクを問うものが少なくない。ドイツではそのような教育システムは不在のため，大学の成績，進級の速度や学位の高さ，アセスメントセンターなどを活用しながら採用を行う。インターンシップや長期の学生アルバイトを通じた就労状況の観察も重要な参考情報となる。

　フランスでは管理職相当のポストをカードル（cadre）と呼ぶが，高学歴者にとってカードルで入社するか否かは非常に重要であり，報酬や将来の昇進可能性と関わる。ただし，（部下の数など）実際の職責については，個人ごと，あるいは，企業ごとの違いも大きく，例えば，最近の情報通信系企業などでは，従業員の大半がカードルに属する企業もあり，ステータスシンボルとしての価値は薄らいでいる（鈴木 2018: 45）。

　独仏の雇用システムをそれぞれの社会制度に注目して分析した Maurice et al.（1986）は，両国の雇用システムの違いを以下のように要約した。彼らの著書は当初フランス語とドイツ語で出版されたのち（1982），MIT の監修により英語でも出版され（1986），多くの文献で引用された結果，雇用システムの独仏比較の基礎として広く知られている。表 2-1 は，当時の独仏モデルに関する記載ではあるが，欧米の研究者の間で独仏の伝統的雇用システムの特徴として共通の認識となっているので押さえておきたい。

　彼らの分類に従うと，フランス企業の方がドイツ企業より管理職の比率が

1　高度な潜在能力を持ち，早期の活躍や昇進が期待される人材。

第 2 章　各国の雇用システムと教育訓練システムとの補完性

表 2-1　独仏雇用システムの比較

	ドイツ	フランス
管理職と一般社員との比率	ブルーカラーが多い	低位監督者が多い
教育のタイプ	専門的	一般的
企業内序列が依拠するもの	研修，学位	（企業内）ルール，トラック
昇進	学位，技術標準	年功的
賃金	生産性と関連	年齢と関連
賃金差	低い	ドイツより高い
紛争の場所（レベル）	産業レベル	工場や企業
企業と社会の関係	勤勉な文化	官僚的

出所：McCormick 1986 による英語版 Maurice et al. の導入部分

多いとされる。ドイツでは幹部候補であっても専門性や実務能力が重視される傾向があり，必ずしも最初から多数の部下を管理する立場で入社する訳ではない（Maurice et al. 1986, Evans et al. 1989, Walther 2013）。そのため，誰が昇進競争の勝者となるかはフランス企業と比べるとより不明瞭である（ただし，一部の本社スタッフ職や CEO を始めとする経営幹部のアシスタント職は，企業の経営状況全般が見渡せるため有望な若手の登竜門であると言うコンセンサスはあるようだ）。

▶1-3　インターンシップと職業訓練

　インターンシップや職業訓練への参加は，入職のための重要なルートである。フランスでは，スタージュ（stage）と言われるインターンシップ，見習い訓練契約などの交互制職業教育（alternance），あるいは，フランス政府の補助のもとに，収入を得ながら一定期間フランス企業の海外オフィスで研修を受ける VIE（le volontariat international en entreprise）と呼ばれる海外研修制度などがある。ドイツでは，プラクティクム(praktikum)と言われる数カ月のインターンシップやより長期のワーキングステューデント（werkstudent）と言われるパートタイム就労などを通じて，将来の就職先候補として興味のある企業で（あるいは，将来就きたい特定の職種において）就労経験を得ながら人脈を作る。

　ドイツで最も一般的な職業訓練であるデュアルシステムは中等教育修了者が参加するが，研修終了後に研修先企業に入社する若者の比率は，全体で3分の2程度，500 人以上の大企業では 8 割程度（BIBB 2014: 33）に達している。大学入学資格を保有する若者がデュアルシステムに参加することも一般的であったが（研修生のうち約 2 割程度が大学入学資格を保有），近年，企業内の OJT

第Ⅰ部　教育訓練システムと雇用システムとの連動

と（従来のように地元の職業学校ではなく）専門大学など高等教育機関での学習を通じて，バチェラー学位と初期職業資格の両方を3〜4年程度で取得できる二元学習プログラム（duales studium, dual study program）と言われる研修プログラムが人気を博している（詳細は第5章参照）。このプログラムに参加する研修生のうち9割が訓練先企業に入社すると言われており，まさに企業側にとっては，優秀人材獲得のためのリクルート手段の一環，若者にとっては，高等教育機関に進学しながら，職業経験を積み就労機会を獲得する手段として活用されていると言えよう。

　すなわち，空きポストに直接応募するダイレクトエントリー，幹部候補生のためのトレイニープログラム，インターシップや職業訓練や見習い訓練制度を通じた採用など，様々な採用の方法や就労の入り口（port of entry）があることが欧州の労働市場の特徴である。

▶1-4　欧州の就職事情と日本の新卒一括採用

　日本の新卒一括採用の起源は，大卒者の多くが学界や官界を目指していた1879年に，三菱が定期的に新卒者の採用を始めたことが嚆矢とされる（リクルートワークス研究所 2010: 3）。他方，今日のように，すべての大卒者が同じポスト（平社員）で入社し，同じ初任給を受けるようになった背景としては，戦時中の賃金統制が影響しているようだ。新卒採用は，1920年以降の不況期に，企業が選抜試験を慣行化，大学側も就職部を設け就職ガイダンスを行うなど学生に就職準備活動をさせるに至り本格的に定着したようだが，その後，戦時中の人手不足から，国家による配給という形で大学卒業者の採用が決定された時期があり，さらに，高騰する基本給を統制するために制定された「会社経理統制令」（1940）により，新卒者の処遇も一律となった（伊藤 2004）という経緯がある。つまり，それ以前は，日本でも出身大学や個人の特性により，初任給の金額は人それぞれであった。

　今日でも，新卒者全員が平社員として入社し，（高卒，大卒など学歴ごとに）同一の初任給を受ける慣習が定着しているため，学生は，成績が良くても悪くても，就職先が大企業であろうと中堅・中小企業であろうと，同一の企業であれば同じ待遇で開始する慣習が続いている。従って，学生は企業の名前や業界における地位を基準として就職先を決めることになり，採用市場は大企業に有利となる。

　ファミリー企業が多い欧州では，中堅・中小企業が，より柔軟で魅力的な

第 2 章　各国の雇用システムと教育訓練システムとの補完性

雇用条件を提示することで人材獲得競争において大企業と競うことも少なくない。従って，幹部候補生か否か，管理職相当のポストか否か，あるいは，どの職種での採用かなど，企業名以外にも考慮する点が多く，学生が色々なオプションに迷うこともあるようだ。また，大卒者以上の入社に際しては（ポストや入社時のレベルが異なるので当然だが）初任給もある程度個別の交渉によって決まるため，大企業だから良い就職先を選んだという訳には行かない。

　日本の学生の大企業志向が非難されることが多いが，日本ではどの企業に入社しても，同期入社の総合職の初任給は一律，（最近増えたとは言え）キャリアコースなどの導入は限定的であり，初任配属も人事部が決めるため専門分野がどの程度活かされるかは入社するまで明確にならない。従って，学生が独自の教育訓練投資を行ったとしてもそのリターンは低く，むしろ，独自のキャリアを選ぶことによるリスクが高まることさえある（あった）。更に，労使協定が企業ごとであるため，同じ業種であっても大企業か中小企業かによる賃金格差が大きいことを考えると，所定の期間で卒業し，まずは大企業に入ろうとする学生の選択はある意味合理的とも言えよう。

　欧州諸国の採用の実態と比較すると，入社後の企業内訓練やOJTが所与であること，一括採用や一括処遇により卒業後すぐに就職先を決定しなければならないことなどは，若者の自律的な就労意識を弱め，雇用の流動性を促進しないという重大な弊害がある反面，欧州諸国が抱える若年層の高失業率という深刻な問題を免れているというポジティブな点もあるということがわかる。

　職務主義が普及し大卒者も即戦力が問われる傾向にある欧州においては，大学生や新卒者がインターンシップや見習い制度によりエントリーポスト給与の数分の1，あるいは，無給で職業経験を積むことも少なくないことを考えると，年功賃金により若年層の報酬が抑えられているとは言え，日本の新卒者の処遇は一般的に見て高待遇であり，実務経験のまったくない新卒者がoff-JTやOJTを受けながら給与を支給され，且つ，期限の定めのない雇用を得ているという点では，（ある程度の残業があったとしても）欧州の学生から見れば羨ましいと映る面もあろう。

　問題は，幹部候補生やリーダーを早期に育成する制度がないこと，専門性を磨く機会が少ないこと，（遅い昇進などにより）優秀な外国人の採用や定着が困難であることなどグローバル化に対応し難い点であるが，それらの弱点を克服するためには，これまで大手企業が国内就職市場において享受してきた

053

第 I 部　教育訓練システムと雇用システムとの連動

高い優位性（すなわち，専門分野や昇進可能性などを明確にしない新卒一括採用が定着していることで，大企業や有名企業にとっては多くの優秀人材を独占できたという状況）を犠牲にすることにもなるため，ファーストトラックや（個人差を促進するような）タレントマネジメントについては，各企業の人事戦略との関連からどこまで進展させるべきか，どのような速度で進めるべきかについて難しい舵取りとなろう。

2　教育システムと採用方法の補完性

　第 1 章で述べたとおり，大陸欧州諸国では進級や進学が厳しく管理され，且つ，授業料も無償または低額であることから，学生は個人個人のペースで，進級し，卒業することが多いが，そのことは，採用の方法にも影響を及ぼしている。

▶2-1　就職活動と大学

　まず，就職活動の開始時期や採用決定の時期が異なる。日本ではほとんどの学生が卒業前に就職活動を始めるが，欧米では卒業後に決める学生も相当数いる（JILPT 2003）。入学したからと言って卒業が約束されている訳ではないので，まずは，学業に専念する必要があること，卒業前後のインターンシップやギャップイヤーを利用して様々な活動を行うなどいくつかの理由が考えられる。また，特定の時期に採用が集中する訳ではないので，企業に求人があるかどうかわからずにノックすることも多い。大学が就職活動に関わる程度も相対的に低く，個人や両親のコンタクト，インターンシップなどを通じた関係構築，あるいは，公的・私的職業紹介機関を通じて就職先を探す。最近では，日本同様，企業のホームページや，就職情報機関のホームページから，インターン情報や求人情報を受けることも一般的である。

　高等教育のコストが日本よりはるかに高額であるアメリカやイギリスを見ると，一般に，（日本に比べると）進級や卒業は難しいと言われるものの，大陸欧州諸国に比べれば，所定期間内で卒業する学生の比率が高い（図1-2参照）。日本については，学費が（米英ほどではないものの）それなりに高額で，且つ，進級の条件も卒業の条件も容易であることから，所定の年数で卒業するための条件が最も揃った国となり，同時に卒業する学生を，企業が一括で採用し，一括で内部育成することが所与となり，また，効率的となる。大学

による就職指導は活発だが，大学教育の中身，あるいは，学業成績については，（理系や一部の学部を除くと）厳しく問われることがない（なかった）。

　そして，大学の同級生は企業に入社してから更に強い同期意識を醸成し，（同期と昇進差が付かない限りは）共に切磋琢磨する。企業はせっかく育てた社員のモティベーションを落とさないために同期社員間で差をつけることに慎重になる。従業員を早期に選別するタイプのタレントマネジメントが定着しにくい理由である。

▶2-2　教育システムの違いとタレントプログラム

　ウォートンのキャペリ（2010: 147）は，アメリカ企業と比べて，欧州では，キャリアプランニングやハイフライヤープログラムなど人材マネジメントの施策を導入している企業が多いと主張する（例えば，ハイポテンシャルプログラムを採用している企業の比率が最も高い国は，スウェーデン（62.2%），次にフランス（53.3%），サクセッションプランニングについてはドイツ（旧西）（65.8%），次にオーストリア（64.7%）など[2]）。彼は，その理由について，法的な理由から解雇が困難で外部人材の積極登用が難しいため，内部人材の育成が重要であるからとしている。

　アメリカ企業と欧州企業との比較であれば，その説明は有効であるが，内部人材育成の重要性や長期雇用か否かという点を主要な基準として考えると，日本企業でタレントマネジメントがそれほど定着していない理由が説明できない。筆者の意見では，教育制度において高等教育卒業前後に既に個人差が歴然としている欧州諸国では，同年代の社員を学位や成績や資格によって区別することにそれほど抵抗がなく，入社の段階からそれぞれの役割や立場がかなり明確化されていることもその背景の一つにあると考えられる。また，ドイツのように大学間のヒエラルキーが低い国が多いこと，専門分野が重視される傾向があること，これまで大卒者が限定的であったこと，あるいは，フランスのように，エリート機関が少数精鋭であることなどから，特定の大学からの同期入社の集中が起こり難いことなども，社員の差別化が容易に行える背景にあるのではないだろうか。

2　N=3559, Cmnet data 1999/2000（キャペリ 2010: 148）。

▶2-3　企業規模と学歴ヒエラルキー

天野（2006）は，日本が学歴中心の社会になった背景として，明治以降階級制度が著しく開放的となり学校教育制度は伝統的な階級構造を維持するよりも，新しいそれを創出する装置としての役割を果たしたこと，階級構造の開放性に対応して，日本の学校制度も著しく開放的となり，それが人々の上昇移動への「野心」をたえまなく「加熱」する役割を果たしたことなどを挙げている。

最近は多少の個人差も見られるようになったとは言え，新入社員全員が同じ平社員としてスタートする日本型の採用・昇進システム，同じ産業・職種であっても企業規模間で歴然と存在する給与格差，さらに，期間を限定する就職協定ゆえ大企業中心の就職活動になりやすいことなどにより，日本型雇用システムにおいては，優秀な人材を中堅・中小企業に向かわせるインセンティブが低い。従って，あたかもトーナメントのように偏差値上位校の卒業生から大企業や人気企業に採用され（濱中1998）（図2-2参照），学歴を中心とした社会構造が形成される。また，企業側に卒業生に対する継続的な採用意欲が強いせいか，偏差値上位校の方がリクルーターの役割が大きい。図2-2は1997年当時の大学の偏差値と卒業生の就職先規模との関係である。その後，ベンチャー企業や外資系企業など就職の選択肢が増えたものの，この関係は恐らく今日でも有効であろう。

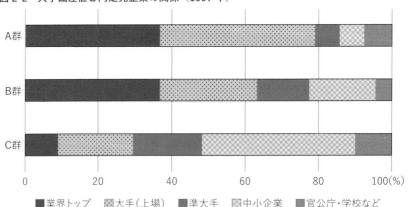

図2-2　大学偏差値と内定先企業の関係（1997年）

注）A群が最も偏差値が高い大学。
出所：濱中1998

第 2 章　各国の雇用システムと教育訓練システムとの補完性

　上述のように，欧州では，学生のバックグラウンドや企業の方針により，初職のポストは必ずしも同一ではなく，初任給も昇進可能性も人それぞれ異なる。ファミリー企業の比率が高いこともあり，中堅・中小企業でも魅力的な条件をオファーすることもある。また，伝統的産業の非管理職層では賃金協約が拡張適用されることから，日本に比べれば企業規模間の賃金格差も低い。特に，ドイツでは，伝統的にミッテルシュタンド（Mittelstand）と言われるオーナー系の中堅・中小企業が経済の牽引役とされ，職業訓練やインターンシップにおいても重要な役割を果たしてきた。この点についても独仏の違いも大きく，フランスは，（日本同様）より大企業中心の経済構造であり，産業別協約の拡張適用は，政府主導（労働省令による）であり，ホワイトカラー職については大企業における上乗せ額は相当とされる（鈴木 2018: 41）。

　採用活動は通常各拠点で行われるが，特にドイツでは，地方により主力産業が異なり，企業の本社所在地もかなり分散していることから，同じ大学の卒業生が同じ企業や同じ拠点に集中するということは相対的に起こり難く，人材が各方面により分散して入社することになる。

　従って，日欧の就職市場における，大学卒業生と彼らの就職先企業規模の関係を示すと，図 2-3 のようになろう。同期入社の新卒者全員が同じスタートラインに立つ日本においては，偏差値上位校の学生は大企業や，最近であれば，特定の外資系企業や高待遇のベンチャー企業など人気企業に集中して

図 2-3　大学のヒエラルキーと就職先企業規模の関係

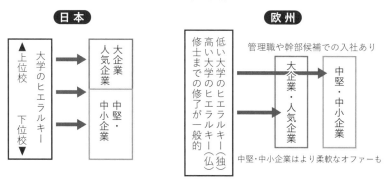

出所：筆者作成

第Ⅰ部　教育訓練システムと雇用システムとの連動

流れる。入社時のポストや待遇が人によって異なり，専門分野が重視される欧州では，（職務内容や条件次第で）学生がより多方面に分散する。

▶2-4　不本意なポストでも就職すべきか，それとも待つべきか

このように，同じ企業への就職であっても，個人により入社時のランクや待遇が異なる欧州では，どの初任ポストで入社するかということが非常に重要となる。従って，企業名だけでなく，職種，初任ポストやランク，初任給の水準とあらゆることを考慮して就職先を決めることになり，必ずしも大企業への就職が望ましいという状況でなくなる。また，希望するポストを得ることができなかった場合，自分の取得した学位や資格に対して不十分なポストであっても就労を開始すべきか，それとも更に就職活動を継続するかということも非常に重要な判断となる。一旦，低いポストで入社すると，内部昇進の機会が日本より限定的な国々では，その後のキャリアに響くからである。

Voßemer & Schuck（2016: 262）の調査によれば，学歴以下の職務についた場合，5年後に雇用されている確率は高いものの，自分の学位や技能に相応しい職に就く確率はむしろ30〜40％程度低くなる。例えば，フランスであればカードルとして入社するか否か，ドイツでも専門性が活かされる職場か，幹部候補に相応しいポストでの入社かなど企業名だけでなく初任ポストの選択が非常に重要である。それによって，将来の昇進可能性や報酬が異なるからである。Scherer（2004）の3カ国（イギリス，ドイツ，イタリア）研究においても，同様の傾向が認められたが，イギリスのように柔軟な労働市場を持つ国ではその傾向は相対的に低く，ドイツのように資格や労働条件が厳格に管理された国では，初職のポストが取得した学位や資格に対して不本意な場合，それを克服することがより困難になる。

一括採用の日本については，そもそも全員が同じ立場（総合職）で入社するためにそのような問題は発生しない。ただし，不本意な就職先しか見つからない場合，「待つ」という選択肢がない（少ない）ことが問題である。他方，内部昇進が所与であるため長く働くことで昇進する可能性がある。職務主義や学歴・資格主義が浸透した欧州では，入社後のポストが固定しやすく初任ポストが重要となる。例えば，フランス企業における典型的な（入社時の）学歴と職階の関係は図2-4のとおりだが，内部昇進があるとは言え，入社後2段階以上昇進することは少ないと言われている（Walther 2013: 77）。トップマネジメントについては上位グランゼコール出身者が中央官庁勤務を経て就

図 2-4　フランス企業の典型的な職階と学歴

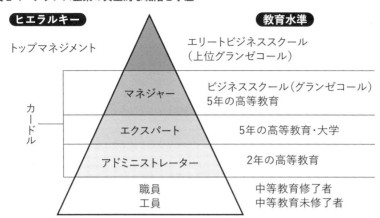

出所：Walther 2013: 75

任する（入社する）のが典型的である。

▶ 2-5　学歴シグナル効果と採用方法

　厳しい選抜のあるグランゼコールと選抜のない一般の国立大学の両方を持つフランスの例が示すように，できるだけ能力の高い若者を効率的に採用したいと考える企業が選抜のある教育制度においてまず求めるものは教育機関名の示すシグナル効果であろう。上位グランゼコールの在校生のように高い潜在能力に対する強いシグナルを有する学生たちに対するインターンシップや見習い訓練制度は売り手市場であり，企業側は将来の採用を意識して学生にアプローチし，インターンシップの手当だけでなく学費まで支給することがある（海老原 2016）。その一方で，選抜されていない国立大学の受講生は自ら企業の門を叩かなければならない。優良企業からのインターシップの受け入れも選別的であり，例えば，グランゼコールの学生が企業の本部でインターンシップを受けるとすると，地方の国立大学の学生は現地のオフィスや支店で訓練を受ける。従って，就職につながったとしても支店採用であることが多い。

　ドイツのように高等教育にヨコの差別化が低い国では，学業成績や，インターンシップによる観察，インタビューの際の専門知識の応答，アセスメントセンターなどを活用した能力判定が行われることが多い。ヨコのシグナルが低いことから，卒業までに要した時間や，幹部候補生については博士号取

得者を採用するなどタテのシグナルを活用した採用方法で選抜を行うことも多い。すなわち，教育システムの違いと採用の基準や選別方法には強い相関がある。

3 キャリア形成とトップマネジメント層への昇進パターン

幹部候補生の採用と同様に，トップマネジメント層への昇進パターンについても，フランスとドイツでかなりの違いが観察されている。幹部候補生の昇進パターンについてしばしば引用されている文献の1つがEvans et al. (1989) のモデルであろう（図2-5参照）。その後，Bauer & Bertin-Mourot (1996) が，ドイツ・フランス・イギリスの，続いて，Davoine & Ravasi (2013) が，ドイツ・フランス・イギリス・スイスの主要企業におけるトップマネジメントのバックグラウンドを比較したが，グローバル化の影響で各国の制度が収斂する傾向はあるもののそのスピードは非常に遅く，Evans et al. (1989) のモデルが引き続き有効であることを確認している[3]。Mayer & Whittington (1999) もパネルデータを用いて，独・仏・英のトップマネジメント像について分析，同様の結果を確認している。

図2-5 欧州企業の幹部への昇進パターン

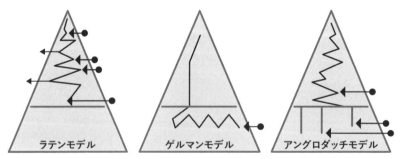

出所：Davoine & Ravasi 2013: 154, Evans et al 1989: 126, 127

---

3 Bauer & Bertin-Mourot (1996) は，ドイツ・フランス・イギリスの上位200社，Davoine & Ravasi (2013) は，ドイツについては，DAXの30社に加えて他の上位30社，フランスについてはCAC40，スイスはSMI企業，イギリスについてはFTSE100社のトップマネジャーの経歴を調査した。

第 2 章　各国の雇用システムと教育訓練システムとの補完性

▶3-1　フランス型とドイツ型の経営幹部昇進パターンの違い

　Evans らのモデルによると，フランスを代表とするラテンモデルの雇用シ
ステムでは，幹部候補の新人が入社早々いきなり管理職に就き昇進競争を開
始する。昇進の方法は（日本のように）管理されたものというより「政治的」
である（Evans et al.2002: 375）。すなわち，上級幹部から個人的に引き立てられ
ることが出世の早道であるため，同僚と協力し合いながらも，自分個人の存
在感を上げるよう微妙なゲームが展開される。一般の社員の多くは一つの機
能に留まりその中で徐々に昇進するが，幹部候補はリーダー教育の一環とし
て複数の異なる機能に配属されながら早期に昇進し，日本の大卒以上に内部
移動性が高いという意見もある（葉山 2008: 40）。つまり，幹部候補とその他
社員の間には配置転換や昇進のスピードや経験する職能の幅において大きな
違いがある。幹部候補については，昇進の速さによって将来性が決まるため，
出世競争に出遅れたものはより小さい企業へ転職することになる。また，外
部から管理職をリクルートすることも多く，Bauer & Bertin-Mourot（1996）
はそのような採用方法をヘリコプター式と呼んでいる。

　ドイツのキャリアモデルでは，幹部候補であっても各人の専門性を反映し
た特定の機能の中で下から昇進するため，煙突（または，暖炉）モデルや登山
者（mountain climber）モデルなどと言われている（Faust 2002, Davoine & Ravasi
2013）。ラテンモデルの幹部候補がジェネラリストモデルとすると，ドイツ
を代表とするゲルマンモデルは，より専門性重視となり，幹部候補であって
も（トレイニープログラムなどを通じ）入社前後にいくつかの職種を経験し会社
全体の業務を俯瞰した上で，専門分野を特定すると，その分野を中心とする
配属となり，特定分野の中でマネジメント能力を発揮していくことが求めら
れる。専門性については外部市場と共通であり（すなわち，移転可能な技能を持
つ），マネジメント能力は内部労働市場で築かれ発揮される。その両者，す
なわち，外部の職業別労働市場で通用する技能の専門性と内部労働市場にお
ける管理能力は両立可能とされ，ドイツの大企業で昇進するための条件とさ
れる（Faust 2002）。

　幹部育成プログラムはラテンモデルやアングロダッチモデルでも存在する
が，前述のようにドイツではトレイニープログラムと呼ばれ，このプログラ
ムに採用されると 1 年半から 2 年程度の期間に異なる複数の機能を経験しな
がらどれが自分に最も相応しいかを見極めることができる。研修プログラム
が終了すると空きポストがあればすぐに初級管理職として配属され，その部

061

門で専門性と管理能力を磨きながら更に昇進していく。ラテンモデルとは異なり，最初から多くの部下を管理する立場で入社するというより，エキスパートや経営幹部のアシスタント職のような立場からキャリアを開始することが多い。

　他方，日本型の「遅い昇進」とも大いに異なり，大卒者は（かつてはその数が限定的だったこともあり）一定の企業特殊能力を身に着けると早期に管理職に昇進している（猪木 2002）。ドイツ企業においては，伝統的にどのような経路（職業訓練か高等教育かなど）で入社しても，（中間）管理職への昇進が可能とされてきた。その一方で，現実的には高等教育の学位を持たない社員にはグラスシーリングがあることも指摘されている（Grund 2005）。また，大学進学率の上昇により，年代ごとに管理職の学歴が異なり，若い世代になればなるほど，管理職に占める大学卒業者の比率が高いことも明らかにされている（Faust 2002）。前述のトレイニープログラムは，昨今の高学歴化やグローバル化の結果，かつての幹部候補生向け制度からより広範囲な新卒者を対象とする社内育成プログラムへと変容している可能性もある（詳細は第 5 章参照）。

　ちなみに，ドイツの労働市場に関する文献では，「移転可能な」技能（transferrable skills）に言及したものが少なくない（Bosch 2010, Streeck 1996, Thelen 2009, 2014, Faust 2002）。日本語文献では，企業内訓練で育成される日本の技能も同業種内であれば共通のものが多いという意見が散見されるが，公共の職業訓練制度に具現化されたドイツの技能移転可能性重視の姿勢はより意図的なものであり，1 社に依存しない技能形成を通じて労働者の自由を守る（転職可能性を維持する）というドイツの労働哲学に基づくものであるということを指摘しておきたい（日本でも同業種間の技能に共通性があることは，その通りではあるが）。著名な社会経済学者でありマックスプランク研究所の名誉ディレクターである Streeck（1996: 150）は，1996 年の著書において，「日本の労働者の長期雇用は企業が労働者を解雇しないため，ドイツ労働者の長期雇用は労働者が企業を見捨てないため」という表現で日独の技能形成の違いを形容している。その後の労使関係の変化や労働市場のグローバル化により，ドイツ労働者の立場も弱体化し，より企業特殊的技能形成の進展に対する懸念も強まっているが（Thelen 2014），雇用システムの国際比較においては，日独の技能形成の違いは明確に区別されてきた（Streeck 1996, Marsden 1999, Estevez-Abe et al. 2001, Faust 2002）。

第 2 章　各国の雇用システムと教育訓練システムとの補完性

▶3-2　トップマネジャーの内部昇進

　トップマネジャーの昇進に話を戻すが，図 2-5 のモデルによれば，ゲルマンモデルのマネジメントの方がキャリアの中期以降は内部昇進的であり，フランスの方が流動性が高いことになる。他方，そうではなく，ドイツのマネジャーの方が外部採用を志向し，フランスの方が内部昇進を志向するという調査もある（Segalla et al. 2001 など）。この 2 カ国のマクロデータを見ると勤続年数や，転職回数などには僅差しか観察されないことが多く（例えば，JILPT（2017: 123）の国際労働比較では，フランスの勤続年数は 11.4 年，ドイツは 10.6 年），平均値だけでなく調査対象者ごとの違いなどを十分に考慮する必要があろう（例えば，Evans et al. (1989, 2002) は幹部候補生に関する指摘であり，Segalla et al. (2001) はより広範囲なマネジャーを対象とした意識調査である。前述の Maurice et al. (1986) はブルーカラーも含めた更に広範囲な雇用システム全般について言及している）。労働市場の構成を考えれば，ドイツの中心的な労働市場は職業別労働市場であり外部移動を前提としている。従って，図 2-5 のゲルマンモデルにおいて，キャリアの途中で転職や外部採用を指すヨコの矢印がないのは不自然とも言える。

　ただし，Evans et al. (1989, 2002) のモデルは，大手企業におけるトップマネジャーの代表的な昇進パターンである。彼らの説明によれば，機能や実務の詳細を重視し，機能間のコンセンサス志向が高いドイツ企業においては，外部採用者はラインマネジメント職に入り難く，スタッフアドバイザリー的役割に就くことが多いと説明している（Evans et al. 2002: 376）。また，ドイツにおいても，大企業では内部労働市場が発達し，大企業の社員を「会社人間」と呼ぶことさえある（Faust 2002）。従って，大手企業における幹部昇進者の代表的なキャリアパスが，他のモデルより内部昇進中心であったとしても理解できなくない。

　Davoine & Ravasi（2013: 158）の調査でも，トップマネジャーたちが勤務した平均企業数を見ると，ドイツがもっとも少なく，2.4 社，次いで，スイス（2.44 社），イギリス（2.51 社），フランス（2.72 社）であり，ドイツのマネジャーのうち 3 分の 1 は 1 社しか勤務経験がなく，3 分の 2 はより多くの企業での勤務経験があるものの，現在マネジメント職を務めている企業に最も長く勤務している。従って，微妙な違いではあるが，大手企業の経営者については，他の欧州諸国と比べて，相対的に内部昇進型と言えなくもない。他方，最近のドイツ大手企業を見ると，CEO 交代のうち 30% 程度は非友好的なものであったという調査もあり（Streeck 2010），トップマネジャーの人事については

063

第Ⅰ部　教育訓練システムと雇用システムとの連動

短期の業績がより重視されるなど，株主資本主義的経営の影響が日本以上に拡大していることも確かであろう（第5章参照）。

　フランスは，企業による職業訓練が周辺的だったこともあり，伝統的に職業別労働市場は欧州諸国の中では未発達であり，大企業中心の内部労働市場の色彩が強いことが様々な文献で指摘されてきた（Estevez-Abe et al. 2001, Méhaut 2010, Powell et al. 2012: 411, Maurice et al.1986）。その限りにおいては，一般社員や下位マネジャーについては(遅いスピードで限定的な範囲ではあっても) 内部昇進が多い筈だが，前述のとおり，フランスのトップエリートについては入社の段階から管理職に指名され，昇進競争に遅れると転職，あるいは，外部から引き抜かれることも多いという点ではラテンモデルのとおりである。また，政府高官が，一定の期間，民間企業に転出したあとに政府に出戻る，あるいは，政界に転出することがしばしば見受けられ，エリートの流動性は高い。

　アングロダッチモデルでは，まずは，一つの狭い機能の中で能力を発揮し，一旦管理能力が高いことを証明すると，その後はゲルマンモデルよりもより幅広い分野（職能）を経験しながら昇進する傾向がある（Davoine & Ravasi 2013）。

▶3-3　トップマネジャーの権威付け：学歴，上級公務員，オーナーファミリーとの関係

　経営幹部になるためには，その昇進を正統化するための権威付けが重要とされる（Bourdieu 1986）。フランスについては公務員アセット，学歴アセットの重要性が高く（Davoine & Ravasi 2013），ドイツ同様，ファミリーアセット，すなわち，オーナー（株主）の関係者である比率も高い。Bauer & Bertin-Mourot（1996）の調査では，フランスのトップマネジャーの3分の1，ドイツの4分の1，イギリスの5分の1が主要株主の関係者である（Davoine & Ravasi 2013: 153）。

　また，フランスの大手企業のCEOやトップマネジャーについては，その半数程度が政府出身者であることが複数の研究で明らかにされている。例えば，Hartmann（2007）の調査では，フランスのトップ100社のCEOのうち政府出身者が約50％（Walther 2013: 76），Bauer & Bertin-Mourot（1996）の調査では，トップマネジャーの44.5％が上級公務員経験者である（Davoine & Ravasi 2013: 157）。フランスでは上級国家公務員に対して disponibilité（休職制度）という特権が付与されており，一旦，民間に転出したあとでも公務員とし

て同じ等級の職務に復職することが可能である。[4] 従って，彼らは，（日本の天下りのようにキャリアの最後ではなく）キャリアの途中で企業や政府の間を渡り歩くため流動性は高く，両者の間に強いネットワークを形成する。この制度（あるいは，特権）については，国民の非難も高いが今日に至るまで継続されている。

　ちなみに，Bauer & Bertin-Mourot（1996）や Davoine & Ravasi（2013）の研究では，イギリスのトップマネジャーは，オックスブリッジの卒業生（前者の研究で32%，後者で1/3程度）や，最も著名なパブリックスクールの出身者が多いものの（前者で36%），彼らの学歴は他の比較対象国と比べると多様であり，高等教育の学位をもたないものも少なくない（前者の調査で36%，後者では28%が大学を卒業していない）。会計士や弁護士など資格を有するマネジャーの比率は高く，フランスの1%，ドイツの2%に比べ，イギリスでは13%のトップマネジャーが有資格者である（Davoine & Ravasi 2013: 158）。公認会計士などの受験資格に高等教育修了者であることが条件となっていないことも多様な学歴の背景の一つであろう。また，イギリスにおいてはエンジニアに対する評価が独仏などと比べ高くないことから，トップマネジャーのうちエンジニアのバックグラウンドを持つものの比率は相対的に低い。

　フランスでは，トップマネジャーの多くが有名グランゼコール出身者であり，Bauer & Bertin-Mourot（1996）の調査では，ENA 出身者が25%，X（Ecole Polytechnique）出身者が25%，HEC 出身者が7%，Davoine & Ravasi（2013: 157）の調査でも，大学を卒業したトップマネジャーの38%（フランスで教育を受けたものだけに絞ると53%）が，ENA か X か HEC の出身者である。ドイツについては，トップマネジャーの半数近く（45%）が Ph.D. であり，博士号を持つことがフランスの有名グランゼコール出身者同様，学歴エリートのメンバーシップに相当するという意見もある（Davoine & Ravasi 2013: 157）。

　ドイツのモデルについてはコーポレートキャリア・アセット（corporate career asset），すなわち，企業内での貢献の蓄積が重要とされるが，少なくともボローニャ・プロセスによる学位の短期化が定着する以前の文献においては，学歴の高さによる昇進スピードの違いも歴然としており（猪木2002, Grund 2005），大手企業のトップマネジャーの約半数が博士号保有者であることからタテの学歴が重視されていることもわかる。さらに，最終的にトップ

4　この制度を利用すると，昇進・退職年金の権利は停止されるが，3年以内であれば原コール（職員群）に復帰する権利が保持される。民間企業への転出の場合は公務での勤続年数が10年を超えていることが条件とされる（村松 2008: 234）。

065

第 I 部　教育訓練システムと雇用システムとの連動

マネジメントに達するには，学位だけでなく，出身階級がものを言うことを示唆する文献さえある。Hartmann（2008）の調査によれば主要企業 CEO の 89％（うち 51.7％ が Großbürgertum（上流階級），33.3％ が Bürgertum（資産階級））が上流階級出身者で占められ，中流階級や労働者階級の出身者は少数派である（Walther 2013: 70）。この点は，議論の余地もあろうが，BMW や Bosch など世界に名だたる企業も同族企業であること（吉森 2015）を考えると理解できなくもない。ドイツやフランスが，相対的に社会移動が低い国とされることと何等かの関係がある可能性もあろう。

　スイスの雇用システムについては，ドイツ同様博士号を保有する CEO の多さ（Davoine & Ravasi（2013）の調査で 25％），機能重視の昇進パターンなど，伝統的にドイツ型と類似する特徴がある。その一方で，トップマネジャーに占める外国人の比率（スイス企業で 64％，フランスで 22％，ドイツで 27％，イギリスで 46％），海外勤務経験者の比率（スイスで 75％，フランスとドイツが 56％，イギリスが 62％），MBA 保有者の比率（スイスで 29％，フランスで 10％，ドイツで 12％，イギリスで 20％）が極めて高く，国際化を非常に意識した結果となっている。一般的に，小さい国の方が変化が速いと言われるが（Katzenstein 2003），スイスのトップマネジャーの国際化は同規模の経済を持つオランダやスウェーデンより進展している。外国人マネジャーの国籍を見ると，Davoine & Ravasi（2013: 159）が調査した 126 人のスイス企業の外国人マネジャーは 22 カ国の国籍をもち，その内訳はドイツ，イギリス，アメリカ，フランスの順に多い。

▶3-4　拡大する欧州企業間の役員兼務

　市場統合が進展する EU 域内の企業では，複数国の企業で役員を兼務するエグゼクティブの数が少なくない。欧州 5 カ国（ドイツ，フランス，イタリア，ベルギー，オランダ）の主要企業の取締役や CEO などトップマネジャーの国を超えた兼務状況を調査した Vion et al.（2015）によれば，各国の主要株価インデックス（ドイツの DAX 30，フランスの CAC40，イタリアの MIB40，ベルギーの BEL20，オランダの AEX25）に属する企業のうち，（MIB40 を除くと）半数以上の企業で 1 人以上の役員が他の 4 カ国の主要企業の役員を兼務していた（ドイツで 63％，フランスで 81％，ベルギーで 63％，オランダで 68％）。本調査は二つのフランス語圏を含む 5 カ国が対象だが，スイスやオーストリアなどドイツ語圏の企業を加えると兼務の状況は更に大きいと予想される。

　また，多少古い統計だが，全世界の主要企業の役員兼務状況を調査した

Kentor & Jang（2004）によれば，1998 年にフォーチュン 500 にリストされた企業（アメリカが 185 社，欧州が 170 社，日本が 100 社など）において全体で 1097 の役員兼務が確認され，そのうち 181 は国際的な兼務，つまり，本社所在国が異なるフォーチュン 500 企業間での兼務であった。地域別内訳は，欧州企業間の兼務が 88 と最大で，次いで，欧州と北米間が 63，北米間（アメリカとカナダ）が 14 の順で多く，特に，欧州統一市場が進展した欧州域内での兼務の増加が著しく，1983 ～ 1998 年の間に 50% 以上の増加が見られた（Kentor & Jang 2004: 362）。

　国別の国際兼務状況を見ると，スイス企業が 1 社当たり平均 2.18（人）と最大で，続いて，カナダ，ドイツ，フランス，イギリスの順であった（Kentor & Jang 2004: 363）。日本企業も，当時，100 社がフォーチュン 500 にリストされていたが，国を跨いだ役員の兼務が見られる企業は 5 社と低調であり，日本，韓国などアジア勢はこの国際的エリートのネットワークの外とされた。

　その後，同じくフォーチュン 500 社を調査した Burris & Staples（2012: 327）[5] によると，国際的兼務状況は更に増加し，2006 年には全体で 307 社に到達，地域別内訳は，欧州企業間の兼務が 161 社，次いで，欧州と北米間が 105 社，北米間（アメリカとカナダ）が 18 社と欧州と北米企業内の兼務が 285 社で大勢を占めた。

4　高学歴化と経済・社会効果

　ちなみに，ドイツでもフランスでも最近の高学歴化は賃金上昇による経済効果や社会階層の移動という社会効果を伴わなかったと言われている（デュリュ＝ベラ 2007: 36, Reinhold & Thomsen 2016）。個人レベルでは高学歴になるにつれて給与などの点でポジティブな影響が見られるが，社会全体の富の拡大は確認できない。高学歴者の増加により学位の経済的価値は減価する傾向があり，不況になると企業は平常時には採用できなかったより高学位の人材を採用するようになる（Méhaut 2010）。ドイツでは以前であれば職業訓練修了者が占めていたようなポストに大卒者（バチェラー）が就く機会が増え，高学歴者が高収入職に就く機会（比率）が低下したことが指摘されている（Reinhold &

5　ただし，Burris & Staples（2012）は特定企業間の役員兼務状況はフォーチュン 500 にリストされる企業の本社所在地が分散されるほど，国際的な役員兼務（国内兼務に比べ）が増加するバイアスを指摘している。

第Ⅰ部 教育訓練システムと雇用システムとの連動

Thomson 2016)。賃金の上昇も社会階層の移動も高学歴化と並行して，経済成長と雇用機会の拡大があってこそ達成できるものであろう。

高学歴化が欧州より一歩先に進展した日本の例でも，大卒者の増加は，それまで高卒者が行っていたような作業を大卒者が行うことで吸収された面がある。例えば銀行であれば大卒者がお札を数え個人顧客と向き合う，また，販売業であれば大卒者が店頭に立つということが現場主義として奨励されてきた面がある（昨今は，専門化重視からそのような傾向を修正する企業もあるが（山内 2013)，幹部候補生が営業や製造現場の実態を知る機会となったという点で望ましい効果もあった)。つまり，現場のブルーカラーの仕事と本部のホワイトカラーの仕事を配置転換によりワークシェアしながら高学歴者の雇用が受け入れられてきたと言うこともできよう。その点，職務主義と学歴による昇進や初任配属の差が歴然としていた欧州諸国の雇用システムが，高学歴化の結果，どのように変化するのかは興味深い。

この点については，今後の研究を待つしかないのであるが，トレイニープログラムなどを通じた企業内訓練の増加が挙げられる。と同時に，大学教育自体が，特に学士課程においてはソフトスキルの教育など職業教育をより意識したカリキュラムに変化しつつあるという指摘がある（Powell et al. 2013)。フランスについてはもともと学歴ヒエラルキーが高くどこの大学を出たかが重要であるため，幹部の採用や昇進パターンに大きな変化がおこるとは考え難い。

Powell et al.（2012）は，職業訓練の比率が低下し，高等教育，すなわち一般教育が増加しているドイツと，むしろ，職業教育を重視する傾向のあるフランスの教育制度の間には収斂が見られるとしている。その一方で，専門性や職業資格を重視してきたドイツの職業別労働市場が高学歴化によって直ちに変容するとは考えにくい。従って，大学教育がより職業教育化する面と，大卒者に対する企業内訓練が（日本のような幅広い職能を重視するというより，より専門性を重視する形で）進展する可能性が考えられる（第5章参照)。

日本の採用については，キャリアの専門化や新卒一括採用から中途採用への変化が見られ，また，ジョブ型雇用への転換も叫ばれているが，理系を除けば，それほどの専門性もなく，また，職業教育や本格的な長期のインターンシップ経験もなく卒業してくる大量の大卒者の存在を考えたとき，その主張に（少なくともキャリアの初期においては）余り即効性や実効性があるとは言い難いのではないだろうか。

おわりに：教育システムと雇用システムの補完性

　このように教育システムの特徴と採用方法は大きく関連している。日本独特の新卒採用については技能形成や昇進など雇用システムや人事制度との関連から議論されることが多かったが，本稿においては教育システムとの補完性という観点から議論した。進級や卒業が容易で，且つ，授業料が比較的高額である我が国の教育システムにおいては，多くの若者が同時に入学し，卒業することが当たり前となり，新卒一括採用が有効な選択肢となりやすい。また，大学間の横のヒエラルキーが明確なため，（長期雇用を前提とする）採用において，専攻科目や専門分野より，入試の難易度から予測される訓練可能性を重視する傾向が強まる。関連して，職業訓練制度やインターンシップなどが発達していないことから，入社後の企業によるOJTを通じた内部育成は所与のものとなり，そのためには従業員間に差を付けない評価制度が有効である。すなわち，新卒一括採用，内部育成，遅い昇進を前提とする日本型雇用システムは，各人事施策間に内的フィットがあるだけでなく，日本の教育訓練システムとの間に強い補完関係があることも確認された。

　従って，採用方法を変えたいのであれば，職業教育や高等教育のあり方やコストの負担など，教育システムにおいても検討すべき課題は多そうである。その一方で，採用や評価，昇進のあり方が十分に変化し，独自の教育訓練投資が報われることがわかれば，学生は新たな教育投資を行うインセンティブを持ち，教育制度の変化を促すと言う見方もできよう。企業の採用活動が通年採用や分野別採用やグローバル採用などの拡大を通じて今後もさらに変化していくとすれば，すなわち，独自の教育投資が報われるという考えがより広く浸透すれば，学生の就学パターンにもより目に見える変化が観察されるようになろう。

山内　麻理

参考文献

天野郁夫（2006）．『教育と選抜の社会史』筑摩書房．

Bauer, M., & Bertin-Mourot, B. (1996). *Vers un modèle européen de dirigeants? ou Trois modèles contrastés de production de l'autorité légitime au sommet des grandes entreprises?: Comparaison Allemagne, France, Grande-Bretagne.* Abacus Edition.

BIBB (2014). *VET data report Germany.* BBIB.

第Ⅰ部　教育訓練システムと雇用システムとの連動

Bosch, G. (2010). The revitalization of dual system of vocational training in Germany. In G. Bosch & J. Charest (Eds.), *Vocational training: International perspective* (pp. 136-161). Routledge.

Bourdieu, P. (1986). The forms of capital. In J. Richardson (Ed.), *Handbook of theory and research for the sociology of education* (pp. 241-258). Greenwood Press.

Burris, V., & Staples, C. L. (2012). In search of a transnational capitalist class: Alternative methods for comparing director interlocks within and between nations and regions. *International Journal of Comparative Sociology*, 53(4), 323-342.

キャペリ，ピーター著／若山由美訳（2010）．『ジャスト・イン・タイムの人材戦略：不確実な時代にどう採用し，育てるか』日本経済新聞出版社．

Céreq (2014). *Quand l'école est finie: Premiers pas dans la vie active de la génération 2010. Enquête 2013*. Centre d'études et de recherches sur les qualifications. Céreq Enquete 2013.

Davoine, E., & Ravasi, C. (2013). The relative stability of national career patterns in European top management careers in the age of globalization: A comparative study in France/Germany/Great Britain and Switzerland. *European Management Journal*, 31(2), 152-163.

ドーア，ロナルド著／藤井真人訳（2001）．『日本型資本主義と市場主義の衝突―日・独対アングロサクソン』東洋経済新報社．

デュリュ＝ベラ，マリー著／林昌宏訳（2007）．『フランスの学歴インフレと格差社会：能力主義という幻想』明石書店．

海老原嗣生（2016）．『お祈りメール来た，日本死ね：「日本型新卒一括採用」を考える』文春新書．

Estevez-Abe, M., Iversen, T., & Soskice, D. (2001). Social protection and the formation of skills: A reinterpretation of the welfare state. In P. A. Hall & D. Soskice (Eds.), *Varieties of capitalism: The institutional foundations of comparative advantage* (pp. 145-183). Oxford University Press （遠山弘徳・安孫子誠男・山田鋭夫・宇仁宏幸・藤田菜々子訳「資本主義の多様性・序説」『資本主義の多様性：比較優位の制度的基礎』ナカニシヤ出版，2007 年）．

Evans, P., Lank, E., & Farquhar, A. (1989). Management human resources in the international firm: Lessons from Practice. In P. Evans, Y. Doz, & A. Laurent (Eds.), *Human resource management in international firms* (pp. 113-143). Macmillan.

Evans, P., Pucik, V., & Barsoux, J. L. (2002). *The global challenge: Frameworks for international human resource management*. McGraw-Hill Irwin.

Faust, M. (2002). Karrieremuster von Führungskräften der Wirtschaft im Wandel: Der Fall Deutschland in vergleichender Perspektive. *Karrieremuster von Führungskräften, SOFI-Mitteilungen*. 30, 69-90.

Fischer, S. (2000). *Vielseitig verwendbar, Spiegel 46*, 2000, 78-85. https://magazin.spiegel.de/EpubDelivery/spiegel/pdf/17817446

Grund, C. (2005). The wage policy of firms: Comparative evidence for the US and Germany from personnel data. *International Journal of Human Resource Management*, 16(1), 104-119.

濱中義隆（1998）．「就職結果の規定要因：大学ランクと「能力自己評価」に注目して」岩内亮一・苅谷剛彦・平沢和司編『大学から職業へⅡ：就職協定廃止直後の大卒労働市場』（pp. 33-45），広島大学 大学教育研究センター．

Hartmann, M. (2007). *Eliten und Macht in Europa: Ein internationaler Vergleich*. Suhrkamp.

Hartmann, M. (2008). Eliten, Macht und Reichtum in Europe. In Oesterreichische Nationalbank (Ed.), *Dimensionen der Ungleichheit in der EU* (pp. 190-211). Viena.

第 2 章　各国の雇用システムと教育訓練システムとの補完性

葉山滉（2008）．『フランスの経済エリート：カードル階層の雇用システム』日本評論社．

猪木武徳（2002）．「ドイツの大規模小売店」小池和男・猪木武徳編著『ホワイトカラーの人材形成：日米英独の比較』（pp. 223-244）．東洋経済新報社．

伊藤彰浩（2004）．「大卒者の就職・採用メカニズム」寺田盛紀編著『キャリア形成・就職メカニズムの国際比較―日独米中の学校から職業への移行過程』（pp. 58-82）．晃洋書房．

Jansen, A., Leiser, M., Wenzelmann, F., & Wolter, S.（2015）. Labour market deregulation and apprenticeship training: A comparison of German and Swiss employers. *European Journal of Industrial Relations, 21*（4）, 353-368.

労働政策研究・研修機構（JILPT）（2003）．「高等教育と職業に関する国際比較調査：ヨーロッパ側報告（欧州委員会への報告）からの抜粋」資料シリーズ 2003, No. 135,（独）労働政策研究・研修機構．

労働政策研究・研修機構（JILPT）（2017）．『データブック国際労働比較』（独）労働政策研究・研修機構．

Katzenstein, P.（2003）. Small states and small states revisited. *New Political Economy, 8*（1）, 9-30.

Kentor, J., & Jang, Y. S.（2004）. Yes, there is a（growing）transnational business community: A study of global interlocking directorates 1983-1998. *International Sociology, 19*, 355-368.

Marsden, D.（1999）. *A theory of employment systems-micro-foundations of societal diversity*. Oxford University Press（宮本光晴・久保克行訳『雇用システムの理論：社会的多様性の比較制度分析』NTT 出版, 2007 年）.

Maurice, M., Sellier, F., & Silvestre, J.（1986）. *The social foundation of industrial power*. MIT Press.

Mayer, M., & Whittington, R.（1999）. Euro-elites: Top British, French and German managers in the 1980s and 1990s. *European Management Journal, 17*（4）, 403-408.

McCormick, J.（1986）. Introduction. In M. Maurice, F. Sellier, & J. Silvestre（Eds.）, *The social foundation of industrial power*（pp. vii-xi）. MIT Press.

Méhaut, P.（2010）. Vocational training in France: Towards a new vocationalism? In G. Bosch & J. Charest（Eds.）, *Vocational training: International perspective*（pp. 110-135）. Routledge.

村松岐夫（2008）．『公務員制度改革：米・英・独・仏の動向を踏まえて』学陽書房．

村田弘美（2011）．「フランスの実践型人材養成システム：見習い訓練制度のしくみと実際」『Works Review』6, 132-145.

中上光夫（2007）．「フランスにおける「職業訓練」と職業資格」『国際地域学研究』10, 47-60.

中村吉明（2015）．「公的研究機関の研究マネジメント：産業技術総合研究所とフラウンホーファー研究機構のケーススタディ」日本 MOT 学会第 6 回（2014 年度）年次大会研究発表会．

夏目達也・大場淳（2016）．「フランスの高等教育における職業教育と学位」大学改革支援・学位授与機構編『高等教育における職業教育と学位：アメリカ・イギリス・フランス・ドイツ・中国・韓国・日本の 7 か国比較研究報告』（pp. 63-81）．（独）大学改革支援・学位授与機構．

Powell, J., Graf, L., Bernhard, N., Coutrot, L., & Kieffer, A.（2012）. The shifting relationship between vocation and higher education in France and Germany: Towards convergence? *European Journal of Education, 47*（3）, 405-423.

リクルートワークス研究所「新卒一括採用」に関する研究会（2010）．『「新卒採用」の潮

071

第Ⅰ部　教育訓練システムと雇用システムとの連動

流と課題：今後の大卒新卒採用のあり方を検討する』リクルートワークス研究所．

Reinhold, M., & Thomsen, S. (2016). The changing situation of labor market entrants in Germany: A long-run analysis of wages and occupational patterns. *IZA DP*, No. 10334.

Saatkorn (2016). *Staufenbiel JobTrends 2016: Interview und infografiken*. Saatkorn. Publishing House.

Scherer, S. (2004). Stepping-stone or trap?: The consequences of labour market entry positions on the future careers in West Germany, Great Britain and Italy. *Work, Employment and Society, 18* (2), 369-394.

Segalla, M., Rousies, D., & Flory, M. (2001). Culture and career advancement in Europe: Promoting team players vs. fast trackers. *Euoropean Management Journal, 19*(1), 44-57.

Staufenbiel (2017). *JobTrends 2017: Was berufseinsteiger wissen müssen*. Staunfenbiel Institut & Kienbaum.

Streeck, W. (1996). Lean production in the German automobile industry: A test case for convergence theory. In S. Berger & R. Dore (Eds.), *National diversity and global capitalism*, Chapter 5 (pp. 138-170). Cornell University Press.

Streeck, W. (2010). *Re-forming capitalism: Institutional change in the German political economy*. Oxford University Press.

鈴木宏昌 (2018).「フランスの労働市場」『日本労働研究雑誌』*693*, 38-47．

Thelen, K. (2009). Institutional change in advanced political economies. *British Journal of Industrial Relations, 47*(3), 471-498.

Thelen, K. (2014). *Varieties of liberalization and the new politics of social solidarity*. Cambridge University Press.

Vion, A., Dudouet, F. X., & Grémont, E. (2015). The Euro zone corporate elite at the cliff edge (2005-2008): A new approach of transnational interlocking. In G. Morgan, P. Hirsch, & S. Quack (Eds.), *Elites on trial: Research in the sociology of organizations volume 43* (pp. 165-187). Emerald Group Publishing Limited.

Voßemer, J., & Schuck, B. (2016). Better overeducated than unemployed?: The short- and long-term effects of an overeducated labor market re-entry. *European Sociological Review, 32*(2), 251-265.

Walther, M. (2013). *Repatriation to France and Germany: A comparative study based on Bourdieu's theory of practice*. Springer Gabler.

ウィッティントン，リチャード著／須田敏子・原田順子訳 (2008).『戦略とは何か？：本質を捉える４つのアプローチ』慶應義塾大学出版会．

山内麻理 (2013).『雇用システムの多様化と国際的収斂：グローバル化への変容プロセス』慶應義塾大学出版会．

山内麻理 (2016).「ドイツ職業教育訓練制度の進化と変容：二極化とハイブリッド化の兆し」『日本労務学会誌』*17*(2)，37-55．

吉森賢 (2015).『ドイツ同族大企業』NTT 出版．

第3章

欧州の高等教育改革
―ボローニャ・プロセスが目指す調和と標準化―

はじめに

　欧州の高等教育はいくつかの局面を迎えている。経済・雇用政策の観点からは，大学が生み出す卒業生のコンピテンスと社会が求めるものとのミスマッチの問題，若年層の高失業率，そして移民をはじめとする人口動態の変化など，高等教育は社会経済的課題への対応を迫られている。さらに，情報科学技術の急速な発展，労働市場の需要の変化，産学連携の強化，財政支援ルートの多様化，学生や教職員のモビリティの活性化など数多くの新たな課題に対処すべく，各国の高等教育ガバナンスは再編成や変革が求められている。

　欧州全体としての国際競争力や社会結束力を高めるため，1999 年，欧州 29 カ国の教育担当大臣は，2010 年までに「欧州高等教育圏（EHEA：European Higher Education Area)」を構築することを目指した「ボローニャ宣言（Bologna Declaration)」に署名した。欧州各国の高等教育が協働することで，欧州域内の学生や職業人の国際移動を円滑にし，雇用可能性を向上させ，そして欧州高等教育の魅力を高めていくことがボローニャ宣言の中核的な共通目的である。ボローニャ宣言後，これらの目的を達成するために 2 年ごとに欧州の教育担当大臣会議が開催され，様々な制度や枠組みが打ち出されてきた。この一連のプロセスを「ボローニャ・プロセス」と呼ぶ。現在は，2020 年までに欧州地域の知識基盤経済のさらなる発展と欧州高等教育圏の構築の充実化を目指し，欧州域内において比較・互換が可能な一貫性のある高等教育制度

の整備をさらに進めていくことが求められている。

　ボローニャ・プロセスにおける欧州高等教育圏の構築は，あくまで政府間の任意協定に基づくものであり，法的拘束力があるわけではない。にもかかわらず，現在，欧州連合（EU）諸国とその隣国からなる47の国々が，共通の目的に向かって高等教育制度の改革を進めている点には注目したい。これは，国際的圧力の影響とも解釈できるが，各国において，自国内では反発や批判のある高等教育の諸問題を対処するのにボローニャ・プロセスといった政府間の国際協定が大義名分となっている側面もある。

　現在，約4000の大学とおおよそ3770万人の学生が，欧州高等教育圏の構築に参画しているといわれている。まずは国際的な人的モビリティを促すため，これまで各国が独自に築いてきた学位構造は大きく変換を求められ，イギリスで用いられている学位システム，学士課程―修士課程（2003年のベルリン会議で，第3段階としての博士課程が加わった）のアングロサクソンモデルが欧州の標準的な学位構造として採択された。また，欧州に共通する単位互換制度やディプロマ・サプリメント，高等教育の質保証の共通枠組みなど，新たなボローニャ・ツールが次々に構築されていった。欧州を基盤として出発した数々のボローニャ・ツールは，今や世界の高等教育のテンプレートになり得るとさえ言われている（Bieber 2016）。ただし，ボローニャ・プロセスの理念は，欧州の高等教育制度の「標準化（standardization）」を目指すのではなく，むしろ各国の制度の違いや多様性を維持した上で，「調和（harmonization）」を進める施策として特徴づけられている。

　他方で，高い失業率にみられる雇用問題や経済低迷を救済すべく，欧州高等教育の標準化を目指すことで，ボローニャ・プロセスを社会経済政策の一つの直接的手段と捉える政治的文脈がある。一方，経済発展の枠組みを超え，社会の知の生産を目指し，教育や研究のアカデミックな国際交流を促進するといったいわゆる高等教育の学術的調和を目指す文脈とで，ボローニャ・プロセスは二つの異なるイデオロギー間で揺れ動いている。本章は，二つの異なる捉え方を念頭に置きつつ，現在，欧州で進行しているボローニャ・プロセスにおける高等教育制度の共通化の動向について概観したい。

第 3 章　欧州の高等教育改革―ボローニャ・プロセスが目指す調和と標準化―

1　欧州の高等教育改革を取りまく政治的枠組み

　欧州の高等教育改革を概観するにあたり，その背景にかかわる重要な政策枠組みがある。本節では，高等教育政策にかかわる「ボローニャ・プロセス」，経済・雇用政策の「リスボン戦略」，職業教育訓練分野における「コペンハーゲン・プロセス」のそれぞれの目的と概要を整理する。

▶1-1　ボローニャ・プロセス (1999)

　1999 年 6 月 19 日，欧州 29 カ国の教育担当大臣がイタリア北部の都市，ボローニャに集い，2010 年までに国境を越えた欧州高等教育圏の構築を目指す共同宣言への署名を果たした。会合が開催された都市名にちなんだ「ボローニャ宣言」は，学生の国際流動や雇用可能性，欧州全体としての高等教育の魅力を高めるため，主に，以下の 6 つの目的を果たすことが提示された（EHEA 1999）。

1）理解しやすく比較可能な学位制度を採用する。また，ディプロマ・サプリメント（各国の学位・資格に関する補足資料）を導入する。
2）学士課程と大学院課程の 2 段階に基づく学位制度を導入する。
3）単位互換制度（ECTS など）を構築する。
4）学生・教職員の自由移動の障壁を取り除き，流動性を活性化する。
5）質保証における比較可能な基準と方法を開発し，欧州の協働を進める。
6）欧州レベルでの高等教育を発展させる（カリキュラム開発，機関間協働，学生・教職員の流動化促進のための枠組み，学習，教育訓練，研究の統合プログラム）。

　ボローニャ宣言の主要な目的は，学生や労働者が国境を自由に行き来する際の障壁を軽減することであり，そのためには，各国が有してきた異なる学位構造や単位制度などに関して，欧州の学生や大学，雇用者が国境を越えて理解できる欧州共通の枠組みの開発が必要とされたのである。ボローニャ・プロセスとは，これらの目的を達成するために，2 年ごとに開催される教育担当大臣会議を踏まえた政策合意に関する一連のプロセスのことである。現在は，EU 諸国とその隣国からなる 47 カ国が当プロセスに関わっている。もちろん，ボローニャ宣言のダイナミックな目標がこのプロセスのみで成し

075

遂げられるわけではないが，ボローニャ・プロセスといった政府間協定を通して，欧州が共有できる共通枠組みや政策を打ち出すことにより，その目標達成を図ろうとするものである。

　欧州各国における高等教育政策は，もはや純粋な国内政策としてではなく，国境を越えた国際ネットワークに基づいて進められていくこととなった。ただし，ボローニャ・プロセスの閣僚会議で示される文書には，欧州各国の高等教育が当プロセスに参画することが提案されているが，これには法的拘束力があるわけではないため，ボローニャ・プロセスが目指す方針に同意するか否かは各国の判断にゆだねられている。多くは，国際的な圧力が各国の参画を促している側面があるとも指摘できる。ボローニャ宣言で提案された欧州共通枠組みの一つとして，例えば，学士（3年）－修士（2年）－博士（3年）といった学位構造があるが，これはイギリスなどのアングロサクソン圏の制度であり，欧州内での十分な議論を踏まえずに，ボローニャ・プロセスの一般モデルとして導入されたことには各国から批判的な声があがったといわれている（Gaston 2010）。ただし，欧州議会の説明によると，ボローニャ・プロセスは，欧州すべての高等教育に同じシステムへの変換を求めるといったいわゆる標準化を目指したわけではない点は注視する必要がある（Council of Europe 2014）。

▶1-2　リスボン戦略（2000）

　次に，欧州の高等教育改革に影響を与えた重要な政策枠組みとして，経済・雇用政策を進める「リスボン戦略（Lisbon Strategy）」がある。リスボン戦略は，2000年3月，リスボンで開催された欧州理事会において，2010年までに欧州を「世界で最も競争力のあるダイナミックな知識基盤経済」とすることを目的に打ち立てられた。リスボン戦略にいたる1990年代，研究開発や情報通信技術分野などにおいてアメリカをはじめとする経済先進諸国に差をつけられていた欧州は，その遅れを取り戻すべく，経済成長と雇用拡大からなる欧州の社会的結束の強化を図ったのである。その一つの考えとして，欧州全体の高等教育を改革することで，巨大な知識社会を構築するという発想があった。EUにとっては，欧州における高等教育圏の構築を目指すボローニャ・プロセスは，リスボン戦略を進めるための手段であったのである。経済成長率を高め，雇用を拡大するためには，高等教育はその主要な媒体であり，知識基盤経済の発展には欠かせないといった認識があった（Sin, Veiga,

& Amaral 2016）。本来の高等教育の立場として，経済的，政治的，社会的，文化的役割がそれぞれ平等に期待されているわけだが，欧州委員会の高等教育に対するビジョンは，その中でも経済的な動機が非常に強い。リスボン戦略により，高等教育は「協働」から「競争」体制へと転換が求められたのである。

▶1-3　コペンハーゲン・プロセス (2002)

　リスボン戦略に続き，2002 年 11 月には，職業教育訓練 (VET：Vocational Education and Training) 分野について，雇用を促進し，モビリティや競争，学位・証書・職業資格などの qualifications の承認を目指す労働市場型の戦略として，「コペンハーゲン宣言」が採択された。コペンハーゲン宣言は，EU 加盟国や欧州自由貿易連合諸国を含む欧州 31 カ国の職業教育訓練担当大臣と欧州委員会において打ち出されたものであり，ボローニャ・プロセスに倣い，VET 分野における欧州の連携協力を 2010 年までに到達することを目標としている。コペンハーゲン宣言以後に続く一連の取組みを「コペンハーゲン・プロセス」と呼び，本章でのちに紹介する多様な資格承認システムの明確化を目指す「欧州資格枠組み (European Qualifications Framework)」や，「ユーロパス (Europass)」，各国の職業教育訓練に関する情報を一元的に明示した情報ポータルサイト「PLOTEUS」などが開発された。このコペンハーゲン・プロセスは，EU によるリスボン戦略 (2000) や生涯教育の考え方に基づくものとされている (Bieber 2016)。コペンハーゲン・プロセスが，ボローニャ・プロセスと異なる点は，後者が学術的調和を目指し，既存の高等教育の構造に変換をもたらしたのに対し，前者は，欧州各国の VET 制度の比較可能性や透明性の強化に努め，各国のシステムの特殊性を維持し，あくまで変化を求めないことにある。

▌2　欧州高等教育圏の構築を目指す ボローニャ・プロセス

　本節では，欧州を一つの共同体として捉え，欧州高等教育圏の構築を目指すボローニャ・プロセスに焦点を当てる。ボローニャ宣言にいたった政策経緯やボローニャ・プロセスの展開，欧州共通の政策，枠組みやツールなどについて整理したい。

第 I 部　教育訓練システムと雇用システムとの連動

▶2-1　ボローニャ宣言にいたるまでの政策経緯

　各国の高等教育制度は，長い間，歴史的，文化的発展にともなった独自の法的枠組みや制度のもとに築き上げられており，高等教育ガバナンスの欧州統合といった発想は，ボローニャ宣言が打ち出される以前は，ほとんど想定されないことであった。現に 1957 年以降の欧州経済共同体の構築を進める政治的文脈において，「教育（education）」という言葉は条約事項には登場していない（Dobbins & Knill 2014, Sin, Veiga, & Amaral 2016）。国境を越えて高等教育を同質化させることについては，各国が伝統としてきた制度や取組みの多様性を尊重する観点から，主にアカデミアを中心に批判されてきた。高等教育の欧州統合を目指し，各国間の高等教育制度や水準を比較したところで，財政構造やカリキュラム，規律や条件などの異質性や共存不可能な面だけが強調されるにすぎないといった否定的な見解が示されていたのである（Dobbins & Knill 2014）。

　若年層の失業率の問題が顕在化してきた 1970 年代後半になると，この状況が徐々に変化していく。欧州の政策立案者らは，市場を効率よく機能させるには，高度な教育を受けた労働者が不可欠であるとし，国内のみのシステムや予算では，増大する学生数や脱工業化が進む社会のニーズに応えることのできない事態に何らかのソリューションが必要であることを認めざるを得なくなってきたのである。71 年には，欧州の教育担当大臣らは，各国間の高等教育の協働や人的モビリティの活性化，学位や資格，単位などの相互承認の制度の円滑化を目指し，法的拘束力を伴わない国際的な協働プロジェクトを打ち立てていった。しかし依然として，このような欧州規模の超国家的なアプローチは，加盟国にとっては積極的な動機としては働かず，あくまでも政府間協働という性格が強かった。

　1980 年代には国際経済競争が激化し，アメリカや日本の急速な経済成長に遅れをとった欧州では，知識基盤社会の構築のために，産業界と大学との連携・協働が急務となっていく。例えば，イギリスやオランダ，アイルランドをはじめとした加盟国は，高等教育の職業教育化を進めていった。85 年には，欧州裁判所（European Court of Justice）が，高等教育の欧州地域レベルでの法的基盤を広げている。例えば，職業教育訓練機関への入学や組織運営は，すべての EU 市民に開かれたものであるとし，そして財政状況の厳しい加盟国の学生や研究者に対しては，欧州域内のモビリティを高めるための財政支援策を打ち出している。また，エラスムス（ERASMUS：European Community

Action Scheme for the Mobility of University Students）やコメット（COMETT：Community Programme for Education and Training for Technology）などの学生の国際モビリティを促す学生交流プログラムが国際ネットワークベースで次々と展開されていった。エラスムスは，1987 年に設置された EU の学生交流プログラムである。コメットは，欧州諸国の協働を通じて技術訓練の向上を図るため，EU が 86 年に打ち立てた欧州の共同プログラムである。企業や大学間でのパートナーシップを強化したコメットプログラムでは，技術訓練への参加促進を目的として次の 4 年間で 125 の産学連携パートナーシップが実現し，それにより 4000 人を超える学生が大学－企業間の研修に参加するなどの実績が報告されている。93 年には，ペトラ（PETRA：Action Programme for the Vocational Training of Young People）プログラムが設立され，職業教育の協働ネットワークが創られていった。96 年には，研究者の交流促進を図ったマリーキュリー（Marie Curie Action）プログラムが構築されている（Barrett 2017）。

　異なる国・制度間の人的モビリティが活発になるにつれ，相互の学位や教育歴，取得単位数などの承認や互換性，整合性を判断する根拠が必然となってくる。このような観点からも，学生，研究者，労働者などの国境間の自由な移動を推進するにあたり，ボローニャ宣言（1999）に結び付く二つの画期的な政策があったことが指摘できる。一つは，1997 年 4 月の欧州理事会とユネスコが共同で打ち立てた「リスボン承認規約（The Convention on the Recognition of Qualifications concerning Higher Education in the European Region）」である。リスボン承認規約は，欧州域内で獲得される学位，サーティフィケイト，ディプロマなどの資格（qualifications）の承認に関する多国間の法的枠組みである。その基本概念として，他国の学位や資格，学習期間を評価する際，「実質的な相違（substantial differences）」がなければ，自国制度の類似する学位・資格として承認されるべきと規定している（Council of Europe 1997）。他国の学位・資格を持つ志願者の入学，編入，就職・採用などの可否については，当該機関自身の判断に委ねる。そして，学生や卒業生，雇用主や高等教育機関などに対して，外国の学位・資格の承認に関する情報提供を行うナショナル・インフォメーションセンターの設立などが提言されている。また，後述するが，学位・資格の補足情報となるディプロマ・サプリメントの発行促進についても盛り込まれている。ボローニャ・プロセスに加盟している国々は，2003 年以降，このリスボン承認規約に批准している。

　二つ目は，ボローニャ宣言のロードマップとなったソルボンヌ宣言

（Sorbonne Declaration）である。1998 年，フランス，ドイツ，イギリス，イタリアの教育担当大臣がパリに集結し，国境を越えて学生が行き来できるよう，欧州において開かれた高等教育制度の構築が目指されたのである。この時に既に，学部教育と大学院教育の 2 段階の学位構造の共通化やそこでの学習の承認，そして互換性のある単位制度の導入をもって，学生の移動を円滑に進めることが提示されている（Normand & Derouet 2017）。特に 80 年代以降に数々の国際モビリティプログラムや研究資金計画を打ち出してきた欧州委員会は，高等教育を欧州の経済発展をうながすための手段として政策を推し進めようとしていた。この事態を案じた各国の教育担当大臣は，ソルボンヌ宣言において，「欧州はユーロのためだけのものでも，銀行や経済のためだけのものでもない」とし，高等教育の文化的そして社会的，技術的な強みを掲げた上で，「知の欧州（Europe of Knowledge）」となることを強調したのである。ソルボンヌ宣言が目指す「知の欧州」に対して，その理解が異なる欧州委員会は，加盟国からの批判に遭い，当時オブザーバーとしても招待されていない（Voegtle & Vögtle 2014）。しかしその後，欧州委員会は，知の欧州をめぐる戦略目標を見直し，知識の発展を経済政策としてみるのではなく，生涯学習を促進する戦略であるとし，視点の転換を図ったのである（Sin, Veiga, & Amaral 2016）。

　その翌年には，ボローニャ宣言（1999）をもって，2010 年までに欧州高等教育圏を構築することが謳われた。ボローニャ宣言が提示した知の欧州の概念は，「社会そして人類の発展のためにかけがえのない要素」と捉えられ，欧州を世界でもっとも競争的でダイナミックな知識基盤経済に転換させることを目指した 2000 年のリスボン戦略とは動機を異にする（Sin, Veiga, & Amaral 2016）。高等教育を，国家の経済競争力を高めるための職業教育訓練機関とみなす欧州委員会の考えは加盟国からの批判の的となり，ソルボンヌ宣言に続き，ボローニャ宣言においても欧州委員会は草案には携わってはいたものの，中核的立場からは外されている。とはいえ，ボローニャ・プロセスは欧州委員会に頼らざるを得ない状況ではあり，2001 年のプラハ会議以降は，欧州委員会はボローニャ・プロセスの正式メンバーとして加わり，関連する数々の会議やセミナー，ワークショップ，パイロットプロジェクトなどの財政支援を行ってきたことは付け加えておく必要がある（Voegtle & Vögtle 2014）。

　それでもなお，ボローニャ・プロセスは，EU の公式な政策としてではな

第3章　欧州の高等教育改革―ボローニャ・プロセスが目指す調和と標準化―

く，あくまで政府間の協定にすぎないことが，各国教育担当大臣により明確にされている。また，このような地域間協定の裏には，各国政府の思惑もうかがえる。ボローニャ宣言の土台となったソルボンヌ宣言当時，自国の高等教育制度の改革を進めようとしていたフランス，イタリア，ドイツの教育担当大臣が，欧州の政府間の協定といった一つの口実をつくることにより，国内の政治的課題や障壁を軽減し，自国の制度改革を円滑に進めようとした意図があったとの指摘もある（Martens & Wolf 2009, Musselin 2010）。その後に展開することとなるボローニャ・プロセスも同様である。政府間協定を大義名分とし，各国政府は国内それぞれの文脈に見合った法律や規則などを新たに策定することにより，国内政策を進める合意を図っていったという見方もある。

▶2-2　ボローニャ・プロセスの展開

　ボローニャ・プロセスは，隔年の教育担当大臣会議にて進捗状況を確認し，状況に応じた課題やテーマに基づき，新たな計画を示してきた（表3-1）。1999年のボローニャ宣言後，2001年のプラハ会議では生涯教育が提案され，2003年のベルリン会議では，欧州高等教育の共通学位制度として，既に進められていた第1段階（学士課程相当）と第2段階（修士課程相当）に加え，新たに第3段階（博士課程相当）が追加された。さらに，後述する欧州共通の単位制度（ECTS）や，各国で取得した学位の補足情報であるディプロマ・サプリメント，そして高等教育の質を担保するための質保証（quality assurance）制度を構築していくことが提示され，アクレディテーション，サーティフィケーションなどの大学評価制度が各国に次々に導入されていった。2005年のベルゲン会議では，産業界やソーシャルパートナーが高等教育制度改革に参画することが初めて提言されている。その一つのツールとして，各国内の学位や職業資格などを一元的に整理した国家資格枠組み（NQF：National Qualifications Framework）の開発が奨励されていった。また，大学間連携により，複数大学の国際共同学位を取得できる「ジョイント・ディグリープログラム」を博士課程レベルまで拡大し，さらに職業経験を含む正規教育外でなされた学習，いわゆる従前学習（prior learning）に対する単位の承認なども認められるようになった。2007年のロンドン会議では，国家資格枠組み（NQF）の開発状況や，学生の学修成果，生涯学習，従前学習の承認などに関する客観的なデータや根拠資料を収集，蓄積していく必要性が示された。2009年のルーベン会議では，これまでは，何を教えるべきか（teacher-centered）に主

081

第Ⅰ部　教育訓練システムと雇用システムとの連動

表 3-1　ボローニャ・プロセスにおける教育担当大臣会議の提言

	モビリティ	学位制度	単位制度	質保証	生涯学習	社会的次元（Social dimension）
1998 ソルボンヌ宣言	学生や教員の流動	2段階（学士・修士）課程の共通学位制度	単位の活用			
1999 ボローニャ宣言	学生, 教職員, 研究者の流動	理解しやすく比較可能な学位制度	ECTS制度	質保証に関する欧州協働		
2001 プラハ会議	社会的結束を目指す流動	ジョイント・ディグリーの公平な承認制度	ECTS制度とディプロマ・サプリメント	質保証と専門職承認	生涯学習の促進	高等教育の社会的次元の強化
2003 ベルリン会議	流動促進のデータ収集	第3段階（博士課程）の追加, 学位・学習期間の承認, 欧州資格枠組み（EQF）の開発	単位蓄積のためのECTS制度, ディプロマ・サプリメント発行の無償化	機関, 国, 欧州レベルでの高等教育の質保証	生涯学習の国家政策の整備従前学習の承認	高等教育の流動におけるアクセスの平等化
2005 ベルゲン会議	ビザや就労許可の検討	国家資格枠組み（NQF）の導入		欧州質保証基準とガイドライン（ESG）の開発	高等教育の学習課程の柔軟化	高等教育の社会的次元の強化
2007 ロンドン会議	ビザや就労許可, 年金制度, 承認	2010年に向けたNQF対応	単位承認の一貫ツール	欧州質保証登録簿（EQAR）の創設	生涯学習機能の強化雇用可能性の向上	
2009 ルーベン会議	2020年まで学生流動を20%向上させる	2012年に向けたNQF対応	ボローニャ・ツールの継続	欧州高等教育圏の総合的な質保証	社会的責任としての生涯学習と雇用可能性の強化	2020年までに社会的次元の国家目標に対する評価を果たす
2010 ブタペスト・ウィーン会議	学生, 教職員の流動促進			質の高い教育の提要	卒業生の雇用可能性の強化	特に少数派グループへの質の高い教育へのアクセスの平等化
2012 ブカレスト会議	学生流動のための財政支援強化	3段階学位制度への完全移行	ECTS制度の活用, ディプロマ・サプリメントの発行	質保証制度とNQFの充実化, 国境を越えた学位資格の承認		高等教育の流動におけるアクセスの平等化
2015 エレバン会議	教職員の流動強化	従前学習承認を促進するNQFの検討	ECTS制度の改訂, 単位承認の効率化	ESGの改訂, QF-EHEAにおける準学士レベルの学位の追加, 学位資格承認の効率化, 欧州質保証登録簿（EQAR）の活用	従前学習の承認の効率化	高等教育の社会的次元戦略の強化

出所：Gatt 2013を参照し, 筆者が加筆, 作成

眼がおかれていた教育形態に対し，学生は何を学んだか（student-centered）という視点への転換が求められた。

　ボローニャ宣言の当初の達成目標年であった 2010 年には，各国教育担当相がブタペストおよびウィーンに集結し，ボローニャ宣言の目的を果たすための一連の施策や取組みの状況を確認し，今後さらなる 10 年の目標について議論がなされた。3 段階の学位制度やカリキュラムの改革，単位互換蓄積制度，質保証やモビリティにおける単位や学習経験の承認制度などについて，各国の状況は様々であるが導入が進んでいる一方で，学習者中心（student-centered）の学習を強化する必要性が改めて強調された。

　2012 年のブカレスト会議では，教育担当相らは欧州の高等教育の質を高め，学生のモビリティや雇用可能性のさらなる発展を目指すためのデータ収集の必要性を再確認している。2015 年のエレバン会議は，ボローニャ宣言が掲げていた欧州高等教育圏を構築する様々な施策や枠組み，ツールの導入を 2010 年までに完了させるといった当初の目標から既に 5 年が経過して開かれた閣僚会議である。各国教育担当大臣らは，ボローニャ宣言に関わる様々な枠組みやツールの導入のスピードが国により大きく異なり，さらに表面的あるいは不適切に活用されていることが多々ある実態を確認している（Yerevan Communiqué 2015）。そこで 2020 年までに，加盟国各国の高等教育が共通の目的に向かって相互の信頼関係を構築し，欧州高等教育圏のさらなる発展に必要となる構造改革や学習と教育の質の向上を目指すことを強調している。特にここでは，学位や職業資格または従前学習の承認を効率的に進めるためのシステム構築の必要性が提示された。2018 年は，パリにて閣僚会議が開催され，2020 年以降の教育改革について議論が進められた。

▶2-3　欧州に共通する政策，枠組み，ツールの構築

　ボローニャ・プロセスによって，各国の高等教育制度の透明性，そして国境を越えた教育プログラムの提供や学生の流動の促進が目指され，それを実現するツールとして，欧州に共通する制度，枠組み，ツールが次々と開発された。いわゆる，「世界規模のテンプレート」が求められたのである。本項では，ボローニャ・プロセスによって打ち出されていった，欧州の高等教育に係る共通枠組みの詳細を紹介したい。

2-3-(1)　欧州共通学位制度：3 段階（学士−修士−博士）の学位構造へ

　1999 年のボローニャ宣言では，欧州高等教育圏内での相互理解そして比

較を可能とする共通の学位制度として,まずは,学士課程および修士課程の2段階の課程について共通化が図られた。2003年のベルリン会議以後,第3段階として博士課程が追加され,学士（3年）―修士（2年）―博士（3年）の3段階における共通学位制度が整備された。この学位構造は,イギリスやアイルランドのアングロサクソン圏,またオランダやスカンジナビア圏で以前から採用されている。学位構造の標準化は,ボローニャ・プロセスの一つの目玉政策でもあり,閣僚会議では毎回,欧州での普及状況が確認されているが,いくつかの国では大学内部のみならず雇用者や専門家など高等教育外の関係者から反対意見がでていたのも事実である。他方で,学位構造の共通枠組みに博士課程が追加されたことにより,教育と研究の関係性が明確になったという前向きな見方も示された。

　ボローニャ・プロセスの進捗状況報告書（Bologna Implementation Report 2015）によると,2012年時点で3段階学位構造の教育プログラムにすべての学生が在籍している国は,欧州高等教育圏全体の3分の1以上,約9割の学生が在籍しているという国々は3分の1,残りの国では7割以上の学生が在籍している状況が報告されている（EACEA 2015）。一方,スイスでは63.2％,ドイツでは61.9％,オーストリアでは61.5％,スペインでは半数以下（47.9％）となっており,すべての学生が3段階学位プログラムで学んでいる状況ではないことがわかる（図3-1）。スペインでは,2009～2012年の間に3段階学位の導入が急速に進められ,新しい学位構造プログラムの学生の在籍率は44％の大幅な増加（3.8～48％）がみられるものの,4年間の学士課程,1～2

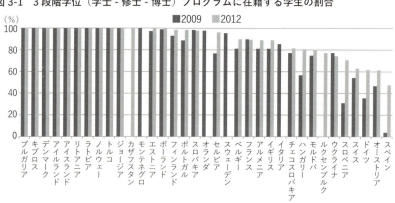

図3-1　3段階学位（学士-修士-博士）プログラムに在籍する学生の割合

出所：Bologna Implementation Report, 2015

年間の修士課程，3年間の博士課程の制度が2008年から新たに導入されており，すべての教育プログラムがボローニャの学位構造に倣っているわけではない。ボローニャ・プロセスによって，4年制の学士を取得するのに，学生にはより多くの学習時間が課せられるようになり，これまで学業と就労との両立が可能であった旧システムに代わり，ボローニャ・プロセスによる国内制度の変革は，特に労働者階級の学生にとって大きな障壁となっている実態も報告されている（Curaj, Scott, Vlasceanu, & Wilson 2012）。

　さらに重要なのは，異なる国あるいは教育セクター間において，次段階への進級をどう取り扱うか，という問題である。ボローニャ宣言では，「第1段階の学位保有者は，第2段階への進級を可能とする」と記述されている。1997年のリスボン承認規約においても，国境を越えたモビリティを促進するため，次段階のプログラムへの入学を考慮される権利をもつべきことが謳われている。多くの国々において，第1段階（学士課程）のプログラム修了者の第2段階（修士課程）への進級ないしは第2段階修了者から第3段階（博士課程）のプログラムへの進級が可能となっているが，一部制限がある国も存在する。その主な理由は，「学術的」プログラムか，「職業的」プログラムかといったように2分された扱いであり，これが両セクター間のモビリティを妨げている。第1段階での職業教育プログラムの学位保有者は，学術的な第2段階教育プログラムには直接進級できず，ブリッジプログラムを経由することが課せられている。いくつかの国では，第1段階の職業教育プログラムの出身者には，第2段階の学術教育プログラムへの直接的なアクセスを許可していない状況が報告されている。例えば，ベルギー（フランデレン地域），リトアニア，オランダでは，職業教育プログラムの第1段階修了者が第2段階への進学を希望する場合，その中間となるブリッジプログラムを修了せねばならない。つまり，学術志向か，職業志向かなど，学位を取得した教育プログラムの性格によって，次段階へのアクセスが必ずしも直接的に接続されていない国々が依然として存在していることになる。

2-3-(2)　欧州単位互換蓄積制度（ECTS）

　学生の国際的モビリティを広く促進するためには，各国の異なる単位制度を共通化する必要がある。ボローニャ宣言では，単位は，高等教育のみならず，生涯教育を含む非高等教育における学習でも取得されるべきとしている。ボローニャ・プロセス以前は，スコットランド，スペイン，スウェーデン，フィンランド，オランダをはじめ多くの国々で，異なる換算方法をもった独

自の単位制度が活用されていた。このような状況に対し，教育プログラムの修了あるいは学習の進捗状況を把握するため，ワークロード（実質的には学習時間），学修成果，成績の三つの基本要素に基づき，欧州内の共通通貨となる単位制度として「欧州単位互換蓄積制度（ECTS：European Credit Transfer and Accumulation System）」が開発された。異なる国で取得した単位が自国で認定され，そして単位が蓄積できるという仕組みにより，学生交流が以前よりも円滑になるという期待がなされたのである。

　ECTS は，国境を越えた学生交流プログラム「エラスムスプログラム（ERASMUS）」において，海外留学で取得した単位が，帰国後に自国の教育システムにおいて互換できるよう，既に 1989 年に開発されていたが，当時はまだ互換機能のみであった。それがボローニャ宣言以後の 90 年代以降に広く使われるようになり，2003 年のベルリン会議後は，単位の蓄積機能を伴ったものへと発展していった。ECTS の基準によると，フルタイム学生の 1 年間またはそれに相当する期間で獲得される学修成果（ラーニングアウトカム）とそれに伴った学習時間に対し，60ECTS が単位として付与される。1ECTS 単位は，おおよそ 25 ～ 30 時間の学習時間に換算され，年間の学習時間数は 1500 ～ 1800 時間と幅のある範囲となっている。学習時間は，講義やゼミ，プロジェクト，実践，職業経験，個別学習など正規の学習活動において，目標とする学修成果を達成するのに，学習者が通常費やすことを見積もった時間数であり，当然個人差があることが前提である。2015 年に改訂された ECTS のガイドライン（ECT User's Guide）によると，ECTS は，教室での学習の他に職場やオンラインでの学習など，どのような教育方法や文脈にも対応し得るものと説明されている（European Union 2015）。

　ボローニャ・プロセス進捗状況報告書（2015）によると，アイルランド，ポルトガル，イタリア，ドイツ，オランダ，デンマーク，ベルギー，ノルウェー，フィンランド，アイスランド，エストニア，スロベニアなどでは，すべての高等教育プログラムで ECTS 制度が導入されており，単位の互換や蓄積が学修成果と明確に連動している。

　高等教育プログラムの 75％以上で ECTS 制度が導入され，単位の互換や蓄積が学修成果と明確に連動している，またはすべての高等教育プログラムで ECTS と一貫性を持つ単位制度が使われている国の例として，スコットランド，フランス，スペイン，ブルガリア，ラトビア，トルコ，カザフスタンなどがあげられる。そして，イギリス（イングランド，ウェールズ，北アイルラン

ド），ロシア，アルバニアでは，ECTS制度が導入されている高等教育プログラムは75％以下であり，各国によりECTS制度の導入状況は様々である。

さらにECTSは，単位の互換性や比較可能性を高めるため，なかば標準化を促すシステムとして導入されたにもかかわらず，国により単位時間の換算方法が非常に多様である。多くの国では，学士課程に求められる典型的な単位数は180ECTSまたは240ECTS（3〜4年間），修士課程では90ECTSまたは120ECTS（1年半〜2年間）が採用されている。最も一般的なパターンは，学士課程（標準年限：3年）と修士課程（標準年限：2年）の総計として，180ECTS＋120ECTSといった組み合わせである（Piro 2016）。特に修士課程に関しては，42カ国において120ECTSが一般モデルとされている。

この点において，ECTS制度の導入によって，国際モビリティの障壁が十分に軽減されたかどうかについては，疑問視する声もある。例えば，欧州学生組合（European Students' Unions）は，各学位段階に要求される学習期間やECTSの単位数について一貫性がないことや，学習時間や学修成果を基にした単位の配分について透明性が確保されていない実態を指摘している（Piro 2016, ESU 2015）。修士課程プログラムについて，ある国では60ECTS，また他の国では90ECTSや120ECTSと単位数が統一されておらず，学生のモビリティや海外の学位や資格を承認する際に大きな障壁となっている（ESU 2015）。そして単位の配分は，客観的なシステムに基づくのではなく，教員の個人的判断でなされる場合や，また当該科目の学修成果を獲得するのに求められる学習時間ではなく，その科目を担当する教員の職階や地位など立場や科目の重みづけなどによって判断されている事例なども報告されている（Sin, Veiga, & Amaral 2016）。ボローニャ・プロセス進捗レポート（Bologna Implementation Report 2015）によると，ECTSが誤用されているケースも多々見受けられ，モビリティの円滑化に不可欠な単位の承認に関して，依然として課題は残されている（EACEA 2015）。

2-3-(3)　質保証制度（Quality Assurance）

欧州高等教育圏を構築するにあたり，各国の高等教育の学術水準が国境を越えて一貫性を持ったものでなければならない。そのためには，教育の品質を担保することを目的とした，いわゆる「質保証」の考え方が高等教育にも応用され，質保証制度としてあらゆるシステムが構築されていった。例えば，大学の認証やアクレディテーション，評価などに関する法律が整備され，大学評価を実施する質保証機関が各国で設立されている。また，欧州質保証機

関国際ネットワーク（INQAAHE：International Network for Quality Assurance Agencies in Europe）などの国際ネットワークが 1991 年に，欧州高等教育質保証協会（ENQA：European Association for Quality Assurance in Higher Education）が 2000 年に設立された。ENQA は，高等教育の質保証における情報公開，経験や優良事例の共有を図ることを目的としている。

　また 2003 年のベルリン会議において，高等教育の質の向上に関するガイドラインの作成が要請されたことを受け，2005 年には，「欧州高等教育圏における質保証の基準とガイドライン（ESG：Standards and Guidelines for Quality Assurance in the European Higher Education Area）」が開発された。このガイドラインは，欧州全体が参照可能となる質保証基準ではあるが，一律的な評価を行うといった趣旨ではなく，国や地域の違いや多様性を尊重したうえでの共通的な基準である。大学の質の保証や向上について，第三者による評価である「外部質保証」に関するガイドラインに加えて，大学の質の向上の第一義的責任は大学自身にあり，大学内部の構成員が自ら質の保証を行う「内部質保証」といった概念に基づいて，ガイドラインが設けられた。大学の評価には学生も参画することや，評価結果を公表することも推奨されている。この ESG は 2015 年に改訂され，ガイドラインの用語の意味の明確化，教育学習の内部質保証の強化，ボローニャ・プロセスの発展と，資格枠組みや学修成果の開発との関係性を明らかにすることが目指されている。さらにルーベン会議（2009）において，欧州高等教育質保証登録簿（EQAR：European Quality Assurance Register for Higher Education）が提案され，大学評価を行う質保証機関が登録することにより，欧州高等教育圏内で国境を越えて質保証活動を拡大していくことが可能となった（Costes et al. 2010）。

2-3-(4)　ディプロマ・サプリメント（Diploma Supplement）

　学生の国際モビリティを促すにあたって課題となるのは，他国で獲得された学位や修了証書などの資格の内容が理解できない場合である。この問題に対処するのが，「ディプロマ・サプリメント（Diploma Supplement）」と呼ばれる，当該国の取得学位や学習内容の情報を補足説明するための欧州共通様式の文書である。ディプロマ・サプリメントは，1997 年のリスボン承認規約で提案され，翌年に，欧州議会，欧州委員会，ユネスコ・欧州高等教育センターのワーキンググループにより設立された。これは，人的モビリティを高めるために，学生が取得した学位や資格，修了証明書などの情報について，進学や就職の際に対外的に理解および比較可能にすることを目的としている。

ディプロマ・サプリメントには，学位・資格取得者の情報，学位・資格に関する基本情報や水準，学習の内容や成果に関する情報や，ディプロマ・サプリメントの発行に関する情報，当該国の高等教育制度の概要などが盛り込まれる。現在は，ボローニャ・プロセスに参加する48カ国の高等教育機関の発行が義務付けられている。2004年には，後述するEUのEUROPASSの資料の一部とみなされる。2005年以降は，ボローニャ・プロセスの加盟国は，高等教育機関を卒業するとディプロマ・サプリメントを自動的に受け取る仕組みが構築されていった。

2-3-(5)　欧州チューニング（Tuning Educational Structures in Europe）

欧州チューニングとは，欧州各国における高等教育の各学問分野について，教育プログラムの目標や学修成果（知識・理解・コンピテンス）や，その目標値（一般的コンピテンスおよび分野固有のコンピテンス），カリキュラムの必須内容や構造（モジュールや単位），目標とする学修成果を達成するためのカリキュラム編成や教育活動，教育・学習のアプローチ（方法・技術・様式など）および成績評価の方法，教育プログラムの質を継続的に向上させる評価システムの開発などについて，大学教員や専門家らが検討を行ったものである。現時点では，化学，物理学，ビジネス，経済学，教育学，数学，地質学，歴史学，欧州学，看護学などの分野において，教育プログラムの目標や学習内容，学習量，成績評価，質保証などについて整理がなされている。「チューニング（調整）」という言葉を使う背景として，欧州の各機関の多様性や自律性の尊重を基本原則として，学位やカリキュラムが「標準化」また「画一化」されることは回避したいという思いからくるものであり，チューニングはあくまでも参照基準として位置付けられる。

2-3-(6)　欧州高等教育資格枠組み（QF-EHEA：Qualifications Framework for the European Higher Education Area）

高等教育の学位制度について国境を越えての留学あるいは就職の際に，理解しやすく比較を可能とするため，「当該学位保有者は，何を知っており，何を理解し，何ができるのか」といったいわゆる資格（qualifications）が意味する内容を明らかにすることが求められた。高等教育の3段階（学士－修士－博士）の各課程修了者に期待する学修成果（いわゆるダブリン・ディスクリプタと呼ばれる）を示した「欧州高等教育資格枠組み（QF-EHEA：Qualifications Framework for the European Higher Education Area）」が，2003年のベルリン会議で提案され，2005年のベルゲン会議後に開発された。QF-EHEAは，各学位保有者

が有するべき「学習時間，水準，学修成果（コンピテンス）」の観点において，何が期待されており，学位レベルにより何が異なるのかを相対的に説明したものである[1]。欧州各国は，この QF-EHEA に対応可能な国家としての資格枠組み（NQF：National Qualifications Framework）を構築していくことが求められた。

2-3-(7) 欧州資格枠組み（EQF：European Qualifications Framework）

上記の欧州高等教育資格枠組み（QF-EHEA）が開発されたのち，2008 年には，欧州議会・理事会が，欧州域内での学習者そして労働者のモビリティの活性化や生涯教育の促進を図るため，職業資格や学位などを含む包括的な「欧州資格枠組み（European Qualifications Framework for Lifelong Learning, EQF-LLL：以下，EQF と略記）」を，8 段階（レベル 1 ～レベル 8）に基づいて構築した。EQF は，これまで別々に制度付けられ，運営されてきた多様な教育訓練セクター間の関係を明らかにし，各セクターで獲得される学位や免状，証書，資格などについてコンピテンスや水準を設定することで，自国内そして対外的により資格の内容に対する理解を深めるためのプラットフォームである。これは，資格の種類の多様化や複雑化が引き起こした「qualifications のインフレーション（Allais 2014: 243）」問題への対応として，資格情報の整理が急務とされたことも背景の一つである。EQF の各水準に期待される学修成果が記述されたアウトカム指標（ディスクリプタ）は，2017 年に改訂され，現在は「知識（理論的および／または現実的）」，「スキル（認知的および／または実践的）」，「自律性および責任（改定前は「コンピテンス」と表記）」と定義されている[2]。

EQF が誕生する以前は，各国内のあらゆる職業資格や学位，免状，証書などの資格（qualifications）情報を一元的に整理し，その可視化を図るツールとして，「国家資格枠組み（NQF）」が，既に 1969 年にフランスで，1990 年代にはイギリスを中心とするアングロサクソン圏のいくつかの国で開発されている（野田 2017）。NQF の導入目的には，国レベルのアウトカム（知識，スキル，コンピテンスなど）の策定，教育訓練と労働市場との接続，入学や編入などの学習者のセクター間のモビリティ，継続教育や生涯教育の推進，または国や地域によっては職業教育訓練セクターの地位向上を図ることなどがあ

---

1 Ministry of Science, Technology and Innovation (2005).
http://media.ehea.info/file/WG_Frameworks_qualification/71/0/050218_QF_EHEA_580710.pdf を参照。
2 The Council of the European Union (2017).
https://publications.europa.eu/en/publication-detail/-/publication/ceead970-518f-11e7-a5ca-01aa75ed71a1/language-en を参照。

げられている（Allais 2014, UNESCO, ETF, & CEDEFOP 2015）。また，職業能力評価や高等教育を含む教育訓練の質保証システムの一環として機能することが期待されているが（CEDEFOP 2015），何よりも，国内で複雑化・拡大化する資格を国の制度として整理し，半ばブラックボックス化している学位，資格，証明書，ディプロマなどの相対的な価値判断にあたり，これまでの曖昧さを軽減することを第一の目的としている（Castejon et al. 2011）。

　各国の異なる教育訓練制度により付与されたディプロマやサーティフィケイトなどの価値を判断することは実質的に困難であり，欧州各国の異なる資格の同等性または比較可能性を高めるための翻訳装置として，各国で策定されている NQF を 2010 年までに EQF に対応させることが提言されたのである。枠組みの基礎要素にコンピテンスを掲げた EQF の導入は，履修科目のリストや学習期間などのインプット情報ではなく成果を強調するという点で，これまでの資格説明に対して大きな転換をもたらした（Bieber 2016）。各資格保有者に獲得が期待されるコンピテンスを明確にすることで，資格への信頼性，客観性につながることが目指される。2020 年時点で NQF を導入あるいは検討する国は 150 カ国を越え，欧州を中心に開発が進んでいる。

2-3-(8)　欧州職業教育単位制度（ECVET：European Credit System for Vocational Education and Training）

　国際的な職業モビリティを活性化するため，学習者の学修成果の承認を行うことを目的に欧州職業訓練単位制度（ECVET）が開発された。省庁や労働組合，企業代表者などによって構築された ECVET は，各国間で獲得された学修成果に基づき，単位として蓄積そして互換を可能にするものである。EU は，ボローニャ・プロセスで打ち出された高等教育分野の ECTS と ECVET を連携させ，高等教育と VET 間の流動や透明性を高めることをねらいとしている。1 年間のフルタイムの職業教育での学修成果を 60ECVET 単位としているが，学んだ場所や教育訓練に費やした期間ではなく，学修成果に基づいてポイントを付与し，その蓄積が単位につながるという考えである。

2-3-(9)　欧州共通履歴書（Europass）

　2000 年のリスボン戦略および 2002 年のコペンハーゲン宣言にて提案された欧州共通履歴書は，欧州内の学習者や職業人の地域間モビリティを促進するため，各個人のスキルや資格（qualifications），学習や職業経験を比較可能なものとし，当該国以外の誰が読んでも理解可能な標準化ツールとして，2005 年に開発されたものである。欧州共通履歴書は，以下の 5 種類の e-ポー

トフォリオ（書類）―①ユーロパス履歴書（Europass Curriculum Vitae），②ユーロパス語学能力パスポート（Europass Language Passport），③ユーロパス・モビリティ（Europass Mobility），④ユーロパス・サーティフィケイト・サプリメント（Europass Certificate Supplement），⑤ユーロパス・ディプロマサプリメント（Europass Diploma Supplement）―からなる。①ユーロパス履歴書は，職に応募する際，自身の学習や研修，職業的な経験を説明する基本情報である。各国で活用されている多様な履歴書のフォーマットを欧州基準の様式に統一し，共通に活用されるものである。②ユーロパス語学能力パスポートは，外国語の運用能力についての欧州の共通参照枠組み（CEFR：Common European Framework of Reference for Languages）の各水準（基礎―熟練の6段階）に照らし，自己評価を行った書類である。③ユーロパス・モビリティは，留学や海外研修など自国外で過ごした経験やその目的，期間，身についたスキルなどを記録したものであり，短期留学を経験した学生や，海外企業での就労，NGO でのボランティアを経験した社会人などに特に有用とされる。ユーロパス・モビリティは受け入れ国と送り出し国の双方の大学，学校，研修センター，会社などによって確認される。④ユーロパス・サーティフィケイト・サプリメントは，アイルランドの質保証機関（QQI）が発行しているものであり，国家資格枠組み（NQF）に基づいて，職業教育訓練の資格水準を保持する個人に与えられる。⑤ユーロパス・ディプロマサプリメントは，ユネスコと欧州議会の共同により開発されたものであり，高等教育の卒業生の成績評価に対する補助資料である。

おわりに

　ボローニャ・プロセスは，欧州規模で高等教育政策の調和（harmonization）を図る最初の試みとして構想された政府間の協定プロセスであり，EU の枠組みとは独立した策として位置付けられる。高等教育分野における欧州レベルでの連携・協働は，かつては不可能と見なされていたにもかかわらず，各国の教育担当大臣が，高等教育の学位構造や質保証メカニズムの共通枠組みの構築に関して，迅速に合意を果たした事実は注目に値する。欧州全体において高等教育の連携が急速な勢いで進められた理由としては，科学技術の革新こそが経済発展の要であるという認識が欧州で広く共有され，各国の政治家らは，大学こそが知識基盤型経済社会を創り上げ，そして社会や労働市場に変革をもたらす起爆剤となると考えたことが背景にある（Voegtle & Vögtle

2014）。これを踏まえ，各国の問題解決を促す共通的な試みとみなされたボローニャ・プロセスは，欧州規模で共通に取り組むことで，かつて各国内部の抵抗で改善されなかった問題の解決につながる，といったいわゆるカタリストしての役割を担うことになったのである。

　欧州高等教育圏の構築といった野心的な目標が掲げられたボローニャ宣言から約 20 年が経過した現在，多くの人々の関心は，ボローニャ・プロセスで打ち出された数々の施策や枠組み，ツール（例：共通学位制度，ECTS，ディプロマ・サプリメントなど）によって，果たしてボローニャ宣言の目的がどこまで成し遂げられたのか，ということである。そして，これらのいわゆるボローニャ・ツールは，果たして国際的テンプレートとなり得るのだろうか，という点だ。ボローニャ・プロセスの展開によって，国境を越えて学位・資格の承認システムが進み，それにより学生や卒業生のモビリティが促進されたこと，そして欧州各国の高等教育機関も国際的な共同教育や研究に積極的にかかわってきたことなどは一定の成果として報告されている（Yerevan Communiqué 2015）。その一方で，ボローニャ・プロセスが掲げるモビリティや雇用可能性の促進については，依然として大きな課題が残されており，そしてそれらに寄与すべき欧州共通の枠組みやツールが，いくつかの国において表面的，官僚的そして不適切に活用されていることの懸念も示されている（Curaj et al. 2012, ESU 2015, Sin, Veiga & Amaral 2016, Yerevan Communiqué 2015）。ボローニャ・プロセスの効果検証は，今後も引き続きの課題となっていくであろう。

　そして，Moutsios（2013）が指摘するように，ボローニャ・プロセスに関するこれまでの文献の多くは，ボローニャが何を成し遂げようとしているかについてその政策や取組みなどの公的な合意事項に関して言及してきたが，同時に忘れてはならないのは，ボローニャ・プロセスによって，多くの国がこれまで伝統としてきた自国の制度や学問の自律性などを断念し，国際標準に対応することに多大な努力を払ってきたことである。とりわけ，ボローニャ宣言の発想は，そのロードマップとなった前年のソルボンヌ宣言におけるフランス・ドイツ・イギリス・イタリアといった西欧主要国の政府間協定から端を発している。そして過去 20 年の間に他の欧州諸国や隣国がこのボローニャ・プロセスに参画してきたわけであるが，西欧諸国の構造や考えを中核とするボローニャ・プロセスの展開によって，例えば東欧や中欧諸国は，西欧地域よりも劣位関係にあるといった認識を助長し兼ねないという懸念の

声もある（Martinez 2015）。また，高等教育のカリキュラム改革や授業方法において，一方向的な講義形態を伝統スタイルとしてきた中欧・東欧の大学にとって，ボローニャ・プロセスが強調する学生を主体とした（student-centered）教育方法は，イギリス・アイルランド・ベルギー・オランダなどの西側諸国に多くみられるアプローチであり，学びの文化そのものに大きな転換が求められている（Simon 2014 as cited in Piro 2016）。

　ボローニャ・プロセスの理念はあくまでも欧州各国の高等教育制度の「調和」であり，画一化を目指しているわけではない。他方で，ボローニャ宣言が目標とする国境間のモビリティや欧州労働市場へのアクセス，雇用可能性の向上を叶えるためには，ある程度のシステムの標準化は不可避であり，各国の独自性によって生み出される誤差あるいは多様性をどこまで許容していくべきか，そして高等教育の欧州規模での連携・協働の終着点をどこに置くべきかが今後問われていくであろう。

野田　文香

参考文献

Allais, S. (2014). *Selling out education: National qualifications frameworks and the neglect of knowledge*. Sense Publishers.

Barrett. B. (2017). *Globalization and change in higher education: The political economy of policy reform in Europe*. Palgrave Macmillan.

Bieber, T. (2016). *Soft governance, international organizations and education policy convergence: Comparing PISA and the Bologna and Copenhagen processes*. Palgrave Macmillan.

Bologna Declaration. (1999). *The Bologna Declaration of 19 June 1999: Joint declaration of the European Ministers of Education*. Bologna Retrieved from http://www.ehea.info/cid100210/ministerial-conference-bologna-1999.html

Castejon, J. M., Chakroun, B., Coles, M., Deij, A., & McBride, V. (2011). *Developing qualifications frameworks in the EU partner countries: Modernising education and training*. European Training Foundation (ETF). Anthem Press.

CEDEFOP (European Centre for the Development of Vocational Training) (2017). *France European inventory on NQF 2016*. Publication analysis and overview of national qualifications framework developments in European countries. Annual Report 2016. CEDEFOP.

CEDEFOP (2015). *National qualifications framework developments in Europe*, Anniversary edition. European Union.

Costes, N., Hopbach, A., Kekalainen, H., IJperen, R. V., & Walsh, P. (2010). *Quality assurance and transparency tools*. European Association for Quality Assurance in Higher Education (ENQA).

Council of Europe (1997). *The Lisbon recognition convention*. Retrieved from https://www.coe.int/t/dg4/highereducation/recognition/lrc_en.asp

Council of Europe (2014). *Bologna for pedestrians*. Retrieved from https://www.coe.int/t/dg4/highereducation/ehea2010/bolognapedestrians_en.asp

Curaj, A., Scott, P., Vlasceanu, L., & Wilson, L. (2012). *European higher education at the crossroads: Between the Bologna process and national reforms. Part I*. Springer.

Dobbins, M., & Knill, C. (2014). *Higher education governance and policy change in Western Europe: International challenges to historical institutions*. Palgrave Macmillan.

EACEA (Education, Audiovisual and Culture Executive Agency)(2015). *The European higher education area in 2015: Bologna process implementation report*. Retrieved from http://bologna-yerevan2015.ehea.info/files/Bologna_2015_125dpi.pdf Brussels: EACEA.

ESU (European Students' Union)(2015). *Bologna with student eyes*. ESU.

European Higher Education Area and Bologna Process (EHEA)(1999). *Ministerial conference Bologna 1999*. Retrieved from http://www.ehea.info/cid100210/ministerial-conference-bologna-1999.html

European Union (2015). *ECTS user's guide*. Retrieved from http://europass.cedefop.europa.eu/sites/default/files/ects-users-guide_en.pdf

Gaston, P. L. (2010). *The challenge of Bologna: What United States higher education has to learn from Europe, and why it matters that we learn it*. Stylus Publishing.

Gatt, S. (2013). *The impact of the Bologna process on higher education institutions in Malta: An overview of the targets achieved and future challenges*. Retrieved from http://llp.eupa.org.mt/wp-content/uploads/sites/2/2014/02/Bologna-Update-paper_Suzanne-Gatt.pdf

Martens, K., & Wolf, K. D. (2009). Boomerangs and Trojan horses: The unintended consequences of internationalising education policy through the EU and the OECD. In A. Amaral, G. Neave, C. Musselin, & P. Maassen (Eds.), *European integration and governance of higher education and research* (pp. 77-102). Springer.

Martinez, D. (2015). Achieving cultural community through rhetorical means: A study of culture in the Bologna process documentation. *Rhetoric, Professional Communication and Globalization, 7*(1), 125-146.

Moutsios, S. (2013). The de-Europeanization of the university under the Bologna process. *Thesis Eleven, 1*, 22-46.

Musselin, C. (2010). The side effects of the Bologna process on national institutional settings. In A. Amaral, G. Neave, C. Musselin, & P. Maassen (Eds.), *European integration and the governance of higher education and research* (pp. 181-205). Springer.

野田文香 (2017).「フランスの高等教育における分野別コンピテンス育成をめぐる国家資格枠組み (NQF) の役割と機能」『大学教育学会誌』39(2), 76-84.

Normand, R., & Derouet, J. (2017). *A European politics of education: Perspectives from sociology, policy studies and politics*. Routledge.

Piro, J. M. (2016). *Revolutionizing global higher education policy: Innovation and the Bologna process*. Routledge.

Sin, C., Veiga, A., & Amaral, A. (2016). *European policy implementation and higher education: Analysing the Bologna process*. Palgrave Macmillan.

UNESCO Institute for Lifelong Learning, ETF, & CEDEFOP (2015). Global inventory of regional and national qualifications frameworks, Vol II: National and regional cases. UNESCO Institute for Lifelong Learning.

第Ⅰ部　教育訓練システムと雇用システムとの連動

Voegtle, E., & Vögtle, E. M.（2014）. *Higher education policy convergence and the Bologna process: A cross-national study*. Palgrave Macmillan.

Yerevan Communiqué of the Conference of European Ministers Responsible for Higher Education （2015）. *Yerevan, 14-15 May 2015*. Retrieved from http:// www.ehea.info/ Uploads/ SubmitedFiles/ 5_2015/ 112705. pdf

第 **II** 部

各国の労働制度，教育制度および高度専門職の働き方

　第Ⅰ部では欧州全体における教育制度，入職経路について述べてきた。これらの教育制度は労働市場のタイプによって影響を受けることが知られている。例えば，アメリカ西海岸シリコンバレー地域では，同地にあるスタンフォード大学，UC バークレー校，その他コミュニティ・カレッジのカリキュラムが地域の企業が求める職種に就けるように構成されており，就業に向けて教育が重点化されている（原山2001）。職業重視型社会の教育制度は学位授与のみならず，職業資格付与制度とも連動している。しかし，教育期間を終えて学位，資格を取得し，就職活動を行っても失業率が高い社会では，なかなかよい仕事に就くことができない。またせっかく就職先を見つけても企業による解雇という「受動的退社」による失業を経験することもある。そして外部労働市場が発達している社会と内部労働市場が発達している社会では，学位，職業資格取得後のキャリアが大きく異なる。

　第Ⅱ部では，第Ⅰ部での議論を踏まえ，第4章で労働に関わる制

度と高等教育修了者の就業に関する先行研究を概観した後，第 5 章から第 10 章まで各国の教育制度，高等教育修了者のキャリア，知識・技能の育成制度および就業観についての事例を示す。

　第 4 章では教育期間終了後の高等教育修了者が就業する際に適用される欧米および日本の労働に関わる制度や就業構造を示す。そして第 7 章以降，高等教育修了者，特に専門職に焦点を当てて議論するため，ここで専門職の研究経緯を概観しておく。第 5 章ではドイツの教育訓練制度を概観し，若者のキャリア形成やドイツ型雇用システムの特徴について議論している。ここでは企業が若者の採用と教育制度にどのように影響を与えているかが示される。第 6 章では国家としてボローニャ・プロセスによる欧州での教育制度の標準化のイニシアチブを取る立場と自国の教育制度へのプライド，内政的な問題のジレンマで苦慮するフランスの状態について議論している。第 7 章では，フランスの高等教育修了者の就職活動および入職状況，3 年後の無期雇用への移行等について質的調査を中心に検討する。第 8 章ではフランスの「エンジニア」資格を有する人々に対する量的調査をもとに彼らが置かれた社会的環境，就業構造，就業観について検討する。第 9 章ではスイスで博士学位取得者などの高度人材が就く RMA という研究支援に関する専門的職業についての調査結果をもとに科学技術立国を支えるキャリアを検討する。第 10 章ではフランスのジャーナリスト育成過程と職業的地位向上を目指した制度の形成，準専門職が専門職として社会的承認，高職業威信のために職業組合として働きかける経緯について述べ，フランスのジャーナリズムについて検討する。

第4章

欧州の労働と社会保障に
関する制度と
専門職の研究経緯

はじめに

　第Ⅱ部の各章で高等教育修了者がどのようなキャリアを辿るのかを議論する前に，本章では先進諸国の労働に関する社会構造および専門職の研究経緯を確認しておく。第1節では先進諸国の労働時間，職業分布，失業率を比較[1]し，全体的な構造を概観する。第2節では欧州を中心に先進諸国の労働時間の制度および，それに関わる労働施策について検討する。本節では，特に高等教育修了者が就くことが多い管理職および専門職に関わる労働施策に注目する。第3節では専門職の志向を紐解くために初期の専門職研究，日本における研究者，技術者に関する調査研究を示す。第4節では労働における社会保障制度と国際社会における専門職の就業について総括を行う。

1　労働に関する社会構造の国際比較

▶1-1　労働時間の国際比較

　図4-1に示すのはアメリカ，イギリス，ドイツ，フランス，日本，韓国の年間総実労働時間である（労働政策研究・研修機構 2018）。韓国の長時間労働は1990年の2677時間から近年，減少しつつあるものの，2016年でも2069時間と世界の中でも群を抜いている。

1　ここで用いるデータはOECD，厚生労働省，JILPT，リクルートワークス研究所による国際比較データを加工したものである。

第Ⅱ部　各国の労働制度，教育制度および高度専門職の働き方

図 4-1　1 人当たり平均 年間総実労働時間の国際比較

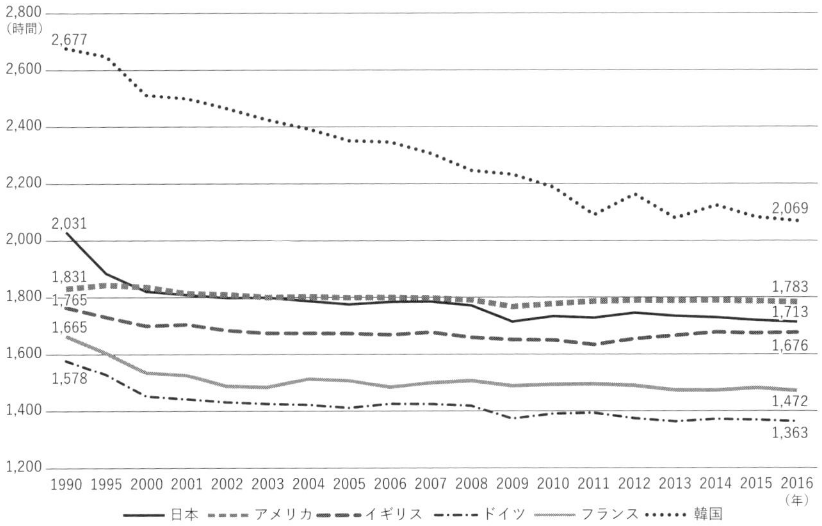

出所：JILPT『データブック国際労働比較 2018』

　　第 2 グループはアメリカ，日本，イギリスであり，日本の長時間労働が問題視される中，アメリカも 2016 年で 1783 時間の労働時間であり，日本よりも長い。後述するが，アメリカの傾向は 1990 年から大幅な減少がなく，政策的に労働時間を減らそうという意識が強くないことがわかる。イギリスも同様で 2016 年の 1676 時間は日本より少ないが，1990 年頃の状況から 2000 年にやや減少したものの横ばい状態であることがわかる。日本は 1990 年に 2031 時間の長時間労働であったが，2016 年には 1713 時間まで減少している。ただし，「サービス残業」と言われる超過残業を潜在化させる圧力が職場にあることが社会問題にもなっていることから，この労働時間の減少が正確であるかは不透明な部分があると言わざるをえない。第 3 グループはドイツ，フランスであり，1400 〜 1500 時間と大きく労働時間の違いがある。両国とも政策によって大幅に労働時間の短縮を行った経緯があり，ドイツは 1990 年にすでに 1578 時間の時短を実施しており，さらに 2000 年に大きく減少させ，2016 年では，1363 時間となっている。フランスも 1990 年で 1665 時間で他国より少なく，2000 年でさらに大きく時短を実現しており，2016 年で 1472 時間と短い労働時間となっている。また労働時間の短い国のGDP が低いとはいえないのは，ドイツがイギリスより短い労働時間であり

100

第4章　欧州の労働と社会保障に関する制度と専門職の研究経緯

図4-2　職業別就業者構成比の国際比較（ISO08）

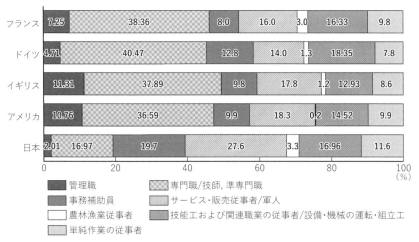

出所：JILPT『データブック国際労働比較2019』

ながらGDPでは上位にあることからうかがえる（フランスも労働時間が短いグループであるが，イギリスに近いGDPである）（労働政策研究・研修機構2019）。

▶1-2　職業別就業構造の国際比較

本項で示すのは職業別就業構造の構成比の国際比較である。本データは労働政策研究・研修機構が提供する国際比較データ（2019年版）のうち，国際標準職業分類（International Standard Classification of Occupations）のISCO-08の分類表を再加工したものである[2]（労働政策研究・研修機構2019）。図4-2に示すように管理職はアメリカ，イギリスの11％，フランスの7％と続き，ドイツと日本は5％未満と非常に少ない。専門職および準専門職はドイツが40％と最も多く，次いでイギリス，フランスも38％と非常に多い。実に就業者の約40％が専門職および準専門職に就いている。事務補助員（一般事務職を含む）は日本が最も多く20％であり，他国は10％程度である。サービス・販売従事者および軍人では，日本が最も多い28％であり（日本・アメリカのデータには軍人は含まれない），他国は10ポイント程度少ない。農林漁業従事者は日本，フランスが3％，他国はその半分程度の構成比である。工場労働者はドイツの18％，日本の17％，フランスの16％，アメリカの15％，イギリス

2　国によって合算されている項目が異なるため，筆者が合算された項目を共通化して作成。

の 13% と続く（アメリカの工場労働者の分類には単純労働者が含まれるため，分類上アメリカの単純労働者の数値がない）。各国の職業分類の定義の差異の影響はあるものの，国際職業分類で示される就業者の傾向からは，日本はサービス・販売従事者，事務職，工場労働者，専門職の順に多く，非専門職従事者が多い構造であることがわかる。そして欧州は専門的職業従事者が最も多く，次いでサービス・販売従事者，工場労働者と続き，高スキル者が多い構造であるといえる。

▶1-3　失業率の国際比較

図 4-3 に示すのは失業率の国際比較である（労働政策研究・研修機構 2019）。他国との比較のために，欧州の中で経済状態が深刻である国としてポルトガルを比較に入れている。ポルトガルの失業率は 2013 年に非常に高く 17% と群を抜いているが 2018 年には 7% まで回復している。失業率で特徴的であるのは，2018 年には多くの国が 2008 年のリーマン・ショックと呼ばれた世界恐慌の影響から回復しつつある中（アメリカ　3.9%，イギリス　4.0%，ドイツ 3.4%，日本　2.4%），フランスの失業率は依然として高く，9.1% と高止まりしていることである。ことに 15 〜 24 歳の失業率が深刻であり，2015 年 OECD のデータベースによれば 24% と非常に高く（ドイツは 7%，日本は 6%，

図 4-3　調整済み失業率国際比較

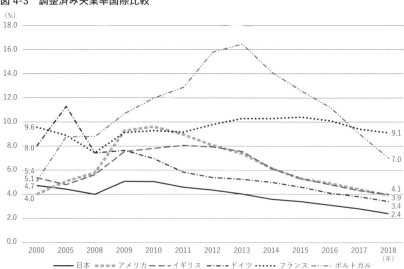

出所：JILPT『データブック国際労働比較 2019』

イギリスは 15%，アメリカは 12%），実に日本の 4 倍であり，4 人に 1 人の若者が失業状態にある[3]。

　以上，各国の 1 人当たりの労働時間，職業分布，失業率を概観した。労働時間では，日本はアメリカ，イギリスと類似した長時間労働グループに位置していた。日本の GDP は 3 位とはいえ，2 位の中国の 3 分の 1 程度であり，むしろ 4 位のドイツや 5 位のイギリスに近い。職業分布では，日本は欧州諸国よりも専門職が少なく，アメリカ，イギリス，フランス，ドイツよりも管理職が少なかった。専門職の区分が国によって一元的ではないため，その影響があると予測されるが，これらは政府系データとして，ある程度調整されたものである。日本は高学歴化が進んでいるとはいえ，このデータから専門職，管理職が，他の先進諸国に比べて少ないことがわかる。しかし，失業率では経済状況が厳しいポルトガルの約 3 分の 1，フランスの約 4 分の 1，アメリカ・イギリスの約 2 分の 1 であり，雇用は安定していることがわかる。管理職，専門職という高度な知識や技能を持った（高等教育修了者が就く可能性の高い）職種が，少ない職業構成であるにもかかわらず，日本の失業率はそれ以外の管理職や専門職が多い国よりも低い。フランスの場合，学校教育における授業料は中学校，高等学校のみならず，大学，大学院の博士後期課程まで無償である。したがって授業料が負担となって公的高等教育を受けることが困難となる人はいない。しかし，フランスには厳然とした学歴格差，および社会関係資本格差が存在する（Duru-Bellat 2006: 208）。これについては第 7章でその構造，現状について検討を行う。次節ではこのような失業率を示している各国の労働施策について国際比較を行う。

2　労働政策の国際比較

　日本の労働の場における年功制は変化しつつあるが，現在でも正規雇用者には長期雇用を前提とした雇用契約を結ぶ事業所が多く，その場合，内部労働市場の中で昇進，昇給する者が多い。男性・大卒・大企業勤務者が長期勤続する傾向は，現在も継続しており，この属性で転職する正規雇用者は 3 割程度である。他方で，中小企業就業者が生涯で 2 ～ 3 回転職することは日本でも珍しくない。従って，同一企業で長期勤続というのは日本においても大

3　OECD データ（http://stats.oecd.org/Index.aspx?DatasetCode=STLABOUR，2017 年 1 月 10 日取得）

第Ⅱ部　各国の労働制度，教育制度および高度専門職の働き方

企業の傾向であり，中小企業での転職は欧米と同様に行われているといえる。そのような環境の中で，大企業は多くの非正規雇用者を採用するが，非正規雇用者から正規雇用者への移行は非常に難しい[4]。また，日本の場合，大企業への転職は，限られた人々にしか外部労働市場が発達していないため，大企業出身者の次の仕事への再就職は前職よりも企業規模が小さくなる傾向がある（ただし，給与の減少は大きくない）（藤本 2008）。大企業就業者が転職を考える際，専門職でさえ，必ずしも前職と同程度あるいはそれ以上の待遇で仕事を獲得できるとは限らず，失業時の保障期間などを考慮すると簡単に転職を決意するのは難しい。中小企業の場合，転職経験者の多さから，失業保険を受けながら求職した人々も多いと考えられ，求職中の保障は人々の大きな関心事であり，転職の決断に大きく関わるといえよう。これらの状況を踏まえ，以下では主要先進国の労働時間に関する制度，施策について，特に管理職，専門職に注目し，概観する。なお，見習い労働者に関する施策については，第Ⅰ部で述べられているため，本章では省略する。

▶2-1　労働時間制度の国際比較

2-1-(1)　アメリカの労働時間制度

　先述したように，アメリカでは欧州と対照的に労働時間の短縮のための政策的議論はあまり活発ではない。アメリカの総実労働時間は図 4-1 に示したように日本，イギリスと共に長時間労働の傾向がある。労働時間の減少は世界的な傾向ではあるが，アメリカも 1990 年から徐々に減少し，（欧州に比べるとあまり減ったとは言えないが）2016 年には 48 時間減少している（労働政策研究・研修機構 2018）。労働時間に関する制度で，ホワイトカラー・エグゼンプション[5]は専門職・管理職に適用される除外規定であり，管理職，高度専門職などを含む 5 類型がある（厚生労働省 2016:83-84）。アメリカの場合，管理的被用者，運営的被用者，専門的被用者，外勤セールスマン，農業従事者，水産業従事者，船員，IT プログラマー，ニュース編集者，タクシー運転手など，最低賃金保障制度から適用外になる職種が多岐にわたっている。労働時間は連邦制度で週 40 時間とされており，これを超える労働に対して使用者は

4　現在，雇用制度の変更があり，長期勤続者には正規雇用化への転換が求められているが，雇い止めの問題も発生している。

5　ホワイトカラー・エグゼンプションとは，管理職・専門職については，最低賃金および割り増し賃金の規定の適用を受けない最低賃金に関わる制度である。

50％の割り増し賃金を支払わなければならない。連邦法上，時間外労働にかかる上限規制はないため，アメリカで長時間労働を抑制しようという動きがあまり見られないことがうかがえる。ただし，アメリカは時給で賃金を支払われる労働者が多く，時短は給与減を意味するため，積極的に取り組みにくいという指摘もある（労働政策研究・研修機構 2004a）。また，オバマ政権時にホワイトカラー・エグゼンプションで「みなし残業」による長時間におよぶ時間外労働の適用になった人々への適用基準の引き上げ法案が通り，実施予定であった。しかし，トランプ政権になり，大企業の人件費が増加するこの法案は見直され，多くの対象者が残業代支給対象者から外れることになり，後退したと言われる[6]（労働政策研究・研修機構 2017b）。

2-1-(2)　イギリスの労働時間制度

　イギリスもアメリカ，日本と同様に労働時間が長い国である。先述したように 1990 年から 2008 年の経済恐慌の時期までに 100 時間減るものの，2016 年には再び増加している（労働政策研究・研修機構 2018）。イギリスは EU の平均週労働時間の 40 時間を大幅に上回り，43 時間を超えている。イギリスの場合，「EU 労働時間指令（労働時間を週当たり 48 時間以内に制限するという制度）」を導入しても労働時間が減らないという現象が起きており，労働研究研修機構によれば，イギリス労働組合会議はイギリスが「オプト・アウト（労働者の同意を得た場合のみ週 48 時間の上限を超えて労働させることを認める特例規定）」を採用しているためだと指摘している。幹部管理職，家族労働者等については，法定労働時間，休息・休日および深夜労働の規定は適用されない（厚生労働省 2016: 238）。イギリスでは使用者は「オプト・アウト」に署名するように被用者に圧力をかけている訳ではなく，長時間労働することを強制的に止めるのは被用者の個人的権利の侵害であると主張しており，また週 48 時間を超えて就労するのは労働時間規制の対象外となっている管理職であると強調している（労働政策研究・研修機構 2004b）。使用者側は管理職が自律的，自発的に長時間労働していると主張しており，管理職および専門職などの対象者になる基準が下げられると，時間外労働による超過残業代の支払いの対象者として適用されていない労働者が増加するのである。

6　ホワイトカラー・エグゼンプションの見直しをめぐっては，労働省が 2016 年 5 月に俸給基準を 2 倍に引き上げる，管理職・運営職エグゼンプション適用の基準を 3 割増にするなど，同年 12 月から実施予定であったが，全米商工会議所を含む企業および 21 州が訴訟を起こし，予備的差し止め命令が出されたため，施行の目途がたっていない（厚生労働省 2016:88）。

第Ⅱ部　各国の労働制度，教育制度および高度専門職の働き方

2-1-(3)　ドイツの労働時間制度

　ドイツは先進諸国の中で年間の総実労働時間が非常に短い。図 4-1 でも示したように，アメリカ，日本，イギリス，フランスに比べて圧倒的に短く，1990 年時点の 1578 時間で，既に各国より非常に短いが，2016 年には 215 時間減の 1363 時間を達成している。ドイツがこのように時短に成功しているのは週 35 時間労働を法制化しているためである[7]。ドイツの特徴は労働時間を規定する主体が労使であり，「協約自治」の原則に基づき，あくまでも国はその支援をするという姿勢である。ただし，週 35 時間労働は原則変えないものの，ある程度の柔軟性を持たせており，金属産業では高度専門職や高ランクの従業員は週 40 時間労働に就かせることを可能にしている（労働政策研究・研修機構 2004c）。

　ドイツでは 80 年代から 90 年代にかけて，金属産業労組（IG メタル）が，残業廃止や「労働時間短縮」を掲げ，過去 35 年間で総実労働時間 380 時間の短縮を勝ち取っている。他方で時短と共に発展してきたのが「労働時間の柔軟化」であり，連邦労働・社会省（BMAS）は 2016 年に「労働 4.0」という白書をまとめ，選択的労働時間制度の 2 年間の試行を提案している。この白書で画期的であるのは，労使協約が合意のもと，労働時間の柔軟化と労働者の自己裁量権の確保を重視している点である。具体的には残業した対価として，①賃上げ（2.6％）か，②労働時間削減（週 39 時間から週 38 時間へ）か，③休暇（有給休暇の追加）の中から一つを労働者自身が選択できる点が評価されている（労働政策研究・研修機構 2017c）。また，「デジタル化における良好な労働」は，労働保護とフレキシビリティのバランスがとれた状態を目指すもので，労働の時間や場所に関して「選択労働時間法」，職業能力の強化等に予防的に取り組む「労働保険」，若年者に初期投資資金を与えて技能取得や起業等に利用する「就業者口座」などが提案されている（厚生労働省 2016:177）。かつて電子ネットワークが普及し始めた頃に，場所を固定しない働き方が提案されていたが，物理的，規範的に受け入れられにくいものであった。現代になり，労働時間の柔軟化，選択的労働時間が議論されるようになり，技術的実現性が社会的実現性につながりつつある。技術が確立されてから社会的に制度として実現するまでに約 30 年の月日を要しているのである。IG メタルの労働時間調査では労働時間の満足度には労働者の裁量の大きさが密接に

7　公的部門や一部の産業では 39 時間労働もある。

関わっていることが明らかになった。裁量労働制の議論で見えづらいのは，裁量労働の範囲や対価であるが，上記の選択肢は，労働者が自身の労働の対価として，経済的報酬，日々の労働時間の短縮，という選択肢により，可視化されているため，これまでわかりにくかった議論が明示的になった。

ただし，この制度は民間企業では適用されていないこともあり，1週間40時間労働の契約でありながら，無償で10時間働かせる企業や長時間労働が常態化している企業もある（2018年，2019年，ドイツの民間企業就労者への聞き取りより）。

2-1-(4) フランスの労働時間制度

フランスの年間総実労働時間もドイツ同様，他国に比べて短い。大きな影響を与えたのは1998年と2000年に法制化された通称「オブリ法[8]」と呼ばれる労働法である（労働政策研究・研修機構2004d, 清水2006, 葉山2008）。これにより週35時間労働制が導入された。特に2000年のオブリ法IIの際には，労働形態が裁量労働であり，超過時間の残業代の支払い対象の適用外にされているカードルと呼ばれる管理職および専門職[9]の膨大な「サービス残業」に切り込んだことで評価されている。ただし，その後，右派の勝利によって，オブリ法は形骸化されつつあると多くの論者によって指摘された。清水によれば，大企業は35時間労働制を導入し，コスト増になったが，労働者の就業時間のフレキシビリティを高めることができ，早期に導入した企業は政府からの補助金が補填されるメリットもあり，結果として，企業には損失が起こっておらず，労働者にとっても時短が確保されている（清水2006）。ただし，第8章で述べるが，管理職および専門職はフォルフェという年間217日という上限で労働日数が規制されているというものの，長時間労働が恒常化し，超過残業代の支払いもなく，裁量労働とはいえ，休みの日に出社を命じられたり，家に仕事を持ち帰ったり，日本的な「サービス残業」をし続けている

---

8 フランス政府の労働法典 第L212-1条〜第L213-12条 https://www.legifrance.gouv.fr/affichCode.do?cidTexte=LEGITEXT000006072050&dateTexte=20180301
9 「経営幹部職員」（管理職および専門職）に係る法定労働時間の適用除外については，厚生労働省のまとめによると，以下の要件に当てはまる者は労働時間規制の適用が除外される。ただし，年次有給休暇の規定は適用される。経営幹部職員の要件は次のとおりである。①労働時間編成上大きな独立性を持つような重要な責任を委ねられていること②自立性の高い方法で決定を行う権限を与えられていること③当該企業又は事業所における報酬システムの中で最も高い水準の報酬を得ていること。このほか，労働時間規制の適用を受けることを前提に，個別労使の合意あるいは書面による契約によって，労働時間の長さおよび報酬額を一定のものとして概算的に設定する制度がある。2008年より，これらの契約対象者の範囲が拡大された（厚生労働省2016:123）。これについては第8章を参照されたい。

第Ⅱ部　各国の労働制度，教育制度および高度専門職の働き方

ような生活をしている。またカードル職と呼ばれる管理職および専門職は，以前は，執行役員レベルの上位職を指していたが，かなり現場に近い人々までカードル職に位置付けられ，カードル職が階層化され，いわゆる難関校である準備クラス経由のグランゼコール出身者以外もカードル職に就くことが珍しくない。カードル職の社内ランクも企業によってそのボーダーはまちまちで，外部指標がある訳ではない（カードルについては第8章を参照されたい）。カードル層の働き方については，その可視性の低い状態での労働スタイルについての過重労働を不安視する研究が多くなされている（Boltanski & Goldhammer1987, Bouffartigue & Bocchino 1998, Bouffartigue & Pochic 2002, Bouffartigue & Bouteiller 2000, 2003, Coutrot & Guignon 2002, Jacquot & Setti2006, Maugeri 2016, Thoemmes 2007, Thoemmes & Escarboutel 2009, Thoemmes 2009, Thoemmes & Escarboutel 2011）。

▶2-2　解雇法制および失業保険概観

　被用者として就業する上で，解雇のされにくさ，されやすさは人々が安心して働けるかどうかに大きく影響する。所属する組織を信用し，それに依存して自身の生活設計をしても問題ないのか，いつも不安を抱えて近い将来の心配をしなければいけないのかは，人々の働く意欲や転職行動に影響するだろう。解雇には個別的解雇と集団的解雇があり，個別的解雇は，各国で個人を解雇する際，性別，国籍，信条等々，客観的に合理的な理由を欠き，社会通念上相当であると認められない解雇について詳細な事例も挙げて，労働者が不当に解雇されないための法律が整えられている点において類似している。事前通告に関しては国によって期間が大きく異なる。集団的解雇には，日本の場合，例えば解雇4要件があり，それを満たさない場合，解雇権濫用と判断され，無効となる。各国ともに，労働組合もしくはそれに準ずる組織が交渉に当たる。しかし，不当解雇が行われる際の支援団体としての労働組合の影響力には差があり，また，企業がこの法制度を実質的にどれほど遵守しているかは不透明である（労働政策研究・研修機構 2017a）。

　失業保険の被保険者は，多くの国が65歳未満であるのに対して，日本は65歳以上も被保険者であること，アメリカは個人ではなく事業主が被保険者である点，受給要件は日本は自己都合退職でも失業保険が給付されるが，アメリカは会社都合でなければ給付されないという点が特徴的である。給付額は多くの国が前職の所得の50%程度であるのに対してイギリスは一律年齢による段階的な給付額となっている点が特徴的である。給付期間が長いの

第 4 章　欧州の労働と社会保障に関する制度と専門職の研究経緯

はドイツとフランスであり，最長 4 年間給付される者がいる。ドイツの失業率はフランスの 2 分の 1 程度であり，給付期間の長さが直接失業率に影響をしているとはいえない（厚生労働省 2016, 労働政策研究・研修機構 2017a）。

3　専門職に関する研究経緯

　高次の高等教育を受けた人々が専門職に就くことが多く，第 7 章から第 10 章の調査対象者が専門職であるため，本節では，専門職の特性についての研究，調査について概観する。

▶3-1　専門職の定義に関する研究経緯
　専門職研究を直接的に取り上げた最初の著書 である "The Professions" において，Carr-Saunders & Wilson（1933）はブルーカラーワーカーなどの研究に比べて，あまりにも専門職研究が少ないと嘆いている。その職業的ルーツが高階層の人々が就く社会的地位としての職業の意味が強く，産業化が進んで技術的専門性が要求される専門職が誕生しても，高階層の人々，高地位の人々が就いていた時と同様に，それにふさわしい紳士的態度（愛他的，福祉的立場で仕事に従事する態度）が専門職の要件として求められたり，権威を求められたりしていた（Carr-Saunders & Wilson 1933, Elliott 1972, Freidson 1986, 長尾 1995）。社会の変化と共に職業構造が変化する中，新しい職業が誕生したり，消える職業もある。新しい職業には専門性が求められるものがあり，その職業に就く人々は，専門職としての地位を確立しようと働きかける事象が見られる（第 9 章，第 10 章でも事例紹介）。そして専門職の研究者の間では，専門職と準専門職との違い，定義について議論がなされてきた。
　様々なアプローチから専門職の定義が試みられてきた中，Millerson（1964）や竹内（1971）が概念の整理を行っている。専門職の概念は大別して，機能的，構造的要件と心的特性に関するものに分けることができ，機能的要件はどのような機能を果たす職業が専門職であるかを議論するものである。例えば，標準化されない仕事，創造的な仕事，仕事の自律性などの要件を満たしていることが評価基準となる。構造的要件は，専門的職業を支える組織や機関の存在についての議論であり，体系的知識習得のための教育機関や専門職集団の存在，あるいはそれによる能力の試験の実施，資格の付与などを指す。それに対して，心的特性は専門職として守らなければならない規範や心構え，

109

あるいは気質などについての議論であり，例えば，職業集団への準拠，公衆への奉仕，天職としての意識などを指す。

田尾（1991）は，専門職の定義について Greenwood, Goode, Kornhauser, Strauss, Goldner & Ritti, Engel, House & Kerr et al. らの定義を再考し，次のようにまとめている。①専門知識や技術（体系化された専門知識を習得していなければならない。それらの知識や技術を教授する高等教育機関の存在など）　②自律性（組織の権威に対し，干渉されない立場にある）　③仕事へのコミットメント（報酬のために働いているのではなく，仕事それ自体のために働くように動機づけられている）　④同僚への準拠（同僚は職場の仲間を指すのではなく，外部の同業者を指す。コスモポリタン的）　⑤倫理性（専門知識から素人に対して支配的であってはならない。公共の福祉に対する貢献の必要性）。この⑤の倫理性や多くの研究者が要件に入れている「愛他的」「福祉的」などの項目に対し，その必要性に疑問を投げかけたのが，「専門職研究の父」と呼ばれる Parsons である。Parsons（1939）は，ビジネスを利己的動機，専門職を愛他的動機と区分できないとし，愛他性が専門職の基本要件ではないと述べた。竹内（1971）は伝統的専門職を彷彿とさせる「愛他的倫理」などを専門職の要件から削除することにより，伝統的専門職のイメージから解放されると述べている。

多くの定義がある中で，共通している点として，①体系化された専門知識や技術の習得，②仕事へのコミットメント　③同業者への準拠　④職業団体による専門分野の評価システムの存在，⑤標準化されない仕事，という職業定義が多いといえよう[10]。

そして，この④の職業団体による専門分野の評価システムの存在は，当該職業団体による職業的地位の向上への動きと連動することが多い。例えば，看護師団体は，職業地位向上を目指して，看護婦と呼ばれていた時代から，看護士を経て看護師（医師と同様の「師」を用いている）と呼ばれるため，呼称の定着に象徴的に示されるようにジェンダーバイアスから女性を解放するために尽力したり，政治家を輩出し，看護職の職業威信，社会的地位向上への活動をしている。また資格がなくても就業することができる IT エンジニア等においても，初期の頃には職業地位は不明確な存在であったが，需要の高まりにより就業者数が爆発的に増加すると，次々に技術レベルを表す資格が設定された。現場で就業する無資格のシニア技術者の方が有資格の新人技術

10　専門職研究の詳細は拙著第 4 章を参照されたい（藤本 2005）。

者よりもレベルが高いということはよく見られる。しかし，新人が入職した
り，転職したりする際に，資格は初期の技術者のレベルを保証する上で多少
は役立っている。また多くの人が資格を取ることによって，有資格が前提に
なると資格が労働市場参入への要件として認識されるようになり始める。

　では，専門職がもつ専門分野への態度や規範などの内面化される心的特性
は，どのようなものなのであろうか。尾高（1995: 25-26）によれば，モーレス
は，ある社会の成員がそれにしたがうことを要求されている行動基準で，そ
れに対する違反が集団によるなんらかの制裁を伴うものを指す。これに対し
てエートスは，ある社会の成員が習慣的に備えるに至った道徳的気風を意味
する。モーレスである伝統的な専門職の倫理は，拘束的，他律的であり，そ
れに対する違反が制裁を結果するがゆえに，人々は意に反してもこれに従わ
ざるをえない。それに対してエートスである勤労の倫理は，制裁を設けても
人々に強制することはできない。この内面的な道徳的気風を培うためには，
辛抱強い指導と，そしてとくに人々自身の自己啓発が必要である。エートス
は行為主体が内面化し，態度や行動を規定し，一定の方向に向かわせるよう
なものを表わした概念である。何らかの集団や社会階層に共有される社会規
範の一種ということができる（北川編 1984）。行為主体を内面からつき動かさ
れるエートスには，共有された価値意識が存在し，それにより「望ましさ」
が生まれるのである。Merton は *Social theory and social structure* の中で「科学
のエトスとは科学者を拘束すると考えられている価値と規範の複合体であっ
て，感情に彩られたものである。この規範は『すべし』『すべからず』『望ま
しい』『して可なり』という形で表現せられ，制度的価値として正当化され
ている」（Merton 1957=1961: 505）と述べている。例えば，これを科学技術に従
事する研究者に当てはめた場合，「基礎的研究こそが科学であり，普遍的な
研究こそが望ましい」という「望ましさ」（エートス）により，研究に学問的
序列意識が発生してしまうということもある。

▶3-2　専門職論の研究経緯

　専門職論では医師・弁護士・聖職者は伝統的専門職として地位が確立され，
自立的な職業人として扱われてきた。しかし現代のように高度な専門的サー
ビスが求められる社会では，専門分化が進み，専門職の多くは組織に雇用さ
れ，他の専門職と連携しながら就業することが多い（Etzioni 1964, Pelz &
Andrews 1966=1971, 石村 1969, 竹内 1971, Elliott 1972, Abbott 1988, 太田 1993, 長尾 1995,

第Ⅱ部　各国の労働制度，教育制度および高度専門職の働き方

佐藤 1999, 藤本 2005)。これまで専門職は所属組織への帰属意識が低いコスモ
ポリタンととらえられてきた。Gouldner（1957, 1958）は事務職のように組織
の中で上昇することを予測して行動したり，組織に愛着を持つ人々をローカ
ルと呼び，また，専門職のような職業へのコミットメントが強く，組織間移
動を厭わない人々をコスモポリタンと呼んだ。外部労働市場の発達した社会
での専門職は，組織に対するコミットメントよりも職業および外部の専門職
団体へのコミットの方が強く，所属組織への意識は希薄だと考えられている。
しかし，日本の場合，医師・弁護士などの確立された専門職であっても厚遇
を求めて転職するといったコスモポリタン的な行動パターンは一般的とはい
えず，同業者間の規範にもとづく低移動の状態にある（Fujimoto 2008）。その
ため，日本の大企業に勤める研究者・技術者は最も転職しない人々である[11]。
さらに専門職の組織コミットメントが非常に強く，事務職，製造職以上に組
織に愛着を持っているという，専門職の「ローカルなコスモポリタン」状態
も観察されている（藤本 2005）。従って，組織間移動に有利と考えられる職種
でも，彼らを取り巻く社会的環境が異なると，社会によって志向が大きく異
なると言えるのである。

▶3-3　研究者・技術者に関する研究経緯

第 8 章および第 9 章で科学技術系の研究者・技術者の働き方を取り上げる
ため，本節では，これらの職種に従事する人々の特性や彼らの就業環境，処
遇に関する調査研究について示す。

3-3-(1)　1960 年代アメリカの研究者の指向

Pelz & Andrews（1966=1971）は所属組織のミッションや博士学位の有無，
属性や研究者のライフステージの違いなどにより研究者の指向と業績に違い
が見られることを発見し，研究機関運営に多くの示唆を与えている。例えば
政府系研究所・大学の研究者は研究機会には動機付けられるが，組織内の昇
進には関心を示さない。反対に企業研究所勤務や学位を持たない研究者は組
織内の昇進に動機付けられることが示されている。ただし，この研究では科
学指向の研究者であっても研究成果に対する経済的報酬を期待すると回答し

11　例えば，社会階層と社会移動研究 2005 年のデータで 30 ～ 55 歳までの正規雇用男性のうち，
1 度も転職したことがない比率が最も高いのは，専門職であり，次いで管理職そして事務職
である。熟練，非熟練などは転職経験が 1 ～ 3 回以上ある者が多く，また大企業勤務の場合，
正規雇用の男性の 70％が転職経験なしであった。中小企業に勤める人々は 1 ～ 3 回程度の転
職経験者が多い（藤本 2013）。

ていることから，経済的報酬に対する関心は研究者・技術者にかかわらず高いことが示されている。また彼らは若手研究者の英知の欠如と柔軟性，古参研究者の英知と柔軟性の少なさ，専門経歴中期の研究者の英知と柔軟性のバランスに着目した研究所経営を提唱している。ことに研究経歴初期の最初の10年間にいかに報いるかということがその後の本人の研究業績の展開に大きく影響すると述べている。また指導者は中期の研究者には専門領域を途絶えさせずに他の領域へ導き，幅広い理解をもって現象の複雑性をとらえられるような環境作りが重要であるとしている。

3-3-(2)　1980 年代後半の日本，アメリカ，イギリスの技術者の キャリア・処遇

日本では 1988 年に技術者のキャリア・処遇に関する国際共同研究（日本・アメリカ・イギリス・ドイツ）がなされている（生産性上級技術者問題研究委員会 1990a，生産性上級技術者問題研究委員会 1990b，生産性上級技術者問題研究委員会 1990c）。本節では基礎科学系研究重視型のイギリスと日本の科学技術に大きな影響を与えているアメリカとの比較から，この当時の日本の状態を示す。本調査は電機・電子・通信系の大手企業各日本・イギリス 3 社，アメリカ 4 社，化学系大手企業各日本・アメリカ・イギリス 3 社に勤務する基礎研究所と開発研究所に従事する技術者を対象にしたものである。社会的環境の違いとしてイギリスは基礎科学系指向が強く，理学者に比べて工学者が少なく，工学者は人口比率換算すると日本の 2 分の 1 である。イギリスでは技術者の社会的評価が低く，工学部への進学率は低い。さらに工学部であっても非製造業への就職を望む者が多く，技術者を選択しても他職への転職を行う者が少なくない。アメリカの場合，人口 1 万人に対する技術者比率は日本とほぼ同じである。この頃のアメリカでは自然科学系の大学院進学率が上昇し，科学技術分野への女性の進学率も高まっている。日本は企業の研究者の 8 割以上が製造業で従事しており，給与レベルは研究と開発の間に大きな開きはない。日本の研究者が世代にかかわらず職人的に研究への専念指向をもつのに対してアメリカ，イギリスの技術者は若年層でも管理職になることを望んでいる。日本では年功序列で職位・給与が規定されがちなのに対して，イギリスでは給与は職位に規定されており，年齢の上昇が直接的に昇給につながらないため管理職を望む者が多い。イギリスの場合，製造業や技術者に対する社会的評価・処遇の低さゆえに彼らが研究・開発の現場より管理職に魅力を感じる社会的環境がある。

第Ⅱ部　各国の労働制度，教育制度および高度専門職の働き方

　それに対して日本では製造業の大企業は社会的評価も高く，給与体系は年功賃金制による年齢格差が大きい。イギリスの技術者が給与の上昇を望んでいるのに対して，給与が経験年数，勤続年数（結果として年齢）に規定される部分が残っていた当時の日本では，昇進と研究の自由度を望む傾向がある。技術者の評価システムはイギリスが日本より，日本がアメリカより潜在能力や努力を評価に含め，アメリカは研究成果を重視する傾向にある。アメリカではイギリスと異なり理学系より工学系の方が給与が高く，特に電機・電子工学，コンピュータ系は上位にある。アメリカも日本と同様に加齢と共に給与は高くなるが，若年技術者の給与が日本の 1.7 倍であるのに対して 41 歳以上は 0.85 倍になることから，年齢格差は日本より小さいといえよう。本人への報酬が給与として個人の収入という形で現れるアメリカに対して，日本は研究費，権限，仕事の内容と業務に関わる厚遇という形で現れている。研究者・技術者からの改善希望ではアメリカが現状維持を希望するのに対して，日本は個人への経済的報酬や自己能力の向上機会を希望している。またプロジェクトリーダーの選考評価基準の中で日本，アメリカに共通しているのは，当該研究の能力・経験，テーマの企画力という専門性に関する項目や他部門との調整能力などであるが，それ以外では日本が年齢を重視するのに対し，アメリカでは研究者からの信頼を重視する傾向にある（Fujimoto 2008）。

3-3-(3)　1999 年，2000 年の日本，アメリカ，イギリスの研究者・技術者の指向

　先の調査の約 10 年後に研究者・技術者の指向に関する国際（日本・アメリカ・イギリス・ドイツ・フランス）比較研究が行われている（社会工学研究所 2000，未来工学研究所 2001，石田編 2002）。対象者は国立研究機関（現在，独立行政法人化している所も多いが，ここでは当時のまま，以後，国研と呼ぶ）と民間研究機関の研究機関代表者および研究者・技術者である。研究者・技術者は高学歴者が多くアメリカは 85%，イギリスは 39%，ドイツは 73%，フランスは 76% が博士号を取得しているのに対し，日本は 38% と少ない。日本の企業雇用の研究者の場合，当時，修士卒で就職し，就業しながら博士号を取得する場合が多かった。これは企業が専門分野に特化された博士学位取得者を嫌う傾向があり，増加傾向にある博士学位取得新卒者で 2 割程度の採用，ポスドク（学位取得後，任期つき非正規雇用の研究ポスト）も非常に採用枠は少ないため，修士で就職する者が多かったためである（現在は社会人院生として，在職のまま博士後期課程に通う人々もいる）。自社の多様なプロジェクトに柔軟に対応する研究人

第4章　欧州の労働と社会保障に関する制度と専門職の研究経緯

材を求めている企業では，専門分野以外の研究を望まない研究者へのニーズ
は低い。そして特許数では日本はアメリカに次いで2位であり，イギリス，
ドイツ，フランスを上回っており，論文数はアメリカの次には日本，イギリ
ス，ドイツ，フランスが同程度であり，論文の被引用ではアメリカの次にイ
ギリス，ドイツ，フランスがあり，その次に日本となる。日本は事業化への
研究は優位であるが，学界で評価される研究は世界に後れをとっている[12]。日
本の場合，学界と産業界の価値意識の違いから，学術研究の事業化へのリン
ケージが少ないことも問題視されている。個人評価については，アメリカ，
イギリスは日本に比べて評価結果のフィードバックが非常によく行われてお
り，その点については本調査の結果では日本の国研（当時）は最も遅れてい
た。アメリカ，イギリスに比べて日本の研究者の要望で高かった項目は，集
団的結果に対する各研究者の貢献度を正当に評価してほしいというもので
あった。評価については短期的評価に偏重せず長期的評価も含む洗練された
システムを望む声が多い。報酬については業績の高い研究者・技術者ほど研
究成果に対する見返りを求める傾向にあり，給与で反映できない公務員方式
の所では研究費配分や研究の自由拡大などで対応されることが要求されてい
る。報酬では，アメリカは日本，イギリスより業績の影響が強い傾向にあり，
日本は年齢の影響がアメリカ，イギリスより強い。

　また企業側が研究者に報いたいと思う要素と研究者が報われたいと思う要
素の関係では，各国，全般的に企業が高業績者に昇進や社内表彰で報いたい
と考えているのに対して，研究者は給与の引き上げや研究の自由を望んでい
るというギャップが観測されている。フランスやドイツは職業指向が強く，
管理職の社会的地位が高いが，管理職より管理職と同様に社会的に評価され
る高度専門職への指向の方が強い。

　また研究者・技術者のキャリアは，研究職・技術職から管理職へ移行する
のが一般的であるが，専門職制度などデュアルラダーといわれるような事務
職とは異なる技術者用の職業階梯をもつ企業も多い。しかし，欧米が年齢に
とらわれず研究能力重視であるのに対して年齢限界規範（自然科学系研究者・
技術者のピークは35歳と考えられている）が根強い日本では，専門職制度は実質
的に有効に機能しているとはいえないと報告されている[13]。

12　イギリス，ドイツ，フランスと日本は近く，引用には人的ネットワークも影響すると言われて
　　いる。
13　筆者が調査を行った1995年・2001年調査でも同様の傾向であった（藤本2005）。

115

第Ⅱ部　各国の労働制度，教育制度および高度専門職の働き方

▶3-4　国際社会の中の日本の傾向

　ここまで 1980 年代以降の傾向を見てきた。日本は研究者・技術者の所得は医師や航空機操縦士，高校教員などの専門職よりも低く，薬剤師，システムエンジニアなどの専門職よりも高い（総務省統計局 2018）。そして製造業は金融・保険業に比べると処遇は低く，大企業の高卒者の方が中小企業の大卒者より経済的報酬が高いという学歴効果のねじれ現象が起こっている（藤本 2008, Fujimoto 2011）。国際比較の中で，日本の場合，給与体系はアメリカ，イギリスに比べて年功，勤続年数に規定される傾向が強く，多くの研究者・技術者が給与に対する改善を求めている。アメリカが研究業績中心評価であるのに対して，日本は潜在能力・努力など定性的な評価部分が多い。またアメリカ，イギリスの研究者・技術者が若年層でも管理職を望むのに対して，日本の給与体系の場合，年齢，勤続年数に規定される要素が大きく，研究者・技術者は管理職というリーダーの立場を回避して，専門的業務に従事し続けることを望む者も少なくない。年齢に規定された給与体系下では研究者の上位職への動機付けは弱く（上位職の職務手当も安い），むしろ研究費の増大・研究の自由度といった組織の管理からの解放を望む傾向にある。日本の企業研究所は，研究時間の裁量・留学・海外学会への参加など，研究環境はよいと認知されている企業が多かった（藤本 2004）。

4　労働制度と就業者および専門職と組織の関係のまとめ

▶4-1　労働者を取り巻く環境と社会保障制度

　本章では，主要先進国の労働時間，失業率（GDP と失業率が対関係にある訳ではないこと）を概観した。またイギリス，フランス，ドイツは専門職比率が多く，また，アメリカとイギリスは管理職比率が日本よりも多いことが明らかになった。そのような状況の中で，各国の労働施策として労働時間に関する制度には大きな違いが見られた。

　一つめにアメリカはあまり時短の動きは見られず，長時間労働を抑制する政策には消極的であることが示された。法定労働時間，時間外労働に対する残業代支払い義務の適用除外になる職業が多岐にわたっており，高等教育修了者も残業代未払いのまま長時間労働にさらされる傾向にある。ホワイトカラー・エグゼンプションの対象者の基準が低くされ，時間外労働の残業代支

払い適用にならない労働者を増やす動きが見られた。イギリスも労働時間が長く,「オプト・アウト」に署名した被用者のうち,週48時間を超えて就労するのは労働時間規制の対象外となっている管理職であると使用者が主張している。そしてその対象者の基準が下げられ,やはり長時間労働の恒常化,および残業代支払い対象の適用外の管理職の存在を問題視していない傾向があった。欧州で最もGDPが高いドイツは最も労働時間が短く,週当たり35時間労働を法制化した上で,専門職などが40時間まで就労することができる柔軟性をもたせている。さらに「労働4.0」での場所と時間の柔軟化や制度の変更には電子ネットワークの技術的な問題だけでなく,人々の規範や制度的要素が30年の間,横たわっていたことを私たちに考えさせる機会になったといえよう。さらに「労働4.0」白書では,時間外労働に対する対価の賃上げ,労働時間の短縮,休暇の三つから選択することができる裁量をもたせ,場所,時間も含めて「働き方」の柔軟性を持たせる施策を施行している。ただし,ドイツも管理職と高度専門職の労働時間が深夜におよぶことは珍しくない。また,民間企業には週10時間程度の残業代未払いが常態化している所も少なくない。フランスはオブリ法以降,週当たり35時間労働が実施されたが,政権の交代により,企業の論理が強まり,徐々に形骸化されつつあると言われているが,早期導入の企業への政府補助金もあり,大手自動者産業等,制度が定着化している所も少なくない。しかし,やはり管理職・専門職は残業代支払いの適用外になっており,彼らの長時間労働は恒常化している。また解雇法制については各国,性や人種,宗教,その他,合理的でない理由での不当解雇を細かく項目を示して,個人でも集団でも雇用が守られるような制度が確立されている。ただし,実際には労働組合の交渉力の違いなどにより,必ずしも労働者が守られているとはいえない解雇が実在するため,制度の網をくぐり抜けられる現実があるようである。日本でもホワイトカラー・エグゼンプションが国会で承認されたが,残業代支払い適用外になる人々が長時間労働になる点がアメリカだけでなく,フランスでも社会問題として取り上げられている中,どのように適用されるか注視する必要がある。国際競争力強化という企業の論理優先のために時間外労働に対する対価を受け取れずに,また残業を拒めない状況で長時間労働しなければならない人が増えることは避けられねばならない。

第Ⅱ部　各国の労働制度，教育制度および高度専門職の働き方

▶4-2　専門職の流動性に対する予期と組織の関係

　専門職の研究経緯の中で，我々が注目しているのは，次の 2 点である。一つは欧州の専門職に求められる愛他的精神，ノブレスオブリージュに関して，どの程度，現代の専門職に残存しているのかという点であり，アメリカより定着傾向にある中流動性社会であるフランスには，エリート教育が徹底されており，彼らには特別待遇が与えられる代償として，社会へのノブレスオブリージュが強く期待されてきた。現代の若いエリート専門職の人々はどのような規範を内面化し，行動しているのだろうか。

　彼らの態度や行動には，社会的報酬のみならず，就業環境，労働市場の発達，処遇が影響すると考えられる。ノブレスオブリージュは社会的報酬だけで維持されるものだろうか。研究者の処遇については，例えば職務発明に関して日本は青色発光ダイオードの発明者がその特許に対する経済的報酬を主張したことが受け入れられず，アメリカに転出した例に象徴されるように，日本には経済的報酬は研究職の好奇心を減少させる，研究職は研究することが業務として雇用されているため，特別な報酬は必要がないという考え方が企業側からの意見として多く出た[14]。しかし，現代では企業の利益が非常に大きくなるような発明には経済的報酬を考慮することが必要であるという見解に変化しつつある。海外の場合，契約時に特許発明に関する配分契約がなされているため，後で配分の多寡で問題になることはない。

　スイスのように研究者に高額の給与を支払う国では，製薬会社のエース級の研究者は「毎年スーパーカーが購入できるくらいの報酬やストックオプション」という処遇が与えられるという[15]。ドイツの大手部品メーカーではスイスの製薬会社のような高額の報酬を受ける制度ではないが，研究職は職務発明に関する報酬を給与とは別に受け取っていた。研究職の処遇に関して，スイスの場合，欧州の中で特に研究職の給与は高く（約 2 倍），研究チームの職業構成が非常に研究しやすい環境になっているため，凝集性が高い。例えば大手製薬会社での調査では，研究チームは研究者が効率よく就業できるように，秘書，テクニシャンの他に実験器具の工学系の開発者，特許移転のための仲介者，研究助成金を獲得するために研究支援する URA（第 9 章では

14　筆者が委員を務めていた政府系省庁の検討委員会での企業側の議論に見られた。本案件は結果として職務発明に経済的報酬を考慮するように改定された。

15　政府系省庁の検討委員会での企業側の意見。スイスの事例は 2013 年 11 月　バーゼル市の製薬会社における職務発明，研究者・技術者の就業環境に関する調査から。

第4章　欧州の労働と社会保障に関する制度と専門職の研究経緯

RMA），カンファレンスを開催するためのコーディネーターなど多くの職種，特にインターフェース職（コーディネート，プロデュース，マネジメント等）が充実している。スイスやドイツのインタビュー調査[16]の際でも「研究者は頭を休めることも仕事であり，ずっと就業していてよいアイデアが生まれるはずがない」という考えのもと，研究職が休憩なく仕事をし続けないようにインターフェース職が研究体制を分担するしくみになっている。研究職の無期雇用のポストを獲得するのは非常に競争的で，有期雇用のポスドクが任期終了後，継続的に契約されないことも多い。そのため，若手研究者は他国に転出したり，あるいは高レベルの研究者が集中するこの地域に残ることを決心し，インターフェース職に転向する者もいる[17]（詳細は第9章）。ドイツでも秘書，テクニシャンなどによる研究支援者は一般的である。海外に留学した経験をもつ日本の研究者へのインタビューで多く語られるのは，秘書，テクニシャンその他インターフェース職が揃い，チームで研究を支える環境の実現である。日本の場合，研究開発の場に限らず，職業別の職域が不明確であるため，構造や制度的な違いもあり，研究者も事務作業やテクニシャン業務を行うことが多い。

　二つ目に，高等教育修了者のキャリアとして，専門職に就くことが多いが，後発の専門職は，古典的専門職よりも職業威信を確立しにくいという経緯を本章で概観してきたが，現代の欧州の専門職はどのような状況に置かれているのだろうか。専門性がなければ従事できない仕事であっても，周囲に確立された専門職が存在したり，インターフェース的役割，コーディネーター的役割を期待される専門職である場合，なかなか職業的に価値のある仕事として認識されることが難しい。看護師のように絶対数として人数が多く集められる職業団体の場合，政策的圧力団体になりうるが，少人数しか求められない専門職の場合，職業団体のパワーは小さく，たとえ高度な専門的知識を用いる職業であっても社会から認知されにくく，社会的報酬による働きがいを得にくいというジレンマに陥りがちである。

　また，これらの社会的環境で就業する専門職は，所属組織が存在する社会の環境によって行動や態度が異なる。組織に依存しない知識や技能をもつ専門職は，組織に対して自立的な意識をもつと言われるが，専門職を取り巻く

17　前出の2013年11月調査の製薬会社研究職，工科大学の研究者，ポスドク，前ポスドク現プロジェクトコーディネーターへのインタビューから。

16　前出の調査。

社会的環境によって彼らの組織に対する態度は大きく異なる。アメリカシリコンバレーのように頻繁に人々が転職する社会では，科学技術系の高度専門職の転職は非常に多いが，日本では最も転職しないのが専門職である（藤本2015）。このように組織に対し，自立的な態度をとると考えられがちな科学技術系の専門職でさえ，彼らを取り巻く社会的環境，制度によって，彼らの組織間移動に関する予期，組織や社会に対する態度は異なるのである。次章からはドイツ，フランス，スイスにおける専門職を取り巻くこれらの社会的要素について検討を行う。

藤本 昌代

参考文献

Abbott, A. (1988). *The system of professions*. University of Chicago Press.

Abbott, A. (2014). *The system of professions: An essay on the division of expert labor*. University of Chicago Press.

Boltanski, L., & Goldhammer, A. (1987). *The making of a class: Cadres in French society*. Cambridge University Press.

Bouffartigue, P., & Bocchino M. (1998). Travailler sans compter son temps? Les cadres et le temps de travail. *Travail et Emploi*, *74*, 37-50.

Bouffartigue, P., & Bouteiller, J. (2000). Les cadres et les 35 heures. *Travail et Emploi*, *82*, 37.

Bouffartigue, P., & Bouteiller, J. (2003). A propos des normes du temps de travail. *Revue de l'IRES n*, *42*, 2.

Bouffartigue, P., & Pochic, S. (2002). Cadres nomades : Mythe et réalités. À propos des recompositions des marchés du travail des cadres. *Sociologie du travail*, *85*, 96-106.

Carr-Saunders, A. M., & Wilson, P. A. (1933). *The professions*. Oxford University Press.

Coutrot, T., & Guignon, N. (2002). Négociation sociale et performance économique: Le cas des 35 heures. *Travail et Emploi*, *92*, 95-113.

Davis, M. (1996). Professional autonomy: A framework for empirical research. *Business Ethics Quarterly*, *6*(4), 441-460.

ダイヤモンド社 (2005).「職業別・会社別・資格別・国内外別給料全比較」『週刊ダイヤモンド』2005 年 11 月 5 日号.

Drucker, P. F. (1952). Management and the professional employee. *Harvard Business Review*, *3*(30), 87-90.

Duru-Bellat, M. (2006). *L'inflation scolaire: Les désillusions de la méritocratie*. Seuil et la République des Idées（林昌宏訳『フランスの学歴インフレと格差社会』明石書店，2008 年）.

Elliott, P. R. C. (1972). *The sociology of the professions*. Herder and Herder.

Etzioni, A. (1964). *Modern organizations*. Prentice-Hall（渡瀬浩訳『現代組織論』至誠堂，1967 年）.

Fielder, J. H. (1992). Organizational loyalty. *Business & Professional Ethics Journal*, *11*, 71-90.

Freidson, E. (1970). *Professional dominance: The social structure of medical care*. Atherton Press, Inc. (進藤雄三・宝月誠訳『医療と専門家支配』恒星社厚生閣，1992 年).

Freidson, E. (1986). *Professional powers: A study of the institutionalization of formal knowledge*. University of Chicago Press.

藤本昌代（2004）．「研究者・技術者のキャリアパスと志向」日置弘一郎・川北眞史編著『日本型 MOT—技術者教育からビジネスモデルへ』（pp. 37-59），中央経済社．

藤本昌代（2005）．『専門職の転職構造—組織準拠性と移動』文眞堂．

藤本昌代（2007）．「産業・労働問題と世代論—「豊かさ」の産業間格差」『フォーラム現代社会学』6，25-34．

藤本昌代（2008）．「転職者と初職継続者の職業達成の比較」阿形健司編『働き方とキャリア形成』（科学研究費補助金 特別推進研究「現代日本階層システムの構造と変動に関する総合的研究」成果報告書），1-20．2005 年社会階層と社会移動 2005 調査研究会（研究代表者 佐藤嘉倫 東北大学）．

Fujimoto, M. (2011). Trends in changing jobs by professional personnel in high mobility regions: The case of silicon valley, U.S.. *Institute for Technology, Enterprise and Competitiveness Working Paper Series 11-02*.

藤本昌代（2013）．「内部労働市場における科学技術系専門職の就業構造」『クオリティ・エデュケーション』5，13-28．

藤本昌代（2015）．「高流動性社会における就業者の組織への忠誠心と互酬性—米国西海岸シリコンバレーの専門職の転職行動から」『ソシオロジ』60(1)，3-21．

Fujimoto, M. (2017). Differences between Japan and France for the appearance of inequality in labor market and education systems. *SASE (The Society for the Advancement of Socio-Economics) Proceedings in Lyon*.

Gouldner, A. W. (1957). Cosmopolitans and locals: Toward an analysis of latent social roles. I. *Administrative Science Quarterly*, *2*(3), 281-306.

Gouldner, A. W. (1958). Cosmopolitans and locals: Toward an analysis of latent social roles. II. *Administrative Science Quarterly*, *2*(4), 444-480.

Hall, R. H. (1975). *Occupations and the social structure*. Prentice-Hall.

Halmos, P. (1967). The personal service society. *British Journal of Sociology*, *18*, 13-28.

原山優子（2001）．「シリコンバレーの産業発展とスタンフォード大学のカリキュラム変遷」青木昌彦・澤昭裕・大東道郎・通産研究レビュー編集委員会編『大学改革 課題と争点』東洋経済新報社．

葉山滉（2008）．『フランスの経済エリート—カードル階層の雇用システム』日本評論社．

Illich, I. (1977). *Disabling professions*. Marion Boyars.

石田英夫編著（2002）．『研究開発人材のマネジメント』慶應義塾大学出版会．

石村善助（1969）．『現代のプロフェッション』至誠堂．

Jacquot, L., & Setti, N. (2006). Les ambivalences des 35 heures dans un organisme de sécurité sociale ou l'utopie du temps choisi. *Temporalités: Revue de sciences sociales et humaines*, *4*.

河西宏祐（1999）．『電産型賃金の世界—その形成と歴史的意義』早稲田大学出版部．

北川隆吉監修（1984）．『現代社会学辞典』有信堂．

厚生労働省（2016）．「2016 年　海外情勢報告」（2018 年 1 月 31 日取得，http://www.mhlw.go.jp/wp/hakusyo/kaigai/17/）．

Maugeri, S. (2016). Qu'est-ce que «manager»?: Échanges avec Jean, ancien cadre dirigeant. *La Nouvelle Revue du Travail*, (8).

Merton, R. K. (1957). *Social theory and social structure* (2nd ed.). The Free Press（森東吾・森好夫・金沢実・中島竜太郎訳『社会理論と社会構造』みすず書房，1961 年）．

Millerson, G. (1964). *The qualifying associations: A study in professionalism*. Routledge & Kegan Paul.

Mills, C.W. (1951). *White color: The american middle class*. Oxford University Press Inc.（杉政孝訳『ホワイト・カラー―中流階級の生活探求』創元社，1957 年）．

未来工学研究所（2001）．『創造的研究成果を促す研究者の人材マネージメントのあり方に関する調査』平成 12 年度科学技術総合研究委託費調査研究報告書．

長尾周也（1995）．『プロフェッショナルと組織』（大阪府立大学経済研究叢書 第 83 冊），大阪府立大学経済学部．

中根千枝（1967）．『タテ社会の人間関係―単一社会の理論』講談社．

尾高邦雄（1995）．『尾高邦雄選集　第 1 巻　職業社会学』夢窓庵．

OECD 労働調査データ（2017 年 1 月 10 日取得）．http://stats.oecd.org/Index.aspx?DatasetCode=STLABOUR

太田肇（1993）．『プロフェッショナルと組織―組織と個人の「間接的統合」』同文舘出版．

Parsons, T. (1939). The professions and social structure. In *Essays in sociological theory* (p. 36). The Free Press.

Pelz, D. C., & Andrews, F. M. (1966). *Scientists in organizations: Productive climates for research and development*. John Wiley & Sons Inc.（兼子宙監訳『創造の行動科学―科学技術者の業績と組織』ダイヤモンド社，1971 年）．

リクルートワークス研究所（2005）．『人材マーケット予測 2015』リクルートワークス研究所．

リクルートワークス研究所（2018）．「動き始めたフランスの働き方改革」（2018 年 2 月 25 日取得，http://www.works-i.com/column/telecomfr/vol07/）．

労働政策研究・研修機構（JILPT）（2004a）．「アメリカの労働時間制度」『国際労働トピック』（2018 年 1 月 31 日取得，http://www.jil.go.jp/foreign/labor_system/2004_5/america_01.html）．

労働政策研究・研修機構（JILPT）（2004b）．「イギリスの労働時間制度」『国際労働トピック』（2018 年 1 月 31 日取得，http://www.jil.go.jp/foreign/labor_system/2004_5/england_01.html）．

労働政策研究・研修機構（JILPT）（2004c）．「ドイツの労働時間制度」『国際労働トピック』（2018 年 1 月 31 日取得，http://www.jil.go.jp/foreign/labor_system/2004_5/germany_01.html）．

労働政策研究・研修機構（JILPT）（2004d）．「フランスの労働時間制度」『国際労働トピック』（2018 年 1 月 31 日取得，http://www.jil.go.jp/foreign/labor_system/2004_5/france_01.html）．

労働政策研究・研修機構（JILPT）（2017a）．『データブック国際労働比較 2017』（独）労働政策研究・研修機構．

労働政策研究・研修機構（JILPT）（2017b）．「ホワイトカラー・エグゼンプションの見直

しが後退」『国際労働トピック』（2018 年 1 月 31 日取得，http://www.jil.go.jp/foreign/jihou/2017/ 08/usa_02.html）．

労働政策研究・研修機構（JILPT）（2017c）．「『労働時間』が再び優先議題に－ IG メタル次回交渉」『国際労働トピック』（2018 年 1 月 31 日取得，http://www.jil.go.jp/foreign/jihou/2017/ 08/usa_02.html）．

労働政策研究・研修機構（JILPT）（2018）．『データブック国際労働比較 2018』（独）労働政策研究・研修機構．

労働政策研究・研修機構（JILPT）（2019）．『データブック国際労働比較 2019』（独）労働政策研究・研修機構．

三枝博音（[1951] 1972）．『技術の哲学』岩波書店．

佐藤厚（1999）．「裁量労働と組織内プロフェッショナル」稲上毅・川喜多喬編『講座社会学　6　労働』東京大学出版会．

生産性上級技術者問題研究委員会（1990a）．『米国の技術者・日本の技術者－技術者のキャリアと能力開発』（財）日本生産性本部．

生産性上級技術者問題研究委員会．（1990b）．『英国の技術者・日本の技術者－技術者のキャリアと能力開発』（財）日本生産性本部．

生産性上級技術者問題研究委員会．（1990c）．『ドイツの技術者・日本の技術者－技術者のキャリアと能力開発』（財）日本生産性本部．

社会工学研究所（2000）．『創造的研究成果を促す研究者の人材マネージメントのあり方に関する調査』平成 11 年度科学技術総合研究委託費調査研究報告書．

清水耕一（2006）．「フランスの自動車産業における 35 時間労働」『岡山大学経済学会誌』37(4)，13-35．

総務省統計局（2018）．『平成 30 年賃金構造基本調査』総務省統計局（2018 年 08 月 20 日取得）．

竹内洋（1971）．「専門職の社会学－専門職の概念」『ソシオロジ』16(3)，45-66．

竹内洋（1972）．「準・専門職としての教師」『ソシオロジ』17(3)，72-102．

田尾雅夫（1991）．『組織の心理学』有斐閣．

Thoemmes, J. (2007). Les cadres et le marché : Quelques enseignements d'une recherche sur les représentations temporelles. *Les Cahiers du GDR Cadres*, *10*, 85-96.

Thoemmes, J. (2009). Du temps de travail au temps des marchés. *Temporalités*, *10*. Retrieved from http://temporalites.revues.org/index1149.html. DOI: 10.4000/temporalites.1149

Thoemmes, J., & Escarboutel, M. (2009). Les cadres : Un groupe social en recomposition à la lumière des temps sociaux. *Informations Sociales*, *153*, 68-74.

Thoemmes, J., Kanzari, R., & Escarboutel, M. (2011). Temporalités des cadres et malaise au travail. *Revue Interventions Économiques: Papers in Political Economy*, *43*.

都築一治編（1995）．『1995 年 SSM 調査シリーズ　5　職業評価の構造と職業威信スコア』SSM 調査研究会．

Weber, M. (1919[1936]). *Wissenschaft als beruf* (尾高邦雄訳『職業としての学問』岩波書店，1997 年）．

Wilensky, H. L. (1964). The professionalization of everyone? *The American Journal of Sociology*, *70* (2), 137-158.

安田三郎（1971）．『社会移動の研究』東京大学出版会．

第**5**章

ドイツの
教育訓練システムと
キャリア形成

はじめに

　本章では，ドイツの高等教育制度と職業訓練制度の実態について議論すると同時に，若者のキャリア形成の特徴やその最近の変化について考察する。技能の専門性や職業資格が重視されるドイツの労働市場では，職種や職業を基準とする企業横断的労働市場が発達している。そのため，ドイツの労働市場は適度な流動性を備えた職業別労働市場と呼ばれる（Marsden 1999）。他方，大企業においては，他の先進諸国同様，企業内の基準や手続きが重視される内部労働市場も発達しており，従業員は自らの専門性を土台に企業内外に通じる技能やキャリアを形成し，同時に，企業内で必要とされる企業特殊的技能や管理能力を身に着けていく（Faust 2002, Estevez-Abe et al. 2001）。そうした雇用システムの特徴と呼応して，職業訓練はもろちんのこと，高等教育においても専門性が重視されてきた。従って，ドイツの高等教育においてはどの大学に入学するかに加え（あるいは，それ以上に），どの学部で何を専攻するか，また，どの教授の元で学ぶかということが重要となり，主要大学間でも，得意分野や定評のある分野が異なる。ドイツ高等教育の中心である州立大学は入学試験を課さないため，大学間のヨコのヒエラルキーは不透明である。

　第1章でも述べたとおり，ドイツの教育システムはボローニャ・プロセスによる高等教育の学位取得期間の短期化とそれに伴う学生数の急増により大きな影響を受けている。本章では，そうした外生的影響や，これまで既に進展していた少子高齢化や若者の高学歴化，さらには，好景気を反映した国内

125

第Ⅱ部　各国の労働制度，教育制度および高度専門職の働き方

労働市場のひっ迫などにより，ドイツの雇用システムや教育訓練システムがどのような制度変化を遂げているのかに特に注目しながら議論を進める。

1　教育システムの特徴

▶ 1-1　最近の趨勢

　ドイツの大学は，主に，幅広い学問領域を対象とする総合大学（工科大学を含む）とビジネスに関連した分野に特化した専門大学によって構成される。ボローニャ・プロセス以前の総合大学では，最初に取得できる学位は修士相当のディプロム（主に，工学，経済学，自然科学・社会科学系）やマギスター（主に人文科学系）であり（NIAD-UE 2014），その取得に要する期間は平均で 5 ～ 7 年と長期を要した。1968 年に全国の技術者学校（Ingenieurschulen）や専門学校を前進として設立された専門大学は，エンジニアリングや経営・経済など実務に関連する教育を中心的に行う高等教育機関であり，卒業に要する期間は 3 ～ 4 年と短期であったため，若者の高学歴化を促進した。他方，その学位は，通常のディプロムやマギスターからは下に見られていた。その後，2000 年代になると欧州の労働移動を促進する目的で導入されたボローニャ・プロセスの施行により，ほとんどの総合大学学位が 3 年のバチェラーと 2 年のマスターに分解され，その結果，総合大学の学位と専門大学の学位はほぼ同等と見られるようになった。

　デュアルシステム（後述）を始めとする職業訓練が発達していたドイツでは，最近まで高等教育履修者の比率は OECD 平均をかなり下回り，特に総合大学卒業者はそれだけでエリートと見なされる傾向があった。ボローニャ・プロセスによる，学位の短期化や標準化は，それまでに進展していた若者の高等教育化をさらに加速させる結果となり，この 25 年間で大学生の数は 3 倍近くまで増加している。

　図 5-1 は，高等教育を履修する学生の総数である（学士，修士，博士課程のすべてを含む）[1]。1970 年に 40 万人強だった大学生数は，80 年に 100 万人，90 年に 180 万人へと上昇し，その後，一旦横ばいに転じたものの，ボローニャ・プロセスによる学位変更が定着する 2000 年代後半から再度増加し，2015 年には 280 万人程度にまで達している。

1　日本は国公立・私立の大学と短大，ドイツは総合大学，専門大学，芸術大学，教員大学など。ドイツには短大はない。

第5章　ドイツの教育訓練システムとキャリア形成

図 5-1　日独高等教育履修者数の推移

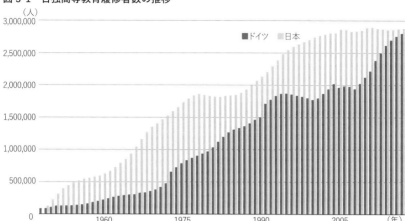

出所：ドイツ連邦統計局（Fachserie 11 Reihe 4.1 (zusammenfassende Übersichten) special evaluation）文部科学省『学校基本調査』

　戦後すぐに教育システムがアメリカ型に変化した日本では，多くの若者が18歳で中等教育を卒業するまで普通科教育を受ける。職業訓練が発達しなかったこともあり，大学進学者数はドイツより一歩先に上昇したが，最近は少子化の影響もあり横ばいに転じている。70年代までドイツの大学生数は日本の半数以下であったが，この2～3年は，両者はほぼ拮抗している。ドイツの人口は約8000万人と，日本の3分の2程度だが，もともと修士相当の学位（ディプロムやマギスター）が高等教育最初の学位だったこともあり，現在でも修士や博士課程まで進学する学生の比率は日本より遥かに高いこと，外国人留学生が増加していること（280万人のうち35万人程度が外国人）などがその背景であろう。このようなドイツにおける高学歴化の流れは，長らく，若者の技能形成の中核を占めていたドイツの職業訓練制度にも大きな影響を与えており，最近ではデュアルシステムと高等教育が優秀な若者を奪い合う状況が続いている（Bosch 2010, BIBB 2015a）。そのため，職業訓練においても，企業における職業訓練と大学における高等教育を同時に学修できる二元学習プログラム（独語で duales stadium, 英語で dual study program：DSP）が企業独自のイニシアチブにより発展するなど，優秀な若者を惹きつけるための新たな取り組みが活発化している。

第Ⅱ部　各国の労働制度，教育制度および高度専門職の働き方

▶ 1 -2　中等教育と進路：複線型教育制度

　職業訓練については次節で議論するが，ここでは，まず中等教育から高等教育までの教育システムの特徴について概観する。デュアルシステムなど企業による職業訓練が発達した国々では，中等教育入学時に，職業訓練を目指す若者と高等教育を目指す若者とを早期に分類する複線型教育制度が発達している。ドイツにおいては，（州にもよるが）基礎学校と呼ばれる初等教育 4 年の修了時，年齢にして 10 歳（州によっては 2 年の観察期間を入れた 6 学年の修了時，年齢にして 12 歳）という早期に，進路を決めなくてはならない。伝統的には，職業訓練を目指すものが進学する基幹学校（hauptschule），大学を目指すものが進学するギムナジウム（gymnasium），その中間に実科学校（realschule）と呼ばれる 3 つの学校形態があり，それぞれの修了期間は州により若干異なるものの，基幹学校では 4 年の基礎学校を入れて 9 ～ 10 年，実科学校で 10 年，ギムナジウムで 12 ～ 13 年である。

　このように人生初期に若者の進路を決定する複線型学校制度は社会階層の再生産となりやすいという批判から，ドイツでは，学校統一が何度か政策論

図 5-2　ドイツの学校系統図

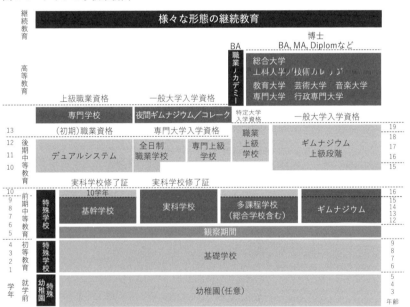

出所：（KMK 2016）Grundstruktur des Bildungswesens in der Bundesrepublik Deutschland
　　　（NIAD-UE 2014）Overview: quality assurance system in higher education-Germany

128

第 5 章　ドイツの教育訓練システムとキャリア形成

表 5-1　中等教育生徒の内訳（%）

	基幹学校	実科学校	ギムナジウム	総合学校	多課程型
1960 年	72	11	17	–	
1970 年	56	21	23	–	–
1980 年	41	28	27	4	–
1990 年	34	29	30	7	–
2000 年	23	26	31	10	10
2010 年	17	26	38	10	8
2015 年	12	21	38	17	12

出所：BMBF Education and Research in Figures 各年版

争になってきている。1970 年代には伝統的な 3 分岐の学校制度に加え，職業訓練に向かうものと高等教育へ向かうものの両方を包摂する総合学校が新設されている。しかしながら，保守派の反対により，3 分岐を廃止して総合学校に一本化するという方法ではなく，既存の制度の横に総合学校を追加する措置が取られたため，分岐型教育制度は引き続き継続している（Bosch 2010）。

　さらに，東西ドイツ統一後の 1990 年代以降は，旧東ドイツの州を中心に基幹学校と実科学校を合わせた多課程学校も導入されている（坂野 2017: 87, 88）。ドイツの学校教育制度は州政府が管轄しているため，中等教育機関の類型は州により異なり，一般的にキリスト教民主同盟（CDU）など保守系政党が強い州では伝統的な複線型学校群が普及，旧東ドイツの州を始めとして中道左派が強い州では，総合学校や多課程学校が主流である。図 5-2 は，各州文部大臣常設会議（KMK）が公表しているドイツの学校系統図である。

　従来，多くの若者が，基幹学校に入学し，その後 9 年間の全日制通学義務を修了すると，デュアルシステムに参加，週 3 日ほど企業で OJT を受けながら 18 歳までの定時制就学義務が終わるまで，週 2 日程度職業学校に通学した（学習科目によっては，OJT と就学を数カ月単位で交代することもある）。訓練内容の高度化や基幹学校に通学する若者のプロファイルの変化などにより，最近では，基幹学校の卒業生のうちすぐに企業の訓練ポストを獲得できるものの数は半数程度にまで低下，企業内訓練に就くためには，実科学校への入学がスタンダードとなってきている（Powell et al. 2012: 412）。ドイツ全州におけるそれぞれの中等教育機関への進学者数の内訳は表 5-1 のとおりである。ただし，第 1 章で触れたとおり，連邦制のドイツでは，中等教育機関の進学者比率や教育機関の分岐型は，州の方針により大きく異なり，進学に際し誰の

129

意見が重視されるか（父兄か教員か）についても州による違いがある。

▶**1-3 中等教育と進路：中等教育機関の選択**

　教育の大衆化により，1990年代にはギムナジウムに進学する若者の比率が基幹学校に入学する若者の比率を逆転，直近の2015年では，ギムナジウムに進学する若者の比率が38%と，他の学校群と比較して最大の比率となっ

図 5-3　高等教育在籍者数と職業訓練参加者数（研修生）の推移

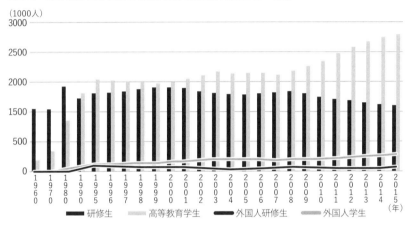

図 5-4　高等教育修了者と職業教育修了者の推移

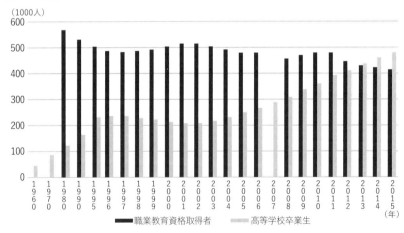

出所：BMBF Daten Report (Structural Data Germany 2017)
　　　http://www.datenportal.bmbf.de/portal/en/Table-0.1.html

ている。同時に，総合学校や多課程学校に進学する若者が増加してきている（後者の学校においても大学入学資格を取得することは可能となっている）。児童生徒数の減少もあり，基幹学校と実科学校を統合する動きも進展し，2015 年の時点で 12 の州で統合されている（坂野 2017: 63）。

図 5-3 は職業教育に参加する若者と高等教育に就学する学生数の推移である。職業訓練参加者数は，長らく，高等教育就学者数を大幅に上回っていたが，1990 年にドイツ教育史上初めて両者が逆転している（寺田 2003: 182）。デュアルシステムは 2 年から 3 年のプログラムであり，上述のように，ボローニャ・プロセス以前の総合大学では，卒業までに平均 6 年程度を要していたことから，総学生数と総研修生数の逆転は同年代の若者のより多くが高等教育に進学したことを意味する訳ではない。しかしながら，この数年のデータを見ると，各年に高等教育で学位を取得する同世代の若者と職業訓練を経て職業資格を取得する若者の数もいよいよ逆転していることから（図5-4 参照），労働市場に新規に参入する若者のプロファイルが大学生を中心とする構成へと変化，ドイツ教育訓練システム全体として一つの大きな過渡期を迎えていることがわかる（ただし，職業訓練を終えてから高等教育に入学する生徒も 17% 程度存在するため両者の数には重複がある（BMBF 2013））。

▶1-4　中等教育と進路：大学入学資格保有者の増加

高等教育に入学する希望をもつ若者は，原則として，ギムナジウムに進学し卒業時にアビトゥア（Abitur）と言われる一般大学入学資格を取得する。大学入学資格を有する 18 歳から 21 歳の若者は，1980 年代初頭は 20% 程度，90 年代初頭は 30% 程度だったが，専門大学入学資格も入れると 2011 年以降は 50% を超え，若者の 2 人に 1 人は中等教育修了後に高等教育機関で学んでいる（吉川 2016: 100）。

大学入学資格には総合大学も専門大学も入学可能な一般大学入学資格（アビトゥア）と専門大学だけに入学が可能な資格があるが，専門大学入学者も含め多くの進学者が一般大学入学資格を取得している（図 5-5 参照）。大学入学資格の取得は，伝統的にはギムナジウムを修了した若者のみが取得できたが，総合学校など他の中等教育機関においても取得が可能となり，最近では，大学入学資格を保有しない職業訓練参加者が高等教育に進学するようなルートも可能となっている。ただし，その比率は 2% 程度と極めて限定的であり，また，一部の職業学校（Fachoberschulen または Fachschulen）からの進学も道は

図 5-5 高等教育入学資格を保有する若者の比率

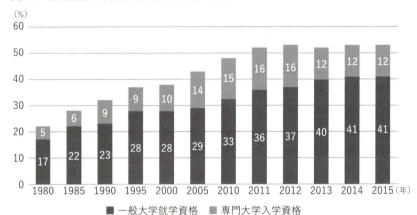

出所：BMBF 2017: Education and Research in Figures 2017: 45

開かれているが全体で 14% 程度である（Powell et al. 2012: 412）。

（最近 8 年に短縮された州もあるが）従来ギムナジウムの卒業には 9 年間の就学を要し，基礎学校での 4 年の学習期間を入れると，アビトゥア取得には合計 13 年間の教育が必要とされた（つまり，同一学年を複数年履修しなければ年齢にして 19 歳で取得）。かつてはギムナジウムに進学し卒業できる若者が限られていたこと，後期中等教育の修了証明であると同時に大学入学資格であることなどから，アビトゥアの価値は，日本の高等学校卒業資格より上位と見なされるようで，様々な統計において，大学に進学せず職業訓練を修了したものも，アビトゥアを保有するものとそうでないものが区別される傾向がある。また，博士号を取得したような高学歴者の就職活動においても，採用担当者からアビトゥアの点数を聞かれることがあるほど一生付きまとう数字とも言われている。ただし，最近の傾向としては，高等教育に進学する若者が増え，生徒も教師も大学入学に有利な点を意識するようになったせいか（人気学部ではアビトゥアの点数による足切りがある），アビトゥアで高得点を取得する学生が増加している。つまり，アビトゥアの得点がインフレ傾向にあるという意見をしばしば耳にする（ちなみに，アビトゥアのポイントはギムナジウムの最後の 2 年間の成績と最終試験の結果を組み合わせて計算され，ポイントが低いほど成績が良い）。

▶ 1-5　高等教育機関

最近まで，高等教育進学者数が限定的だったこともあり，ドイツの総合大

学では，公務員や科学者，専門職の養成などを重視する傾向があった（Powell et al. 2012: 412）。また，フンボルトの教育理念に基づき研究と教育の両立や教師と学生のコミュニティが尊重されている（Powell et al. 2012: 414, Walther 2013）。私立の大学は最近存在感を増しているが，ドイツ高等教育の中心は現在でも州立大学である。高等教育においても大学を管轄する主体は連邦ではなく各州であるため，大学の運営，監督，教育の質の担保や資金の提供は主に州政府によって行われている。そのため，授業料の設定も州により異なり，例えば，学生数が急増した 2006 年から 2007 年にかけて，7 州（バイエルン州，バーデンヴュルテンベルク州，ハンブルク州など）では 1 学期あたり 500 ユーロの授業料が課されたことがある。その後，2014/15 年冬学期までに，最初の学修（erststudium）に対する授業料は漸次廃止されている（吉川 2016: 103）。

　ドイツの大学は，総合大学や専門大学を中心にいくつかの学校群に分かれるが，前述のように，総合大学では，自然科学，社会科学，人文科学の幅広い分野の教育が提供され，専門大学では，工学や経済，福祉など実務に関連する学問が提供される。専門大学のカリキュラムは応用や実践を重視するため，1 学期のすべてを実習に当てる実務実習学期（praxis-semester）が設けられており，卒業までに 1 ないし 2 学期を実習期間に割り当てる課程が主流である（吉川 2004: 187）。大学教員も学位（博士）に加え，職業経験が必要とされている。歴史的経緯からドイツでは，工学の学問分野を対象とする学部が設けられていない総合大学も多い（吉川 2016: 83）。そのため，アーヘン工科大学やミュンヘン工科大学など工学や自然科学に重点を置く総合大学がある。

　第 1 章の表 1-6 にドイツの大学数と学生数を記載したが，専門大学は比較的小規模であるため，数の上では総合大学を上回るものの，学生数では総合大学の 55% 程度である。その他の大学に，芸術大学，教育大学などがある。

　いくつかの州には職業アカデミー（berufsakademie）と言われる第 3 セクターの教育機関があり，高等教育レベルの学修と職業訓練を通じた職業資格を付与する教育課程を提供している（吉川 2016: 86）。職業アカデミーは企業によって設立され，もともとは（継続）職業教育制度において高度な一般理論を提供する場であったが，現在では高等教育機関と位置付けている州と継続職業教育機関とする州がある（Graf 2013）。

　学位取得者の分布は図 5-6 のとおりである。ボローニャ・プロセス導入直後は労働市場におけるバチェラーの価値が不透明であったこともあり，かなりの学生が修士課程まで進学していた。その後，バチェラーウェルカム・

図 5-6 高等教育で授与された学位のタイプ

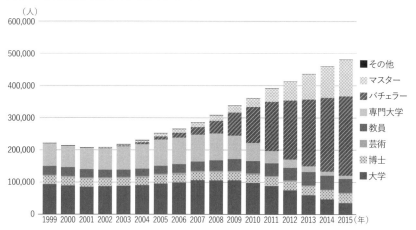

注1) 大学の学位は BA と MA は含まない（旧タイプの学位など）
 2) 教育学位は教員 BA と教員 MA の両方を含む
出所：連邦統計局　Federal Statistical Office, Special Evaluation

　キャンペーンなど（Powell et al. 2012: 416）企業側の努力や，好景気による労働市場のひっ迫もあり，徐々にバチェラーが労働市場で受け入れられるようになってきたせいか，直近のデータを見る限り，バチェラー取得者はマスター取得者の2倍程度にまで上昇している（すなわち，バチェラー取得者の半数程度しかマスター課程に進学していないことになる）。ただし，大学進学者数の急増によりマスター課程が不足しているという指摘もあるため（Studis Online 2017），この背景として学校教育制度側の事情も関連している可能性がある。
　バチェラーの知識や技能に対する企業側の評価は総じて信頼度が高くないという文献（Förster et al. 2015）がある一方で，多くの若者が一旦はバチェラーで教育を終了していることから（すなわち，何等かの就労を開始している可能性が高いことから），労働市場に変化が起きている可能性がある。高等教育卒業者数と職業訓練修了者数がいよいよ逆転するに至り，企業側も相当数のバチェラーを戦力として活用せざるを得ない状況にあるのではないだろうか（バチェラーとマスターの待遇の違いなどについては後述する）。そのような傾向を反映してか，これまで学生の就職に積極的に関わることが少なかった総合大学でも，新たにキャリアセンターを設立し，学士課程のプログラムをより職業教育を意識したものに変更するなど新たな動きが見られている（Powell et al. 2012: 415）。

第 5 章　ドイツの教育訓練システムとキャリア形成

　以上のように，急激な高等教育進学率の上昇を受け労働市場に新規に参入する若者のプロファイルが大幅に変化したことから，ドイツ企業の採用プロセス，技能形成や昇進の仕組みは少なからず影響を受けている。これについては，本章第 3 節の雇用システムにおいて更に議論する。

▶1-6　大学間のヒエラルキーが顕在化か

　入学試験を課さないドイツでは，伝統的に大学のヒエラルキーは不透明とされてきたが，学生数の急増や高等教育の大衆化に伴い，大学の名前が以前よりは重視されるようになったという声を耳にすることがある。2005 年に導入されたエクセレンスイニシアチブは，大学の研究プロジェクトに対する連邦政府による競争的資金の提供であり，入学する学生の質を問うものではないが，その獲得により大学の名称が際立つことになり，大学間に存在する相違を明るみにする契機となっている（Deppe & Krüger 2016: 106, 吉川 2016: 107）。また，アビトゥアの足切り点などを活用して進学先の難易度を推測する傾向も強まっているようだ。

　企業の就職担当者への民間調査によると，採用において重視する項目に「大学の評判（ruf der hochschule）」という項目もあり，3 割弱の企業が重視すると回答していることから（Staufenbiel 2017: 10），企業関係者が大学の名前を判断の材料としていない訳でもなさそうである（ただし，この調査は時系列で公表されていないため，最近の変化の結果なのか以前からの傾向なのかは不明である。異なる調査ではあるが，2003 年のドイツ経済誌（Wirtschaftswoche）の調査にも「大学名」という項目があったことから以前からの傾向と考える方が妥当であろう）。[2]

　筆者が聞き取り調査を行った大手アメリカ系会計事務所の採用担当者の話では，インターンや新卒者の採用においてターゲットとする大学（会計事務所の業務と関連する法律や経済の分野で定評のある大学）とそうでない大学を明確に区別し，前者については企業側から積極的にアプローチするが，後者については履歴書が届いた段階で評価するということであった。[3] 成績評価についても，両者の間で異なる基準を用い，ターゲットでない大学出身者には，より高い成績を受け入れの基準とするそうだ。従って，少数精鋭となりやすい

2　この調査では，主要 250 社の人事部長が「10＝非常に重要である」，「1＝重要でない」の 10 段階から回答するものであったが，平均は 5 であった（吉川 2004: 193）。

3　この著名なアメリカ系会計事務所（デュッセルドルフ）のドイツ人採用担当者がターゲット校として挙げた大学名は，ミュンヘン大学，ミュンスター大学，ハイデルベルク大学，ケルン大学などであった。

135

第Ⅱ部　各国の労働制度，教育制度および高度専門職の働き方

国際的会計事務所やコンサルティングファームなどでは，大学名も相当重視されているようだ。

　ちなみに，エクセレンスイニシアチブによる競争資金の提供は州政府ではなく連邦政府によるが，上述のように，ドイツの大学は州政府が管轄しているため，連邦政府による介入はドイツ大学の国際競争力強化に向けた新しい動きである。

2　職業訓練制度

▶ 2-1　デュアルシステムの変遷

　ドイツの職業訓練制度は，従来，高等教育に進学しない大多数の若者に労働市場で通じる技能を訓練し，学校から職場へのスムーズな移動を可能とする役割を果たすとともに，企業にとっては，継続的に若年労働力を確保する機会を提供してきた。特にその中核であるデュアルシステムは，政府による上からの運営ではなく，労働組合，商工会議所，職業学校などのソーシャルパートナーが中心的な役割を果たしていることから，ドイツ型資本主義の賜物として称賛されてきた。しかしながら，若者の高学歴化，技術の進化や高度化を受け，デュアルシステムによる職業教育は大きく変容し，高度な訓練プログラムと従来型の OJT を重視する職種との間に二極化が進展している（山内 2016）。また，高等教育が増加の一途を辿ったのとは対照的に，企業内訓練ポストは横ばいかやや低下傾向であり，新たな職業資格を獲得する若者の数は高等教育から学位を取得する若者の数をついに下回るようになり，ドイツの教育訓練制度は大きな転換点を迎えている。

　そのような状況下，企業内職業訓練と（これまでのような地元の職業学校ではなく）専門大学など高等教育機関における学習を組み合わせた DSP（Dual Study Program, 二元学習プログラム）と言われるハイブリッドな職業訓練制度が人気を博している（Graf 2013, Thelen 2014）。このプログラムに参加すると，研修生（且つ，大学生）は企業から訓練手当を受けながら，高等教育機関に通学することが可能となる。プログラムにもよるが，研修生は，職業資格と学位の両方を 3 年から 4 年で取得でき別々に取得するより短期での取得が可能であるため，特に成績優秀者の間で人気が高い。アンケートによれば，現在，専門大学在学生の 1 割程度がこの二元制の学修過程に在籍している（吉川 2016: 103）。

DSP は，学位の取得と初期職業訓練への参加を同時に可能とするため，大学の休暇期間中に就労するなど厳しいカリキュラムである。従って，このプログラムに参加できる若者のアビトゥアの得点は，大学など一般の高等教育だけに進学する生徒と比べて，低く見て同等，あるいは，より高いと見られている（Graf 2013: 101, Thelen 2014: 91）。DSP を修了した若者の多くは訓練先企業に入社し，早期に昇進機会を与えられる。研修生の立場からは，まず，（将来の就職先に繋がる）研修先を確保し，実務経験を積みながら，同時にその後の昇進やキャリア形成に重要な高等教育からの学位を得ることができ，企業の立場からは成績上位者を早期に惹き付け「忠実な従業員（loyal employees）」（Graf 2013: 103）として継続勤務してもらえるメリットがある。訓練修了生の約 9 割が訓練先企業に就職していることから（Graf 2013: 110），企業，学生双方にとって，内部労働市場へ直結する長期のインターンシップ制度という位置付けで捉えることもできよう。

▶ 2-2　大学進学と職業訓練を同時に行う二元学習プログラム（DSP）

DSP（二元学習プログラム）は，1972 年に，ドイツ南西部のバーデンヴュルテンベルク州を代表する企業，Robert Bosch GmbH, Daimler Benz AG, Standard Electrik Lorenz AG などが，ドイツ初の職業アカデミー[4]（Berufsakademie）を設立し，企業内訓練と一般教育を組み合わせることで DSP のプロットタイプを組成したことに端を発する（Graf 2013: 102）。

当時のそれら大手企業の動機は，1970 年代に急速に拡大した専門大学が，実務と理論を包括する柔軟なカリキュラムで，急速に若者を惹き付けたことに対抗することであり（Graf 2013: 98），職業アカデミーの設立は職業訓練の中でも最も高度な知識を要求する分野に大学入学資格保有者を積極的に呼び込むための手段だった。DSP は，このようにボトムアップ的にいくつかの企業によって一つの州で開始されたが，90 年代になると急速に拡大し，多くの州で導入されている。また，企業による職業アカデミー設立のきっかけを作った専門大学は，いまでは，DSP の主要な提供者となっている（Graf 2013: 110）。

DSP は，様々な形態で運営され，連邦職業教育訓練機構（BIBB：Bundesin-

4　職業アカデミーは企業が中心になって設立した教育機関であり，もともとは職業教育訓練制度の中で一般理論を教えることを目的としていた。現在では高等教育機関とする州と，職業教育機関とする州がある。前者の場合，学位を取得，後者の場合は公認資格を取得する（Graf 2013: 107）。

第Ⅱ部　各国の労働制度，教育制度および高度専門職の働き方

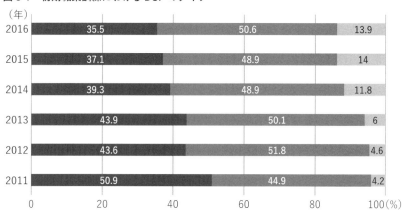

図 5-7　初期職業訓練における DSP のタイプ

出所：BIBB 2017: 209

stitut für Berufsbildung, 英語名 Federal Institute for Vocational Education and Training）によるデータの蓄積が開始したばかりだが，2016年10月時点で，プログラムに協力する企業数は4万7458社におよび，10万739人の訓練生が参加している。主要なプログラムに，職業資格と高等教育学位の両方を取得できる Ausbildungs-Integrierend（研修統合型二元学習プログラム）と，学位が取得でき職業訓練にも参加できるが，必ずしも職業資格が取得できるとは限らない Praxisintegrierende（実習型二元学習プログラム）がある。研修統合型プログラムは，従来，最も利用されていたプログラムであったが，この数年間で実習型が最も活用される二元学習プログラムに変化している（図 5-7参照）。すなわち，職業訓練は重要だが，（学位を取得する）大学生である訓練生が，職業資格まで取得する必要はないという考え方が広がっている可能性がある。

　訓練生数は，2004年には4万人強だったことからこの10年強の間に2.5倍程度まで増加している（BIBB 2017: 213）。デュアルシステム全体の参加者数が130万人程度であることから，最近では7.5％程度の訓練ポストが DSP で提供されていることになる。他方，シーメンスの採用のホームページによれば，2018年の DSP 訓練生の募集は670人，通常のデュアルシステムについては（前年の1600人から低下し）850人とあり，両者の人数はより拮抗している。優良企業の訓練ポストには大学入学資格保有者による応募が殺到することが予想されるため，優良大手企業における DSP の比率は，一般企業より高い

第 5 章　ドイツの教育訓練システムとキャリア形成

図 5-8　DSP を提供する大学

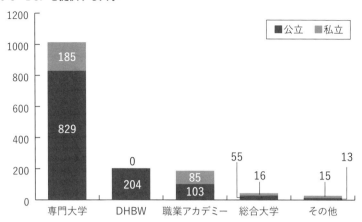

注）DHBW はバーデンヴュルテンベルク州の二元大学。
出所：BIBB 2015b: 251

ことも予想される。

　プログラムの提供者としては専門大学が最多であり，2014 年に 1505 あったプログラムのうち 1014 が公立・私立の専門大学で提供されている[5]。次に，優良企業の多いバーデンヴュルテンベルク州にある二元大学[6]（独語で Duale Hochschule, 英語で Cooperative State University），職業アカデミーの順に多く，一般の総合大学は最も低い（図 5-8 参照）。統合型プログラムでは，公式の（初期）職業教育訓練修了認定書が提供されるため，商工会議所（IHK）がカリキュラム運営に関わる。研修生の手当も最低でも通常の初期職業訓練生と同額という規定がある（Graf 2013: 101）。一般のデュアルシステムに参加する研修生が受け取る訓練手当は労使協定に基づき設定されており，通常のエントリーレベルの採用者の 3 分の 1 から始めるという決まりがある。しかしながら，DSP では，それより高額を支給することもあり，各地の規定にも依るが，研修生個人と企業の個別交渉によって決定されることもある（Graf 2013: 101）。

　このように，様々な形態で柔軟に企業の OJT や高等教育機関における学習が行われてきた DSP だが，伝統的なデュアルシステムと比べカリキュラ

5　公立の専門大学は無償だが，私立の方がカリキュラムを柔軟に構成できるため，大手企業は私立の大学を活用することも多い。
6　職業アカデミーを母体として設立された大学であり，理論学習と企業内研修の両方を組み合わせたカリキュラムを持つ。

139

第Ⅱ部　各国の労働制度，教育制度および高度専門職の働き方

ム編成における企業間コーディネーションが低いことや，制度の運営に関し
てほとんどの企業で職場協議会の合意を得ていないことなどが指摘されてき
た（Graf 2013: 123）。また，最近の調査では，職業訓練で最も重視される理論
と実践の融合に対する訓練生からの評価がそう高くないことも明らかにされ
ている（Nieding & Ratermann-Busse 2017）。このような背景からか，学習内容，
訓練内容，訓練生の待遇などを標準化するような動きが新たに発生している
ようだ。職業教育を管轄する BIBB，ドイツ教育省（BMBF），雇用者連合や
労働組合などのソーシャルパートナーがワーキンググループを発足させプロ
グラム内容の確認や標準化に関する議論を開始している[7]。

▶2-3　二元学習プログラム（DSP）参加者のインタビュー

　以下は，筆者が会った産業機械関連企業に勤務する DSP（二元学習プログラ
ム）修了者からの話である。彼は，研修終了後，大学からバチェラー学位を，
企業からは研修済み職務が列記された訓練証書を受領している。彼の場合，
商工会議所から訓練修了認定書を受領し，公式な職業資格を取得したわけで
はないので，恐らく上記プログラムのうち実習型二元学習プログラムに参加
したものと思われる。彼が DSP による職業訓練を開始した当時（2000 年代後
半），通学した私立大学のホームページには DSP 提供企業一覧があり，希望
者はまず企業に履歴書を送付し研修生として選ばれた後，大学の入学手続き
を開始するような手順だった。最近は，制度が変わり，まず，大学側で入学
希望者をある程度選別，合格した学生が提携先企業にアプローチするような
手順となったそうだ。彼が選んだ研修先企業は中堅規模であったこともあり，
一定の成績を収めた場合学費が免除される条件だったが，大企業を研修先と
していた学生は無条件で学費が支給されていたそうだ。

　一般の大学では，所定期間に卒業できない若者が少なくないが，彼が通学
した DSP 専門の私立の専門大学では全員が所定の期間で卒業したそうだ。
州立大学教員の話でも，DSP に参加する学生は非常に勤勉で成績が良いよ
うだ。彼は，その後 DSP を受けた企業に数年間勤務した後，同じ企業から
授業料補助を受けながら通信制の修士課程を修了している。同時期に通常の
デュアルシステムを修了した同僚に比べ，賃金テーブルがいくつか上のラン
クであることから，（高等教育卒業者であるため当然ではあるが）一般の職業訓練

7　Duisburg-Essen 大学 IAQ（職業資格研究所）の Dr. Monique Ratermann-Busse との会話
　　（2018 年 2 月）。

第 5 章　ドイツの教育訓練システムとキャリア形成

修了者より早期に昇進していることを自覚していた。ただし，大学卒業者が増加しているせいか，「上が詰まっている」というコメントもあり，日本企業に勤務する若者と同じような気持ちを抱いていることもわかった。

3　雇用システム

▶3-1　多様な入職経路

　日本でも最近は新卒採用だけでなく，中途採用，コース別採用，グローバル採用など採用方法が多様化しているが，ドイツ大企業への入職方法は実に多様である。大学など高等教育機関の就学者や卒業者向け求人やインターンシップについては，若年層向け職業訓練のように，産業や職種別に体系化された制度があるわけではないため，各企業が様々なプログラムを提供している。その一方で，いくつかの大企業の採用のオプションを見る限り，共通点も少なくない。その基盤にあるものは専門性や実践的職務知識を重視する姿勢であり，正規ポストの求職者には既に各ポストに相応しい一定の職業経験が備わっているという前提である。従って，そうでない若者や現役の大学生には，様々な形態のインターンシップや研修プログラムが用意されている。

　ドイツ大手企業の採用のホームページを見ると，まず，新規大学卒業者や既卒者に対する，ダイレクトエントリーと言われる空きポストの紹介がある。さらに，新卒者や若年既卒者に対してトレイニープログラムと呼ばれる研修プログラムの紹介がある。その他，現役の大学・大学院生に対しては，インターンシップやホリデージョブ，ワーキングステューデントなど数週間から年単位のフルタイム，パートタイムの就労機会の募集，また，卒業論文執筆のサポートプログラムや，博士課程就学者に向けた特別なプログラムの紹介がある。さらに，中等教育卒業者（および，卒業予定者）に対する伝統的デュアルシステムや，上述の二元学習プログラム（DSP）の紹介があり，非常に多岐にわたる就労機会や研修機会が掲載されている。

　企業の空きポストに直接応募するダイレクトエントリーは，既卒者だけでなく新規卒業生も応募できるが，当然それぞれのポストに相応しい学位や資格，職務経験があることが前提となる。特に，将来有望なポストや人気のポストでは新卒者であっても既卒者と同じポストを目指して競うため，専門知識に加え実務経験も重視される。トレイニープログラムへの応募であっても，ある程度の就労経験が要求されている。そのため，ドイツの若者は大学時代

141

第Ⅱ部　各国の労働制度，教育制度および高度専門職の働き方

や卒業前後のギャップイヤーを通じて，あるいは，大学入学前の職業訓練を通じて，職務経験を積む。専門大学では，そもそも入学時点で実習経験が求められることがあり，在学中も実習期間が義務付けられている。総合大学でも専攻科目によっては，実習期間が推奨されている。

▶3-2　トレイニープログラム：役割の変化か

　トレイニープログラムは，ドイツ企業が伝統的に大学卒業者に提供する幹部養成プログラムと言われてきた(Davoine & Ravasi 2013)。このプログラムでは，通常2年程度の研修期間の中で，3〜4の異なるアサインメントに就きながら様々な職務経験を積み，自身の専門分野を特定することが目標とされた。これには，管理職候補については，ゼネラリストとして企業全体の事業活動を視野に入れながら，自身の専門業務を遂行するような態度が求められるようになったという背景もある(石塚 2008)。プログラムを修了し，専門分野を特定すると，空きポストを待ってすぐに管理職として働く機会を得ることができるためハイフライヤー，または，ハイポテンシャルとしての採用となり，選考も大変厳しいものであった。ダイレクトエントリーが即戦力を重視した一般の採用とすると，将来のリーダー候補であるトレイニーは高い専門能力と同時に，問題解決能力，リーダーシップなどを包含するより幅広い才能を評価される傾向があった。

　このプログラムは，かつては，大変優秀な成績でディプロムや博士号を取得したドイツの若者を対象としていたが，最近では，バチェラーを含む新卒者に対しても開放する企業があり，潜在能力はあるが即戦力とは言えない大学卒業者を，一人前の社員として育成するためのプログラム，あるいは，専門分野を特定するための準備期間として位置付けている企業も少なくない。筆者が訪問したメディア関連の企業では，トレイニーとして大卒者を採用すると，15カ月間一つの部署で研修を受けさせ，一人前のコンサルタントになると社員として正式に採用していた。この会社では当初は伝統的なトレイニープログラムのように3〜4部門の異なる職務を経験させていたが，それではいつまでたっても特定分野で一人前になれないという理由から，プログラム内容を改訂，現在では一つの部門で研修を行っている。

　言い換えれば，即戦力でない新卒者や準新卒者（バチェラー，またはマスター）の社内育成プログラムである。この会社では，デュアルシステムも行っているが，デュアルシステム修了者は大学進学のため，研修後企業に定着しないという問題があるそうだ（人気職種であることから大学入学資格保有者による訓練参

加が多いと考えられる）。経験者を採用したいものの，同業他社からの優秀人材獲得は困難であり，昨年の採用実績では新卒者が既卒者を上回っている（前者が25人，後者が10人）。この企業では，要求する技能や経験が特殊な産業であることから，博士号取得者は採用の対象としていなかった。

前述の大手会計事務所では，トレイニープログラムを専門分野の特定のために活用している。会計事務所に就職希望の若者に，会計や税務の知識があるのは当たり前だが，ドイツの雇用システムにおいてはより狭義の専門分野を早期に特定する必要がある。例えば，法人税を専門とするのか，移転価格のスペシャリストになるのかなどを早々に決め，その分野での実務経験を積む必要があるが，法律や経済を修了した若者であっても進路についてそこまで明確な考えはないため，トレイニー期間に自分の適性や興味を見極め進路決定を行う。この企業では，トレイニープログラム参加者には，研修開始の段階で期限の定めのない雇用契約を与えていた。

両社とも，トレイニーやインターンの募集については，自社サイトやStepStone社のようなインターネット専門の求人サイトを使うが，近隣の大学やターゲットとする大学に出向き，プレゼンテーションやワークショップを行い，積極的に優秀人材の発掘に励んでいる。メディア関連の企業では，「プロジェクト」や「Tech Thursday」と呼ばれるプログラムを設け，学生数人と共同でプロジェクトを行い，毎週木曜日には社員が大学で講義を行っているそうだ。前述のように，大手会計事務所の方は，大学の選別にうるさく，法律や経済に強い大学をドイツ全国で10校程度特定し，それ以外の大学には自らアプローチしないようだ。

シーメンスやダイムラーのようなグローバル企業においては，グローバルタレントマネジメントの一環としてもトレイニープログラムが活用されている。こうしたグローバル企業においては，世界各地で優秀人材を獲得し，育成することが必須である。そのためトレイニープログラムを通じて，ドイツ国内だけでなく，ビジネスを展開する世界各地で若者を採用，国内外の拠点を含む3〜4部門に勤務させたのち，それぞれの出身国を始めとする拠点に配属となる。このようなプログラムにおいては，専門能力や潜在能力に加え，英語や現地で使われる言語など語学力も重視される。かつてのトレイニープログラムは，修了すると本部の中枢部門へ配属，幹部候補として昇進することが多かったが，グローバルタレントマネジメントとしてのトレイニープログラムでは，ハイポテンシャルとは言え，本部ではなく，出身地の支店や現

第Ⅱ部　各国の労働制度，教育制度および高度専門職の働き方

地法人の営業マネジャーなど初級管理職（または，その候補）として配属されることが多い点が異なる。

▶3-3　売り手市場と大卒者の就職

　就職関連情報を扱う Staufenbiel 社のリサーチによれば，トレイニープログラムを提供する企業はこのところ増加しており，2015 年秋に実施したオンライン調査では 300 社近くの回答企業のうち 47％の企業がこのプログラムを提供している。そのうちの半数以上（57％）では，研修開始時に，期限の定めのない雇用契約を結ぶ保証を提供していることから，ドイツ型の入社前研修プログラムという位置付けから，日米企業でより一般的な採用後の社内育成プログラムに近付いていると言う見方もできよう。

　欧州における採用は新卒者には厳しいとされてきたが，これらの情報に基づけば，好景気による売り手市場が続くドイツの労働市場については，かなりの改善が見られるようである。その証拠に，大企業各社の採用のホームページを見ると，新卒者向けに応募要件や応募プロセスについて FAQ などを設け親切に説明している。ドイツテレコムのホームページには，キャリアリクルーターという制度が紹介されており，Facebook などオンラインツールを用い，先輩社員が現役学生からの相談や質問に応じている（ただし，日本のリクルーター制度と異なり，同じ大学の先輩が後輩を担当する訳ではない）。前述の Staufenbiel 社の調査を見ても，新卒者に期限のある雇用契約しか提供しなかった企業は 14％のみであり，68％の企業では，そのような雇用契約を結んだのは新規採用者のうち 2 割以下（つまり，68％の企業で，新規採用者の 8 割以上に期限の定めのない雇用契約を提供），「若者は有期雇用からでないと採用されないということは，もうこの調査からは立証されない」としている（Staufenbiel 2017: 38）。

　学卒者の増加によって，StepStone 社，Staufenbiel 社のように大学卒業者や予定者に就職情報を提供する企業が成長していることも興味深い。Staufenbiel は 1970 年代に設立された就職情報雑誌でその後急速に伸びたようだが，日本でも 60 年代にリクルート社が設立され大卒者の増加とともに急成長したことを連想させる。

▶3-4　インターンシップ（praktikum）

　現役の大学生に対しては，プラクティクムと言われる数カ月のインターン

シップ制度を始めとして，ワーキングステューデント（werkstudent，長期のパートタイム就労），ホリデイワーク（数週間の就労体験），ディサテーション（後述）など様々な就労機会や職務を知るための機会を提供している。ワーキングステューデントは，在学中の一定期間，大学に通いながら週10～20時間程度企業で就労する制度だが，インターンシップと比べ時間当たりの報酬も高く相応の貢献が求められる。筆者がインタビューしたメディア企業に新規に採用となった女性の話では，当初はインターンとして数カ月勤務，その後，ワーキングステューデントの機会を与えられ，卒業まで週数時間継続的に勤務したことでその会社から雇用契約を獲得したということである。

　その他，大学生には，ホリデイワークなど休み期間中の数週間程度をフルタイムで就労する制度もある。また，大企業では，大学生や大学院生の卒業論文作成の一助として研究テーマや関連データを提供し学生を支援するディサテーションやドクトレートというプログラムをもつ企業もある。大学生向けの一般的インターンシップであるプラクティクムも，それ自体が多様であり，大学入学前のコース，大学通学中のコース，あるいは，卒業後に参加するコースがある。入学前のコースについては，一部の専門大学で実務経験があることを入学条件としていることに対応するものと思われる。通学中のインターンシップについても，多くの大学でインターンシップを必須科目とするか奨励していることから，企業側もポストを提供しそれに応じる形となっている。こうした背景には，若者に就労経験の場を提供するというドイツ企業の社会的責任がある一方で，これらの機会を提供することで，優秀な学生を早期に発掘，若いうちに実務経験を積ませた上で，将来の採用に繋げるという目的が大きい。大学入試がなく大学間のヒエラルキーがより不透明なドイツにおいては，日本やフランスのように，ヨコの学歴を学生の潜在能力判定のシグナルとして利用することが難しい。そのため，学業成績はもちろんのこと，インターンシップなど，より直接的な接触を通じて優秀人材の選別を行う。新卒の採用やトレイニープログラムではアセスメントセンターもしばしば利用される。

　また，企業の立場からは，ビジネス繁忙期の短期の雇用を確保するという実需もある。筆者が訪問した企業では，HRやリクルーターが各部門から繁忙期にインターンやワーキングステューデントの募集依頼を受け，学生を採用，彼らが実際に働いた時間やコストをFTE（常勤雇用者）に換算し会計処理を行っていた。すなわち，インターンとして採用される学生に特別な研修を

145

提供するのではなく，まさに日々の業務を担当させ OJT を行う。

　若者もそうした就労体験を通じて自分の適性を確認し将来の就職に向けて企業との足掛かりを築く。適性がないと判断すれば途中で辞めて他のインターンシップに切り替えることもあり得る。企業側は，インターン経験者のうち優秀人材とは定期的にコンタクトし，最終的には彼らの卒業を待って採用する。短期のインターン（フルタイム）からより長期のワーキングステューデント（アルバイト）として通学の傍ら卒業までパートタイムで勤務させる制度は，企業，学生双方にとって将来の就職に繋げるための常套手段の一つでもある。こうして考えると，ドイツ企業の方が，日本企業やフランス企業より，一般の大学生のインターンシップに熱心であることと，ドイツでは，教育制度が州ごとに異なる上，入学試験がないためヨコの学歴シグナルが使えないこと，すなわち，大卒者の選別がより困難であること，との間に何らかの関連があるようにも思える。

▶3-5　大手企業の採用やインターンシップ

　最近のドイツ大手企業の採用事例としてダイムラー，シーメンス，ドイツテレコムの採用やインターンシップ，職業訓練のオプションを以下に記載する（表5-2 〜 5-4 参照）。

　3 社とも，15 カ月から 24 カ月と期間は異なるが，トレイニープログラムを提供している（ダイムラー社では CAReer,[8] シーメンスでは SGP）。いずれも，「海外でのアサインメントを含む」とあるように，グローバルタレントプログラムとしても活用されていることがわかる。ダイムラーやシーメンスについては，そもそも，ドイツ国内からの採用を前提としておらず，全世界から優秀な若者を惹きつけるためのプログラムと理解される。また，両社とも，トレイニー期間開始時に期限の定めのない雇用を提供することを明記しており，Staufenbiel 社の調査を裏付ける結果となっている。すなわち，正規社員として採用されるための研修ではなく，採用後の企業内訓練の一環として捉えることができる。ドイツテレコムのプログラムは常時募集ではあるものの，最初の 1 週間はインダクションとあり，プログラムの開始を年 4 回に限定，(日本の新卒者研修のように) ある程度の人数をまとめて研修していることもわかる。

　ダイムラーのステューデントパートナーシップやシーメンスの Future

8　その後 CAReer は Inspire というリーダーシッププログラムに変更されている。

第5章　ドイツの教育訓練システムとキャリア形成

表 5-2　ダイムラーの求人案内

対象	プログラム名	内容
高校生 （Pupils）向け	Dual system （技術系訓練と商業系訓練）	IT, 素材, モーター, 燃料電池, ロボット, レーザー溶接等の新技術を含む技術系職業訓練, 保険, リースなど自動車販売に関する商業系職業訓練と, 職業学校（vocational college）での座学を組み合わせたデュアルシステム, OJT については一定期間の海外研修もあり。2 ～ 3 年半の研修期間。
	Dual study program （3 年のバチェラー学位） 技術系とビジネス系コース	3 年で 6 セメスターを修了するプログラム。各セメスターは主にバーデンヴュルテンベルク州の二元大学での 3 カ月の理論学習と 3 カ月の OJT（海外も含む）から構成される。毎年 6 月に翌年 10 月開始の DSP を募集, 締め切りは応募状況次第。一括採用（one port of entry）で透明なプロセス。
	School Work Experiences （短期インターンシップ）	後期中等教育在籍者や卒業者向けプログラム。短期のインターンシップを通じて適性を知る, テクニシャン, オペレーター, アドミニストレーターなどの職種, 期間は 1 ～ 3 週間と短く, 仕事を観察する程度, 各拠点で通年募集。
	Holiday Jobs （アルバイト）	休暇中に収入を得ながら職場を知るプログラム。最低期間は 4 ～ 8 週間, 勤務時間は週 35 ～ 39 時間程度, 要件は 18 歳以上の学生, 大学進学や職業訓練, 兵役を控えた若者。各拠点で各ポスト開始の 2 ～ 6 カ月前にオンラインで応募受付。
学生 （Students）向け	Internships （長期インターンシップ）	数カ月程度の多分野でのインターンシップ（praktikum）, エンジニアリングなど専門知識を要するポストも多く, ポストによっては CAD の経験, SAP の知識, GPA3 以上などの要件がある。募集は世界各地の拠点。
	Thesis （論文作成の補助）	BA や MA 論文作成の補助, ダイムラーが題材を示唆, 専門知識やノウハウを提供, 学生はプロジェクトを通じて論文を完成, 要件は, 平均以上の成績, エンジニアリング, 科学, IT, ビジネスの専攻が望ましい。
	Working Students （学生アルバイト）	学生のうちに実務を通じて, 企業内ネットワークを構築, 要件は成績上位者, 国内外の関連するインターンシップ経験者, 現役の学生（所定期間内）。労働時間は週 7 ～ 20 時間程度。
	Daimler Student Partnership	最高 15 カ月間にわたる個別に設定される研修プログラム。トレーニング, コーチング, ウェビナー, フィールドトリップ, 論文作成補助など多岐にわたるガイダンスを提供。修了後はダイレクトエントリーか CAReer 採用の可能性あり。
	Holiday Jobs	内容は高校生向けホリデイジョブと同じ。
卒業生 （Graduates）向け	CAReer （Top Talent Program）	15 ～ 18 カ月のグローバルトレイニープログラム, 海外を含む複数拠点でいくつかの業務を経験後マネジャーやスペシャリストとなる。応募要件は MA, または実務経験のある BA, 英語に加え応募する国の言語など。開始時から期限の定めのない雇用を提供。
	Mercedez-Benz In-House Consulting	取締役会に直接レポートする社内コンサルティングチーム, 主にマスター取得者に対するジュニアコンサルタントの募集。
	Doctorate	3 年間, 週 35 時間程度勤務しながら, 博士論文に取り組むプログラム。資料提供や必要なコンタクトの紹介, メンタリングなどに加え, 研究発表の機会などを通じて社内ネットワーキングを構築, 修了後は積極的に社内ポストの紹介を受ける。
	Direct Entry	既卒者向け各種空きポストの紹介。
中途採用 （Professional）	Direct Entry	既卒者向け各種空きポストの紹介。

出所：ダイムラー社のホームページ（2017 年 10 月 17 日）

第Ⅱ部　各国の労働制度，教育制度および高度専門職の働き方

表 5-3　シーメンスの求人案内

対象	プログラム名	内容
職業訓練とデュアルスタディプログラム	Dual system	電子，IT，メタル分野の商業系，技術系コース，30～42 カ月の研修期間，職業学校に週１～２日，または，ブロック期間通学，研修修了後 IHK から資格取得，2017 年は 1600 人，2018 年は 850 人募集予定。修了後は通常関連する分野で職をオファー。継続教育として BA や MA 取得に繋がる特別コースもあり。
	Dual Study Program (DSP)	通学しながら主に休暇期間に職業訓練に参加。IT，金属，電子工学，経営の分野で BA や MA を取得。IHK の職業資格を取得するコースとしないコースがある。前者では先に研修を済ますか，通学と研修を同時に行う。国内約 30 大学と提携。要件は優秀な成績（英語・ドイツ語，数学，技術系は物理）と人柄。魅力的な報酬。訓練修了後は通常関連分野のポストをオファー。2018 年で 670 人程度募集。DS と DSP で世界 200 カ国以上で約 9000 人を研修。継続教育として MA 取得に繋がるコースあり。
	Student Internship (Schüler-praktikum)	様々な職場を観察できるインターンシップ。複数個所の参加も可能。期間は各拠点のオファー次第。対象者は全日制通学義務を終えた若者（15 歳以上）。それ以下の場合は，暦年ごと最大４週間まで休暇中のインターンが可能。学校でインターンが義務付けられている場合は，証明書を提出。無報酬。
新卒者と職務経験のあるプロフェッショナル	Doctorate (DE)	博士論文執筆のためのリサーチを行いながら職業経験を積む。短期のジョブに応募するか，リサーチプロジェクトを行う。博士期間の雇用契約と月給，柔軟な労働時間。要件は，優秀な学位，起業家精神やソーシャルスキル。
	Future Minds （ステューデントプログラム） (DE)	柔軟な仮想プロジェクトを通じて経験豊富なシーメンス社員からコーチングを受ける。他のメンバーと face-to-face の意見交換やネットワーキングの場もあり。対象は IT やエンジニアリング専攻で課程修了まで最低 1 年を残すマスター在籍生。シーメンスでのインターン経験があればスーパーバイザーがノミネート。4 月と 10 月に開始，修了後はメンターがシーメンスでの職探しをサポート。
	Rechtsreferendariat （トレイニー） (DE)	リーガルコンプライアンス専門の研修。経験豊富なメンターから，実務を通じてリーガルアドバイスや契約交渉を経験。要件は法学部を卒業した司法試験合格者。
	Trainee （営業・サービス） (DE)	12 カ月の研修で複数の営業拠点に配置。要件は，電気・産業エンジニアリングやビジネスでの学位とインターン経験など。起業家精神があり顧客との接触が好きなこと。研修開始時に期限の定めのない雇用契約を提供。
	Trainee @IT (DE)	2 年間で実践的な 2 つのアサインメントを担当，顧客対応やプロジェクトのプロセス管理を行う。要件は，情報工学，産業エンジニアリングなどで優れた成績を有するもの。
	Siemens Graduate Program (SGP) (Global)	2 年のトレイニープログラム。複数の職場で（海外を含む）シーメンスを知り将来のキャリアを準備。年 1 回の SGP コンフェレンスでは世界 20 カ国以上の参加者とネットワーキング。研修開始時に期限の定めのない雇用契約を提供。
Global Career Opportunities		世界各地の空きポストの紹介。

出所：シーメンス社ホームページ（2018 年 1 月 28 日）

Minds などは，それぞれ，数カ月以上のプログラムであり，前者の場合，修了後はダイレクトエントリーや CAReer へと繋がる可能性があることが謳われている。後者も，修了後は担当したメンターがシーメンス内での就職活動をサポートとあり，長期にわたる優秀人材の選別，そして，囲い込みとも言

第 5 章　ドイツの教育訓練システムとキャリア形成

表 5-4　ドイツテレコムの求人案内

対象	プログラム名	内容
大学生 (Students) 向け	Internship	通常のインターンシップ，大学必須科目の場合は 4 週間から必要とされる期間まで，自主的参加の場合は 4 〜 6 カ月。
	Flexikum	就学に合わせて最大 18 カ月 1000 時間のインターンを柔軟に組めるプログラム。
	Cooperative Master's Degree Program	就労しながら修士を取得する 2 年のプログラム。Steinbeis ビジネススクールなど提携大学（私立）に学費補助を受けながら通学（座学，e-learning の組み合わせ），月 1460 ユーロ程度の報酬を得る。コースによって年 2 回または 1 回のスタート。
	Final Thesis	BA や MA の卒論補助。インターン期間のプロジェクトを通じて科学的で実用性のあるテーマを発掘。論文作成の補助を受ける。
卒業生 (Graduates) 向け	Trainee Program	18 カ月間のプログラム，1 週間のインダクション，3 カ月間の本社でのプロジェクトに続き，コールセンターやショップでの顧客対応，海外研修など。毎週金曜日にプロポーザルを提出。要件は，ICT やイノベーションへの興味やチームワーク。学位は，IT，エンジニアリング，ビジネスに加え humanities など。書類選考後に，オンラインテスト，アセスメントセンターとインタビュー。通年募集だが 3 カ月ごとに開始。
	Direct Entry	空きポストの紹介。
	Doctoral studies (Doctor Telekom)	パートタイムまたはフルタイムで就労し，研究と実践を両立させながら博士論文を執筆する。ベルリン工科大学と連携する DT（ドイツテレコム）の研究センター（T-Lab），または，DT が運営するライプチヒ専門大学を活用。修了後は DT や関連企業への就職斡旋を受ける可能性あり。
中途採用 (Professional)	Direct Entry	空きポストや重点採用分野の紹介。
	Global Career Opportunities	世界各地の空きポストを紹介。

出所：ドイツテレコム社ホームページ（2017 年 10 月 19 日）

えなくもない。Future Minds はインターネットを活用したバーチャルなプロジェクトであることから，インターンシップを終え，遠隔地の大学に戻る学生と卒業まで関係を維持するプログラムとして有効であろう。

　就労機会を与えながら論文作成の補助も行うディサテーションやドクトレートについても 3 社共通である。このようなプログラムは人的資源の豊富な大企業が主に提供すると言われているが，大学生や大学院生に研究のための題材を提供し，ベテラン社員が研究の進捗や結果をモニターすることで，だれが優秀人材かを見極めることは極めて容易であろう。また，研究の成果を共有できるという点で，産学連携の足掛かりともなろう。就職協定があるわけではないので青田買いという表現は適切ではないが，このようなプログラムを提供する企業側のインセンティブとして，優秀な学生を早期に発掘し，採用に結び付けようという意図が大きいことが確認できる。まさに産学連携，募集，選考，さらには短期的労働需要の充足と，複数の機能や目的が一体化した制度となっている。

149

第Ⅱ部　各国の労働制度，教育制度および高度専門職の働き方

　若者にとってもっとも恵まれたプログラムとして，働きながら修士号が取得できる制度がある。このプログラムでは，企業は，従業員に就学の時間を与えるとともに（私立の大学院であれば）学費を負担し，報酬も与えている。例えば，ドイツテレコムの場合，ライプチヒ大学や Steinbeis ビジネススクールなど提携先の大学での学修を支援し，月 1460 ユーロ程度の報酬を支給するとある。シーメンスの DSP（二元学習プログラム）もバチェラーとマスターの両方の取得が可能となっている。

　DSP については，企業が特定の大学と契約することが前提となるが，少数の大学と提携する場合と複数の大学と提携する場合があるようだ。例えば，ダイムラーのホームページでは，本社のあるバーデンヴュルテンベルク州の二元大学を活用するとある。また，研修生の採用時期については，大学の学期との関係で毎年 10 月，募集開始は前年の 6 月からとある。ドイツでは，ダイレクトエントリーもデュアルシステムもそれぞれの拠点で採用や訓練が行われるのが普通だが（ただし，デュアルシステムは通常毎年 8 月に開始），ダイムラー社の DSP については提携先の大学に全員が同時に入学するため，one port of entry（一括採用）とあり，本社（または，その他大きな研修センターのある拠点など）で同時に研修契約を結んでいるようである。シーメンスについては 30 の大学と提携とあり，より分散しているようだ。

　職業訓練についても，インドやメキシコなど海外からの参加者の経験談が紹介されていることから，外国人研修生にも門戸を開き幅広く候補者を募っていることがわかる。秀逸な研修や職業訓練のない国々に育った若者にとって，ドイツ優良企業で技能形成の機会が与えられることは非常に魅力的であり，また，国際的に事業を展開する大手企業の立場からは，ドイツの若者の高学歴化が進展した今日，高度化したデュアルシステムの将来の担い手を世界に向けることは，非常に大きな意義があろう。すなわち，ドイツ企業のグローバル人材戦略は大卒者だけでなく若年層にも及んでいるようだ。

▶3-6　報酬レベル

　ドイツ企業の賃金設定を簡単に要約すると，自動車や機械など伝統的産業においては，産業別賃金交渉によって決定される賃金スケール（タリフと呼ばれる）を基準とする一般社員と，その上限を超えて使用者と個別に労働契約を結ぶ協約外職員（管理職を含む）に大別される（山本 2017，大塚 2010，石塚 2008）。大学卒業者であっても入社する立場によって，タリフが適用される場合とそ

第 5 章 ドイツの教育訓練システムとキャリア形成

図 5-9 ダイレクトエントリー，トレイニー別，初年度平均報酬額

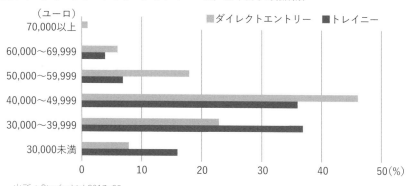

出所：Staufenbiel 2017: 29

うでないポストがある。大卒者が修士相当のディプロム以上であった時代は，タリフが適用されない立場で入社する若者が多く，報酬は個別に決定されることが一般的だったようだ。最近では，大卒者の多くがバチェラーであるためタリフ層での入社も多いようだ[9]。他方，ドイツにおける産業別協約の適用率は全体として低下傾向であり，IT など新しい分野では一桁台である（Statistisches Bundesamt 2013）。従って，賃金決定方法の大枠は，社員の企業内ポスト，勤務する業界によって異なる。

ちなみに，筆者が訪問したメディア企業は，協約の適用を受けない企業であったが，トレイニーとして採用される若者は，新卒者も既卒者もマスターもバチェラーも全員一律の報酬とする社内ルールとなっていた（この会社ではトレイニープログラムは 2 年の有期雇用であった）。トレイニー期間が修了し正社員として採用される場合は，それぞれの職務レベルに対応した一定の給与レンジ内で，研修期間中に判明した各自の能力に応じて個人差を付けることもあるということだった。

上述の Staufenbiel 社の調査によれば，2016 年にダイレクトエントリーした学卒者の 46％が 40,000 〜 49,999 ユーロの報酬で入社している。その次に多い報酬レンジは，30,000 〜 39,999 ユーロ（23％），続いて，50,000 〜 59,999 ユーロ（18％）である（Staufenbiel 2017: 29）（図 5-9 参照）。ちなみに，前年度は，40,000 〜 49,999 ユーロが 58％と最多だったが，70,000 ユーロ以上が 5％で

---

9 Dr. Horst Melcher, Ludwig-Maximilians-Universität München 講師との会話では，バチェラーのうち 2 分の 1 または 3 分の 2 程度がタリフ層での入社ではないかというコメントがあった（2017 年 11 月）。

第Ⅱ部　各国の労働制度，教育制度および高度専門職の働き方

100,000 ユーロを超えた新卒者がいたようであり，最高所得者は法学部を卒業した法曹関係者[10]であった（Saatkorn 2016）。初年度年俸のうちどの程度が個人で交渉できるかについては，92％の企業が5 〜 10％は交渉可能と回答している。

バチェラーとマスターの給与差については，40％の企業が「違いがない」と回答，同じく40％の企業が「10％以内の違いがある」と回答，17％が「11 〜 20％の差」，残りの3％は「21 〜 30％の差」という回答であった。業界による差も大きく，自動車産業や商社・消費財産業では，「違いがない」という回答が最多（前者で55％，後者で50％）であり，逆に金融産業では，違いがないという企業は皆無で，63％が「10％以内の差」，31％が「10％超20％以内の差」であった。化学・医薬品産業でも「差がない」と回答した企業は18％と少ない。化学・医薬品産業の採用では学位が重視され，88％の企業が「（学士に加え）修士号を取得していることを重視する」とあり（Staufenbiel 2017: 10），そもそもバチェラーでは採用されにくい。必要とされる技能が高度な一般的知識か，それとも企業内訓練が重要かという問題と関連している可能性があるが，学歴要件としては産業による差が大きそうである。他方，入社後の給与差については，全体で55％の企業が，「マスターとバチェラーの差は縮小」，32％の企業で「完全に差がなくなる」という回答であり，「差が継続する」と回答した企業は全体で13％に過ぎなかった（Staufenbiel 2017: 35）。

トレイニーの報酬は，即戦力として雇用されるダイレクトエントリーの社員より低く，30,000 〜 39,999 ユーロが最多で37%，40,000 〜 49,999 ユーロが36％である（Staufenbiel 2017: 28）（図5-9参照）。また，トレイニープログラムにおいては，85％の企業でバチェラーを受け入れており，72％の企業でバチェラーとマスターに同額の報酬を提供している（Saatkorn 2016）。これらの直近の傾向から判断すると，意外なことに，業界や取扱商品に大いに依るものの給与水準においてマスターとバチェラーを明確に区別しない企業も少なくないと言えそうである。

ボローニャ・プロセスによる学位の分解により，大学生の卒業のタイミングが標準化している可能性が高い。修士課程を修了するには追加で2年が必要となるため，2年間をさらに大学で過ごすか，良い機会があればいったん

10　ドイツの法学部はディプロム学位と法曹資格がリンクしており，法学部を卒業しディプロムを取得すると法曹資格も付与された。従って，法学部出身者の職務は日本より専門的である。

就職し企業内で訓練を受けながら貢献する方が良いか検討の余地はあろう。2章で述べたとおり，ドイツ大手企業の昇進パターンは登山者モデルである。他方，バチェラー取得者が，学歴インフレの結果，従来職業訓練修了者が就いていたような職種に就いているという調査があること（Reinhold & Thomsen 2016），トップマネジャーにおける博士号取得者の比率が高いことなどを考えると，修士号までは取得しておきたいと考える学生も多そうである。事実，筆者が複数の大学教員から聞いた話では，バチェラーで就職したものの，昇進機会が少ないということで，復学しマスター課程に進学する若者は後を絶たないそうである。前述の大手アメリカ系会計事務所の採用担当者によると，ボローニャ・プロセスによって博士号取得のプロセスがこれまでの2段階から3段階となったため，今後，博士号を目指す学生が減少する可能性も否定できないということだった。図5-6を見る限り，博士号取得者の数はボローニャ・プロセス以降も一定，または，多少の増加である。

　筆者のインタビューでも，バチェラーで就職すべきかすぐにマスターまで進学すべきかは，多くの大学生にとって目下の最大の関心事であり，ボローニャ・プロセスによる学位の変更が労働市場での評価にどう結び付くかを見極めようとする姿勢が感じられた（逆に，筆者が，学生から質問を受ける場面さえあった）。学生のエンプロイアビリティについては，専攻科目も重要であり，例えば，情報工学のように労働市場でニーズの高い科目を専攻した若者は，本人が望めば，バチェラー学位でも十分に就職先を見つけることができ，経済などより一般的科目ではマスターまで行く方が有利，薬学や生物を専攻したものはバチェラーでの就職は困難という会話もあった。Staufenbielの調査でも，学歴に対する考え方については産業による違いも大きく，金融や化学・薬品などでは修士相当の学歴を非常に重視するという回答が自動車などより多い（Staufenbiel 2017: 10, 14）。

　また，数年間勤務した後に，通信制のマスター学位を取得した，前述のDSP（二元学習プログラム）修了者の発言にあるように高学歴化が進展した今日のドイツにおいては，マスターを取得したからと言って出世が保証されている訳でもない。この点については，通信制のマスターと総合大学のフルタイムのマスターとでは，処遇が異なるだろうという意見もあった。

　なお，IGメタルの2012年の調査では，理工系大学卒業生の初年度年収は，バチェラーで44,000ユーロ程度（総合大学で43,711ユーロ，専門大学と職業アカデミーは同額の44,200ユーロ），マスターで47,000ユーロ程度（総合大学で46,832

第Ⅱ部　各国の労働制度，教育制度および高度専門職の働き方

ユーロ，専門大学で 46,663 ユーロ，職業アカデミーで 48,201 ユーロ）と 3,000 ユーロ程度の違いである。博士号保有者については，VDI（ドイツ技術者協会）の調査（2012）と，出所が異なるが，中間値が 59,725 ユーロと，マスターと比べて 10,000 ユーロ以上高かった（Walther 2013: 69）。

▶3-7　昇進

　第 2 章でも触れたとおり，ドイツ型キャリアパスは機能別キャリアや，暖炉型（Kamin），煙突型（Schornstein）キャリアと言われ，本人の専門性を反映したそれぞれの職能の中でキャリアが形成され，専門分野内での職務横断的な配置転換を通じて（米英などに比べれば）幅広い技能を得ながら上位役職に昇進していく（Faust 2002, Walther 2013）。専門性が重視されるが，同時に，幹部候補者については管理職としての役割を果たすことも期待され，上位役職者になるとより広い職務範囲を任される。従って，ドイツ企業の管理職は専門技能の習得と管理能力の育成を両立させることが重要とされ，経営学士や商学士のような学位も実際にマネジメントを行う能力証明とはならず，経営学を専攻したものも，人事のプロ，会計のプロ，マーケティングのプロのようにそれぞれの分野において専門性を発揮しながら昇進するのが伝統的である。

　その点，ドイツの管理職は，職種や専門性に基礎があり，ジェネラリストとされる日本の管理職と大いに異なるが，管理職としての役割に職種性がない（つまり，アメリカの MBA やフランスの上位グランゼコール出身者のように経営を専門とする職種がない）という点では日本と共通である（Faust 2002: 71）。従って，ドイツのマネジャーは，一方で専門家として，もう片方で管理職として企業間を移動でき，企業内の労働市場のみを移動する日本のマネジャーと比較してより多くのキャリアオプションを持つ。

　ただし，1990 年代後半以降は，アメリカのように経営者として企業を渡り歩く人材も目立つようになり（ドーア 2001），専門分野における幅広い経験を積み上げながら昇進する従来のパターンではなく，より一般的な経営知識や経営経験に基づき上位管理職に抜擢されるジェネラリストも増加している（Faust 2002）。経営層については業績次第で短期に退職を迫られることも増え，上位 50 社に関する調査では，1995 年から 1999 年の CEO 交代のうち 32 ％は非友好的なものであったとされる（Streeck 2010: 83）。ゲアハルト・シュレーダー政権下の税制改革が，アメリカ型の企業経営や資本市場の活性化を意識

154

して行われたこともあり（山内 2018），株主資本主義的経営は日本より浸透している が，そもそも，ドイツでは同族企業が多く（吉森 2015），コーポレートガバナンスも執行と監督の分離は義務付けられており，株主や資本家のプレゼンスは日本より遥かに高い。

　ボローニャ・プロセス以前のドイツ労働市場における教育レベルは，初期職業教育（デュアルシステム，または職業学校），専門大学，総合大学という，概ね 3 段階に区分され，原則，どの段階から始めても中間管理職までは昇進することができた（そのうち職業教育出身者など低位の教育レベルで就業を開始したものは，継続教育を受け上級職業資格を取得することが要求されることが多かったが，管理職への移行過程は整備されていた）。従来から職業資格だけを保有する社員が上位役職に到達する機会は限定されているというグラスシーリングの存在が指摘されていたが（Grund 2005），その傾向は大学入学者数の増加とともに顕著になっている。

　例えば，主に，バーデンヴュルテンベルク州の幅広い産業分野の管理職（役員や大企業事業部門長などシニアマネジメント層を除く）を対象に昇進と学歴の関係を調べた研究（Faust et al. 2000）では（n=1000[11]），世代によって管理職の学歴構成が異なっている。40 歳未満では上位マネジメントの 95.4% が総合大学か専門大学を修了しているが，40 〜 50 歳の年齢層では 73.9%，50 歳超では 71.2% であり，高齢になるほど大学を卒業せずに上位マネジメントへ昇進している人の比率が高い。と同時に，大卒者の昇進可能性も低下，総合大学卒業学位（経営，法学，エンジニアなどの専攻）が民間企業においては特別な意義を持ち，上層部への昇進が半ば約束されていた時代は終了したとある（Faust 2002; 73）。

　同様に，幹部社員の職業資格保有率にも低下傾向が見られる。同じ調査において，40 歳未満の管理職のうち，職業資格を取得し，且つ，専門大学を卒業したものが 23% であるのに対し，50 歳未満では 36%，また，上位役職者のうち職業訓練に参加せず高等教育のみを修了したものは 50 歳を超えるグループでは 26% であるのに対し，40 歳未満ではほぼ 60% であった（Faust 2002: 73, Faust et al. 2000: 306）。すなわち，職業資格の保有が（上位）役職者への昇進において考慮されなくなってきている。

　入社時のポストは，フランスのように上位グランゼコール出身者がいきな

11　調査対象は，下部マネジメント，中間マネジメント，および，マイスターから部門長までであり，大企業の事業部門長や経営層（役員）らは対象外。

り役職につき多くの部下を管理する状況とは異なり，博士号保有者であって
も経営幹部のアシスタントやエクスパートとして入社することが多い。ただ
し，日本の遅い昇進とも大いに異なり，少なくともボローニャ・プロセス以
前の文献では，入社後の昇進は早く，昇進の差が出始めるタイミングも，昇
進の見込みがない人が5割に達する時期もアメリカ企業と大差がない（前者
については，ドイツ企業が入社後平均3.71年，アメリカ企業が3.42年，日本企業は7.85
年，後者についてはドイツ企業が11.48年，アメリカ企業が9.1年，日本企業は22.3年で
あった[12]）（佐藤2002: 265）。技能の幅についても，職業訓練出身者は，狭い商品
群の中でゆっくり昇進するのに対し，大卒者はより広い分野を担当しながら
早期に昇進する（猪木2002）。

おわりに：ドイツの職業別労働市場の行方

　最後にこれまで見てきた（イギリス・アイルランド方式への）教育システムの
変化が，採用方法を中心にドイツ企業の雇用システムや若者のキャリア形成
にどのような影響を与えつつあるのか，そして，それらの変化の結果，ドイ
ツの雇用システムが日本やアメリカのそれに近付いているのかということに
ついても考察したい。

　ボローニャ・プロセスによるバチェラーの誕生は，ドイツの労働市場に大
量の大学卒業者を送り込むこととなったが，好景気を背景とした売り手市場
と時期が重なったことや，もともと職業訓練を通じて多くの若者を受け入れ
る歴史が長いことなどからか，分野によるものの，新卒者の採用は円滑に行
われているようである。ドイツの大学生はインターンシップやワーキングス
テューデントを通じて職業経験を積むのが普通とは言え，通常3年程度の公
式な研修を経験する職業訓練修了者や，より厳しい卒業要件を満たす必要が
あった旧ディプロムのどちらと比べても専門知識が劣ることから，採用前後
の内部育成が課題となるが，企業は，かつての幹部養成プログラムであるト
レイニープログラムなどを活用し，採用候補者（研修生）や新入社員を一人
前のプロフェッショナルとして育てる仕組みを編み出しつつあるようだ。こ
の点は，日本企業の新卒採用，内部育成と類似してきたと言えなくもない。

　また，大企業においてはグローバルタレントプログラムとしての機能も帯
びるようになったトレイニープログラムでは，海外留学や海外でのインター

12　本調査の回答者は大卒者以上が多く，その数は1567人（日本），753人（アメリカ），674
　　人（ドイツ）であった。

ンシップなどを経験し，外国語や国際感覚を身に着けた若者を全世界で積極的に見出し，国内外の数カ所で研修を積ませたのち海外拠点の幹部として育成するグローバル人事としての機能も強化されている。この点では大手アメリカ企業の動向と類似した点がある。すなわち，かつて，本社や主要拠点における幹部育成プログラムであったトレイニープログラムは，新卒者向け内部育成プログラム，あるいは，グローバル人材育成のためのプログラムとして「転用」（Streeck & Thelen 2005）されていると見ることができよう。

　ドイツ企業の大卒者の募集は，本社で一括して行うより，拠点ごとのニーズに応じて随時行うことが一般的であった。最近では，インタビューなど実際の採用プロセスは各地で行われるとしても，インターネットの活用や企業活動のグローバル化により基本的な採用情報は本部でも情報発信されている。また，DSP（二元学習プログラム）やマスタープログラムは，提携している大学への入学が毎年同時期に行われなければならないため，本社，または，特定の拠点でまとまって研修契約が結ばれる機会が増加する。従って，同じタイミングで，特定の提携先大学に通学し，所定の期間で同時に卒業し，その直後に入社する大卒者や大学院卒業者が増加する可能性がある。

　このような採用プロセスと新規労働市場参入者のプロファイルの変化は，ドイツの労働市場にどのような影響を与えるのだろうか。それについては，今後の実証研究をまつしかないのであるが，ここでは一つの可能性を示唆しておく。

　バチェラーを中心とする学卒者の増加により，企業内訓練の重要性が高まりつつある。これまでも，国際競争の激化によるコスト圧力や生産手法の変化などを背景に，ドイツの技能形成がより個別企業のニーズを反映した内容へと変容しているという指摘があったが（Thelen 2014: 92, Neubäumer et al. 2011），若者の高学歴化と一般教育化という国内事情もその傾向を後押しする効果を持とう。

　しかしながら，実務経験や専門性を重視するドイツの職業文化が，教育システムの変化によって変容するとは考え難く，その点，学位の分解から生じた大学の大衆化と職業訓練の低下は，大学教育（バチェラーレベル）の変化（職業訓練化）を伴う（Powell et al 2012: 415）という見方には説得力がある。また，DSPについても，連邦職業教育訓練機構（BIBB）や教育省（BMBF）が，労使とともに標準化に向けた動きを見せていることもドイツらしい。

　従って，企業内訓練と技能の企業特殊性増加が，ドイツ企業にこれまで以

上に人材配置における柔軟性を提供する反面，専門性を重視する伝統が今後も継続することによって，（従来のように厳格に定義されたものではないとしても）外部労働市場に通じる職業や職種を基準とした労働市場が維持されていくのではないだろうか。

山内 麻理

参考文献

BIBB (2015a). *VET Report: bringing together businesses and applicants.* Bundesinstitut für Berufsbildung.

BIBB (2015b). *Datenreport 2015.* Bundesinstitut für Berufsbildung.

BIBB (2017). *Datenreport 2017.* Bundesinstitut für Berufsbildung.

BMBF (2013). *Data portal.* Retrieved from http://www.datenportal.bmbf.de/portal/en/2.5.76.

BMBF (2014). *Bildung in Deutschland.* Bundesministerium für Bildung und Forschung.

BMBF (2016). *Bildung in Deutschland.* Bundesministerium für Bildung und Forschung.

BMBF (2017). *Education and Research in Figures 2017.* Bundesministerium für Bildung und Forschung.

Bosch, G. (2010). The revitalization of dual system of vocational training in Germany. In G. Bosch & J. Charest (Eds.), *Vocational training: International perspective* (pp. 136-161). Routledge.

Davoine, E., & Ravasi, C. (2013). The relative stability of national career patterns in European top management careers in the age of globalization: A comparative study in France/Germany/Great Britain and Switzerland. *European Management Journal, 31*(2), 152-163.

Deppe, U., & Krüger, H. H. (2016). Elite education in Germany? In C. Maxwell & P. Aggleton (Eds.), *Elite education: International perspectives* (pp. 104-113). Routledge.

ドーア，ロナルド著／藤井真人訳 (2001).『日本型資本主義と市場主義の衝突：日・独対アングロサクソン』東洋経済新報社.

Estevez-Abe, M., Iversen, T., & Soskice, D. (2001). Social protection and the formation of skills: A reinterpretation of the welfare state. In P. A. Hall & D. Soskice. (Eds.), *Varieties of capitalism: The institutional foundations of comparative advantage* (pp. 145-183). Oxford University Press (遠山弘徳・安孫子誠男・山田鋭夫・宇仁宏幸・藤田菜々子訳「資本主義の多様性・序説」『資本主義の多様性：比較優位の制度的基礎』ナカニシヤ出版，2007 年).

Faust, M. (2002). Karrieremuster von führungskräften der wirtschaft im wandel: Der fall deutschland in vergleichender perspektive. Karrieremuster von Führungskräften. *SOFI-Mitteilungen, 30*, 69-90.

Faust, M., Jauch, P., & Notz, P. (2000). *Befreit und entwurzelt: Führungskräfte auf dem Weg zum "internen Unternehmer."* Rainer Hampp.

Förster, M., Brückner, S., & O., Zlatkin-Troitschanskaia (2015). Assessing the financial knowledge of university students in Germany. *Empirical Research in Vocational Education and Training, 7*(6), 1-20.

Graf, L. (2013) *The hybridization of vocational training and higher education in Austria, Germany, and Switzerland, Opladen.* Budrich UniPress Ltd.

Graf, L.（2015）The European educational model and its paradoxical impact at the national level. In D. Tröhler & T. Lenz（Eds.）, *Trajectories in the development of modern school systems: Between the national and the global*（pp. 227-240）. Routledge.

Grund, C.（2005）. The wage policy of firms: Comparative evidence for the US and Germany from personnel data. *International Journal of Human Resource Management, 16*（1）, 104-119.

猪木武徳（2002）.「ドイツの大規模小売店」小池和男・猪木武徳編著『ホワイトカラーの人材形成：日米英独の比較』（pp. 223-244）．東洋経済新報社.

石塚史樹（2008）.『現代ドイツ企業の管理層職員の形成と変容』明石書店.

KMK（2016）. *Grundstruktur des bildungswesen in der bundesrepublik deutschland.* Kultusminister-konferenz.

Marsden, D.（1999）. *A theory of employment systems: Micro-foundations of societal diversity.* Oxford University Press（宮本光晴・久保克行訳『雇用システムの理論：社会的多様性の比較制度分析』NTT出版, 2007年）.

Neubäumer, R., Pfeifer, H., Walden, G., & Wenzelmann, F.（2011）. *The cost of apprenticeship training in Germany: The influence of production processes, tasks and skill requirements.* University of Koblenz and BIBB.

NIAD-UE National Institution for Academic Degrees and University Evaluation（2014）. *Overview quality assurance system in higher education: Germany*（「諸外国の高等教育分野における質保証システムの概要：ドイツ」）. Retrieved from http://www.niad.ac.jp/english/overview_ger_e.pdf

Nieding, I., & Ratermann-Busse, M.（2017）. Dual studieren und was kommt dann? Eine analyse der betrieblichen, bedingungen und des übergang in den beruf. *IAQ-Kolloquium.* 9.25.2017. Universität Duisburg-Essen.

OECD（2017）. *Education indicators in focus April 2017: Tuition fee reforms and international mobility.* Retrieved from http://www.keepeek.com/Digital-Asset-Management/oecd/education/tuition-fee-reforms-and-international-mobility_2dbe470a-en#.WfbQQLpuJdg#page2

大塚忠（2010）.『ドイツの社会経済的産業基盤』関西大学出版部.

Powell, J., Graf, L., Bernhard, N., Coutrot, L., & Kieffer, A.（2012）. The shifting relationship between vocation and higher education in France and Germany: Towards convergence? *European Journal of Education, 47*（3）, 405-423.

Reinhold, M., & Thomsen, S.（2016）. The changing situation of labor market entrants in Germany: A long-run analysis of wages and occupational patterns. *IZA DP,* No. 10334.

労働政策研究・研修機構（JILPT）（2003）.「高等教育と職業に関する国際比較調査：ヨーロッパ側報告（欧州委員会への報告）からの抜粋」資料シリーズ 2003 No. 135,（独）労働政策研究・研修機構.

Saatkorn（2016）. *Staufenbiel JobTrends 2016: Interview und infografiken.* Saatkorn. Publishing House.

坂野慎二（2017）.『統一ドイツ教育の多様性と質保証：日本への示唆』東信堂.

佐藤博樹（2002）.「キャリア形成と能力開発の日独米比較」『ホワイトカラーの人材形成：日米英独の比較』（pp. 249-268）．東洋経済新報社.

Statistisches Bundesamt（2013）. *First detailed results on the collective bargaining coverage in Germany.* Retrieved from https://www.destatis.de/EN/FactsFigures/InFocus/EarningsLabourCosts/

CollectiveBargaining.html

Staufenbiel（2017）. *JobTrends 2017: Was berufseinsteiger wissen müssen*. Staunfenbiel Institut & Kienbaum.

Streeck, W.（2010）. *Reforming capitalism: Institutional change in the German political economy*. Oxford University Press.

Streeck, W., & Thelen K.（2005）. Introduction: Institutional change in advanced political economies. In W. Streeck & K. Thelen（Eds.）, *Beyond continuity: Institutional change in advanced political economies*（pp. 1-39）. Oxford University Press.

Studis Online（2017）. *Die schlauen Seiten rund ums Studium*. Retrieved from https://www.studis-online.de/StudInfo/masterstudienplaetze.php

寺田盛紀（2003）.『新版 ドイツの職業教育・キャリア教育：デュアルシステムの伝統と変容』大学教育出版.

Thelen, K.（2014）. *Varieties of liberalization and the new politics of social solidarity*. Cambridge University Press.

Walther, M.（2013）. *Repatriation to France and Germany: A comparative study based on bourdieu's theory of practice*. Springer Gabler.

山本陽大（2017）.『ドイツにおける集団的労使関係システムの現代的展開：その法的構造と規範設置の実態に関する調査研究』JILPT 労働政策研究報告書 No. 193.

山内麻理（2013）.『雇用システムの多様化と国際的収斂：グローバル化への変容プロセス』慶應義塾大学出版会.

山内麻理（2016）.「ドイツ職業教育訓練制度の進化と変容：二極化とハイブリッド化の兆し」『日本労務学会誌』*17*(2)，37-55.

山内麻理（2018）.「SAP の成功：ドイツの制度環境からの一考察」『SEC ジャーナル』*14*(1)，80-87.

吉川裕美子（2004）.「ドイツ高等教育とインターンシップ：大学生の職業への移行」寺田盛紀編『キャリア形成就職メカニズムの国際比較：日独米中の学校から職業への移行過程』(pp. 182-195)，晃洋書房.

吉川裕美子（2016）.「ドイツの高等教育における職業教育と学位」『高等教育における職業教育と学位：アメリカ・イギリス・フランス・ドイツ・中国・韓国・日本の7か国比較研究報告』85-114.

吉森賢（2015）.『ドイツ同族大企業』NTT 出版.

第**6**章

フランスの高等教育と学位・免状・資格制度

はじめに

　近年，フランスの教育制度は，高等教育を中心に国内志向から国際志向へと大きな方向転換を迫られている。20 世紀後半までのフランスの高等教育政策は国内文脈に主な関心がおかれていたが，1999 年の「ボローニャ宣言（Bologna Declaration）」や 2000 年の「リスボン戦略（Lisbon Strategy）」などの欧州統合を加速化する国際政策によって，この状況に変化がもたらされた。

　欧州理事会によって打ち出されたリスボン戦略は，2010 年までに，欧州を「世界で最も競争的で革新的な知識基盤経済圏」にすることを目指した経済・雇用政策である。このリスボン戦略により，フランス政府は国際競争力の観点から高等教育を評価し，改革する方向へと舵を切ったとされる（Dobbins & Knill 2014）。その前年の 1999 年には，欧州 29 カ国の教育担当大臣がイタリアのボローニャに集結し，欧州圏内の学生や労働者の自由な移動，そして雇用可能性を促進していくことを共通目標に掲げ，欧州全体としての高等教育の共同体（欧州高等教育圏）の構築を目指したボローニャ宣言に署名した。その後の一連のプロセス（ボローニャ・プロセス）において，欧州域内では高等教育の学位構造や単位制度などの標準化が進められ，各国は，これまでの自国システムについて大きな変革を余儀なくされたのである（第 I 部第 3 章参照）。ボローニャ宣言の中核的立場にあったフランス政府は，国内の高等教育の学位構造改革として 2002 年に欧州共通学位制度への変更（LMD制度）を行い，また欧州に共通する単位互換蓄積制度（ECTS）の導入も進め

第Ⅱ部　各国の労働制度，教育制度および高度専門職の働き方

ていった。

　さらに，フランス政府による高等教育の国際競争力強化策に拍車をかけたのは，2003 年に公表された世界大学ランキング「上海交通大学ランキング」である。上位 100 位以内にあげられたフランスの高等教育機関は，僅か 2 大学（パリ第 6 大学，およびパリ第 11 大学）であり，国家が誇るグランゼコールのトップ校が一つもランクインしなかった事実は，「上海ショック」としてフランス社会に大きな衝撃をもたらした。他のランキング，Times Higher Education でも上位 100 位以内に入ったフランスの高等教育機関はグランゼコール 1 校（l'École Polytechnique）にとどまり，大学（Universités）は一つもランクインしなかったのである。アメリカ，イギリス，スイス，オランダ，ドイツなどに水をあけられたフランスは，高等教育の研究力の向上やイノベーションの促進，国際競争力の強化を国の喫緊の課題とし，急速な勢いで高等教育改革を進めることとなった。

　国際競争力強化に加え，フランスがかつてから取り組んでいるものに教育の「職業専門化（professionnalisation）」がある。職業専門化は，1960 年代以降，職業志向のカリキュラムからなる教育機関やプログラムの増設，職業系の新しい学位・免状・資格の設立などにみられる。66 年には，技術者養成を目指した短期課程「技術短期大学部（IUT：Instituts Universitaire de Technologie）」が大学の付属機関として設置された他，69 年には中等教育修了資格を示すバカロレアに，「技術バカロレア」が新たに追加され，70 年代以降も職業志向のコースが大学内部に次々と誕生している。85 年には，産業界からの要請を受けたフランス政府は，主に職業人を目指す「職業バカロレア」を創設，99 年には職業教育訓練を志向する学士教育課程を大学に設置し，「職業学士」という新たな学士号が生まれた。フランスの大学における職業専門化の動きは，政府や産業界からの要請のみならず，学生からのニーズも強くあったといえる。高等教育の進学率上昇に伴い，学生の属性や修学目的，進路が多様化し，大学の学位・免状を持っていても依然解決されない若年層の高い失業率問題を抱えるフランス社会において，就職につながる実践的な教育プログラムを求める声が高まっていった。

　「国際競争力」と「職業専門化」の二つをキーワードに，フランスの教育制度は変革を繰り返し，それに伴って学位・免状・資格の種類が多様化・複雑化している。本章では，現行のフランスの教育制度と学位・免状・資格の種類について基本情報を整理するとともに，教育訓練と職業との接続や学

第 6 章　フランスの高等教育と学位・免状・資格制度

位・免状をめぐるフランスの政策や国家枠組みについて概観したい。第 1 節では，主に高等教育の学位・免状などに関するフランスの教育制度を通し，国際化に対するフランスの対応や変化を明らかにする。第 2 節では，教育の職業専門化の動きにみられるとおり，教育訓練と労働市場との接続を試みる状況について分析する。「学歴社会」と称されるフランスは，学位・免状をどうとらえ，職業と教育訓練との連携をどのように図ろうとしているか──その実態と課題を整理したい。

1　フランスの教育制度：多様な学位・免状・資格

　フランスの教育制度は，他の欧州諸国同様に，教育訓練機関や学位・免状などの種類，就学年数などが非常に多様である。これまで，フランスの義務教育の年限は，6 歳から 16 歳の 10 年間だったが，2019 年度からは義務教育の開始年齢が 3 歳に引き下げられた。これはエマニュエル・マクロン大統領の教育改革の一環で，移民層や貧困地域の家庭を念頭に幼児期の教育格差を是正することを目的としている。現制度では，幼稚園または幼児学級（2 ～ 5 歳）を経て，小学校（エコール）は 5 年間（6 ～ 10 歳），中学校に相当する前期中等教育（コレージュ）は 4 年間（11 ～ 14 歳），高校にあたる後期中等教育（リセ）は 3 年間（15 ～ 18 歳）の教育が行われている。本節では，特に後期中等教育以降に焦点を当て，リセ修了後に取得する国家資格のバカロレア（Baccalauréat）と，その後に分岐する多様な教育機関と学位・免状・資格制度について紹介する。

▶1-1　後期中等教育（リセ）

　中等教育の後期は，普通リセ・技術リセ・職業リセの 3 種類の教育課程に分類される。普通リセと技術リセでは，第 2 学年に進む前に，希望するバカロレアコースへの進学あるいは留年の申請を生徒の保護者が行い，第 2 学年以降は，主任教員の進路指導や心理カウンセラーとの面談によって，リセ修了後の進路が慎重に検討される。

　技術リセにはいくつかの職業教育訓練コースがあり，技術者免状（BT），技芸免状（BMA），補習科修了証（MC）などの免状・資格の取得が可能である。職業リセの職業教育訓練は，特定の職業に就くための見習い訓練とは異なり，

163

より幅広く様々な職業分野に対応したものが多い。そこでは，主に就職を目指す2年制の「職業適性証（CAP：Certificate d'Aptitude Professionnelle）準備課程」と，就職や高等教育への進学につながる3年制の「職業バカロレア準備課程」の二つの課程があり，企業実習などが必修となっている。CAPは，職業資格の第1レベルを証明する国家認定資格であり，就職に直接的に結び付くだけでなく，その後，学業を継続していくことも可能である。CAPには産業・商業・サービス分野など約200の専門分野があり，このCAPを取得した後に同分野の職業学士課程に進学するパターンもある。CAPの取得準備は職業リセの他にも技術教育機関でなされ，試験は2年間の準備コースの後に実施される。就職に関しては，雇用主との見習い契約を経て，見習い訓練センター（CFA：Centre de Formation d'Apprentis）や見習い訓練セクション（SA：Section d'Apprentissage）などの訓練制度が存在する。このほか，職業バカロレア準備課程において，職業教育修了証（BEP）や補習科修了証（MC）などの中間資格の取得も可能であり，これらは義務教育を修了したことを意味する国家資格とみなされる。中等教育段階の職業教育は，主に職業リセで行われているといってよい。また，2010年のリセ改革以降は，留年や中退者を減らすことを狙いに各リセからの進路変更や職業リセにおける課程間の編入も可能となっている（文部科学省2016b）。

▶1-2　バカロレア

　中等教育修了資格と高等教育入学資格を兼ね備えた国家資格「バカロレア」は，後期中等教育の拡大とともに多様化し，従来の普通バカロレア（1808年創設）に加え，1969年に技術バカロレア，85年に職業バカロレアが創設されている。職業バカロレアの創設は，バカロレアを取得した技術者の増加を望む産業界（電気産業連盟）からの政府に対する要請が背景にあるが，理念的には，フランスの中等教育制度において構造上冷遇されてきた職業教育に平等な権利を与えることが狙いとしてあった（Beaud 2016, 文部科学省2016a）。

　一般的に，普通バカロレアは長期高等教育課程，技術バカロレアは短期高等教育課程，職業バカロレアは高等教育への進学も選択肢にいれつつ，就職を目的として創られた国家資格である。各バカロレアは，それぞれのコースや専門領域（普通バカロレアは「科学（S）・経済社会（ES）・文学（L）」の3コース，技術バカロレアは8コース，職業バカロレアは約90の専門）に分かれる。バカロレア取得者には，その種別を問わず高等教育への入学が認められるのだが，生

徒の将来の方向性が明確に定まっていない場合は，理系科目の得意不得意にかかわらず，教員や保護者は科学バカロレアの取得準備を勧めるのが通例である。これは，難易度の最も高い科学バカロレアを保有していることにより，グランゼコール準備級（CPGE）やグランゼコール，または大学での専門分野を選択する際など，進路の選択肢が広がるという認識によるものである。

　バカロレアの合格率は，2015年時点で普通バカロレアが91.5％，技術バカロレアが90.6％，職業バカロレアが80.3％である（文部科学省 2016a）。また，同一年齢のバカロレア取得率は，2016年時点で約78.6％であり（MENESR 2017a），1985年の29.4％と比較すると大幅に増加している。2015-2016年度は，普通バカロレア保有者のほぼ全員と技術バカロレア保有者の4分の3程が高等教育に進学し，職業バカロレア保有者のほとんどがリセ修了後に就職している。

▶1-3　高等教育制度と学位・免状・資格

　バカロレア取得後の高等教育全体の進学率は約60％である。高等教育の学位・免状・資格は，図6-1のとおり多段階で累積的であり，同じ就学年数に複数の資格があるため，バカロレア取得を基軸として，そこから何年が経過したかという観点から「Bac ＋ X 年（就学年数）」といった形でレベルが表記される。またフランスの場合，高等教育の学位（grade）や称号（titre）は国がその授与権を独占しており，これらは国の資格，いわゆる「国家免状（Diplôme national）」として位置付けられている。そして，各高等教育機関は国から認証（アクレディテーション）を受けることにより，各教育課程の免状を授与する権利を取得するという構図になっている。

　バカロレア取得後の進学先の選択肢として，標準修業年限2年の短期職業教育課程（Bac+2）の「上級技術者課程（STS）」や「技術短期大学部（IUT）」がある。これらの課程に進む大多数は技術バカロレアや職業バカロレア保有者だが，普通バカロレア保有者も2割程進学している。技術バカロレア，職業バカロレアなど新たなバカロレア取得者の増加に伴いSTSやIUTといった「Bac+2」の中間セグメントが拡大しているが，とりわけ，これらの教育課程が入学に書類審査や面接を課すことで選抜的にみえることから，原則無選抜の大学（Universités）に進む庶民学生とは一線を画すことができる，といった印象を一部の学生に与えていることも背景にある（Beaud 2016）。

　またSTSとIUTは，バカロレア取得後の職業短期課程として同種類もの

第Ⅱ部　各国の労働制度，教育制度および高度専門職の働き方

図 6-1　フランスの高等教育における学位・免状の構造

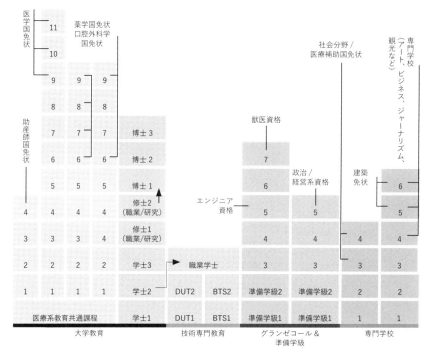

注）図中の国免状については下記の引用を参照。
　＊国免状（Diplomes d'Etat）：国民教育省・高等教育研究省以外の省庁の管轄下にある免状（医療補助職，社会福祉職，文化芸術職，建築職など）であり，職業資格と同等のものもある（マラン 2014）。
出所：MENESR(2017a) を参照し，筆者が作成

として扱われることが多いが，以下のように違いがみられる。

1-3-(1)　上級技術者課程（STS：Sections de Technicien Supérieur）(Bac+2)

　全国の主要なリセに付設された 2 年制短期課程の STS は，上級技術者の養成を目的としており，課程修了後の就職準備を意識し，特定の専門領域に絞った教育訓練を提供している。通常の座学の授業に加えて，実習や演習，企業研修や実務家教員による実践教育を重んじ，2 年課程の最後に実施される国家試験に合格することにより，上級技術者免状（BTS：Brevet de Technicien Supérieur）を取得することができる。1980 年代から 90 年代にかけ，STS に進学する技術バカロレア保有者が急激に増加し，その中でも特にサービス業分野への集中がみられる。彼らは「新しい学生層」とみなされ，主に一般事務

職や農業従事者，労働者の子どもが多いことから，STS は「庶民階層の子ど
もが好む世界」(Orange 2016: 25) ともいわれる。Orange（2016）は，技術バカ
ロレア保有者の多くが STS を進学先に選ぶのは，大学進学の代替ルートな
のではなく，大学への進学自体がそもそも選択肢にないことを示しており，
バカロレア取得後の進学志望先として最初から STS を選んでいる実態を指
摘している。

1-3-(2)　技術短期大学部 (IUT: Instituts Universitaire de Technologie) (Bac + 2)

IUT は，大学に付設する高等技術者の準備教育課程であり，大学の職業
専門化を進める一環として，1966 年の政令により 2 年間の短期課程として
創設された。2016 年時点で，IUT は全国に 111 校あり，明確な職業志向に
基づいた専門教育を展開している。施設設備は大学と比較しても高い技術が
取り入れられ，学習環境の整備は進んでいる。IUT 課程修了認定者に対し
ては，技術短期大学部免状（DUT：Diplôme Universitaire de Technologie）が授与さ
れる。就職を確実にすることを主な動機として，このような職業教育課程を
選択する若者が増えているが，BTS や DUT の取得後の進路としては，就職
する他，さらに 1 年間大学で学業を継続し，3 年制の学位として「職業学士」
の取得を目指す者も多い。一般学士課程への編入学も可能ではあるが，特に
BTS は分野に特化した専門教育を行っているため，学術志向の学士課程への
接続という意味では，学習困難などが起こり得ることが懸念される。

1-3-(3)　大学 (Universités)

フランスの大学の名称は，法令上，国立のみに認められ，私立高等教育機
関がそれを用いることは禁じられている。大学数は 2016 年時点で 71 校と
報告されている（MENESR 2017b）。大学を名乗る私立の高等教育機関は，主
にカトリック系の機関であり，僅か 13 校である。学位授与は，原則として
国立大学のみに認められているため，私立高等教育機関は国立大学と協定を
結び，国立大学の実施する試験を受けることで学位取得を目指す道もある
（夏目・大場 2016）。ボローニャ・プロセス以降（1999 ～　）は，フランスの高等
教育も欧州高等教育圏の制度改革に対応することが求められ，欧州単位互換
蓄積制度（ECTS）や大学評価制度などの整備が進められている（詳細は，第 3
章を参照）。学士（3 年）―修士（2 年）―博士（3 年）の 3 段階で構成される欧
州共通学位制度（フランスでは LMD 制度：Licence-Master-Doctorat と呼ぶ）は，
2002 年にフランスに導入された。学士は 6 セメスター（Bac+3），修士は 4 セ
メスター（Bac+5），博士は 6 セメスター（Bac+8）の各課程修了後に授与され

第Ⅱ部　各国の労働制度，教育制度および高度専門職の働き方

る。また，学士および修士課程には，一般課程と職業教育を重視する職業学士課程・職業修士課程がある。

1-3-(3)-1 大学科学技術教育免状（DEUST：Diplôme d'études Universitaires Scientifiques et Techniques）（Bac+2）

バカロレア取得後，大学教育課程において，2年間の標準就学期間の学習修了時に授与される職業志向の免状である。この課程修了者の多くは，別の学位あるいは職業学士課程に進学する。

1-3-(3)-2 一般学士課程（Licence）（Bac+3）

大学での3年間の教育課程で取得する学士（ここでは，後述の職業学士と区別するため一般学士と表現する）は，フランス語で「リサンス（Licence）」と表現される。これは，バカロレア保有者が「バシュリエ（Bachelier (ère)）」と称されることによる混乱を回避する理由もある（マラン 2014）。

入学については，大学の一般学士課程は原則，選抜をせずに，すべてのバカロレア保有者に開かれている。しかしながら，バカロレアがあれば希望する大学に誰しもが入学できるわけではなく，多くは入学定員が設けられ，さらに居住する大学区内の大学に限定されるなどの条件がある。これまでの大学入学システムでは，入学志願者はバカロレアを受験する前に，国民教育省・高等教育研究省が設置する高等教育機関事前登録システム（APB：Admission Post-Bac）に希望する大学・学部・教育プログラムについて最大24まで順位をつけて登録し，その合否は，教育プログラムの志望順位，当人の出身大学区（居住地），婚姻を含む家庭状況など，高校の成績やバカロレアの成績以外の観点から，専用アルゴリズムによって判断されていた。また，志願者の多い学部については抽選によって合否が決定されていたのである。一般に，法学，人文学，社会科学を専攻する者には人文系バカロレア保有者が多く，科学バカロレア保有者は，医療系や科学分野の教育プログラムに集中する傾向にある。この事前登録は，志願者や保護者にとっては人生の一大事であり，登録したい教育プログラムについて学校から助言を受け，毎年2～3月の事前登録の時期になると，新聞やインターネット，テレビなど各メディアがこぞって登録のハウツーについて報道合戦を行うのである。

一方で，大学入学制度が厳格な能力評価によらないことが，大学に入学した後の留年・中退などの学習困難を起こす要因の一つといわれている。特に学士課程の第1学年から第2学年への進級時の留年・中退率が一向に減らないことがフランスの積年の課題で，その落第率も普通バカロレア保有者が

3％なのに対し，職業バカロレア保有者はその10倍の約3割と，バカロレアの種別間格差も大きい。技術リセや職業リセの出身者の多くが留年や中退問題を引き起こしているとされ，とりわけ職業バカロレア保有者の多くは，選抜制度のある短期職業教育課程（STSやIUT）に合格せずに，消去法として大学に流れているケースも多々あるため，大学の留年は当然多いものと認識されている。学士取得率に関しては，普通バカロレア保有者の約8割は最終的に学士を取得するが，そのうち3年間で卒業できるものは7割以下である。これが技術バカロレア保有者になると24％，職業バカロレア保有者では10％と取得率が下がる。ただ最近では，大学を中退しても，専門学校など他の教育機関の受け皿が用意されているため，以前ほど深刻な問題となっていない（Duru-Bellat 2015）。

　学習困難の問題は，大学が無選抜でバカロレア保有者を受け入れていることに根本的な要因があるとし，現行の開放型入学制度の限界が指摘されていた。そこで，2017年の大統領選に当選したエマニュエル・マクロンは，選挙公約に掲げたとおり大学入試制度改革に踏み切り，2017年10月末に従来のAPB制度を廃止し，2018年1月に新制度「パルクールシュップ（Parcoursup）」を導入したのである。新制度では，志願者は希望する大学・学部・教育プログラムについて，最大10まで志望動機書を順位付けをせずに付してネットに登録する。高校3年時には進路指導に基づいた高校教員の意見や内申書，成績が志願する大学に送付される。大学の各教育プログラムは，入学者に期待する知識や技能を明示することになり，それに適合した候補者を受け入れる仕組みへと変更されたのである。教育プログラムの求める条件を満たさない志願者には，能力向上を支援する意図で補習科目の履修を促すなどの条件付き入学とする場合や待機リストに載せるなどの判断が下される。学生の入学振り分けが従来のアルゴリズムではなく，大学による審査によって決定され，これまで問題視されていた抽選制度も廃止されたことは大きい。

1-3-(3)-3 職業学士課程 (Licence Professionnelle) (Bac+3)

　またフランスの大学には，上記の学術志向の一般学士課程に対し，職業教育に主眼を置いた「職業学士課程」がある。当学位は，バカロレア取得後に2年間の中等後教育（DEUSTやSTS，IUTなど）を修了した後に，1年間の教育課程を経て，180ECT単位を取得した後に授与される大学の学位である。一般学士課程と異なるのは，職業学士課程には書類審査と面接による入学選抜制度がある点である。職業学士課程は，1960年代頃に国の教育改革の一つ

第Ⅱ部　各国の労働制度，教育制度および高度専門職の働き方

図6-2　フランスの高等教育における学位・免状授与数

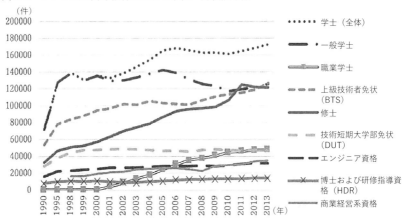

出所：MENESR, 2016

として始まった大学の職業専門化（professionalisation）への対応の一環として1999年に設置され，2000年新学期より導入されたものであり，プログラム数の拡大とともに進学希望者が年々増加している（マラン 2014）。現在は8領域（①農業・漁業・林業・自然保護，②コミュニケーション・情報，③ビジネス・経営，④土木エンジニア・建築・木工・機械，⑤電気・電子工学，⑥製造・交通，⑦地方行政，⑧人的サービス）で1400の異なるプログラムが展開され，2000以上の職業学士が存在する。インターンシップや実務家による教育機会などを通して，就職につながる実践的な教育を行っており，現在は4万人を超える学生がプログラムに登録している。教育課程別の学位授与数をみても，一般学士が減少しているのに対し，職業学士が増えていることがわかる（図6-2）。これは，職業教育課程が高等教育研究省に奨励され，一般学士課程よりも多くの予算がつくことで設置する大学が増えていることに加え，特に人文系分野をはじめとする大学教育修了者のかつての就職先であった公的教育機関の教師や公務員などの雇用が縮小し，一般学士よりも職業学士の方が好まれるようになったことも背景にある（Duru-Bellat 2015）。

1-3-(3)-4 修士課程（Bac+5）

ボローニャ・プロセス以降，2002年にフランスに導入されたLMD制度（学士3年―修士2年―博士3年）に対して，当初は教員や学生から多くの反発があり，特に公務員試験の受験資格条件となる旧制度の国家免状「メトリーズ（バカロレア後修業年限4年)」との整合性が保てないことへの懸念があった。

そのため，メトリーズ（学士課程＋1 年）は存続し，修士課程 2 年目に進級できない学生に付与される免状となっている（マラン 2014）。修士課程にも，研究を目的とする「研究修士」と職業志向の「職業修士」を目指す二つのコースがあり，いずれの課程に進学するにも，学士またはそれに相当する学位・免状・資格を有している必要がある。

1-3-(3)-5 博士課程（Bac+8）

高度知識基盤社会での国際競争が高まるにつれ，研究力の強化や高度な専門性をもった人材育成に対する需要が増大し，フランス政府は，1989 年に博士学位取得者数を倍増する計画を定め，1990 年代以降は，博士教育の実施環境として複数の高等教育機関と学外の研究機関などの間で教育プロジェクトが構成される博士学院（École Doctorale）を整備していった（大場 2010）。現在，博士課程教育は，原則として博士学院のみで実施されるが，博士学院のない高等教育機関は，外の博士学院と連携することによって博士課程教育を提供し，共同で博士を授与することが可能となっている（夏目・大場 2016）。博士課程に登録するには，国家免状である研究修士あるいは同等の学位を保持している必要がある。

また博士論文の作成にあたっては，研究費支援システムがある。1981 年に設けられたシーフル（CIFRE：Conventions Industrielles de Formation par la Recherche）制度は，企業との契約関係に基づいたフェローシップ制度であり，当該制度を管理する官民組織の研究技術全国協会から資金援助を受けた企業が博士学生を雇用し，給与（奨学金）を支給することで，学生側は企業とともに研究を進め，博士論文を作成するといった仕組みになっている。学生は，大学の研究室の担当教授と企業側の担当者双方から指導を受ける。この制度は，ICT 分野，工学，化学材料などの科学技術開発の領域のみならず，人文科学などの分野にも適用されている。企業と大学間の連携が強まり，共同研究に発展するケースもあれば，契約終了時に博士学生の同企業への就職にもつながるといった相乗効果が期待されている。

1-3-(4)　グランゼコール（Grandes Écoles）

フランスには，万人に開かれた一般大衆型の「大学」に対し，少数精鋭のエリート教育を行う「グランゼコール」が存在し，その二重構造はフランス高等教育の大きな特徴となっている。フランス革命期当時，教会勢力と結び付き現実社会にそぐわない教育を行う大学に対する批判として構想されたグランゼコールは，18 世紀頃に軍の司令官や上級技術者を養成することを目

的に創られた。最古のグランゼコールは、ルイ 15 世の勅令によって 1747 年に創設された 国立土木学校（École nationale des ponts et chaussées）であり、土木や建築など国家建設に欠かせない分野の高度専門職が養成されていった。94 年には、理工系のエコール・ポリテクニーク（l'École polytechnique）、そして教員養成を目的とした高等師範学校（ENS：l'École normale supérieure）などが誕生し、現在のグランゼコールを牽引するトップ校が創られていった。

　その後、フランスの経済発展とともにプライベートセクターによる高等教育が発展し、1870 年以降は多くの私立高等教育機関（例えば、HEC, ESCP Europe, ESSEC などの商業・経営学校）が企業などの産業界の支援を受け、さらに自律性をもったものとして拡大していった（Maxwell & Aggleton 2016）。グランゼコールが専門とする分野は工学や経営学が多く、他には大学教員や研究者養成を目的とする高等師範学校（パリ、カシャン、リヨンの ENS など）や、美術系グランゼコール（FEMIS, 高等演劇学校、ルーブル学院、国立遺産学院など）があり、高等教育研究省の他にも関連する分野の省庁が所管する学校も多数ある。グランゼコールの多くは国立だが、私立も存在し、その場合も国から認証を受けることにより公的助成金を得ている（Chevaillier 2013）。

　ところで、何をもってして、「グランゼコール」たらしめるのか。日本でもその名がよく知れ渡ったグランゼコールは、修士以上の学位を授与する高等教育機関と説明されるが、実はその法令上の定義は存在せず、正確な校数や学生数を特定することはできない。国民教育省・高等教育研究省による学校類型（MENESR 2017b）においても、いわゆる「グランゼコール」のカテゴリーは存在せず、「エンジニアスクール（Écoles d'ingénieurs）」や「商業・経営・会計系スクール（Écoles de commerce, gestion et comptabilité）」といった名称で種別されている。

　フランスの科学技術訓練の中核的な役割を担うエンジニアスクールは国立・私立ともあり、その中でさらに「グランゼコール」と「大学内に設置されている学校」と設置形態が異なるものがある。いずれの教育課程を修了しても獲得できるエンジニア資格（Diplôme d'ingénieur）は、国家資格として国の統制下にあり、資格の授与にあたってはエンジニア資格委員会（CTI：Commission des Titres d'Ingénieur）の認証を 6 年ごとに受けなくてはならない。CTI は、学術界や産業界の有識者によって構成される国から独立した非政府組織ではあるが、エンジニア養成プログラムのカリキュラム基準を定めており、実質的な影響力をもつ。また、企業からの資金援助や卒業生の雇用など

第 6 章　フランスの高等教育と学位・免状・資格制度

につながることから，フランスのエンジニアスクールは企業ニーズに寄り添った戦略計画を立てるなどし，CTI によるカリキュラム統制と企業との調整によって成り立っている側面もある (Louvel 2013)。ビジネススクール (Écoles de commerce et de gestion) にも国立・私立があり，エンジニアスクール同様に，商業経営系のアクレディテーション機関 (Commission d'évaluation des formations et diplômes de gestion) から認証を受けることにより，教育課程修了に対して修士 (master) を授与することが認められる。

　フランスには，1973 年に設置されたグランゼコール評議会 (CGE：Conférence des grandes écoles) という非政府組織があり，ここには社会的威信の高いグランゼコールが会員校として加盟している。グランゼコール評議会には，CTI の認証を受けたエンジニアスクールの 66％，商業経営系グランゼコールの 83％，「その他」の専門分野のグランゼコールの 22％が参加し，現在は 222 校が加盟している (CGE 2016)。フランス全土のグランゼコール全体で 40 万人の学生数を抱え，1 校当たりの学生数は，経営系グランゼコールで平均 2200 人強，エンジニアスクールで平均 900 人程度である。特に 2002 年以降，高等教育全体に占めるグランゼコールの学生の割合は着々と増加しており，国民教育・高等教育研究省の試算では，2024 年までにさらに 33 万 5300 人の学生が増えることが予測されている (CGE 2016)。

　大企業の幹部や上級公務員，政治家など国を主導するリーダー養成を目的とするグランゼコールでは，学生は数カ月の企業内インターン (stage) を経験し，約 6 割が在学中に就職先を決めている (CGE 2017b)。グランゼコール評議会の調査 (2015) によると，グランゼコール卒の就職率は，卒後 5 カ月未満に 8 割以上，卒後 12 ～ 15 カ月では 93％で，無期限契約雇用が 4 分の 3 を占める。さらに卒業生の 85.3％が管理職に就き，3 割が在学時の研修先に就職している。理工系グランゼコールの就職先は，IT や運輸，建設業界が主流であり，商業経営系グランゼコールでは金融・保険，商業・流通，IT 分野が多い。また卒業生の 17.6％は海外での就職を果たし，その中でもイギリスが最も多く，スイス，ドイツと続く (CGE 2017a)。

1-3-(4)-1 グランゼコールに対するフランス人の見解

　国のリーダー養成を期待されるグランゼコールについて，フランスの一般国民はどう認識しているのだろうか。フランス国民 16 歳以上を対象とした意識調査 (2017) によると，グランゼコールについて，授業の質や国際認知度などを高く評価しており (図 6-3)，グランゼコールの入学に求められる学

173

第Ⅱ部　各国の労働制度，教育制度および高度専門職の働き方

図 6-3　グランゼコールに対するフランス国民のイメージ

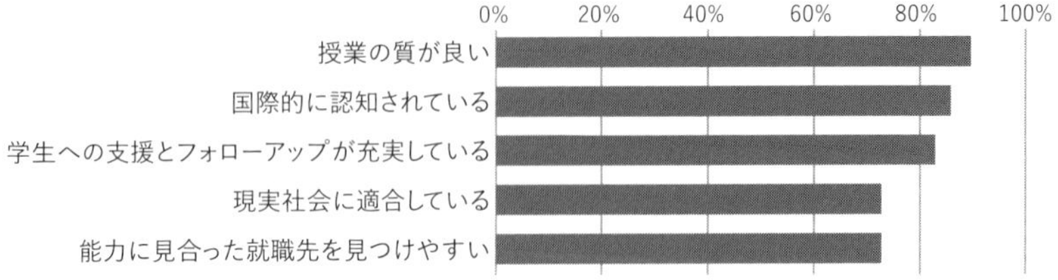

出所：CGE, 2017a, n=1,405（16 歳以上）

業成績や知的水準に到達可能と考える人の割合は 60％にとどまっている。
また，大学とグランゼコールの主な違いについては，約半数が「コスト」と
回答しており，実際，グランゼコールの 63％は公立で学費への影響は限ら
れていることや半数以上のグランゼコールで学生の 3 割が奨学金を受けてい
るなど，グランゼコールの実態がフランス国民全般には十分に認知されてい
るとは言いがたい。

1-3-(4)-2 社会に開かれたグランゼコールを目指して：多様な入学ルート

　上述のように，グランゼコールが社会から支持される一方で，家庭の文化
資本の格差やコストの面など，その入学機会をめぐる閉鎖性が社会イメージ
として定着している点は否めない。グランゼコール創設の歴史を振り返ると，
フランス革命期当時の入学者は男性や上流階級出身者に限定されていた。そ
れが次第に，生まれだけでは優秀な人材の確保に不十分とみなされるように
なり，フランス革命の直前期に，現行システムにつながる競争選抜試験（コ
ンクール：concours）が生み出されたのである。コンクールは，出身階層には
関係なく能力（メリット）を基準に判断され，すべての市民に開かれた民主
主義的な制度として導入された。とはいえ，コンクールに基づく競争は，結
局は特権の再生産をもたらすことは不可避であるという調査結果も多くあり，
現在もエリート高等教育機関の学生の多くが上流階級出身である傾向は過去
50 年においてもほぼ変化がみられない（Albouy & Wanecq 2003, Baudelot &
Matonti 1994, Euriat & Thélot 1995, as cited in Maxwell & Aggleton 2016）。つま
り現在でもグランゼコール有名校に在籍する学生は結果的に上流階層の出身
者で占められており，特にこの傾向は商業系グランゼコールに顕著にみられ
る（Beaud 2016）。一方，「社会に開かれたグランゼコール」をスローガンに
掲げた政府は，入学機会を公平にし，学生の多様性を進めるためにグランゼ
コール 1 校当たり 19 万 3000 ユーロの機会均等促進助成金支給や貧困層出

第 6 章　フランスの高等教育と学位・免状・資格制度

身者を対象とする奨学金として 1520 万ユーロの助成計画を進めるなど，複数の財政支援策を打ち出している（CGE 2016）。グランゼコールへの進学もごく限られたエリート集団に限定するのではなく，あらゆる学生に門戸が開かれなくてはならない。そのため政府は，グランゼコール入学について多様なルートを用意している。

1) グランゼコール準備級（CPGE: Classes Préparatoires aux Grandes Écoles）

まず一つ目のルートは，グランゼコール入学への王道といえるグランゼコール準備級（以下，CPGE）である。バカロレア取得後に CPGE で 2 年間の徹底した受験勉強をこなし，最後にグランゼコールのコンクールに挑むのだが[1]，CPGE への進級にも選抜があり，多くの場合はバカロレアや高校の成績，高校の直近 2 年間に関する教員の意見が参考にされる。CPGE に進む者はバカロレア保有者全体のうち毎年平均 9 ％程度で，2016 年は 4 万 2700 人の新たな若者が進級し，現在は全国 8 万 6500 人の生徒が在籍している。4 万 2700 人のうち実に 98.8 ％が高等学校の卒業直後に CPGE に進学し，その中で普通バカロレア保有者が 92.8 ％と大部分を占め，技術バカロレア保有者が 5.8 ％，職業バカロレア保有者は 0.2 ％となっている。他の高等教育セクターから CPGE に入学するのは 1.2 ％程である（MENESR 2017b）。第一志望の CPGE に進めるのは，普通バカロレア保有者のうち 35 ％程だが，CPGE の入学難易度には潜在的なランクが存在し，グランゼコールトップ校の合格者を多く叩きだす難関コースもあれば，難易度が低く空きがあるコースも存在する。グランゼコール難関校に多くの合格者を送り出す名門 CPGE はフランスの主要都市に集中し，その中で 20 ～ 30 校はパリの歴史ある有名リセとして全国に知られている。フランス政府は，1970 年代以降から CPGE の設置場所の分散を試みてはみたが，全国の CPGE の 3 分の 1 の学生は，パリ地域のリセから継続して在籍していることが多い（Van Zanten 2016）。

さて，CPGE からグランゼコールに合格できる生徒の割合はどれくらいだろうか。2 年の準備期間を経て無事に合格できるのは 25 ％程度，一度留年して再挑戦した場合は約 78 ％とかなり増加する（Duru-Bellat 2015）。グランゼコールの受験回数は最大 3 回までで，それでも合格しない場合の多くは大学に進学する。CPGE のコースは，「科学（S）」，「社会経済（SE）」，「文学（L）」の三つに分かれ，なかでも最も選抜性が高く最大の勢力を誇る「科学（S）

1　CPGE は全国の主要なリセに付設され，原則修業年限は 2 年だが 3 年間のプログラムもある。

175

コース」の生徒のグランゼコール合格率は 85％，その後の修士取得率は
99％と極めて成績がよく（CGE 2016），コースによって学力水準のバラつきが
ある。

　2) パラレル・アドミッション（Admissions Parallèles）
　CPGE 経由の伝統的なトラックの他，実はグランゼコール入学者の 4 割は
CPGE 以外から入学している。CPGE を経由しなくともグランゼコールへの
入学が可能となる「パラレル入学」は，バカロレア取得後 2 ～ 4 年（BAC+2/3/4）
のディプロマや学位等の資格を有するすべての学生に受験機会が与えられて
おり，グランゼコールが課す入学選抜試験を直接突破することで受け入れら
れる制度である。フランス高級紙 Le Monde（2018）によると，商学系や理工
系のグランゼコールの約 6 割が，学生の属性の多様化を図るためにパラレル
入学を取り入れている（Nunès 2018）。社会に開かれたグランゼコールを目指
すことがパラレル入学導入の表向きの理由だが，欧州統合や国際大学ランキ
ングなどを意識し，国際競争力を高めるために海外を含む質の高い学生を獲
得することが狙いとしてある（Nunès 2016）。パラレル入学が可能なバカロレ
ア取得後 2 年間のディプロマついては，DUT や BTS，経済学や科学分野な
どの学士課程 2 年（L2）を修了した時点で，受験資格が与えられているとこ
ろもある。その中でも，DUT と BTS 取得者が CPGE 以外からの入学で最も
多く，グランゼコール入学者の 15％を超える（CGE 2016）。名門校のエコー
ル・ポリテクニーク，HEC パリ，ESSEC，ESCP Europe，パリ政治学院
（Sciences Po）などの商業・政治系分野や理工系分野の非常に威信の高いグラ
ンゼコールもこのパラレル入学制度を採用し，例えばエコール・ポリテク
ニークは，学士課程の最低 2 年を経た学生を対象に 15 人定員のパラレル入
学枠を用意している。HEC パリや ESSEC では，当該制度を使って入学して
きた学生が実に半数いるといわれているが，その競争率は高く，合格率は
10％以下である（Gourdon 2014）。パラレル入学の試験内容は，例えば HEC
パリの 2018 年の入学要件は，これまでの経歴や志望動機書，英語運用能力
試験や適性試験（TOEIC，TOEFL，IELTS，GMAT，GRE）での高得点，インタ
ビューなどを含む厳しい審査であり，入念な準備が要求される。バカロレア
取得後に過酷な競争が待ち受ける CPGE といった全速力マラソンコースに
すべての生徒が身を投じる準備ができているわけではなく，将来の方向性が
定まらない生徒にとって，パラレル入学制度はキャリアプランに時間がかけ
られる点で有益とみなされている。さらに，パラレル入学制度を利用する学

生の多くは，すでに企業での研修，見習い，仕事などの専門的経験や理論的知識をもっていることで，教育機関の多様性を高めることが期待されている。

3) バカロレア取得後からの直接入学

三つ目の方法として，バカロレア取得後に直接入学試験を課し，進学できるグランゼコールもある。例えば，INSA（Institut National Des Sciences Appliquees）グループや，Universités de Technologie, ISEN（Institut Supérieur de l'Électronique et du Numérique）などの理工系グランゼコールでは，付設する CPGE から進級してくる学生も受け入れつつ，他にバカロレア取得直後の入学ルートも用意し，5年間のエンジニア養成教育プログラムを提供している。その場合，最初の3年間で学士が取得できる仕組みを有している機関もあり，早くから専門教育を受けられるという早期入学の利点がある。

1-3-(4)-3 大学化するグランゼコールと職業専門化する大学：役割の相互接近へ

既述のとおり，国内エリートの再生産を主目的とした選抜制の高い「グランゼコール」と，庶民階層が多く学費のかからない開放型の「大学」とに明確な棲み分けがあることは，フランスの高等教育の大きな特徴とされてきた。しかしながら，近年のグローバル化に伴う経済競争力の強化や，高等教育機関の研究力やイノベーション促進の需要が増す中，高等教育を取り巻く環境の変化が，大学とグランゼコールといったフランス高等教育の伝統的二元構造に変容をもたらしつつある。

ボローニャ・プロセスをはじめとする国際対応が求められる中で，近年，グランゼコールと大学のそれぞれが互いの特性となる組織機能を取り入れることで，両者の役割の相互接近の動きがみてとれる。これまでは，大学で世界のトップ水準の研究を目指すことよりも，グランゼコールによる国内エリートを輩出するシステムを誇ってきたフランスだが，2000年代の国際大学ランキングにおいて，グランゼコールが上位校にほとんど位置付けられず，欧州近隣国に差をつけられていることに対する政治的焦り（「上海ショック」）から，高等教育政策は大きく方向転換を求められた。フランスの伝統が守り抜いてきた独自性は，国際競争の波によって変容を余儀なくされたのである。世界大学ランキングの上位を狙うグランゼコールは，国内そして世界中から多様で優秀な学生，研究者を獲得するため，上述のように入学者を CPGE 出身者に限定せず，英語運用能力試験を含めた直接試験によるパラレル入学制度を導入し，さらに英語の授業科目の拡大を含めたカリキュラムや学位構

第Ⅱ部　各国の労働制度，教育制度および高度専門職の働き方

造の改革に踏み切った。

　グランゼコールは，国の認証（アクレディテーション）を経由せずに，グランゼコール独自の免状「マステール（mastaire）（Bac+5）」を授与していたが，世界標準の「マスター（master）」の名称ではないことで国外への通用性に欠けることの懸念から，master へと表記の変更が行われた。しかしながら，この master は，大学が授与するいわゆる国の認証を受けた国家免状（Diplôme national）の master とは同名称でありながら法的位置付けが異なるものである。本来，master は，研究志向の教育課程から授与される学位を意味し，さらに国家免状として政府からの認証が必要となるため，独自の運営形態で専門職育成を行っているグランゼコールが同一名称を名乗るには問題が指摘され，その解決への妥協策として大学との共同学位プログラムを設置することで国から認証を受け，グランゼコールからも master の学位が授与できるシステムが作られたのである（Musselin 2010）。これにより，大学だけに名乗ることが許されていた master の称号を，グランゼコールが名乗り始めることについて，学位に関する大学の独占権の揺らぎがみられ，またグランゼコール側も master を名乗るために，大学だけを対象としていた国家の認証を短期間で早急に受審することを余儀なくされたのである。

　さらに，本来の高度専門職養成に加え，研究志向の学術プログラムと博士（Ph.D）の学位名称を取り入れ，独自の博士を付与する権限を有するグランゼコールも存在するなど，研究活動を強化する動きがある。また実務家教員だけでなく，学術志向の研究教員の採用も積極的に増やしている。博士論文の口頭審査のうちグランゼコールは毎年全体の 3 分の 1 を占めるなど，研究機能を高めてきている。ただ，その研究活動の大部分は，産業への応用といった視点に重きをおくため，企業のニーズに沿って企業と協働で行っている。

　一方で，学術志向の大学もグランゼコールの要素を取り入れている。例えば，職業志向のカリキュラムの導入や，1999 年に創設された職業学士課程には，グランゼコールが課すような選抜試験を取り入れるなどの例がみられる。冒頭に述べたとおり，若年層の就職難の問題もあり，就職に結び付きやすい職業志向の教育を大学が提供することへのニーズはむしろ学生から高まったのである。いわゆる教育の職業専門化である。その一環として，職業学士が創設された。つまり，Musselin（2010）が主張するところの「大学化するグランゼコールと職業専門化する大学（p. 189）」といった相互補完的な役

第 6 章　フランスの高等教育と学位・免状・資格制度

割の統合化が起こっているといえる。

1-3-(5)　特別高等教育機関 (Grands Établissements)

また，大学にもグランゼコールにも属さない「特別高等教育機関 (Grands Établissements)」と呼ばれる高等教育機関がある。代表的なものは，コレージュドフランス (Collège de France)，国立工芸院 (Conservatoire National des Arts et Métiers)，パリ政治研究院 (Institut d'Études Politiques de Paris)，社会科学高等研究院 (École des Hautes Études en Sciences Sociales)，グルノーブルポリテク機関 (Polytechnic institutes of Grenoble) などがあり，一般的には修士課程以上のプログラムを提供し，研究を重視した高等教育機関である (Dobbins & Knill, 2014)。また，もともとは経済経営分野の大学であったパリ゠ドフィーヌ大学 (Université Paris-Dauphine) のように，2004 年に特別高等教育機関としての法的地位を獲得し，新たな組織として生まれ変わったケースもある。以前はパリ第 9 大学と称して，他の大学と同様の地位にあったが，特別高等教育機関になったことにより，入学に選抜試験を課せられるようになった (夏目・大場, 2016)。

1-3-(6)　教職教育高等大学院 (ESPÉ : Écoles Supérieures du Professorat et de l'Éducation)

教職教育高等大学院 (ESPÉ) は，2013 年の法律 (595 : 7 月 8 日付) で創設された幼稚園教諭の養成を目的とした新たな高等教育機関で現在 30 ある。ESPÉ は，修士にあたる MEEF (Métiers de l'enseignement, de l'éducation et de la formation) を授与する。

1-3-(7)　専門学校 (Écoles Spécialisées)

農業，通信，金融，保険，貿易，運輸，販売，建築，観光，ホテル，食品，料理，アート，ダンス，映画，音楽，スポーツ，ファッション，ヘルスケア，看護，パラメディカルなどの分野の専門学校が多数存在する。多くの課程は，2 年から 5 年間である。入学にはバカロレアが必須であり，一般的に試験や面接によって決定される。選抜制の高い学校や，看護士や精神運動訓練士などの医療専門職養成学校では入学定員枠が厳格に定められている。また，バカロレアのみでは入学要件として認めていない学校もいくつかあり，例えば，ジャーナリズムの学校は，バカロレア取得後 2 〜 3 年 (Bac+2 または +3) の教育訓練課程を経た者に対して門戸が開かれている。

179

第Ⅱ部　各国の労働制度，教育制度および高度専門職の働き方

2　フランス社会における学位・免状・職業資格の管理と質保証

　フランスにおいて，学位や資格が，雇用，給与，昇進などを含め社会経済的地位に影響を及ぼすことはいくつかの論稿（浅野 2014, 松田 2016, 中道 2012, 夏目 2010）で示されてきた。改めて，学位・免状や職業資格を総称した「資格（仏：certifications）」は，国家によってどのように管理され，社会に受け入れられているのだろうか。本節では，学位・免状・資格などに対するフランス社会の認識や管理の実態について概観したい[2]。

▶2-1　フランス社会における資格のとらえ方：免状インフレ

　資格に関するフランスの学術研究をみると，資格の歴史研究（Brucy 2007）や政策研究（Fourcade 2007, Maillard 2007）など，特に社会学や労働経済学の視点からの蓄積が多い。他にフランスの職業資格制度を紹介した研究（夏目 2010）や，学位・免状と職業資格との関係に言及した研究（大場・夏目 2010），エンジニア資格など特定の職業資格と教育訓練制度の特色や課題を取り上げた研究（松田 2016）などがある。フランスでは，一つないし複数の資格を有していることは求職中または転職を考える個人にとっての恩恵であるという見方が強く，Maillard（2007）は，フランス社会で資格を取得することは当然の権利あるいは財産であり，可能な限り多くの人々に資格を付与すべしとする社会要請が近年強まっている状況を述べている。この考えは，1989 年の学校基本法に遡り，すべての若者に訓練を求める個人的権利を付与し，免状取得の一般化を目指して同一年齢層の 100% がレベルⅤ（表 6-1 参照）の資格を少なくとも一つ携えて学業を修了すべきという提言が出された。資格を取得すべく職業教育訓練を受ける権利は，主に国民教育省や労働省から主張され，年齢制限の撤廃や継続教育の推進など，資格取得につながる訓練が拡大の一途をたどっている（Santelmann 2001）。

　資格が職を得る上で大きな役割を演じるようになると，必然的に教育訓練機関の学位・免状と雇用は機械的に結び付けられる。両者を連動させる発想

2　本節は，「大学教育学会誌 39（2）」に掲載された稚稿『フランスの高等教育における分野別コンピテンス育成をめぐる国家資格枠組み（NQF）の役割と機能（2017）』に基づき，加筆・改訂を行ったものである。

は，これまでの歴史的経緯をみても数多く示されており，1880年代のFerry法（1881-1882）で，学校に対して労働力の生産という役割を期待する見解が登場している。ここでは，分断された国民を統一し，産業革命の要求に応じたより有能な労働力を養成することが課題とされた（Eliard 2000）。1960年代には，社会と教育制度との関係に劇的変化がもたらされ，Berthoin（1959）とFouchet（1963）の改革で教育政策に経済目標が組み込まれている（Maillard 2007）。これが学校と経済的生産効率を結び付ける，という教育に対する政府の見方の大きな転換点といわれる。そして，学校教育の民主化が進んだ1980年頃には，学校の急増とともに雇用構造も変化し，免状の価値下落に結び付けられた。すなわち，免状取得者の過剰化＝免状のインフレーションが問題視されるようになる。インフレによって，免状は「民主的な権利」からもはや「必需品」となり，免状を一切取得せずに教育制度を離れる若者は，企業から拒絶されるか，Lafore（2000）がいうところの「不安定雇用・低賃金・キャリア不問」の3拍子揃ったネガティブな雇用形態から抜け出せなくなる懸念が示されたのである。

▶2-2 高等教育に求められる専門分野別コンピテンスの明確化

2-2-(1) 学位・免状内容のわかりにくさの問題

　学位・免状のインフレが進む中，多くの若者が教育訓練を終えた後に職に就けない状況はフランスの深刻な社会問題であり，まずは学位・免状が意味する教育訓練内容を明確にすることが主な課題となっている。社会経済状況の厳しい昨今は，学位・免状を一切持たない者が受ける経済的不利益はいうまでもなく，大学の学位でさえも必ずしも雇用獲得に有効に働いているとは言い切れない状況である。例えば，学位取得者の雇用状況をみると，修士を取得してから18カ月が経過した後でも正規雇用に辿り着けるのは平均6割程度であり，文学・言語・芸術分野では約5割，人文社会科学系分野では約4割である。学位取得後30カ月時点になると，法・経済・経営や科学・技術・保健分野は比較的安定した雇用率（約8割）を示しているが，それ以外の分野は修士卒でも約4割近くが正規雇用に就いておらず，専門分野によってもその差が顕著である。特に，職業と結び付きにくい人文社会科学系分野の教育が，雇用可能性を高めるために社会に何を発信していくかが問われている。

　フランスの学位・免状に関するこれまでの説明は，教育を受けた機関や修業年限，履修科目や単位数などの表記にとどまり，学生が獲得したコンピテ

第Ⅱ部　各国の労働制度，教育制度および高度専門職の働き方

ンスについては，バカロレア取得後何年（Bac＋X年）といった年数を示すだけであった。しかしこれでは，学生の技能を判断する人事担当者，入学や編入に対応する大学関係者などにとって情報が不十分であり（CNCP 2014），求められるのは，教育訓練プログラムに関する情報ではなく，当該資格保有者がどのようなコンピテンスを身につけたかをいかに示せるかということなのである。

2-2-(2)　高等教育の学位・免状の整理と分野別参照基準の策定

　高等教育の学位・免状内容のわかりにくさは，過剰な免状数にも起因している。高等教育研究省は，一般学士課程の300を超える分野数を[3]，45の分野にまで再編成し，それぞれについて雇用可能性の面から期待されるコンピテンスを示した参照基準の策定に踏み切った。コンピテンスは，「専門分野コンピテンス・言語コンピテンス・分野横断的コンピテンス・職業準備コンピテンス」に分類され，特に職業準備コンピテンスは，教育プログラムを通して獲得が期待される職業分野の知識や技能，学生のキャリアプラン，就業後のコンピテンスの活用など，雇用可能性を大いに意識した記述が求められる。古典学，哲学など，一見職業直結型ではない分野についても，当該分野の教育プログラムで学んだことが社会にどう役立つかという視点でコンピテンスを策定することが大学に求められ，これは後述するフランスNQFに認証される高等教育の学位・免状の基本情報となる（野田 2016）。一般学士課程からこの参照基準策定に着手した背景の一つに，フランス国内で長年問題視されている学士課程在籍者の学力不振や卒業生の就職困難などの一般学士の価値に対する社会的評価の相対的低さといった要因がある。大学はこの参照基準を参考に各教育プログラムが目指すコンピテンスを策定し，フランスNQFに登録していくことが求められ[4]，さらにその内容を5年ごとに更新していくことが課されているのである。

▶2-3　教育と労働との接続を目指すフランスの国家資格枠組み（RNCP）

2-3-(1)　フランスの国家資格枠組みの歴史

　欧州域内での学習者や労働者のモビリティの活性化，そして生涯教育の促

3　現段階で，職業学士課程の分野数は173分野，修士課程は252分野であり，これら課程の学位名称の見直しも計画されている。

4　国民教育省・高等教育研究省に在籍し，フランス代表としてボローニャ・プロセスに関わったパリ東クレテイユ大学元副学長 Patricia Pol 氏とのヒアリング調査（2016年3月）に基づく。

第 6 章　フランスの高等教育と学位・免状・資格制度

進を図るため，欧州議会・理事会は 2008 年に各職業資格や学位などに求める能力（コンピテンス）やレベルを付した「欧州資格枠組み（EQF）」を策定している（詳細は第 3 章参照）。EQF に対応すべく，欧州各国は国内のあらゆる職業資格や学位，称号，免状，証書などの資格（qualifications）[5]情報を一元的に整理し，その可視化を図る「国家資格枠組み（NQF）」の開発を昨今進めている。フランスでは，EQF が出現する以前に独自の国家資格枠組みの原型なるものが既に 1969 年に策定されており，当初は専門職や職業人の資格やコンピテンスを正規教育システムのレベルに照らし合わせることを目的とし，主に雇用者が給与水準を定めることに活用されていた（CIEP 2015）。その後，2002 年の社会現代化法 (Loi de modernisation sociale) に基づき，NQF にあたる「全国職業資格総覧（RNCP: Répertoire National des Certifications Professionnelles）」が誕生したのである（表 6-1）。RNCP は全国の様々な資格（certifications）が網羅的に整理された参照データベースで，各学位・免状・職業資格に求められるコンピテンスやレベルが雇用可能性と関連する形で記載されている。RNCP の導入背景には，学位・資格の内容を明確にすることで，フランス国

表 6-1　フランス NQF （RNCP）

EQF	RNCP	代表的な学位・免状・資格
8	レベル I (Bac+8)	博士
7	レベル I (Bac+5)	修士 エンジニア資格
6	レベル II (Bac+3)	学士 職業学士
5	レベル III (Bac+2)	上級技術者免状（BTS） 技術短期大学部免状（DUT） 農業上級技術者免状（BTSA）
4	レベル IV (Bac+0)	職業免状（BP） 技術者免状（BT） 職業バカロレア 技術バカロレア
3	レベル V	職業適性証（CAP） 職業教育免状（BEP）
2	該当なし	
1	該当なし	

出所：CEDEFOR, 2015

5　資格の総称について，仏語が certifications と表すのに対し，欧州は英語で qualifications と表現する。

内の雇用促進や人材流動を図る目的が根底にあり，そのためにRNCPに登録された資格は国に承認されたもの，そうでないものは公的資格として認定しない旨を法的に規定（教育法典R335-12条）する形で資格の信頼度を高めていったのである。RNCPには，一般教育や初等中等教育（普通科），普通バカロレアの資格は含まれず，初期職業教育や継続教育に関する資格が登録され，さらに高等教育の学位・免状も雇用可能性と結び付く一種の職業資格として位置付けられている（CIEP, 2015）。ここで，資格が労働市場の目線で定義されているのは，若年層の慢性的な失業問題への対応といったフランス社会が抱える問題が背後にあるためである。

2-3-(2) RNCPへの学位・免状・資格の登録

高等教育機関は，各学位・免状の内容をRNCPに登録することが法的に義務付けられ，当該学位・免状のレベルや，それをもってどのようなコンピテンスの獲得証明となるのか，就業可能な業種や職業は何かなどを公表することになっている。その第1の目的は，学生が「何を学んだか」だけでなく，「身につけたコンピテンスをいかに使えるか」といういわゆる活用能力を説明することを大学に求め，積年の課題であるフランスの学位・免状内容のわかりにくさの問題に応えることである。例えば，RNCPに登録されたナント

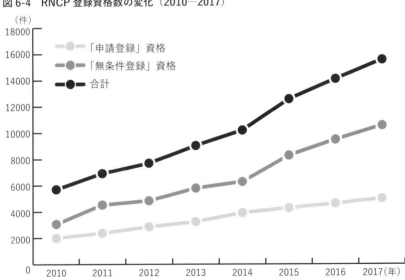

図6-4 RNCP登録資格数の変化（2010－2017）

出所：CNCP, 2017

大学の一般学士（歴史学）のコンピテンス内容を例にみると，「歴史的事実を説明できる，複雑な問題を分析できる，自立的またはチームで仕事ができる…＜略＞…」など，雇用可能性の観点から期待される能力が記述され，就業可能な職種としては，「行政機関，ジャーナリズム，公文書館，美術館，観光，文化施設」と具体的に明記されている（RNCP 2017）。第2の目的は，RNCPに登録されることが当該資格の公式認定となり，そのことが，労働市場あるいは学位・免状取得（準備）者などに対しての資格の信頼性・有効性につながり，結果的に学生の就職や流動が促されることが期待されている。三つ目に，RNCPに登録されることで，当該資格取得に関わる教育訓練プログラムや見習い訓練制度について財政支援を受けることが可能となり，継続教育の学習者や見習訓練の研修生にとってメリットとなる。

RNCPは，各省，労使，経済分野の公施設法人，地域圏，有資格者などの代表から構成される職業教育訓練担当省の管轄組織「全国職業資格委員会（CNCP：Commission Nationale de la Certification Professionnelle）」によって策定，運用され，この組織が，学位・免状や職業資格の管理，整合性などの確認，資格を授与する機関への提言，企業や社会への情報提供などを行う。資格の登録方法には，無条件に登録が義務付けられる「無条件登録」と，CNCPの審査を経て登録が可能となる「申請登録」との2種類がある。RNCPに登録されている資格の合計数は，2010〜2017年の間で3倍近くに跳ね上がり，2017年時点で計1万5577件，うち無条件登録資格が1万568件，申請登録資格が5009件であり，いずれも急速に増加している（図6-4）。

「無条件登録」資格には，高等教育の学位・免状や職業教育訓練（VET）資格が相当する。図6-5が示すとおり，その大多数は高等教育研究省により付与され，その他，雇用省，青少年スポーツ省，保健省など様々な省庁による学位・免状・資格が登録されている。一方，「申請登録」資格とは，審査を経てRNCPに登録されるもので，そのほとんどが一般の職業資格に該当する。他には，国の認可を得ずに大学が独自に策定している大学免状（DU）があり，これもCNCPの審査に合格すれば国のお墨付きを得たものとみなされる。資格の審査には，教育訓練を経て獲得できるコンピテンスやその評価基準，就業可能な職種，資格保有者の職務や賃金水準など具体的な内容が求められる。資格の登録申請を試みるのは，商工会議所，公的機関，民間機関，各業

6　職業教育訓練省・全国職業資格委員会（CNCP）のBrigitte Bouquest氏とのヒアリング調査（2016年4月）に基づく。

図 6-5 RNCP 公表資格数の内訳

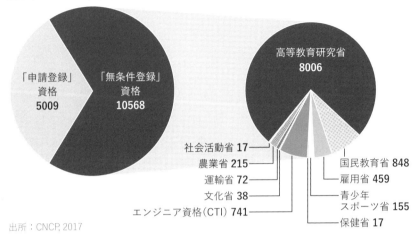

出所：CNCP, 2017

界団体で，その大半は民間機関である。登録が不承認になる理由は，例えば申請された資格の水準と就職状況が釣り合っていない，当該資格の付加価値に説得力がない，就職できる保証がないなどがあり，他には証明される専門能力の記述内容に一貫性がなく，職業として何を目指しているのか不明瞭，就職関連情報が不十分，フォローアップ体制が機能していないなど，資格の雇用可能性をいかに説得性をもって証明できるかが問われるのである。登録された職業資格の分野は，商取引・管理（金融，銀行，保険，不動産，人材，人事管理，雇用管理など）や IT が多く，RNCP に登録することで関連する職業訓練への財政支援が得られる。こうしてフランスの職業資格は，求められる能力や雇用可能性について国の管理を受けることで，その質が担保されたものとみなされる。

2-3-(3) RNCP の活用の実態と課題

さて，RNCP に期待される機能と，学位・免状や職業資格を登録することの意義や登録審査の実態などを概観してきたが，これが具体的にどう活用されているのだろうか。本節では，高等教育の学位・免状の質保証の観点から，フランスの大学と労働市場における RNCP の活用状況や課題を考察する。

2-3-(3)-1 大学評価と連動する RNCP

大学は，既述のとおり，各学位・免状の取得によってどのような業務ができるようになり，そこで使える知識・技術は何か，そしてどのような職種への就職が可能かを具体的に記すことが求められる。5 年ごとに更新が必要と

なるこれらの内容は，RNCP のデータベースに一斉に公開され，大学評価に
も用いられる。フランスの大学は自らが定めた中長期目標に基づき，政府と
の間に 5 年間の契約関係を締結し，その成果について大学評価機関（HCÉRES:
Haut Conseil de l'évaluation de la recherche et de l'enseignement supérieur）の第三者評価
を受けることが義務付けられている。この評価結果を参考に，政府から大学
へのアクレディテーションが与えられるとともに，契約更新に関する交渉が
行われ，補助金の予算配分が決定される。この第三者評価では，特に職業学
士課程などの雇用可能性と直結する教育プログラムや，RNCP との対応関係
を強調する必要がある教育プログラムについては重点的に確認がなされる。
学位・免状の情報は，RNCP を通して社会に周知され，大学評価と紐付ける
ことで各専門分野の教育プログラムの質保証として機能しているといえる。

2-3-(3)-2 RNCP に対する労働市場の認識

RNCP の具体的な活用について，もっとも実態が見えにくいのは労働市場
セクターであろう。これまでの先行研究によると，企業は，RNCP を職業能
力評価のツールとみなし，新規や中途採用の際の被雇用者の賃金や等級を決
定する際に参考にしている状況が述べられてきた（浅野 2014, 中道 2012）。一方
で，RNCP に対するフランス国内の認知度調査（CIEP 2015）では，官公庁，
民間教育機関，雇用者や採用担当者などの多様なステークホルダーの中で，
とりわけ雇用者・採用担当者は RNCP の取組みについて十分に認識をして
おらず，活用事例も少ない実態が指摘されている（UNESCO Institute for Lifelong
Learning, ETF, & CEDEFOP 2015）。CEDEFOP（2015）の報告書で言及されている
通り，現実的には学位や資格よりもその人材の就労実績を重視する労働市場
において，RNCP を活用する場面やその付加価値がいかなるものかについて
今後検証していく必要がある。他方で，商取引・管理や IT 分野などの民間
機関や業界団体が，RNCP の厳格な審査システムを通して，自身の業界に関
わる職業資格について国のお墨付きを求め，当該資格の信頼性や財政支援を
確保するという意味では，RNCP が職業資格の質を担保している点は注目で
きよう。

おわりに

本章では，グローバル化や欧州統合などの連鎖を受けたフランスの高等教
育において，国際競争力や職業専門化を促進する上で行われた学位・免状を
めぐる制度改革を概観し，フランスの現行の学位・免状・資格システムにつ

いて整理を行った。教育の職業専門化を進めるフランスは，学校をベースとした職業教育訓練プログラムや見習い訓練などの教育訓練方法を発展させつつも，大学などの学術教育セクターに職業教育課程を統合することで，職業訓練の多様なルートを構築する政策をとってきた（Normand & Derouet 2017）。特に大学はフランスの国家戦略の一つに掲げられ，若年層の雇用率向上を目指す経済政策や民主化を進める上で不可欠なセクターとみなされている。大学の学位・免状も職業資格の一つとみなすフランスは，資格を総合的に管理する仕組みとして，既に1960年代に国家資格枠組みを創設し，2002年には，RNCP（全国職業資格総覧）と呼ばれる新たな枠組みを構築している。RNCPをプラットフォームとし，大学評価を通して学位，免状などの質を保証するシステムが整備されつつある。大学は，各学位・免状保有者に期待されるコンピテンスをRNCPと関連付けて分野別・学位課程別に定め，社会に情報を公開することが法的に義務付けられ，教育内容のわかりにくさを積年の課題としていたフランスの大学において，この仕組みは資格の透明性を促進するといった課題解決の一歩につながるものである。労働市場セクターについては，人事評価の場面でRNCPを具体的にどう活用するかという点については実態が不明瞭である一方，数々の業界団体や民間機関が，当該分野の職業資格について国の厳格な審査を経ることで社会的承認や財政支援などのメリットを得るといった活用がなされていることは注視すべきであろう。

野田 文香

参考文献

浅野清（2014）.「『出口管理 Minimum Graduation Requirements』について：教育資格と職業資格の研究（1）」『経済論集』40(1), 87-106.

Beaud, S. (2016).「第1章「バック取得率80％」から30年―学校教育民主化政策に関する考察」園山大祐編著『教育の大衆化は何をもたらしたか：フランス社会の階層と格差』(pp. 12-23). 勁草書房.

Brucy, G. (2007). La certification: Quelques points d'histoire. In F. Maillard & J. Rose (Eds.), *Les diplômes de l'Éducation nationale dans l'univers des certifications professionnelles* (pp. 19-32). Céreq.

CEDEFOP (European Centre for the Development of Vocational Training) (2015). *National qualifications framework developments in Europe, Anniversary edition*. European Union.

CEDEFOP (2017). France European inventory on NQF 2016, publication analysis and overview of national qualifications framework developments in European countries. *Annual report 2016*. CEDEFOP.

第 6 章　フランスの高等教育と学位・免状・資格制度

CGE（Conférence des Grandes écoles）（2016）. *Les Français et les Grandes écoles*. CGE.

CGE（2017a）. *Dossier de presse 2016/2017*. CGE.

CGE（2017b）. *L'insertion des diplômés des Grandes écoles: Résultats de l'enquête 2017 Réalisée entre janvier et mars par 175 Grandes écoles membres de la CGE*. CGE.

Chevaillier, T.（2013）. *Evaluation in French higher education: History, policy and debates*. Scuola democratica, *4*(2), 619-627.

CIEP（Centre International d'Études Pédagogiques）（2015）. *The use or potential use of QFs by HEIs and other stakeholders linked to mobility, Final report*. Léon-Journault. CIEP.

CNCP（Commission Nationale de la Certification Professionnelle）（2014）. *Guide d'élaboration de la fiche RNCP pour les diplômes nationaux universitaires enregistrés de droit*. CNCP.

CNCP（2017）. *Rapport au premier ministre 2017*. CNCP.

Dobbins, M., & Knill, C.（2014）. *Higher education governance and policy change in western Europe: International challenges to historical institutions*. Palgrave Macmillan UK.

Duru-Bellat, M.（2015）. Access to higher education: The French case. HAL. *Sociologie et Économie de L'éducation*, *1*(49), 1-49.

Eliard, M.（2000）. *La fin de l'École?* PUF.

Fourcade, B.（2007）. La politique des diplômes professionnels : Quelles relations à l'emploi ? In F. Maillard & J. Rose（Eds.）, *Les diplômes de l'Éducation nationale dans l'univers des certifications professionnelles*（pp. 47-57）. Céreq.

Gourdon, J.（2014）. *École de commerce : Quels sont les profils des étudiants entrés via les admissions parallèles à HEC Paris, ESSEC Business School...?* Retrieved from http://www.letudiant.fr/etudes/ecole-de-commerce/admissions-paralleles-en-ecole-de-com merce-choisir-son-ecole/ecole-de-commerce-quels-sont-les-profils-des-etudiants-entres-via-les-admissions-paralleles-a-hec-essec.html

Lafore, R.（2000）. Les enjeux de l'insertion. *Revue Française des Affaires Sociales*, *3*(4), 93-102.

Louvel, S.（2013）. *Understanding change in higher education as bricolage: How academics engage in curriculum change, higher education*. Retrieved from https://sites.google.com/site/severinelouvel/competences-professionnelles

Maillard, F.（2007）. Les diplômes professionnels dans l'espace des certifications: Un rôle et une place en évolution. In F. Maillard & J. Rose（Eds.）, *Les diplômes de l'Éducation nationale dans l'univers des certifications professionnelles*（pp. 33-45）. Céreq.

マラン，ティエリ著／夏目達也訳（2014）.「フランス高等教育における学位・免状制度」『大学評価・学位研究』16，29-43.

松田紀子（2016）.「フランスにおける教育・資格・職業能力の連関―戦間期から高度成長期へ」『大原社会問題研究所雑誌』688，29-39.

Maxwell, C., & Aggleton, P.（2016）. *Elite education: International perspectives*. Routledge.

MENESR（Ministère de l'Éducation Nationale, de l'Enseignement Supérieur et de la Recherche）（2015a）. Malgré la crise, les diplômés de l'université s'insèrent rapidement sur le marché du travail. *Note Flash*, 6.

MENESR（2015b）. *Référentiels de compétences des mentions de licence*.

MENESR（2016）. *L'état de l'enseignement supérieur et de la recherche – résumé*. Retrieved from https://publication.enseignementsup-recherche.gouv.fr/eesr/9/EESR9_ES_18-les_parcours_ et_la_reussite_en_licence_licence_professionnelle_et_master_a_l_universite.php

MENESR（2017a）. *L'état de l'enseignement supérieur et de la recherche – résumé*. Retrieved from https://publication.enseignementsup-recherche.gouv.fr/eesr/10/EESR10_RESUME- l_etat_ de_l_enseignement_superieur_et_de_la_recherche_resume.php

MENESR（2017b）. *Repères & références statistiques enseignements, formation, recherche, 2017.*

文部科学省（2016a）.『諸外国の教育動向 2015 年度版』明石書店.

文部科学省（2016b）.『諸外国の初等中等教育』明石書店.

Musselin, C.（2010）. The side effects of the Bologna Process on national institutional settings. In A. Amaral, G. Neave, C. Musselin & P. Maassen（Eds.）, *European integration and the governance of higher education and research*（pp. 181-205）. Springer.

中道麻子（2012）.「第 2 章 フランス」JILPT 資料シリーズ 102『諸外国における能力評価 制度－英・仏・独・米・中・韓・EU に関する調査』（pp. 55-80）.（独）労働政策研 究・研修機構.

夏目達也（2010）.「社会経験による能力の評価に基づく学位授与方式－フランスにおける 社会経験認定制度―」『名古屋高等教育研究』10, 117-138.

夏目達也・大場淳（2016）.「第 4 章 フランスの高等教育における職業教育と学位」大学 評価・学位授与機構研究報告 第 2 号『高等教育における職業教育と学位』（pp. 65-81）. （独）大学改革支援・学位授与機構.

野田文香（2016）.「フランスの学士課程における分野別参照基準」『我が国における分野 別質保証の在り方に関する調査研究』（pp. 197-240）. 平成 27 年度文部科学省先導的 大学改革推進委託事業.

野田文香（2017）.「フランスの高等教育における分野別コンピテンス育成をめぐる国家資 格枠組み（NQF）の役割と機能」『大学教育学会誌』39（2）, 76-84.

Normand, R., & Derouet, J.（2017）. *A European politics of education: Perspectives from sociology, policy studies and politics*. Routledge.

Nunès, E.（2016）. *Le monde, campus les admissions parallèles, un bon plan vers les grandes écoles?* Retrieved from http://www.lemonde.fr/campus/article/2016/02/01/les-admissions-paralleles-un-bon-plan-vers-les-grandes-ecoles_4856888_4401467.html

Nunès, E.（2018）. *Le monde, campus : Intégrer une grande école sans prépa grâce aux admissions parallèles.* Retrieved from http://www.lemonde.fr/campus/article/2018/01/16/integrer-une-grande-ecole-sans-prepa-grace-aux-admissions-paralleles_5242427_4401467.html

大場淳（2010）.「フランスにおける修士・博士教育の展開：知識経済への対応」広島大学 高等教育研究開発センター編『大学院教育の将来―世界の動向と日本の課題―』戦略 的研究プロジェクトシリーズⅡ, 47-64.

大場淳・夏目達也（2010）.「フランスの大学・学位制度」大学評価・学位授与機構研究報 告 第 1 号『学位と大学』（pp. 95-159）.（独）大学評価・学位授与機構.

OECD（2007）. *Qualifications systems: Bridges to lifelong learning*. Retrieved from https://www.oecd. org/edu/skills-beyond-school/38465471.pdf

Orange, S.（2016）.「第 2 章 上級技術者証書（BTS）という選択―庶民階層出身のバカロ レア取得者における志望の構築と囲い込みの間で」園山大祐編著『教育の大衆化は何 をもたらしたか：フランス社会の階層と格差』（pp. 24-55）. 勁草書房.

RNCP（Le Répertoire National des Certifications Professionnelles）（2017）. *Résumé descriptif de la certification.* Retrieved from http://www.rncp.cncp.gouv.fr/grand-public/visualisationFiche?for

mat=fr&fiche=10435.

Santelmann, P.（2001）. *La formation professionnelle: Nouveau droit de l'homme?* Paris Gallimard（Le Monde. Folio actuel）.

UNESCO Institute for Lifelong Learning, ETF, & CEDEFOP（2015）. *Global inventory of regional and national qualifications frameworks, Vol II: National and regional cases.* UIL.

Van Zanten, A.（2016）. Promoting equality and reproducing privilege in elite educational tracks in France. In C. Maxwell & P. Aggleton（Eds.）, *Elite education: International perspectives*（pp. 114-124）. Routledge.

第 **7** 章

高等教育修了者の就職における学歴インフレと文理格差

はじめに

　本章[1]は主にフランスの就業構造と学位・資格の違いによる離学後のキャリアと，そこに見られる学歴インフレと不平等についてまとめたものである。ここでは働く個人を取り巻く社会的環境としての制度，人々の移動に関する予期，規範と組織の関係を検討する。

　専門職の転職行動は，彼らを取り巻く社会的環境によって異なる。組織から自立的と考えられている専門職でさえ外部労働市場があまり発達していない日本では彼らの転職は少なく，非常に外部労働市場が発達しているアメリカシリコンバレーでは20代でさえ2回以上の転職を経験するような違いがある。頻繁な転職行動には，興味深い仕事の獲得，昇給，昇進などの能動的でポジティブな理由も多いが，それだけでなく，倒産，失業，滞在資格の喪失といった受動的に移動せざるを得ないネガティブな理由も多い（藤本2015）。科学技術系の専門職で比較した場合，フランスは日本よりも転職しており，またシリコンバレーほど頻繁な転職を行う者は少ない中程度の流動性である。第4章で示したように専門職比率が高いことも同国の特徴であるが，職業人としてコスモポリタン的に行動する人々だけでなく，専門職であってもある一定数，組織に長く定着する人々がいる。そのような就業状況の中，全労働者の失業率は日本の3倍以上であるフランスでは，シリコンバレー同様，高

1　本章は藤本昌代（2017）「フランスの就業構造と高学歴者のキャリア：学歴インフレと不平等」『同志社社会学研究』（21），1-24. をベースに改稿したものである。

学歴者においても受動的転職も多いことが予想される。第Ⅰ部で示されたように フランスの無償の教育制度は低所得者層にも高等教育を受ける機会を与えるが，高等教育を受けても自由な職業選択や能動的な転職ができる者は限定的である。流動性の能動的，受動的要因，制度，その背後にある構造について研究を進めることは，今後，流動性が高まることが予想される日本に重要な知見をもたらすと思われる。

　本章ではフランスの人々が，どのような雇用上の制度の影響を受けて流動しているのか，彼らのキャリアはどのような状況にあるのかについて，高等教育による学位・資格と就業構造の観点から行った調査結果を用いて検討を行う。本章で取り上げるのは高学歴化による「学歴インフレ」の現れ方の違いである。高学歴化による学歴インフレの背後には社会階層が影響しているという議論がなされている。さらにフランスでは高学歴化が進み，高等教育修了者に起こる状態について文理格差も現象として現れている。フランスは数学を始めとする理系科目の理解力を非常に重視し，日本もまた科学技術政策に注力する国として，同様の傾向があり，理系コースを修了した学生の就職が有利であるように見える。以下ではこれらについてどのような違いが現れているのかを検討していく。第1節では，フランスの事例を取り上げるため，まずフランスの労働者の就業観の傾向を欧州の労働者に行われた調査から概観する。第2節では，理系重視の価値観および学歴インフレについての研究経緯を概観し，第3節では，フランスの学位・資格と就業の関係を政府系の調査データをもとに文理格差の程度を確認する。第4節では，フランスの高等教育修了者のキャリアについてインタビュー調査をもとにその文理，性別の傾向差を検討し，文系における「学歴インフレ」の状態を示す。第5節では，日本の学歴と入職した産業における年間所得と総実労働時間の産業間格差の関係，年間所得と総実労働時間から割り出した学歴と時給の関係から理系における「学歴インフレ」の状態を示す。第6節では，フランスの学位・資格とキャリアの関係に対する考察を行い，第7節では日本との比較から見るフランスの就業傾向をまとめる。

1　フランスの労働者の就業観

　本節では Davoine & Méda（2008）の報告書を抜粋し，失業率が高く，労働時間が短いフランスの労働者が仕事に対してどのような意識を持って働いて

いるのかということについて概観する（藤本 2017）。フランスの人々は他国に比べて長期間の休暇を取得するため、仕事より休暇を重視している印象がある。ところが、経済的目的以外にも仕事が重要だと考えているフランスの労働者像を分析したフランスの研究者がいる。Davoine & Méda は、欧州各国の比較が可能な調査データ（EVS[2], ISSP[3], ESS[4]）を用い、欧州各国の中のフランスの労働者の就業観を分析している。仕事に対する姿勢では、「私は生活に困らなくても有償の仕事がしたい」という問い（ISSP 1989, 1997, 2005）に対して、約60％の人々が「そう思う」と回答しており、フランスの労働者はイギリス、スペイン、ポルトガルの労働者よりも仕事を重視していることが示されている（ただし、デンマーク、ドイツ（東側）は約75％の人々が、スウェーデン、ドイツ（西側）は約65％とさらに仕事を重視している）。また「仕事の興味深さは大変重要である」（ISSP 1989,1997,2005）と回答した人々は、フランスは約68％と他国に比べて最も高い（イギリスは約52％、ドイツは約47％）。

　Davoine & Méda（2008）は休暇を取ることと仕事を重視していることは一見、アンビバレントなことに見えるが、フランスの労働者にとって矛盾はしないことだと述べている。彼女らは European Commission 2007 の調査結果を引用しつつ、約27カ国の回答者がアイデンティティとして最も重視しているものは家族であり、それは所得、階層に関わりなく共通していることを挙げている。回答者が重視しているのは家族 約87%, 友人 約36%, 休暇 約29% であるが、友人、休暇以上に仕事や専門性が重要（約41%）であるという。フランスの労働者は仕事が自身の関わる社会圏で重要な個性として「社会参加」できるしくみであることを認識しているのである。しかしながらDavoine & Méda は、高所得者、経営者、専門職が仕事を楽しいと感じており、その他の多くの人々が生活の中で仕事の占める割合が少なくなることを望むのは、余暇欲求の強さを表すものではなく、また仕事欲求の低さを示すものでもないと述べている[5]。彼女らはアンビバレントに見えるこの回答は、企業の成長戦略政策のために犠牲になっている職場における労働条件の悪さの改善、ワークライフバランスの調和を望むことを示すものだと主張する。これらのデータから、フランスの労働者の就業観は、仕事は苦役であるだけ

2　The European Values Study http://www.europeanvaluesstudy.eu/page/surveys.html
3　The International Social Survey Program http://www.issp.org/index.php
4　The European Social Survey http://www.europeansocialsurvey.org/
5　彼女らはインタビュー調査で量的調査を補完している。

第Ⅱ部　各国の労働制度，教育制度および高度専門職の働き方

でなく，自分の個性を活かす上でも重要だと考えられていることがわかる。興味深い仕事に就けない場合に，仕事にやりがいを見出しにくく，満足できていないのである。従って，フランスの労働者は家族の優先度は常に高いが，仕事も友人や休暇以上に重視しているといえよう。

2　理系重視の価値観および学歴インフレ

　第1節ではフランスの人々の就業観について概観した。第2節では日本と共通する理系重視のフランスの価値観および労働市場における学歴インフレの影響について触れる。

▶2-1　理系重視の価値観

　日本は少資源国家であるため，科学技術政策に注力してきた歴史的経緯がある。明治期には，西欧諸国へのキャッチアップと植民地化への抵抗もあり，科学技術の輸入に注力してきた。お雇い外国人による物理学，数学，化学，土木，工学等々の指導および実践により，多くの科学技術の知識と技能がもたらされた。その中で明治政府は「科学ができるよい子」というキャッチフレーズで国民に理系科目の習得を推奨した（藤本2005）。それは現在でも，例えば，政府による指定の「スーパーサイエンス校[6]」に入学することは「優秀さ」の指標のような表現が受験塾などの表現に見られる。フランスでも第1部でも説明されたように超難関校は「グランゼコール」と呼ばれ，バカロレアでの理系科目の点数の高さが非常に重視されている。後述するが日本では「優秀」さの指標としての理系科目の好成績に社会的報酬が与えられるが，将来のキャリアについてはグランゼコール修了者ほどの地位につながる社会的承認は与えられていない。フランスでの「エンジニア」資格は特別な承認を受けるものであり（詳しくは第8章参照），日本で大学4年間＋修士2年間で修士（工学）の学位が付与された場合と比較すると，相当高い評価が与えられていると言えるだろう[7]。

6　先進的な理数系教育を重点化し，「創造性豊かな人材育成」を目的とした高大連携などを取り入れた高校で，入学への難易度が高い（科学技術振興財団，http://www.jst.go.jp/cpse/ssh/school/list.html）
7　ただし，近年，「エンジニア」資格の大衆化が進み始めているため，非常に「選抜的」であった頃より，社会的評価は変化しつつあるかもしれない。

第 7 章　高等教育修了者の就職における学歴インフレと文理格差

▶2-2　学歴インフレ

　日本の場合，かつては義務教育である中学校卒で就職する人々が多かった
が，大学全入時代と言われる現在は，高校卒者が増え，専門学校卒，短期大
学卒，高等専門学校卒，大学卒，大学院卒などの中等教育・高等教育を修了
した人々の比率が高い。これによりかつて，中学校卒者が就職していた労働
市場に高校卒者が参入し，高校卒者が就業していた労働市場に短期大学卒者，
専門学校卒者，高等専門学校卒者，大学卒者が参入していることから，学歴
インフレの現象をみることができる（筒井 2006）。フランスの場合も，Duru-
Bellat によれば，文系の大学卒者に労働市場があまり開かれておらず，また，
後述する事例にもあるように本来雇用主は高校卒者を雇うつもりであるスー
パーの店員の公募に大卒者が応募するような状況があり，結果としてスー
パーの店員に学歴インフレ現象が起こっており，それは理系より文系に起こ
りやすい（Duru-Bellat 2006=2008）。

3　フランスの学位・資格と就業の関係

　前節では理系の優位性と高学歴化について概観したが，本節ではフランス
の若年層の学位取得と離学後の就職状況に学歴，文理選択の影響がどのよう
に現れているのかフランスの政府系調査データをもとに検討を行う。

▶3-1　若年層の学位・資格別離学 3 年後の従業上の地位

　先に示したようにフランスの 25 歳未満の若年労働者の失業率は 24％と高
く，4 人に 1 人の若者が失業中という深刻な事態である。調査大国のフラン
スでは若年層の就業問題が深刻であるため，いくつかの政府系研究機関が労
働移動，失業に関する調査を行っている。そのうちの一つである Céreq [8] とい
う研究機関は若年層の離学後のキャリアに関する継続調査を行っている。表
7-1 に示すのは同機関が発行している報告書に掲載されているもので，学
位・資格別の離学 3 年後の卒業生の従業上の地位を示したものである。

　学位・資格の分類は「資格・免状なし（Aucun diplôme）」，「CAP—BEP」の
「第 3 次産業系（tertiaire）」，「工業系（industriel）」，「職業バカロレア（Bac

8　フランスの公的機関に Céreq（Le Centre d'études et de recherches sur les qualifications）
　という研究機関がある。Céreq のミッションは，労働や雇用に関する研究，資格取得のための
　教育，若年者のキャリア調査，生涯教育への貢献などである。

197

professionnel）」「技術バカロレア（Bac technologique）」（これにも第3次産業系と工業系がある），「Bac+2 医療・社会福祉系以外（Bac+2 hors santé social）」（大学2年間修了資格で，これもそれぞれ第3次産業系と工業系がある）。「Bac+2/3　医療・社会福祉系（Bac+2/3 santé social）」（大学2年間，または3年間の課程を修了する必要のある看護師，マッサージ師，足指治療師などの医療・社会福祉系準専門職），「Bac+3/4文社経，経営，法（Bac+3/4 LSH, gestion, droit）」（文学，社会学，経済学，経営学，法学系），「Bac+3/4　数学，科学，技術，スポーツ系（Maths, sc et tech., STAPS）」（数学，物理学，工学系，スポーツ科学系の資格），「Bac+5（M2）」（修士課程であり，「Bac+3/4」同様のカテゴリー），それに加えて「グランゼコール　経営・エンジニア（Ecoles de commerce ou d'ingénieurs）」，「Doctrat（D）」は博士後期課程修了の学位を指し，「博士　医療系（Doctrat santé）」（薬剤師などの医療系の資格），「博士　医療系以外（Doctrat hors santé）」（文学，社会学，経済学，経営学，法学，数学，科学技術などの分野の学位）で分けられている。

　表頭では「無期雇用（EDI）[9]」は「無給（Non Salarie）」「有給（Autre EDI）」（それ以外の無期雇用＝有給）に分けられ，「有期雇用（EDD）[10]」は「臨時業務の雇用（Interim）」，「期限付き補助業務の雇用（Contract aide）」，「それ以外の臨時業務の雇用（Autre EDD）」に分類されている。その隣の列は「フルタイム雇用（Temps pleins）」，「選択的パートタイム雇用（Temps partiel choisi）」，「非選択的（厳しい状況での）パートタイム雇用（Temps partiel subi）」で分類されている。この表で特徴的なことは3点あり，一つ目は低学歴層は高学歴層に比べて無期雇用率が低いことである。「資格・免状なし」の人々の離学3年後の無期雇用率は33％と最も低い。CAP-BEPやバカロレアの人々で50％程度，Bac+2以上になると60〜70％と高くなり，グランゼコール出身者は90％と非常に高い。二つ目は工業系，医療系，数学系などの各資格，免状は同レベルの一般，文学，社会経済などの分野に比べて無期雇用率が高いということである。CAP-BEPの第3次産業と工業の免状では，3年後の無期雇用率は，工業の免状の方が9ポイント高い。バカロレアにおいても工業の方が9ポイント高く，一般バカロレアは15ポイントも低い。3〜4年の修了者は人文社会科学でも63％が無期雇用に移行できているが，同レベルの資格でも数

---

9 EDI（Emploi à durée indéterminée）は期限なしの雇用状態を指し，CDI（Contrat à durée indéterminée），fonctionnaire, travail indépendant と同義語として扱われている。

10 EDD（Emploi à durée déterminée）は期限ありの雇用状態を指し，CDD（Contrat à durée déterminée）, interim と同義語として扱われている。

第7章　高等教育修了者の就職における学歴インフレと文理格差

表 7-1　フランスの教育制度における学位／資格別　離学後 3 年後の従業上の地位（%）

	従業上の地位						フルタイム	選択的パートタイム	非選択的パートタイム	合計
	無期		有期			合計				
	無給	有給	臨時	補助契約	その他					
資格・免状なし	6	33	13	22	26	100	72	9	19	100
CAP—BEP										
CAP—BEP 第 3 次産業系	6	46	5	14	29	100	69	8	23	100
CAP—BEP 工業系	5	55	13	10	17	100	87	4	9	100
バカロレア										
職業バカロレア，技術バカロレア：　第 3 次産業	5	52	7	13	23	100	76	7	17	100
職業バカロレア，技術バカロレア：　工業	9	60	11	5	15	100	91	3	6	100
一般	6	45	6	17	26	100	75	12	13	100
Bac+2 医療・社会福祉系以外										
Bac+2 第 3 次産業系	5	64	3	8	20	100	86	5	9	100
Bac+2 工業系	8	68	7	4	13	100	96	2	2	100
Bac+2/ 3 医療・社会福祉系	10	73	2	<1	15	100	89	6	5	100
Bac+3/ 4 医療・社会福祉系 (L,M1)										
Bac+3/ 4 文社経 , 経営 , 法	7	63	3	3	24	100	85	7	8	100
Bac+3/ 4 数学・科学・技術・スポーツ他	5	73	3	2	17	100	92	4	4	100
Bac+5(M2)										
Bac+5 文社経 , 経営 , 法	7	66	2	2	23	100	89	5	6	100
Bac+3/ 4 数学・科学・技術・スポーツ他	5	76	1	1	17	100	94	2	4	100
グランゼコール　エンジニア , 経営	4	89	1	1	5	100	99	<1	1	100
Doctrat(D)										
博士　医療系	38	33	1	<1	28	100	80	11	9	100
博士　医療系以外	5	63	<1	<1	32	100	92	4	4	100
全カテゴリー合算の行 %	7	59	6	8	20	100	84	6	10	100

<1 = 1% 未満　　　　　　　n=478,000

出所：Céreq 2014, Quand l'école est finie, Céreq Enquete 2013 (for generation 2010)

学，科学技術系はさらに 10 ポイント高い。修士でも人文科学系も 76% と無期雇用率は高まるが，数学，科学技術系の修士はさらに高い 89% である。従って文系と理系の無期雇用率に大きな差があるといえる。しかし，文系，理系，それぞれの資格，免状で比較すると学歴が高いほど無期雇用率は高まり，学歴効果は依然として大きいことがわかる。三つ目は高学歴者が常に低学歴者より優位であるとは限らない点である。博士学位取得者の無期雇用率は，49% でバカロレア取得者の 52% よりも低い。博士後期課程への進学は就職難になる可能性を含んでおり，高学歴就職浪人現象は日本と同様，深刻な事態である。

　これらのことからフランスの雇用と学歴の関係は，工業系の資格，数学・

第Ⅱ部　各国の労働制度，教育制度および高度専門職の働き方

物理学・科学技術系の資格，グランゼコールの超難関校などの場合は，就業に対する学歴効果がうかがえる。しかし文系分野の資格，免状の場合，高学歴化しても必ずしも優位に働くとは限らないことがわかる。それはその資格・免状取得のためのコース選択が選抜的であるかどうかが重要なポイントであるため，教育年数の長さは直接的な評価指標にならない場合もあるのである。フランスの社会科学系の研究者たちによれば，フランスで最も評価される指標は「数学」であり，バカロレアの試験でどの程度解答できるかということが重要である。それは数学の能力が論理的に物事を考えることができる証だとフランスの人々に考えられているためであるという[11]。従って，文系の修士の学位を持つ学生よりも，選抜的な数学の試験で評価された大学 2 年修了（Bac+2）で取得できる免状の DUT の資格の学生の方が労働市場で有利になることが珍しくない（文系で例外的に有利なのは準備クラスからグランゼコールに進級したエリート層の人々である）。そのため学歴とキャリアの間に見られる不平等は，フランスでは分野を分けて分析しなければ，その実態は見えてこないのである。

▶3-2　若年層の初職獲得 3 年後の従業上の地位の世代の推移

　表 7-2 は Céreq（2015）によるジェネレーションデータ（1998 年世代―2010 年世代調査）[12]のコーホート分析の結果である。どの世代も低学歴者ほど失業率が高いが，1998 年世代は中卒相当（前期中等教育修了資格）で 25％，その他の資格取得者は 5 ～ 18％程度であったのに対して，2004 年世代は中卒相当の失業率は 32％と深刻な状況になり，他の学歴者も相対的に 5％程度上昇している。2010 年世代の中卒相当の失業率は約 50％にまで膨れあがり，レベルⅤで 31％，レベルⅣで 20％とバカロレア取得者でも失業率が高い。しかし高等教育資格取得者は 5 ～ 10％と世代間の差は大きくない。離学 3 年後に無期の雇用契約ができている人々の比率は，1998 年世代では中卒相当で 50％，レベルⅤ，レベルⅣが 60 数％であるのに対して，高等教育資格取得者は 77％と高い。2010 年世代は中卒相当は 40％，レベルⅤ，Ⅳは 60％前後でやはり高等教育資格取得者は 76％である。多くの資格取得者の失業率，無期雇用率が 1998 年，2004 年，2010 年の 3 世代で後の世代になるほど厳しい状況にあるが，高等教育資格取得者は世代間の変化の影響が非常に少な

11　複数の研究者へのインタビュー。
12　現在，第 5 ウェーブまで進行している。

200

第7章　高等教育修了者の就職における学歴インフレと文理格差

表7-2　世代別初職獲得3年後の従業上の地位

	失業率 (%)			正規雇用率 (%) 無給なども含む			平均月給（ユーロ） 2013年 —ボーナスを含む		
	C1998	C2004	C2010	C1998	C2004	C2010	C1998	C2004	C2010
中卒相当	25	32	49	50	48	40	1140	1220	1150
レベルV　資格									
CAP　工業系	10	15	32	68	67	63	1240	1330	1330
CAP 第3次産業系	17	20	31	65	62	56	1070	1170	1150
BEP　工業系	8	14	28	63	61	55	1250	1370	1300
BEP 第3次産業系	18	21	31	54	57	49	1110	1210	1200
レベルIV　資格									
職業バカロレア工業系	5	7	16	77	76	70	1340	1430	1400
職業バカロレア第3次産業系	9	14	21	67	66	64	1150	1250	1240
技術バカロレア工業系	8	15	22	65	65	65	1350	1400	1390
技術バカロレア第3次産業系	11	17	23	50	50	47	1110	1210	1250
高等教育卒資格	5	7	10	77	77	76	1670	1710	1730

出所：Céreq 2015, Training & Employment. No. 116 ②, March-April 2015

い。給与に関しては各世代，大きな変化は見られず，資格の差もあまり大きくないが，レベルIV以下と高等教育資格取得者との差は歴然としている。

　このようにフランスでは，低学歴者が厳しい状況に置かれ，高学歴者が優位な状況下にいるという，他の社会と類似傾向が見られるが，中間の多様な資格が人文社会科学系か技術系かによってその違いが大きいこともフランスの特徴であるといえよう。先に示したようにフランスは大学院の修士，博士の学位取得のための授業料も無償である。にもかかわらず，高学歴者と低学歴者の差異は減少するどころか広がりを見せている。学歴の差異には授業料の無償化では解消されない不平等が潜んでいることがわかる。

4　フランスの高学歴労働者のキャリア

　本節では高学歴労働者のキャリアについて，大学・大学院修士の文系専攻修了者，グランゼコール（経営系），エンジニア（グランゼコール系，大学院系）の人々へのインタビュー内容を抜粋して彼らのキャリアの傾向を示す。表7-3に示すのはインタビュー対象者の一覧である。

第Ⅱ部 各国の労働制度，教育制度および高度専門職の働き方

表 7-3 インタビュー対象者

事例No.	性別	世代	出身校の種類	学位・資格	就業産業	職業	出身	調査日
1	A氏 女性	50代	文系大学	学士(文学)	コンピュータ関連企業	事務職	トゥールーズ出身	2016年5月
2	B氏 女性	50代	大学文系コース卒，生涯教育制度を利用し，大学院で心理学の修士の学位を取得	学士+修士(心理学)	金融・保険業	銀行員	アラブ系移民2世	2016年7月
3	C氏 女性	20代	大学院文系コース修士修了	学士+修士(日本学)	就職活動中		フランス生まれ―父親 フランス海外県	2016年5月
4	D氏 男性	30代	文系修士(歴史学，地理学のダブルディグリー)	修士(歴史学)修士(地理学)	公的機関(ウェブコンテンツ作成)	公務員	フランス人	2016年6月
5	E氏 女性	30代	グランゼコールのビジネス・スクール	学士+MBA	IT系企業	プロジェクト管理者	ベトナム人移民2世	2016年5月，2018年3月
6	F氏 女性	20代	グランゼコールのビジネス・スクール	学士+MBA	IT系企業	プロジェクト管理者	アフリカ系移民	2016年6月
7	G氏 男性	60代	職業学校卒	職業資格(工学)テクニシャン	兵器製造業(機械制御系)	エンジニア	フランス人	2016年6月
8	H氏 男性	30代	大学院修了「エンジニア」資格取得	学士+エンジニア	IT系企業	エンジニア	フランス人	2016年5月
9	I氏 女性	20代	大学を経てグランゼコールでエンジニア(バイオ)資格取得	学士+エンジニア	バイオ系企業	エンジニア	ポーランド系移民	2016年5月
10	J氏 男性	30代	高校卒業後，準備クラスを経てグランゼコールでエンジニア(自動車系)資格取得	Bac+準備+グランゼコール	自動車産業	エンジニア	移民(出身不明)	2016年8月
11	K氏 女性	30代	大学を経てグランゼコールでエンジニア(原子力系)資格取得	学士+エンジニア	電力系	エンジニア	フランス人	2016年6月
12	L氏 男性	30代	高校卒業後，準備クラスを経てグランゼコールでエンジニア(ロボット工学)の資格取得	Bac+準備+グランゼコール	ゲーム産業	エンジニア	フランス人	2017年1月

▶4-1 大卒・大学院修士文系専攻出身者

　表 7-3 の Céreq の調査結果では理系資格に比べて文系資格は離学後の従業上の地位で無期雇用に移行されている人々が少なかった。以下では文系高学歴者のキャリアについていくつかのインタビューを示す。

事例 1：A 氏　女性　50 代　文系大学卒

　私はパリで文系の学部を卒業し，パリで就職活動を行いましたが，な

かなか仕事が見つからず，最終的には大学生の時にアルバイトをしていたスーパーマーケットに就職しなければなりませんでした。大学で学んだ論理的思考力などを活かせる仕事に就くのは難しかったです。その後，「生涯教育」[13]の訓練制度を利用して事務職として働ける証明を受けて，トゥールーズに帰って無期雇用の事務職に就くことができました。

A氏の場合，大卒でありながらホワイトカラーの職に就くことができず，初職獲得に苦労している。しかし，「生涯教育」の制度で資格を取得し，40歳を超えてから無期雇用で採用されており，キャリアの途中で訓練制度により職種転換が可能であることがわかる。

事例2：B氏　女性　50代　文系大学院卒

私は文系の学部を出た後，銀行に勤めました。会計の知識はありませんでしたが，OffJTで研修を受けさせてもらうことができたので，専門知識をつけることができました。研修の後は給与が上がりました。アラブ系の管理職を見たことがなく，私がなるのは人種的に難しいと思うので，昇進は望みません。在職中に大学院に入り，心理学を学びました。フランスの雇用制度ではこういう場合，解雇されません。CDI（無期雇用）から週4日の仕事に変えてもらって週1回大学院に通い，修士の学位を取りました。その後，週5日の通常業務に戻りました。学位をとったことで昇進，昇給には変わりはありませんが，大学院で学んだことは接客に役立っています。現在，CDD（有期雇用）なので年齢的に更新してもらえるか不安です。同僚との関係はよく，仕事も楽しいですが，特に組織に忠誠心などは何も感じていません。

B氏の事例から，フランスの企業が社員の就学機会獲得を承認していることがわかる。しかし，彼女はフランスでは表面的には言われないが，人種的な差別があると言い，昇進は諦めていると語った。彼女の事例は，恵まれない層にも生涯教育制度により，年齢差別なく就学機会は与えられるが，キャリアにはつながらない場合があることを示している。

13　A氏が若かった頃にはこの制度は整っていなかったが，現在は，職業訓練教育が成人に提供され，これまでと異なる職種への転職が可能となった。

第Ⅱ部　各国の労働制度，教育制度および高度専門職の働き方

事例 3：C 氏　女性　20 代　文系大学院卒

　　就職活動の際，企業の面接担当者から「就職活動をしてどれくらい
経っていますか？」と尋ねられ，「現在，5 カ月です」と回答したとこ
ろ，担当者は「ああ，じゃあ，まだ大して時間はかかっていないね，こ
れからですね」と言われました。文系の人間は 1 年くらい仕事に就け
ないのは「普通」だと言われました。同じ専攻の院生仲間だった友人が
修士課程修了後，就職活動をしてなかなか仕事が見つからなかったので
すが，MBA を取得したら就職できたので，ダブルディグリーを取らな
いと仕事に就くのは困難ではないかと心配しています。

　C 氏の事例からは文系修士の就職活動の難しさがうかがえる。ダブルディ
グリーでなければいけないのか，MBA という実学が評価されるのかはこの
事例だけでは不明であるが，エリート層でなくても工業系の職業資格の人々
の就職率から類推すると，文系の実学ではない高学歴者は決して高学歴者の
優位性を実感することはなさそうである。A 氏，C 氏からは文系学位の不利
さが伝わってくる。B 氏は人種的な不利さを語った。しかし，フランス人男
性の D 氏は専門（地理学と歴史学）と仕事（パリ市役所のウェブページへの歴史，地
理情報のコンテンツ作成）の合致が良かったため，文系でも不利にならずに就
職できている。Duru-Bellat（2006=2008）が指摘するように属性（性別，人種な
ど）が影響している可能性もあり，文系の学位でも不利にならずに就職でき
ている人もいる。ただし，D 氏もダブルディグリーであることから，彼も
1 つめの修士の学位の時には就職が厳しかったのかもしれない。

▶4-2　グランゼコール文系（ビジネス・スクール）出身者
　本項ではグランゼコールのビジネス・スクール（MBA）出身者のキャリア
について，インタビューによる事例を示す。E 氏と F 氏は，パリ以外の地方
のグランゼコールのビジネス・スクールを修了している。グランゼコールの
ための準備クラス出身者であることもあり，猛烈に仕事をすることに慣れて
いる。2 人は職場から戻った後，23 時頃まで自宅で仕事をしている事も少な
くない。E 氏は複数のプロジェクトを管理するためにいくつもの現場を移動
し，各チームに機嫌良く仕事をさせるために差し入れをするなどの気遣いを
しながら深夜まで仕事をしている。しかし，この働き方が自分のアイデン

第 7 章　高等教育修了者の就職における学歴インフレと文理格差

ティティになっているため，いまさら暇な仕事をしたいとは思わないという（藤本 2017:14）[14]。F 氏はアジア担当のプロジェクトマネジャーであり，朝 5 時からスカイプでミーティングをして，9 時に会社へ出勤し，1 日中働いて 18 時頃に帰る。さらに夕方から会議を入れられることもある。F 氏は現在の会社はベンチャー企業の創設の時から関わっているので，組織は「自分の子供」のような気持ちで働いていると述べる。非常に長時間働くが，大きな働きがいを感じているという。しかし，あまりにも過酷な働き方に心身ともに疲弊しており，愛着がある組織ながらやめるつもりになっている。非常に激しい働き方をする難関校出身者たちの姿が垣間見られる（藤本 2017:15）。

▶ 4-3　大学院理系修士・グランゼコール（エンジニア）出身者

　本項では大学院理系修士およびグランゼコール（エンジニア）出身者のキャリアについて，インタビューによる事例を示す。フランスにおける「エンジニア」という学位は非常に特別であり，選抜的な試験をくぐり抜けてきたエリート，準エリート層を指す（イギリスでのエンジニアの職業威信と対極にある）。彼らは，転職する場合，ほとんど失業期間を経験せず，労働市場の中で自由度が高い状態で移動することが多い。G 氏は何社かの正規雇用での就業を経て，現在はフリーランスのエンジニアとして軍事の仕事をしている。常に継続的に雇用されており，失業で困ったことはないという（藤本 2017）。H 氏は派遣される働き方に疲れを感じている。

事例 8：H 氏　男性　30 代　エンジニアリングスクール卒

　　自分の専門性，エンジニアという職業には誇りを持っています。しかし，現在の勤め先はクライアントの所へ 1 週間，1 カ月，半年間，1 年間と派遣で行くこともあるので，あまり気に入っていません。機会があれば落ち着いて働ける企業に転職したいです。

　有利に見える理系の彼らにも能動的転職だけでなく，雇用契約期間切れのために転職せざるを得ないという受動的なものもある。さらに，失業期間を経験しなくてもよいとはいえ，常に興味深い仕事が与えられるとは限らず，部品のように非常に短期間でクライアント企業に派遣されるような雇用形態

14　2018 年 3 月での面談では，E 氏はこのような過重労働をしているのにもかかわらず，正当な評価を与えられなかったためにバーンアウトして，退職している。

205

もあるため，仕事満足度が高いとは限らない。

I 氏は大学を経てグランゼコールでエンジニアの学位を取得した後，9 カ月の CDD（有期）で就職したが，契約切れまでに次の仕事を探さなければならなかった。しかし，現在の雇用主であるアメリカの企業が CDI（無期）で雇用してくれる可能性が非常に高いという。専門は遺伝子工学であるが，現在，従事している仕事は全く異なる分野であり，OJT で指導を受けている。彼女は専門性が評価されているというより，グランゼコール出身という潜在的能力が評価されているといえよう。

事例 10：J 氏　男性　30 代　準備クラスを経てグランゼコール卒

　転職は何度かしていますが，失業期間はほとんどありません。友人に誘われたり，LinkedIn[15] でエージェントから誘われたりします。私のように数回転職する人はこの会社（大手自動車メーカー）には少なく，またフランス大手の自動車会社でもほとんど転職しないエンジニアが多いです。初職からずっとこの会社に勤めている人が多いので，複数の組織を経験している私のような人間は貴重だと思いますが，実は自動車系の大手企業に勤めるエンジニアにはそんなに多くないですね。

　H 氏のようなケースもある一方で J 氏のように大企業，半官半民のような企業に勤めるエンジニアは，長期雇用者が多く，初職のまま勤続している者，1 回のみの転職経験者などが多く，2 〜 3 回の転職経験者は非常に少なく，日本の大企業勤務者と類似した傾向にある。

事例 11：K 氏　女性　30 代　大学を経てグランゼコール卒

　フランスの電力会社は，休職制度や復職制度が整っており，育児休暇や一旦退職しても 5 年以内に戻ってくれば復職できるため，他社に就職する人もいます。私も育児休暇を取って復職しました。しかし，育児休暇を取る前と同じ仕事は大変興味深かったのですが，復職後の仕事は巨大プロジェクトなので，自分の貢献度が見えにくく，あまり興味深くありません。また，復職していきなり責任ある管理職のポジションにつ

15　アメリカシリコンバレー発祥の企業によるオンラインのネットワーキングサイトで主に仕事でのつながりを目的として利用しているユーザーが多い。Facebook がプライベートな情報が多いのに対して，このサイトは職業履歴を重視したコミュニケーションが行われている。

けられたことにもストレスを感じています。数年間，会社を辞めて，ま
た働きたくなったら復職するということを考えてもいいかなとも思って
います。

　フランスにおいても大企業の場合，福利厚生，給与，組織の将来への安定
など多くの利益を得ることができる。ただし，大きな組織では巨大プロジェ
クトの中の一部とならざるをえないことから，自己効用感（self-efficacy）は低
くなり，大企業での待遇の良さはあるものの仕事満足度が高まるとは限らな
いようである。事例 1 〜 11 まで組織に対する愛着を聞くことはできなかっ
た。しかし，L 氏のように興味深い仕事の付与，職場環境，雰囲気がよく，
製品に対する手応えを感じることができ，組織に愛着も誇りも感じているエ
ンジニアもいる。L 氏は給与以上に興味深い仕事の獲得が企業選択の重要な
要因であると述べている（藤本 2017）。
　Céreq の離学後の卒業生調査においても文系 / 理系の就業に関する差は明
らかであったが，事例 1, 3 にも示すように文系は仕事の獲得に苦慮している。
また文系でもグランゼコール出身者は失業することはないが，非常に長時間
労働に耐えて一生懸命働いている（事例 4 の D 氏，5 の E 氏）。理系の人々の
キャリアは CDD でも途切れることなく，就職が可能であることがわかった
（事例 7 〜 12 の G 〜 L 氏）。しかし，能動的な転職だけでなく，CDD による受
動的転職が理系にもあることが明らかになった（事例 9 の I 氏）。ただし，あ
る一定数の人々は最初から CDI での就職ができているため，学歴（大学経由
のグランゼコール出身，または準備クラス経由の出身）によって受動的転職傾向に
違いがあるかもしれない（この問題については第 8 章で検討する）。

5　日本における産業間格差による文理の学歴インフレ

　本節では，日本の産業間格差に見られる学歴インフレの状況を示す。まず，
新卒一括採用が根強い日本の労働市場の中で，大学院修了者が最も多く入職
する産業はどの分野であろうか。図 7-1 に示すのは，大学院卒者の各産業へ
の入職比率である。最も多くの大学院修了者が入職するのは，製造業の
37％である。大企業の場合，自社で研究所を持っている所も多く，研究者，
技術者として，研究・開発に従事する者が多いことが予測される。次に多い

第Ⅱ部　各国の労働制度，教育制度および高度専門職の働き方

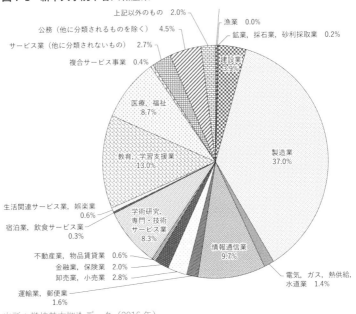

図 7-1　新卒大学院卒者入職産業

出所：学校基本調査データ（2016 年）

のが教育サービス業の 13％で，3 番目に多いのが情報通信系の 10％，4 番目に多いのが医療・福祉系の 9％である。金融・保険業に入職する大学院生は 2％と非常に少ない。日本も多くの場合，高学歴者が低学歴者よりも所得が高いが，さらに詳細に分析を行うと，学歴効果が逆転する現象を発見することができる。日本の大企業は企業の安定性，雇用保障だけでなく，給与，休暇制度等の福利厚生などにおいても中小企業に比べて被用者に多くを与えており，大企業に就業する人々は高学歴者が多く，低学歴者より有利な職を獲得している傾向にある。ところが，これを産業別で分析すると，製造業の場合，企業規模の影響が学歴より強い（藤本 2007, Fujimoto 2017）。表 7-4 に示すのは正規雇用の男性社員の課長相当年齢の 40 〜 44 歳に限定した金融・保険業と製造業の就業者の時給である。金融・保険業の大卒者の時給は事業所規模が最も小さい 30 人未満になっても 1000 人以上の企業の高卒者の時給を下回ることがないが，製造業の場合，999 〜 100 人の企業規模の大卒者は，1000 人以上の企業の高卒者よりも時給が低い。従って，製造業においては，

16　所定時間外所得と給与から年間所得を計算し，それを所定時間外労働時間と決まった労働時間から計算した年間の総実労働時間で割ったもの。

第 7 章　高等教育修了者の就職における学歴インフレと文理格差

表 7-4　業種×学歴×事業所規模（40 ～ 44 歳・一般男性労働者）2019 年

		1,000 人以上		100 人以上		10 人以上	
産業	学歴	時給	指数	時給	指数	時給	指数
金融・保険業	大卒	5,345	100	4,250	80	4,047	76
	高卒	3,915	73	3,327	62	2,971	56
製造業	大卒	4,097	100	3,018	74	2,288	56
	高卒	3,095	76	2,407	59	1,969	48

出所：2019 年度賃金構造基本調査　従業上の地位，ジェンダーの影響を統制するために，一般男
　　　性労働者に限定したデータを使用

表 7-5　産業別学歴別就業者比率

	中学卒	高校卒	高専・短大卒	大学・大学院卒	合計（十人）
金融・保険業	0.19%	9.87%	2.80%	87.14%（院卒1%）	45,703
製造業	3.22%	58.86%	8.34%	29.59%（院卒37%）	422,969

出所：2019 年度賃金構造基本調査　従業上の地位，ジェンダーの影響を統制するために，一般男
　　　性労働者に限定したデータを使用

たとえ高学歴者であっても中小企業に就業している場合，大企業の高卒者よ
りも低い所得になることがありえる。女性社員，非正規雇用社員との比較に
おいて正規雇用男性社員が取り上げられがちであるが，正規雇用男性間でも
産業間格差の構造が見られるのである。

　表 7-5 に示すのは金融・保険業と製造業の就業者を学歴別比率で比較した
ものである。金融・保険業には大卒・大学院卒者が約 87％就業しているの
に対して，製造業は約 30％と非常に少ない。しかし，金融・保険業の大学
院卒者は 2％に過ぎず，製造業の 37％に比べて非常に少ない。表 7-4 の大企
業の高卒者の時給が 1000 人未満の大卒者よりも時給が高かったのは，金融・
保険業においてのマジョリティは大卒者以上であり，高卒者はマジョリティ
の就業者に比べて相対的に時給が低い傾向にあった。また製造業においての
マジョリティは大卒未満者であり，大卒者はマジョリティの大卒未満者より
も同一規模内であれば相対的に高い時給を受け取っている。しかし，製造業
の大企業は大卒未満者にも大きな差を生まない給与体系を整えており，1000
人未満の企業の大卒者より，絶対値として大企業の高卒者が上回ることがあ
る。このことにより，製造業においては学歴よりも企業規模の方が影響が大
きいことがわかる。これは金融・保険業，製造業，双方のマジョリティがマ
イノリティとの関係において「マジョリティの引力」が働き，相対的な差が
ついてはいるが，絶対的には金融・保険業の高卒の方が優位にあり，製造業

図 7-2 産業別年間所得と労働時間

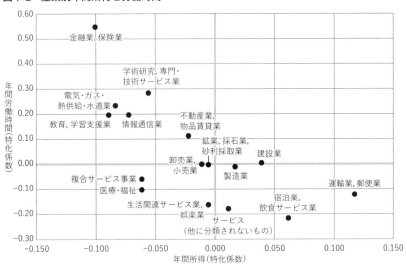

出所:2019 年度賃金構造基本統計調査

の高学歴者の絶対的時給が低く抑えられるという状態が起こるのである。製造業では企業規模を考慮に入れると高学歴者が常に優位とはいえないのである（藤本 2007, Fujimoto 2017）。

さらに日本の場合，図 7-2 に示すような産業間格差の構造があり，必ずしも男性正規雇用者は優遇されている人々ばかりではないことがわかる（藤本 2007, Fujimoto 2017）。金融・保険業は大学院卒者が非常に少ないが，そのほとんどが大卒者で占められており，労働時間と所得において最も優位な業種であることがわかる。また，製造業の所得は中程度であり，労働時間はやや長めの産業である。製造業には先端的な研究開発を行う高度な科学技術分野の大学院を修了した学生が最も多く入職するが，就業者の所得は必ずしも高いとはいえず，反対に大学院卒者の入職率が非常に少なかった金融・保険業の所得は高かった。今日，理系は修士課程まで修了することが有利な就職につながるルートとして制度化されつつあるが，文系は大卒者でも金融・保険業に入職すれば，理系の大学院卒者よりも多くの所得を得られることが見込まれるため，金融・保険業に入職するために大学院に進学する学生は非常に少ない（ただし現在，AI 化が進んでいるため，金融・保険業の構造は変化することが予測される）。従って，日本の場合には理系には学歴インフレが起こっており，フランスの文系の学歴インフレとは異なる現象が起こっているといえよう。

第7章　高等教育修了者の就職における学歴インフレと文理格差

6　フランスの学位・資格とキャリアの関係に対する考察

▶6-1　進路選択における階層間格差による学歴インフレ

　フランスでは教育機会の平等化を目指し，無償で高等教育を提供したにもかかわらず，卒業生の数に見合うほど高等教育修了者が興味深さを感じるような仕事の提供はなされていない。若者は大学を卒業しても興味深さを感じる仕事に就くのが難しいという状況にあり，これは文系分野の高学歴者に起こりがちな現象であることが指摘されている（Duru-Bellat 2006: 64=2008: 104）。Duru-Bellat はこれを学歴インフレ（inflation scolaire）と呼び，「過去15年ほど前から，少なくともバカロレア（この学位は同時期に多様化した）を取得した若年層全体に学位と就職先のミスマッチ現象である『社会的地位の格下げ（déclassement）』が観察できる」（Duru-Bellat 2006: 26=2008: 46-47）と主張している。「グランゼコールの定員は，ほとんど増えていない一方で，ここ15年ほどの間で，もっとも定員が増加した大学の学部（例えばSTAPS［スポーツ科学技術学科］）は，社会的中間層出身の生徒を受け入れている。また，富裕層出身の生徒は，こうした学部を注意深く避けている」（Duru-Bellat 2006: 43=2008: 89）と，進学の際に，既に分野の選択に社会階層，親の知識量が影響していると述べている。彼女は，入学分野の選択が職業選択の格差につながっているため，この学歴インフレ現象が起こっている状況において，不平等を分析するには高等教育修了者という学歴だけでは十分な指標にならないと主張する。Bourdieu（1978）も学歴と就職とのズレを発見し，その問題を指摘した。事例3のC氏や他にも本調査で情報収集した中で，文系の大学生は1年間あるいはそれ以上の期間，就職先を探さなければいけないことに不安を感じていた[17]。フランスの事例からは，教育費が無償化されただけでは，不平等が解消されず，学歴インフレにより社会的地位の格下げが起こることが示唆されている。Duru-Bellat は，「ポルトガルやイギリスでは若年層の教育レベルは低いが，同時に失業率も低い。一方，スペインをはじめとする高等教育への進学率が非常に高い国では，若年層の失業率低下は確認されていない」と述べ，高等教育の付与が失業率に直結するとはいえないことを指摘している

---

[17] 2016年4月　Céreq の研究員にそのことを話すと，「残念ながら，そういう傾向が強いです」と，文系が学歴を重ねても就職が難しい状況が起こっていることに同意した。

211

第Ⅱ部 各国の労働制度，教育制度および高度専門職の働き方

(Duru-Bellat 2006: 66=2008: 107)。特にフランスは産業界とのつながりが弱く，教育制度だけで格差の解消を試みたところに問題解決の難しさが表れている。

▶6-2 高学歴者における仕事のミスマッチと働き方の二極化

事例1に示したように，大卒の高等教育修了者に適合的な仕事が見つかりにいくい状態がある。それは Céreq のデータにも見られたように文系の高学歴者にありがちな傾向である。Duru-Bellat が述べているように学部選択の時点で情報格差があり，文系を「選んでしまった」学生は，より教育年数の少ない BEP や DUT より就職に苦労することがある。また文系の中でも親が教師である子供は低学歴者より高学歴者の方が就職に有利なことを知っており，進路選択に差が見られる[18]。

高等教育への無償化は多くの若年層および生涯教育の場を開く非常に重要な制度であることには違いないが，雇用創出，特に働きがいを感じられる能力発揮の場を提供できるかという点への注力が乏しいと仕事のミスマッチが起こる。高等教育を受けたのにもかかわらず単純労働しか与えられない人々は費やした時間と仕事への期待から失望するだろう。そしてグランゼコール出身者はただ勝ち組として悠々自適に過ごしているわけではない。準備クラスで膨大な勉強量と試験を毎週受け続ける知的作業に耐えうる訓練を受けた人々の仕事への集中力，労働時間は凄まじい。フランスでは，一方で，エリート層は過酷なまでの働き方をし，他方で同程度の教育年数の大学教育を受けた人々は働きがいを感じられる仕事に就くのが難しいという高等教育修了者間においても働き方の二極化が存在するのである。

▶6-3 フランスの社会保障制度

フランスでは失業者のうち1年以上の失業者が40%以上もいる。失業中の保障は生活をしていく上で非常に重要になる。フランスの失業保険は，前職の75%を2年間受け取ることができるため[19]，ある一定以上の所得を得ていた人々は失業中でも落ち着いて仕事を探すことができる。あまり興味のない仕事しかなければ，就職を先送りすることも珍しくない。彼らには失業中

---

18 本調査でも移民2世の若者で大学院まで進学している人の親は教師であるケースがいくつもあった。第8章でも示すが，エンジニア間にも母親が「教師・大学教授」であることが影響していた。

19 フランスの行政サービスのウェブサイト（https://www.service-public.fr/particuliers/vosdroits/F1447, 2017年1月13日取得）

であっても日本のように「恥ずかしい」という規範は強くない[20]。フランスの失業率は10％に近いが，その保障の手厚さや規範の影響のなさを考えると，深刻な失業者と選択可能性を持っている失業者の2種類存在することがわかる。先述したとおり，フランスは非常に高学歴化が進んでいるが，失業者が非常に多く，就職に苦労している人々が多い。つまり，教育年数を重ねても就職が有利に働くのは非常に狭き門をくぐった一部のエリート層だけという現象は変わらない。そうした中，興味深い仕事を重視する傾向が強い教育年数が長い若年者にとって単純労働に興味をもつことは難しく，しかし，選り好みをしているといつまでも就職先が見つからないというジレンマがある。何らかの手当を受け取りつつ，教育，教養と仕事のミスマッチに抵抗を感じ，失業状態を意図的に継続しながら，就職活動を行う人々もいる。失業保険制度が，人々に働きがいを感じられる仕事を探索する選択肢を与えていることが，失業状態の継続を長引かせていることは否めない。保障制度は重要であるが，高等教育を付与することと，高学歴者に見合う仕事が創出されていない現状に問題があることを考える必要がある。先に見たようにエリート層以外，教育効果が社会に受け入れられる体制が整えられていないという問題は，高等教育の機会を与えるだけでは失業率が改善されるのは難しいことが顕在化したものといえる。

▶6-4　雇用制度とコスモポリタニズム

　先述したように，フランスの失業率は非常に高く，殊に若年労働者の失業率の高さは非常に深刻である。アメリカシリコンバレーでの調査の際，若年層は能動的な転職を積極的に行い，自分の成長につながるスキルを身につけ，最終的には自身の会社を起業したり，母国に帰って起業したりしていた。その一方で，ビザの期限により，帰国を余儀なくされる者も多く，また所属企業の倒産や解雇といった受動的な転職をしなければならない者も多かった。従って流動性の高い地域では，ポジティヴな理由だけでなく，ネガティヴな転職理由が存在する。フランスの場合も Céreq の報告書によれば，無期雇用に移行できていない者の比率や失業率が高く，無期雇用の従業上の地位にいられない人々が存在する。これらのことから，フランスの流動性は有期雇用での契約の人々が次の就職先を獲得しなければならない必然性による受動

20　今回のインタビュー調査の中で失業に関する意識についても尋ねている。また情報提供を受けた研究者らからも同様の回答を得た。

的なものが多いことが見えてくる。ただし，これらの人々に共通していたのは，組織が自分にとって興味深くない仕事しか与えないようであれば，組織をやめると言っていたことである。日本の場合，アンケートではそのように回答するエンジニアも多いが，そのような回答をするのは一度も転職したことがない人々が多かった（藤本 2005）。インタビューでこれらのことを話していたのは，それぞれ転職や休職を経験した人々であったため，彼らは我慢ができなくなったら，本当に転職をするだろう。フランスの労働者は，むやみに転職は行わないが，つまらない仕事が続くようであれば転職するという姿勢がある。

7 日本との比較から見るフランスの就業傾向のまとめ

　フランスは高等教育の無償制度を実施しており，第 4 章で示したように就業構造では専門職の占める割合が日本より約 10% 多いのが特徴であった。しかも労働時間は日本より短いが，GDP は世界 6 位を維持している。しかし，フランスの失業率は日本の 3 倍であり，若年層は 4 倍の人々が失業しており，深刻な事態にある。そのため若年層の安定雇用への道のりは厳しいといえよう。学歴と就業の関係は，低学歴ほど無期雇用に移行できる人が少なく，給与も低い。しかし，たとえ高等教育を受けていても，文系の修士などは，技術バカロレアなどの理系資格取得者よりも無期雇用を獲得するのに苦労しているという文理格差がある。従って学歴格差だけでなく，文理選択にも社会階層の影響があり，文系において学歴インフレが起こっている。Duru-Bellat は学校教育が担うべきことと企業で役立つ知識の違いに言及し，フランスの産業界と学校のつながりの弱さを指摘している。彼女はドイツ・モデルのように学校教育だけでなく，企業における見習い制度による職業訓練など，OJT を重視しており，労働組合も密接に関係していること，日本の製造業を例に挙げ，企業内での特化された専門的教育などにより，学生の社会的同化が行われやすいと述べている。しかし，フランスの場合，「能力主義信仰が強く，学校形式に優位性を与えている」ため，何度もドイツや日本の方式に魅力を感じても適用が難しかったと指摘している（Duru-Bellat 2006: 89=2008: 142）。フランスは産業界と学校のつながりの弱さを補完するために中学，高校，大学教育の中に見習い訓練制度（apprentissage）を取り入れ，レ

第7章　高等教育修了者の就職における学歴インフレと文理格差

ベルVに限定していたものをレベルⅠまで見習い訓練を通じて取得できる資格を整備した。加えて全国職業資格認証リスト（RNCP[21]）に登録されている資格も見習い訓練制度により取得できるようにした（村田 2011）。しかし，それはあくまでも資格取得（特に理系専門的職業教育）に主眼が置かれており，その効果が産業界とのつながりとして文系学部，大学院の学生に無期雇用での就職先獲得や失業率の低減という形で現れているとは言い難い。

　フランスでは生涯教育など，社会人になっても新たな労働市場に再参入できる制度を整えられており，働きながら無償で大学，大学院，職業訓練校（民間の業界団体による職業訓練校もある）に行くことができ，日本でも取り入れたい教育制度が多くある。アメリカ西海岸の調査の際にも，フランス調査の際にも，社会的属性にかかわらず再教育された人々，ボランティアで専門的業務への就業により準備が整った人々が労働市場に再参入できるしくみがあった。興味深い仕事を与えられない場合，所属組織をやめるという回答は，日本を含め，専門職によく見られる傾向である。しかし，実際にそれを行動に起こせるのは外部労働市場が発達する社会の人々に限られがちである。また定着に関しては，フランスの大企業に雇用される長期勤続者が，動かない方が有利な状況にあるという「ローカル・マキシマム[22]」状態にあり，日本と類似した行動をしていることがわかった。

　外部労働市場の社会では，誰かを雇用するということは，よほどの好景気時でなければ，誰かが解雇される可能性があるということである。第4章で示したように日本では正規雇用者は解雇4要件のルールがあり，その要件が整わなければ従業員を解雇できないため，長期雇用が前提となっている。解雇される可能性が今の条件以上に緩和されることがあれば，その分，労働市場は発達するだろう。しかし，解雇の不安に苛まれる確率は今より高まり，フランスの失業率の3分の1以下という日本の状況は維持できない。モビリティを高める政策を実施するのであれば，失業保険制度，生涯教育制度などを同時に整える必要がある。また，すべての人に平等な教育機会を与えたい

21　CNCP（フランス国立職業資格認定委員会）のウェブサイト（RNCP ［CNCP が提供している国家職業認定のリストのサイト］ http://www.rncp.cncp.gouv.fr// 2017年1月13日取得）

22　当該業界のトップにあり，他社への転職は下方への移動となり，またその企業の社員であることが一定の地位として社会から信頼を得るような場合，ある限られた範囲でのトップというローカル・マキシマム状態にあり，動くに動けないという状況にあるといえる（藤本 2005）。ただし，彼らの場合，5年間，他社に勤務しても復社できる猶予もあるため，移動に関しては日本よりも柔軟に考えていると予測される。

と考えられたフランスの教育制度はその結果，皮肉なことに就職活動のために行われる学歴蓄積のエスカレーションによる学歴インフレを起こし，雇用主に学歴が選別の指標にならなくさせると同時に，見えない質的な選択（表立っては言わないが階層間格差や人種差別）をさせてしまっている可能性があることも知っておく必要がある。

　また，フランスの文系における学歴インフレは，日本の高等教育修了者には起こっておらず，反対に理系は修士課程を修了することが望ましいと考えられることが多く，制度化されつつあり，理系には学歴インフレが起こっているといえよう。日本は新卒から間断なく，初職に就き，継続雇用されることが「望ましい」という規範が今でも強い（2019 年度から一括採用を見直す企業もある）。女性の就業に関するしくみは育休制度が広く普及しつつあるものの，「継続」しか選択肢を与えていない。就業を中断して職業訓練を受けて正規雇用労働者として再開できるという選択肢はかなり少ない。それはたとえ専門職であっても難しいことも少なくない。流動性の背後に何があるのか，それを解決するために当該国がどのような複数の制度を整えているのか（欠落しているのか），またその環境にいる人々にとって組織がどのような存在であるのか，それらについて今後も検討する必要がある。

藤本 昌代

参考文献

Bourdieu, P.（1978）. Classement, déclassement, reclassement. *Actes de la Recherche en Sciences Sociales, 24*(1), 2-22.

Céreq（2014）. *Quand l'école est finie: Premiers pas dans la vie active de la génération 2010. Enquête 2013.* Centre d'études et de recherches sur les qualifications.

Céreq（2015）. *Training & empowment.* No. 116, March-April 2015.

CNCP（フランス国立職業資格認定委員会）のウェブサイト（RNCP［CNCP が提供している国家職業認定のリストのサイト］2017 年 1 月 13 日取得，http://www.rncp.cncp.gouv.fr）.

Davoine, L., & Méda, D.（2008）. Importance and meaning of work in Europe: A French singularity. *Document de Travail,* 96-2.

Duru-Bellat, M.（2006）. *L'inflation scolaire: Les disillusions de la méritocratie.* Seuil et la République des Idées（林昌宏訳『フランスの学歴インフレと格差社会』明石書店，2008 年）.

Duru-Bellat, M.（2015）. *Access to Higher Education: The French Case*（2016 年 1 月 20 日 取 得，https://halshs.archives-ouvertes.fr/halshs-01103597/document）.

藤本昌代（2005）.『専門職の転職構造―組織準拠性と移動』文眞堂.

藤本昌代（2007）．「産業・労働問題と世代論―「豊かさ」の産業間格差」『フォーラム現代社会学』6，25-34．

Fujimoto, M. (2011). Trends in changing jobs by professional personnel in high mobility regions – The case of Silicon Valley, U.S. –. Institute for Technology, Enterprise and Competitiveness, Doshisha University, *Working Paper*, 11-02.

藤本昌代（2015）．「高流動性社会における就業者の組織への忠誠心と互酬性―米国西海岸シリコンバレーの専門職の転職行動から」『ソシオロジ』60(1)，3-21．

Fujimoto, M. (2017). Difference in hierarchical disparities seen in the employment structure and the educational system of Japan and France. Society of the Advancement of Socio-Economics 29th Proceedings.

藤本昌代（2017）．「フランスの就業構造と高学歴者のキャリア―学歴インフレと不平等」『同志社社会学研究』21，1-24．

文部科学省（2014）．『平成 23 年度生涯学習施策に関する調査研究：諸外国における後期中等教育後の教育機関における職業教育の現状に関する調査研究報告書』．

村田弘美(2011)．「フランスの実践型人材養成システム―見習い訓練制度のしくみと実際」『Works Review』6，132-145．

筒井美紀（2006）．『高卒就職を切り拓く―高卒労働市場の変貌と高校進路指導・就職斡旋における構造と認識の不一致』東洋館出版社．

第 **8** 章
フランスの管理職・専門職の長時間労働とノブレスオブリージュの瓦解

はじめに

　本章はフランスの高学歴者，特に社会的に評価が高い「エンジニア」資格取得者に着目し，彼らのキャリアおよび就業観についての調査データの分析を中心にまとめる。フランスでは外部労働市場がある程度発達しているが，アメリカ西海岸のように頻繁な転職は行わない。周囲の人々が非常に動く社会にいる個人であるのか，人々が定着する社会にいる個人であるのかによって，個人の規範や志向，行動は異なると予想される。

　特にフランスの場合，高度専門職の移民も多く，転職する人々も少なくない。職業への関与が高い専門職が，外部労働市場の発達した社会にいる場合，組織への関与は低くなるかもしれない。また公的機関－民間企業という所属組織の特性は，彼らの態度にどのような違いをもたらすだろうか。そして高学歴者で社会的評価が高いエリート層と目される彼らは社会，組織におけるノブレスオブリージュ[1]を内面化しているだろうか，それとも経済的報酬を最優先させる利己的な考えを持っている者が多いのだろうか。以下ではフランスの「エンジニア」のキャリアや就業観について検討を行う。

1　身分の高い者はそれに応じて果たさねばならぬ社会的責任と義務があるという，欧米社会における基本的な道徳観のこと。

219

第Ⅱ部 各国の労働制度，教育制度および高度専門職の働き方

1 エンジニアとカードル

フランスの「エンジニア (ingénieur)」という資格は第Ⅰ部で説明されたように「カードル (cadre)」と呼ばれる経営にも関わるような特別な幹部，指導的立場もしくはそのような立場になることが予測された管理職（若年カードルから始まる）との連結が強く，カードル待遇で採用されるか否かはその後のキャリアに大きな違いをもたらす。第7章では文系の学歴インフレの事例を示したが，単に高学歴だけでは上位職へのキャリアが開けていない現実がフランスにはある。では「エンジニア」という特別な資格取得者は優位に就業しているのだろうか。彼らには格差などないのだろうか。

「エンジニア」が，かつてはグランゼコール（以後，G.E. と表記する）出身者にのみ付与された資格であったことから，「エンジニア」の資格を有する者はカードルに就くことが多い。フランスの官庁データでは，職業分類で高度な専門性を持つ人々の就く職業として「カードル・高度専門職」というカテゴリーで分けられており，「エンジニア」資格取得者はここに分類される職業に就いていることが多い。そして G.E. は単なる難関校であるだけでなく，幹部候補者育成機関でもある。国民教育省以外にも（むしろ他省庁の方が）レベルの高い G.E. があり，工業省管轄の鉱業分野の幹部候補生を育成する Mines de Paris（パリ国立高等鉱業学校），国防省管轄の軍人の幹部候補生を育成する Polytechnique-Palaiseau（エコール・ポリテクニーク）など，幹部候補生たちはそれぞれの分野で若年カードルから経験を積んだカードルになるまで，多くの場合，同一の組織で内部労働市場の中で昇進していく（葉山 2008）。

フランスでは高等教育を受けた人々と機会が与えられなかった人々との格差が議論されることが多いが，ここでは高等教育修了者に焦点を当てて議論する。カードルは長時間，集中して職務をこなすことに耐えうる気力，体力を徹底的に訓練されているため，非常に長時間働く人々が多い（Calmand et al. 2009）。しかし，裁量労働という制度の下，あまりにも過酷な長時間労働を行うことが見過ごされてきたため，カードルの働き方も1980年代から問題視され（Boltanski & Goldhammer 1987），通称オブリ法と呼ばれる労働法によって不透明な長時間労働にメスが入れられた経緯がある[2]。カードルはこれまで執行役員クラスの人々，数パーセントの「エンジニア」資格を持った人々を想定し，裁量労働，長時間労働と権限，報酬等々が「特別」な存在として自

明視されてきた。しかし，多様なエンジニアスクールによって，「エンジニア」資格取得者が増加し，彼らは執行役員クラスの特別な管理職ではないカードルにも就くようになった。そのため実態として執行役員クラスの特別な指導的カードルだけでなく，集団的労働時間の範囲内で就業するカードル，執行役員ほどの権限や給与は与えられないが専門職としての自由裁量が与えられている研究職やジャーナリストなどの中間的カードルの3種類がある。企業によって中間的カードルとその他のカードル，また非カードルの人々の処遇はあいまいで，組織間で共通した明確な職業定義によるランク付けはなく，各社で異なる階梯が形成されている（葉山 2008）。

　カードルの制度は多様で，指導的なカードル（執行役員のように経営に関わるレベル），プロジェクトの責任者としての指導的カードル，高度専門職としてのカードル，そして経験の浅いカードル，さらに「エンジニア」資格がなく内部昇進でカードルとして認められる場合があり，その企業のみに通じる社内エンジニア資格付与制度を持つ企業もある。企業が在職しながら G.E. で学ぶことを支援し，「エンジニア」資格を取得できるようにすることもある。エリートコースからのカードルだけではないため，カードルになった社員の給与は非カードルとの境界が曖昧な場合もある。彼らが熱心にカードルになろうとするのには，定年後の年金制度に関係しており，カードルのための年金制度に入れることが彼らを動機付けるという。葉山の大手自動車メーカーや鉄鋼メーカーの調査では，カードルは大企業の中で発達している内部労働市場の中で昇進することが多く，組織定着率が高く，忠誠心も高い傾向があった。調査された自動車メーカーでは，カードルに比べて非カードルがあまり不利にならないように均等化の努力がなされており，1999年では彼らの給与差は最大で従業員平均賃金1カ月分よりも少なく，若年カードルから経験を積んだカードルへ昇進するのには中年期にまで年数を要していることから，「遅い選抜」は決して日本特有ではないと結論づけられている（葉山 2008）。葉山の調査からはフランスの自動車メーカーにおいても，日本の自動車メーカーに通ずるような平等意識が見て取れる。ただし，後述するように鉱業系や金融系は所得が非常に高いため，フランスのエリートにおいても

2　この労働法は通称オブリ法と呼ばれ，2000年に特に第2法でこれまで自明視されてきたカードルの長時間労働の働き方に踏み込んで労働制の整備を行ったことで知られる。
https://www.legifrance.gouv.fr/affichTexte.do;jsessionid=FD566A197D14C1DDBE6AA
1EDB333C3B8.tplgfr37s_1?cidTexte=JORFTEXT000000398196&dateTexte=20000120
&categorieLien=cid#JORFTEXT000000398196

第Ⅱ部　各国の労働制度，教育制度および高度専門職の働き方

従事する産業によって所得が大幅に異なり，日本における高学歴者での産業間格差にも似た傾向がある（藤本 2007, Fujimoto 2017）。

　また，カードルは急速に増加したことで，「大衆化」が進んだため，カードル内の階層性も進んだ（Bouffartigue et al. 2011）。かつてのカードルは特別な存在であり，彼らが内部労働市場で昇進し，長期間勤続することで，企業への帰属意識が高まると言われてきたが，途中入社のカードルや特別な存在ではないカードルが増加しているため，カードルの意識が変化してきていると予測されるのである。またカードルも指導的カードルだけでなく，専門職として働くカードルも多く，統括に当たるカードルより，「生産者」として働くカードルが増加している（葉山 2008）。そのような中，長時間労働し続ける[3]カードルのストレスは非常に問題視され，先述した労働制度の見直しがついにカードル層にも及んだという経緯がある（Bouffartigue & Bouteiller 2000）。かつては一定の経営権を委託され，自律性を付与され，「信頼の雇用者層」という特殊な関係であったが，現在ではその労使関係が崩れ，「信頼クライシス」が起こっているという（葉山 2008）。

　オブリ法でメスが入れられたカードルの働き方ではあるが，彼らの長時間労働は解消されていないことが多くの研究からわかる（Boltanski & Goldhammer 1987, Bouffartigue & Bocchino 1998, Bouffartigue & Pochic 2001, Bouffartigue & Bouteiller 2000, 2003, Coutrot & Guignon 2002, Jacquot & Setti 2006, Maugeri 2016, Thoemmes & Escarboutel 2009, Thoemmes 2009）。

　例えば，Thoemmes et al.(2011) は，カードルたちへの調査結果から，長時間労働する際に，自宅に仕事を持ち帰ることは，プライベートな生活と仕事の境界がボーダレスになり，仕事時間が私的空間を浸食し，精神的な安定を著しく脅かすという回答をまとめている。そして近年の動きとして注目されている「電子ネットワークにつながらない働き方」（Prost & Zouinar 2015）についても強く望む回答が多く，24 時間つながれる状況がカードルにとって非常につらい環境であることが指摘されている（Genin 2014）。Bell（1976=1975）や Toffler（1980）などの頃から，ネットワーク環境が整えば，自宅でも仕事ができると言われ，また，近年では女性の柔軟な働き方として，ネットワー

3　1984 年から 2013 年までのデータを比較したフランス労働省の報告書にもカードルの長時間労働がうかがえる。http://dares.travail-emploi.gouv.fr/dares-etudes-et-statistiques/etudes-et-syntheses/synthese-stat-synthese-eval/article/l-organisation-du-temps-de-travail

ク環境は今や外せない重要な要素であると考えられている。しかし，長時間労働に苦しむカードルたちからは，ネットワークにつながらないということを見直さなければ，自分の私的空間が守られず，エンドレスに仕事をせざるをえない事態に陥る懸念があることがわかる（Thoemmes et al. 2011）。専門性を要する人々の働き方は，単純に仕事を行う場所の自由だけでなく，技術的につながれてもつながない，絶つことができる時間を自律的に制御できなければ，本当の意味での裁量労働とはいえない。

　長時間労働の問題だけでなく，特別な存在から大衆化した「エンジニア」資格取得者には学歴インフレが起こると同時に企業に対する責任意識や社会的な立場に対するノブレスオブリージュにも影響があるのではないかと予測される。社会からの期待，評価，経済的報酬と共に引き受けてきた重責は，特別な存在でなくなってくると同時にその規範は緩むのではないだろうか。長時間労働も辞さない覚悟で背負ってきた組織を代表する気持ちが報われないと感じるなら，様々なことを犠牲にしてまで社会や組織のために頑張ろうという気持ちは低減するのではないだろうか。またそもそも「生産者」としてのカードルにはそのような組織を背負う意識もないのではないだろうか。「生産者」であるにもかかわらず，長時間労働を強いられ，残業代の支給対象外にされてしまうと彼らのモチベーションは非常に下がるのではないだろうか。Thoemmes et al. は，カードルたちはその職位に就いているというプライドのために，「時間を制御できない」とは言えず，周囲との連帯も減少し，緊張する時間に長く耐え，どんどん状態が悪化していることを危惧している。

　以下では「エンジニア」資格取得者がカードルとして就業していることが多いという状況を踏まえて調査データを検討する。検討する要素として，「エンジニア」資格取得におけるルートの違いや世代がどのような傾向差をもたらすのか，彼らを取り巻く社会関係資本，彼らが就業するセクターおよび勤務地，就業産業，職業，企業規模，中心部にいるエンジニア，エンジニアの転職行動，カードルとしてのエンジニアの就業観と組織，社会に対する意識，ワークライフバランスの関係等々に着目して分析を行う。以下の分析部では「エンジニア」資格取得者を「エンジニア」と省略して表記する。ただし，文脈上，資格という文言を補足的に入れる場合がある。

第Ⅱ部　各国の労働制度，教育制度および高度専門職の働き方

2　分析データの回答者概観

　本節では本章で分析するデータについて回答者の概要を示す。分析する
データはフランスのエンジニアスクールが協力して卒業生の動向調査を行っ
ているものであり，IESF（L'association Ingénieurs et scientifiques de France）による
2012 年の第 23 回エンジニア調査（Ingenieurs et Scientifiques de France）である[5]。
エンジニアスクールは，かつては G.E. だけのことを指していたが，近年，
G.E. と称するエンジニアスクールは必ずしも難関校ではないものもあり，
本調査にも準 G.E. レベルのエンジニアスクールが含まれている。それらの
学校も「エンジニア」資格を付与することができるため，本章では「エンジ
ニア」には難関の準備クラスから難関の G.E. に入学した人々だけではない
人々も含まれる広義のカテゴリーとして扱う。そのため，分析はエンジニア
資格取得ルート別の検討も行っている（後述）。なお，これらのデータを第 3
節，第 4 節で分析した後，第 5 節において 2017 年版の DARES（フランス労働
省）の労働時間に関する調査報告書[6]を参照しながら，現代のカードルがどの
ような働き方をしているかを確認し，これらを踏まえて第 6 節で考察を行う。

▶2-1　サンプルサイズ，データ構成

　調査対象者は先述したとおり，フランス全土のエンジニアスクールの卒業
生であり，国内外の就業者を含む本調査は彼らが所属する卒業生の同窓会連
合（参加校は約 180 校の同窓会と約 30 の学会）を通して 7 万 5000 人の「エンジニ
ア」への調査が実施されたものである。調査の実施時期は 2012 年 2 月であ
り，その中に本研究の項目も大問（各 10 問）2 つの挿入を許された。回答者
は 3 万 8701 人であり，うち男性・3 万 882 人，女性・7819 人，世代は 20[7]

4　設立は 1860 年の伝統ある機関であり，当初は頻繁にはエンジニアの調査を実施していなかっ
　　たが，近年は毎年行っている。

5　現在は調査データは企業等に有償で提供されるようになった。2012 年調査では Comité
　　d'études sur les formations d'ingénieurs（CEFI）が取りまとめをしており，23el'enquête
　　d'Ingénieurs et Scientifiques de France（CNISF）に参画を許可された。この機関は，技術者
　　と科学者の社会的支援を目的としており，エンジニアと科学者の就業の促進，科学技術研究に
　　おけるフランスでの地位の発展，労働市場へのマッチング，業界へのアピールを行っている。

6　INSEE の労働力調査データ 2017 年度版
　　https://www.insee.fr/fr/statistiques/2891736?sommaire=2891780

7　若年層の失業率が深刻なフランスにおいて，在学中のインターンシップ制度の効果を把握する
　　ために 20 代，30 代が多めにサンプリングされている。

代・1万4631人，30代・1万3692人，40代・6056人，50代・3330人，60代・992人である。

▶2-2 「エンジニア」の分類

先述したように，かつてはG.E.出身者のみが取得する資格であった「エンジニア」であるが，現在は多様なルートでの資格付与がなされている。そこで，本章ではやや開放的になった「エンジニア」資格を取得するまでの経路と到達したエンジニアスクールのレベルによる違いが，その後の彼らの就業にどのような影響を与えるかを比較する。G.E.自体，難関「準備クラス」を経てもなかなか入学するのが困難なレベルであるが，さらにその中でも超難関G.E.があり，一つ目のG.E.を修了した後，さらに高みを目指して，超難関G.E.で学ぶ学生もいる（橘木2015）。倒産寸前に陥った日産自動車の立て直しで日本で有名になったカルロス・ゴーン氏も，複数のG.E.を卒業しており，最終学歴は超難関G.E.と言われる「パリ国立高等鉱業学校（École nationale supérieure des mines de Paris）」である。

分析では，超難関G.E.[8]，例えば，エコール・ポリテクニークなどの有名G.E.と，それ以外のエンジニアスクール（1：超難関G.E. 2：それ以外のエンジニアスクール）の出身者の違いを比較する。また項目によってはエンジニアスクール入学時の資格[9]（1：「エンジニアスクールのための準備クラス修了証書」を取得しているか，2：その他のルート）の違いがその後のキャリアや給与，職位にも影響することがあるため，それらも分析を行う。そして出身校の難易度とエンジニアスクール入学時の資格を組み合わせた変数として，「エンジニア」3種（1：準備クラス経由＋難関G.E.，2：その他のルート＋難関G.E.，3：その他のエンジ

8　École des Ponts ParisTech（国立土木学校），Supelec Gif-sur-Yvette（高等電気学校），AgroParisTech ingénieur（パリ農業技術学校），Mines de Paris（パリ国立高等鉱業学校），SUPAERO_Toulouse（国立宇宙航空学校），POLYTECHNIQUE_Palaiseau（エコール・ポリテクニーク），ENSEEIHT_Toulouse（トゥールーズ国立理工研究所），ESPCI ParisTech（パリ市立工業物理化学高等専門大学），SupOptique_Orsay（大学院−光学研究所），ENSTA_Paris（国立先端技術学校），Telecom_Paris（Enst）（国立電気通信学校）。

9　1. Bac（prépas intégrées）高校卒業証書，2. Classes préparatoires　エンジニアスクール準備クラス修了書，3. DUT　2年間の高等教育機関での技術教育修了書，4. BTS　DUTとは別のプログラムの）2年間の高等教育機関での技術教育修了書，5. Autres Bac+2 ou 3　その他の大学での2年間の学習修了書，6. Bac+4 ou plus　大学4年卒業証明書，7. Autre, dont diplôme étranger　その他，海外の大学卒業証明書，これらの7パターンのうち，準備クラスを経ているか否かということが，他の学生より厳しい選抜をくぐり抜けてきたことを示す指標となる。さらにカテゴリー1，3，4，5，6，7のルートでエンジニアスクールに入学する人の数は非常に少ないため，これらを一つのカテゴリーにまとめた。

225

第Ⅱ部　各国の労働制度，教育制度および高度専門職の働き方

ニアスクール）で，就業産業，職業，社会関係資本，組織特性，仕事への意識
の違いを分析する。準備クラス経由の「エンジニア」は初職からカードルと
して採用されることが多い（清水 2006）。本データでは難関 G.E. 出身者だけ
でなく，エンジニアスクール出身者はすでに 20 代でカードルの職位に就い
ている者が非常に多いことが確認されている。ただし，カードルとして就業
している企業規模は様々であり，中高年ほど上位レベルのカードルになって
いることから，葉山（2008）も述べていたようにフランスのエリートの昇進
にはカードル間で年功序列の構造が見られる。次節以降では，多様な「エン
ジニア」が輩出されるようになったことが，どの程度，開放的な結果につな
がっているのか，また，就業する産業構造，職業の違いに大きな差は見られ
ないのか，これらについて分析を進める。

3　「エンジニア」資格取得ルート別の属性，行動の特徴

▶3-1　「エンジニア」の社会的属性

　本節ではサンプルの「エンジニア」の性別，世代の構成比について概観す
る。回答者の性別比は男性が 79％，女性が 21％であり，男性が圧倒的に多
い。ただし，IESF 調査の 2017 年報告書では，大学院卒の女性の「エンジニ
ア」は 30％近い人数に増加していると記述されている[10]。性別による出身校
の構成比は，最も難関である準備クラスからの難関 G.E. 出身者は男女とも

表8-1　エンジニアの資格取得ルート別管理職比率（%）

	エンジニアおよび一般的管理職	非管理職	その他	合計（%(人)）
準備クラス -G.E.	85.8	3.6	10.9	100（2,681）
その他ルート -G.E.	86.9	3.8	9.3	100（373）
G.E. 以外のエンジニア	84.0	5.0	11.0	100（34,081）
20 代	78.3	8.9	12.8	100（14,631）
30 代	91.1	3.4	5.5	100（13,692）
40 代	89.9	1.6	8.5	100（6,056）
50 代	85.0	1.1	13.9	100（3,330）
60 代	42.1	1.3	56.6	100（992）

10　https://www.dimension-ingenieur.com/ingenieurs-resultats-enquete-nationale-iesf-2017/2143

約7％であり，非常に少なく，ほとんどがそれ以外のG.E.，エンジニアスクール出身者である（付表8-1）。世代構成は20代はキャリアの途中のためか，「エンジニア」の大衆化のためか，若干，難関G.E.出身者の比率が他の世代より少ない。20〜60代まで，いずれの世代でも難関G.E.の比率は低く，G.E.以外のエンジニアスクール出身者が90％以上を占めている（付表8-2）。表8-1に示すのはエンジニア資格取得ルート別，世代別の従業上の地位である。「エンジニア」資格取得ルート別に大きな差はなく，彼らの約85％はカードルとして就業している。世代で比較すると，20代はややカードルの比率が低く78％であるが，30〜50代は85〜91％と非常に高い比率でカードル職に就いていることがわかる。

▶3-2 「エンジニア」を取り巻く社会関係資本

Bourdieu（1978），Duru-Bellat（2006=2008）によれば，優位にある高学歴者の進路決定における社会関係資本として，親の職業，特に父職が大きく影響している。IESF（2012: 6）の報告書にも「エンジニアの半数は父職がカードルか高度専門職である」と記述されている。「エンジニア」を取り巻く社会的環境として，社会関係資本は，やはり彼らの進路選択に大きく影響している。では，フランスの中で特別な資格であり，優位な立場にある者として位置する「エンジニア」は，みな一様に優位な状況にあるのだろうか。「エン

表8-2 エンジニア資格取得ルート別社会関係資本（%）

		企業代表，（医師，弁護士などの）自由業	エンジニア	その他の管理職	教師，大学教授	その他	合計（%（人））
準備クラス-G.E.	父職	16.9	23.8	21.7	11.8	25.7	100(2,621)
	母職	6.1	2.3	9.7	23.3	58.7	100(2,625)
	男性・パートナー	5.9	25.0	33.9	11.2	24.0	100(1,213)
	女性・パートナー	5.7	60.3	16.3	3.8	13.9	100(368)
その他ルート-G.E.	父職	11.7	17.5	21.7	12.0	37.0	100(359)
	母職	4.4	1.9	7.5	20.0	66.1	100(360)
	男性・パートナー	7.6	22.3	28.7	15.9	25.5	100(157)
	女性・パートナー	4.8	58.1	19.4	1.6	16.1	100(62)
G.E.以外のエンジニア	父職	13.6	15.0	21.9	8.4	41.2	100(22,672)
	母職	4.8	1.1	8.8	15.8	69.4	100(22,733)
	男性・パートナー	5.9	19.2	25.3	12.5	37.1	100(10,637)
	女性・パートナー	5.8	56.3	16.8	2.2	18.9	100(3,281)

第Ⅱ部　各国の労働制度，教育制度および高度専門職の働き方

ジニア」間の資格取得ルートによる違いはどのようなものであろうか。表
8-2 に示すのは「エンジニア」の資格取得ルート別の父職，母職，パート
ナーの職である。最も傾向が歴然と現れているのは父職であり，準備クラス
経由の難関 G.E. 出身者の父職は「エンジニア」が最も多く約 24％，次いで
「その他の管理職」が約 22％，そして医師・弁護士などの伝統的な専門職が
約 17％である。また母職は「教師・大学教授」が約 23％と最も多く，次い
で「その他の管理職」が約 10％である。そして回答者が男性の場合，パー
トナー[11]の職は「その他の管理職」が約 34％と最も多く，次いで「エンジニ
ア」が 25％，そして「教師・大学教授」が約 11％である。回答者が女性の
場合，パートナーも「エンジニア」が約 60％，次いで「その他の管理職」
が約 16％である。その他のルートの難関 G.E. 出身者の場合，父職で最も多
いのは「その他の管理職」の約 22％であり，次いで「エンジニア」が約
18％，そして「教師・大学教授」が約 12％，「伝統的な専門職」が約 12％
である。準備クラスを経由するか否かは父職の違いに大きく現れている。母
職は準備クラス経由の難関 G.E. 出身者とその他のルートからの難関 G.E. 出
身者とで大きな差は見られず，「教師・大学教授」が約 20％，「その他の管
理職」が約 8％と類似している。回答者が男性の場合，パートナ－の職業は，
「その他の管理職」が最も多く約 29％であり，次いで「エンジニア」が約
22％，そして「教師・大学教授」が約 16％とエンジニアの比率がやや下がる。
回答者が女性の場合，パートナーの職業で最も多いのは，「エンジニア」で
約 58％，「その他の管理職」が約 19％であり，パートナーの職業では難関
G.E. 出身者間で資格取得ルートに大きな差は見られない。

　その他のルートのエンジニアスクール出身者の場合，父職は「その他の管
理職」が最も多く約 22％，次いで「エンジニア」が約 15％，そして医師な
どの「伝統的専門職」が約 14％である。父職の傾向から，「エンジニア」の
資格取得ルートの難関さと父職の「エンジニア」率とが共変していることが
わかる。母職は「教師・大学教授」が最も多く約 16％であり，次いで「そ
の他の管理職」が約 9％であり，「エンジニア」の資格取得ルートの難関さ
が下がると母親の「教師・大学教授」比率が低くなっていることがわかる。
このことから「情報源」としての母親の役割が子供の進路に影響を与えてい
ると考えられる。男性の場合，パートナーの職業は，「その他の管理職」が

11　フランスの場合，事実婚も多いため，「妻」という表現を使っていない。

最も多く約25％であり，次いで「エンジニア」の約19％であり，そして「教師・大学教授」が約13％である。女性の場合，パートナーの職業で最も多いのは，「エンジニア」の約56％であり，次いで「その他の管理職」が約17％である。従って，回答者が男性の場合，パートナーの職業はエンジニア資格取得ルートで異なる傾向があったが，回答者が女性の場合，パートナーの職業には大きな差はないといえよう。

▶3-3　中心部にいる「エンジニア」

　本項では「エンジニア」の勤務地と企業規模を資格取得ルートで比較する。勤務地，企業規模を検討することは，物理的，存在的意味の両方において中心的な位置を占めている度合いを理解する上で役立つ。表8-3に示すのは彼らの勤務地と企業規模である。勤務地に関しては，準備クラス経由のG.E.出身者が約63％と最もパリ近郊に多く，次いでその他のルートのG.E.出身者で約56％である。そしてそれ以外のエンジニアスクール出身者は約60％が郡部で勤務している。企業規模に関してはG.E.出身者にルートの違いは現れておらず約71％のG.E.出身者が大企業に勤務していることがわかる。それに対して，それ以外のエンジニアスクール出身者は約60％とやや低い。文系に比べて優位な就職をしている「エンジニア」であるが，「エンジニア」間でも資格の難易度で中心的な位置で勤務しているか否かが分かれていることがうかがえる。

▶3-4　「エンジニア」が就業するセクターとその威信

　では，「エンジニア」はどのようなセクターで就業しているのだろうか。難関G.E.出身者は，高額の給与を得られる民間企業に集中して就業してい

表8-3　勤務地と企業規模（％）

	勤務地			企業規模		
	郡部	パリ近郊	合計（%(人))	2,000人未満の企業	2,000人以上の企業	合計（%(人))
準備クラス-G.E.	37.3	62.7	100(2,040)	29.5	70.5	100(2,120)
その他ルート-G.E.	43.9	56.1	100(294)	28.5	71.5	100(295)
G.E.以外のエンジニア	60.2	39.8	100(25,549)	40.1	59.9	100(28,087)

表 8-4　資格取得ルート別就業セクター（%）

	民間	公・半官半民	合計（%（人））
G.E.（両ルート）	74.1	25.9	100(4,289)
それ以外	82.7	17.3	100(31,316)

表 8-5　公・半官半民セクターと年収の関係（%）

	€40,000 以下	€40,001 ～ €53,000	€53,001 ～ €75,000	€75,000 以上	合計（%（人））
民間	30.5	20.2	22.0	27.2	100(29,073)
公・半官半民	37.5	19.2	22.4	20.9	100(6,532)

表 8-6　「エンジニア」の資格取得ルート別就業産業（%）

	製造業 コンピューター関連	機械・機器・兵器製造業	輸送・航空関連機器製造業	電気，ガスなどの配給産業	通信	銀行・保険・金融機関	ITサービス・ソフトウェア関連	エンジニア企業	国立研究機関	公共事業	石油，鉱物等の採取業	その他産業	合計（%（人））
G.E.	5.7	3.8	13.7	6.2	4.3	7.4	8.8	4.3	5.6	5.3	3.1	31.8	100(4,282)
非 G.E.	3.9	5.2	11.0	4.1	3.2	5.3	10.7	6.7	2.7	3.3	2.0	43.7	100(31,251)

るのだろうか。表 8-4 に示すのは，資格取得ルート別就業セクターである。難関 G.E. 出身者は資格取得ルートにかかわらず，公的機関，半官半民組織に就業している比率が約 26%であり，それ以外のエンジニアスクールの約 17%より高い。幹部養成機関として期待されている G.E. 出身者は公的機関に勤務することが誇りであり，組織の威信も高いことが窺える。

　表 8-5 に示すように公的機関・半官半民企業よりも民間企業の方が年収 €75,000 以上が約 6 ポイント多く，€40,000 以下が約 7 ポイント少ない。この就業セクターの違いは彼らの就業態度にどのような違いをもたらすのだろうか。表 8-6 に示すように，就業産業を比較すると，「輸送・航空関連機器製造業」に最も多くの人々が従事しており，難関 G.E. 出身者が約 14%，その他のエンジニアスクール出身者が約 11%である。次に多いのが「IT サービス・ソフトウェア関連」であり，難関 G.E. 出身者が約 9%，それ以外のエンジニアスクール出身者は約 11%である。その他，国立研究機関，公共事業に従事する難関 G.E. 出身者が約 6%であるのに対して，その他のエンジニアスクール出身者は約 3%とやや少ない。

　表 8-7 に示すのは最も多くの「エンジニア」が就業する「輸送，および航

表 8-7　輸送，および航空関連機器製造業における G.E. 出身者比率（%）

	飛行機	宇宙船	自動車	鉄道	その他	合計（%(人))
G.E. 出身者	42.0	16.4	31.8	7.9	1.9	100(584)
非 G.E. 出身者	35.4	6.6	46.6	7.6	3.8	100(3,443)

空関連機器製造業」の詳細な分野別の就業比率である。難関 G.E. 出身者は，約 42% が飛行機製造に関わっており，次いで自動車製造が約 32%，そして宇宙船製造に約 16% が従事しており，その他のエンジニアスクール出身者は，自動車製造に約 47%，飛行機製造に約 35%，宇宙船製造に約 7% が従事している。これらのことから，難関 G.E. 出身者の方が先端的，重点化分野に従事していることがわかる。また，難関 G.E. 出身者の就業が比較的少ない「機械，機器，兵器製造」のうち防衛関連産業に従事する「エンジニア」は 66% であり，それ以外のエンジニアスクール出身者は 24% と大きく比率が異なり，国の重要な産業に難関 G.E. 出身者が従事しているといえよう。

▶3-5　「エンジニア」の転職行動

　フランスにおける「エンジニア」の資格は学校に依らず評価が高く，第 7 章で示したように 3 年後の無期雇用率も文系学位よりも就職に有利である。そのため，職場で自己の能力の発揮が期待できない場合であれば，転職して組織を選ぶことができるだろう。表 8-8 に示すのは世代別・セクター別の転職回数である。20 代は就業年数の短さのため転職経験なしが 60 〜 70％であるが，第 7 章で述べたように初職での雇用が CDD（有期雇用）であった場合，「エンジニア」であっても受動的転職が必要になる。そのため，30 代以

表 8-8　エンジニア資格取得ルート別転職回数（%）

		転職 1 回	転職 2 回以上	転職経験なし	合計（%(人))
民間	20 代	28.1	11.1	60.9	100(6,784)
	30 代	31.8	38.7	29.5	100(7,830)
	40 代	24.2	53.1	22.7	100(3,217)
	50 代	19.1	58.7	22.2	100(1,638)
	60 代	22.6	56.0	21.4	100(252)
公・半官半民	20 代	28.1	11.7	60.1	100(1,468)
	30 代	31.1	40.7	28.1	100(1,443)
	40 代	22.1	46.9	31.0	100(715)
	50 代	17.2	55.2	27.6	100(442)
	60 代	14.8	60.2	25.0	100(88)

第Ⅱ部　各国の労働制度，教育制度および高度専門職の働き方

表 8-9　出身校別企業規模別年収（%）

		€40,000 以下	€40,001 ～ €53,000	€53,001 ～ €75,000	€75,000 以上	合計（%（人））
出身校別	準備クラス -G.E.	22.9	15.7	23.5	37.9	100(2,681)
	その他ルート -G.E.	27.3	13.7	29.2	29.8	100(373)
	非 G.E.	39.0	18.9	20.1	22.1	100(34,081)
合計	0~1 人（社員なしの社長）	91.4	2.2	3.2	3.2	100(592)
	2~249 人の中小企業	44.2	20.1	18.0	17.6	100(6,610)
	250~499 人の中企業	33.9	22.8	21.2	22.1	100(1,741)
	500~1,999 人の准大企業	31.8	21.8	21.0	25.4	100(3,361)
	2,000 人以上の大企業	22.5	20.9	25.0	31.7	100(19,416)
準備クラス－GE	0~1 人（社員なしの社長）	91.0	0.0	4.5	4.5	100(67)
	2~249 人の中小企業	30.1	17.7	22.0	30.2	100(572)
	250~499 人の中企業	16.8	19.0	22.6	41.6	100(137)
	500~1,999 人の准大企業	17.6	19.0	22.9	40.5	100(279)
	2,000 人以上の大企業	10.5	17.5	26.0	46.0	100(2,578)
GE 以外のエンジニア	0~1 人（社員なしの社長）	91.4	2.5	3.0	3.0	100(525)
	2~249 人の中小企業	45.5	20.4	17.7	16.4	100(6,038)
	250~499 人の中企業	35.3	23.1	21.1	20.4	100(1,604)
	500~1,999 人の准大企業	33.1	22.0	20.8	24.0	100(3,082)
	2,000 人以上の大企業	24.3	21.4	24.8	29.5	100(16,838)

降の多くの「エンジニア」が転職を経験しており，初職から継続的に同一組織で就業している者は 20 数％しかいない。そして，初職から定着傾向にある 20 数％の人々は公的機関，半官半民組織にやや多く勤務しており，これらの組織に入職する人々は難関 G.E. 出身者が多いことから，若い時期から幹部候補と目される人々ほど転職をしていないと考えられる。優位な者が転職しない傾向は日本だけでなく，フランスでも同様に見られる傾向といえる。

第 8 章　フランスの管理職・専門職の長時間労働とノブレスオブリージュの瓦解

▶3-6　「エンジニア」の経済的報酬

　以下では「エンジニア」の資格取得ルートの違いによる年収の違いを検討する。表 8-9 の上段に示すのは「エンジニア」の資格取得ルート別年収である。難関 G.E. 出身者のうち準備クラス経由の約 38% が €75,000 以上であり，その他のルートで難関 G.E. の「エンジニア」資格を取得した者が占める約 30% を大きく上回っている。その他のエンジニアスクール出身者はさらに少なく約 22% である。そしてフランスも日本と同様に企業規模が大きいほど年収が高い傾向があり，中段の「合計」に示すように，本回答者の「エンジニア」のうち，2,000 人以上の大企業に勤務する者の 30% 以上が €75,000 以上の年収を得ている。下段の「エンジニア」の資格取得ルート別でも難関 G.E. 出身者は 2,000 人以上の大企業に勤務する比率が高い。また難関 G.E. 出身者は 250 人以上の企業であれば，250 〜 499 人，500 〜 1,999 人，2,000 人以上のいずれの規模の企業でも €75,000 以上の所得を得ている者が 40% 以上を占めている。それに対してエンジニアスクール出身者は 2,000 人以上の大企業には €75,000 以上の高所得者が約 30% 存在するが，企業規模が小さくなると €75,000 以上の比率は減少する。エンジニアスクール出身者の所得は企業規模の影響を受けるのに対して難関 G.E. 出身者の所得は企業規模の影響が少ないことがうかがえる。

　「エンジニア」が就業する産業分野で €75,000 以上の年収の者が 40% 以上を占めるのは，「石油，鉱物等の採取業」「石油精製業」「銀行，保険，金融機関」であり，30% 以上を占めるのは「木工，紙，印刷業」「化学工業」「製薬業」「プラスチック，ガラス，非金属鉱物製造業」「コンピューター関連，電子機器製造業」「電気製品製造業」「通信業」，そして「国際機関，大使館等の他国管轄機関」である（付表 8-9-1）。さらに詳細な産業分野では，最も多くのエンジニアが就業する「輸送および航空関連機器製造業」で €75,000 以上の所得を得ている者は約 25% しかおらず，飛行機製造，宇宙船製造などの先端分野においても，また主要産業である自動車製造，そして鉄道等のインフラにおいても大きな違いはなく，いずれも高所得者が多くいる分野はない（付表 8-9-2）。それに対して高所得者比率が高かった「銀行，保険，金融機関」では，ネットワーク構築業務のみ，やや低めではあるが，それ以外の資金調達とコンサルタント，トレーディングルーム，アセットマネジメント，保険，金融情報システムでは 36 〜 71% の人々が €75,000 以上の所得を得ている（付表 8-9-3）。IESF の報告書には，難関 G.E.7 校だけに限定したグ

233

図 8-1 産業別 40 歳未満の G.E. 出身者と €100,000 以上の所得者比較（特化係数）

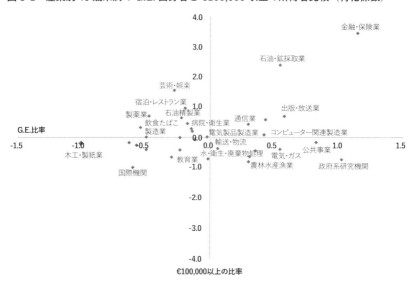

ループ A[12] とそれ以外で「金融・保険業」に就職した人々の世代比較が示されており，44 歳以上ではグループ A が 6.1％，それ以外が 2.3％であるのに対して，30 ～ 44 歳未満のグループ A が 9.4％，それ以外が 3.0％，30 歳未満のグループ A が 10.3％，それ以外が 1.7％と若年層の難関 G.E. 出身者ほど金融・保険業に集中していることが示されている（IESF 2012:13）。

▶ 3-7 難関 G.E. 出身者が就業する産業と所得の関係

本サンプルは 40 歳未満の回答者が多いため，本項では，若年層の G.E. 出身者がどの産業に就業し，どの産業に従事する人々が高い所得を得ているのかを検討する。「エンジニア」が多く就業する産業のうち，G.E. 出身者が多く従事する分野は，コンピューター関連製造業，輸送・航空関連機器製造業，電気・ガス，通信業，金融・保険業，政府系研究機関，公共事業などである（付表 8-10-1）。高額所得者（€100,000 以上）が多い産業分野（付表 8-10-2）と難関 G.E. 出身者の就業比率が高い産業との関係を特化係数で示したものが図 8-1

---

12 グループ A は以下の 7 校が含まれている。Ecole Centrale（エコール・サントラル），Ecole des Ponts ParisTech（国立土木学校），Supelec Gif-sur-Yvette（高等電気学校），Ecole des Mines ParisTech（パリ国立高等鉱業学校），POLYTECHNIQUE_Palaiseau（エコール・ポリテクニーク），ENSTA_Paris（国立先端技術学校），Telecom_Paris（Enst）（国立電気通信学校）。

第8章　フランスの管理職・専門職の長時間労働とノブレスオブリージュの瓦解

表8-10　エンジニア資格取得ルート別職種

	製造，工事現場	研究開発	技術的研究，試験	コンサルタント，非技術的研究，ジャーナリスト	情報システム研究開発	金融の管理	一般的な管理職	その他	合計（％（人））
G.E.	4.4	18.3	19.2	5.2	4.5	4.1	6.9	37.7	100(2,813)
非G.E.	9.5	11.9	17.5	2.2	6.2	1.7	5.2	45.9	100(31,346)

である。難関 G.E. 出身者は，高所得を得ており，産業分野は金融・保険業，石油・鉄鉱採取業に多く従事している。その一方で給与は高くないが，政府系研究機関，公共事業，社会インフラ系電気・ガス等に従事している G.E. 出身者も多い。また G.E. 出身者の就業比率は低いが，所得が高いのは「芸術・娯楽」，「飲食・宿泊業」である。これらのことから，政府系機関，社会インフラ系，公的機関は高所得ではないが凝集性は高く，必ずしも経済的報酬が多い所ばかりに G.E. 出身者が集中しているわけではないことがわかる。

　次に職種については表8-10に示すように，「技術的研究，試験職」は難関 G.E. 出身者は約19％であり，非難関 G.E. 出身者も約18％で大きな差はない。「研究開発職」は難関 G.E. 出身者が約18％と多く，非難関 G.E. 出身者は約12％とやや少ない。そして「一般的な管理職」も難関 G.E. 出身者が約7％，非難関 G.E. 出身者は約5％が従事しており，大きな差は見られない。また準備クラス経由とその他のルートの難関 G.E. 出身者にも職種に大きな違いが見られず，特別枠で難関 G.E. に入学している者[13]も，与えられた機会を活かして能力を発揮していると考えられ，ある一定の政策的効果があるといえよう。

4　「エンジニア」の資格取得ルート別の態度の特徴

▶4-1　「エンジニア」の仕事満足度

　「エンジニア」はどのような状態で仕事に従事しているのだろうか。以下

13　LEST（フランス労働経済・労働社会学研究所）上席研究員の野原博淳教授による（2018年2月）。

に述べるのは，「エンジニア」の資格取得ルートおよび就業セクター（公―民）と仕事満足度の関係である（付表8-11-1，付表8-11-2）。仕事の内容についてはやや難関G.E.出身者の方がエンジニアスクール出身者よりも高いが（p< .05），いずれも80％以上が満足している。雇用保障，キャリア形成に関する満足度，経済的報酬，ワークライフバランスに関しては両方とも約半数が満足しており，高いとは言えないが類似傾向がある。職場の人間関係には70％以上が満足し，仕事の自己裁量にも両方とも約80％が満足し，専門性を高める機会についても両方とも60％以上が満足し，タスクの多様性についても両方とも75％以上が満足し，仕事環境に関しても満足度が高く，類似傾向がある。しかし，仕事の創造性については，難関G.E.出身者の方がエンジニアスクール出身者よりもやや満足度が高い。仕事のストレスにおいては，両方とも40％以上が不満足であり，作業負荷についても両方とも40％程度の不満足であることから，「エンジニア」は資格取得ルートにかかわらず，高い専門性を用いる専門職としての仕事への満足度と，仕事におけるストレスが大きいことがわかる。

　勤務組織のセクターでの満足度の違いは，雇用保障について公的機関・半官半民組織に勤める「エンジニア」の約80％が満足しており，民間企業の60％より満足度は高い。仕事の内容についても公的機関勤務の方がやや満足度が高いが，いずれも80％を超えているため，組織特性による「エンジニア」の仕事満足度は大きな差があるとはいえない。キャリア形成の機会は公的機関勤務の「エンジニア」より，民間企業勤務の「エンジニア」の方がやや満足度は高いが，いずれも半数程度の満足度である。仕事のストレスレ

表8-11　資格取得ルート別世代別残業時間（％）

		無残業	時々残業した	週に5~10時間残業した	週に10時間以上残業した	合計（％(人)）
G.E.		14.9	17.0	36.1	32.0	100(4,144)
非G.E.		12.8	20.4	39.8	27.1	100(30,107)
男性	20代	15.2	22.1	40.8	21.9	100(9,287)
	30代	12.7	19.1	39.4	28.8	100(10,438)
	40代	9.8	13.2	35.8	41.2	100(4,785)
	50代	10.3	10.4	33.8	45.5	100(2,620)
	60代	14.2	18.3	32.2	35.3	100(416)
女性	20代	14.0	27.4	43.9	14.7	100(3,342)
	30代	13.7	28.2	41.9	16.2	100(2,411)
	40代	12.7	24.6	38.7	24.1	100(711)
	50代	14.8	19.7	37.6	27.9	100(229)
	60代	16.7	33.3	25.0	25.0	100(12)

ベルは公的機関勤務の「エンジニア」の方が33%と民間企業勤務の「エンジニア」より7ポイント高い。作業負荷においても同様の傾向が見られ，公的機関に勤務する「エンジニア」のストレスが高いことがうかがえる。仕事の自己裁量，タスクの多様性に関する満足度も両方とも75%以上満足しており，経済的報酬に関しては民間の満足度がやや高いものの，どちらも約半数程度の満足度である。ワークライフバランスに関しては民間に比べて公的機関の方が60%近くが満足しており，民間より8ポイント高い[14]。全体的な仕事満足度は両方とも約半数程度の満足度であり，大きな差はみられず，特別高いわけではないことがわかる（付表8-11-2）。

▶4-2 「エンジニア」のワークライフバランス志向

「エンジニア」の職業志向はいかなるものであろうか。技術者という観点からは，より専門性を磨くことに注力すること，興味深い仕事への従事など，また，カードルという観点からは，より自律的に仕事を行うことなどを考慮すると，先述した通り，彼らの労働時間は長いことが予測される。彼らはその状況を「エンジニア」として当然と考えているのだろうか。あるいは世代と共にその就業観に違いが見られるのだろうか。表8-11上段に示すのは，資格取得ルート別の労働時間である。いずれのルートでも1週間に5時間から10時間以内の残業をした人々が36%以上おり，さらに難関G.E.出身者には10時間以上の残業を行った者が32%以上いる。このことから「エンジニア」は職務が長時間労働になりがちな職種であることが再確認できる。

表8-11下段に示したのは性別・世代別の労働時間である。男性のうち20〜30代で最も多いのは週に5〜10時間までの残業であり，約40%の人々が1日に1〜2時間程度の残業をしている。そして，40代以上の中高年の「エンジニア」は週に5〜10時間までの残業をしている者が33〜36%，さらに週に10時間以上の残業をしている者がそれを上回る35〜46%おり，年齢が高まり，責任が重くなるカードル職の長時間労働がうかがえる。女性は男性と対照的な傾向が見られ，20〜30代は週5〜10時間までの残業を

---

14 M氏へのインタビュー（2011年6月　パリ市内）
　　第7章のK氏は半官半民企業に勤めているため休暇が取りやすいと述べたが，同社に勤める別のエンジニア（グランゼコール卒，日本の大学でダブルディグリーで博士の学位を取得）も，休暇の取りやすさについて述べると同時に，民間企業のMBA卒者へ発注する立場であること，民間企業の長時間労働に対する経済的報酬の高さに対して，時間を優先できることへの優位性について語った。

第Ⅱ部　各国の労働制度，教育制度および高度専門職の働き方

表 8-12　仕事に関する満足度と世代の関係　　　　　　　　　　　（%（人））

世代	仕事の内容	仕事の自己裁量	ワークライフバランス	
			（男性）	（女性）
20 代	81.4(6,200)	76.4(5,820)	52.6 (5,491)	57.8(2,128)
30 代	83.0(7,518)	78.8(7,134)	51.2(7,282)	57.8(1,776)
40 代	84.6(3,219)	79.0(3,006)	49.1(3,297)	52.7(509)
50 代	85.7(1,698)	78.9(1,564)	44.9(1,825)	45.9(157)
60 代	86.6(252)	82.5(240)	47.2(284)	57.1(7)

している者が 40% 以上いるのに対して，40 代以上になると残業する比率が減少している（女性が上位職に就きにくい構造であることがうかがえる）。ただし，週に 10 時間以上残業する 40 代の女性は 20 ～ 30 代の 15% 程度から 25% 程度に増加していることから，女性もカードル職の中でも上位職に就くことで長時間労働をしている可能性が高い。

　しかし，表 8-12 に示すように，仕事の内容に関する満足度はいずれの世代も 80% 以上が満足しており，また仕事の自己裁量についても 76 ～ 82% が満足しており，長時間労働も受け入れていることがわかる。ワークライフバランスに関する性別の満足度は男性が 45 ～ 53%，女性が 46 ～ 58% とやや女性の方が満足している。男性の方が長時間労働している傾向があることから，ワークライフバランスはよいとは思っていないが，仕事には満足している男性の姿がうかがえる。

▶4-3　「エンジニア」の組織，社会への貢献に対する態度

　「エンジニア」は非常に過酷な就業状況に耐えながらカードルとしての役割を果たしている。彼らの抱く社会的役割への自負はどのようなものであろうか。自身がカードルを務める組織が社会的責任を果たしていない，社会的に意義のある事業をしていない，などの場合，彼らはカードルとしてどのように感じるのだろうか。表 8-13 に示すのは，資格取得ルート別「エンジニア」の組織観，社会観である。「所属組織の戦略の透明性」を「必要不可欠」と回答した人々，「社会的責任を果たさない企業は退社したい」と回答した人々，「所属組織が社会的意義を果たしていること」に満足していると回答した人々，「所属組織の経営理念」に満足していると回答した人々は，いずれも若い世代は少ない。これらは中高年には高い傾向があり，50 代，60 代の企業の経営に関わる管理職世代になると約半数が組織や社会との関係を強

第 8 章　フランスの管理職・専門職の長時間労働とノブレスオブリージュの瓦解

く意識しているのがわかる。

　さらに組織への態度として，表 8-14 に示すように「所属組織の目標やその事業の将来に夢を持っている」については，世代にかかわらず約半数が所属組織の目標や事業を信頼している。「所属組織の発展のために人並み以上の努力を惜しまない」と回答した人々は 20 代，30 代も 75％以上がそのように考えているが，さらに 40 代以上の方が強く感じている。そして，それは「所属組織に忠誠心を抱くことは重要である」への同意にも現れており，若い世代も 65 〜 72％と決して低くはないが，40 代以上は 79 〜 85％とさらに高い忠誠心を抱いている。これらの 2 つの表からは中高年のカードルが担っている責任と役割を内面化した姿がうかがえる。

　では，幹部候補を育成する G.E. 出身者はエンジニアスクール出身の「エンジニア」よりも強いミッションを埋め込まれ，社会的役割を強く感じているのだろうか。表 8-15 に示すのは出身校の違いによる所属組織，社会に対する意識である。「所属組織が社会的責任を負うこと」が重要と考えている「エンジニア」はエンジニアスクール出身者の方が多く，「所属組織の事業は社会的意義がある」と感じているのは G.E. 出身者の方が多い。

　そして組織への態度については表 8-16 に示すように「エンジニア」の資

表 8-13　エンジニアが重視して所属組織に求める信頼点　　　　　　　　(%(人))

世代	所属組織の戦略の透明性	負うべき社会的責任に対する所属組織の姿勢	所属組織の事業は社会的意義がある	所属組織の経営理念
20 代	22.3(2,014)	33.6(3,015)	37.9(2,909)	19.9(1,801)
30 代	34.1(3,127)	34.1(3,097)	39.6(3,447)	26.0(2,384)
40 代	48.7(1,906)	39.4(1,525)	47.0(1,693)	36.8(1,437)
50 代	53.6(1.141)	44.4(935)	54.2(1,025)	44.7(949)
60 代	53.7(181)	48.5(161)	54.8(149)	47.9(161)

表 8-14　エンジニアの所属組織への態度　　　　　　　　(%(人))

世代	所属組織の目標やその事業の将来に夢を持つ	所属組織の発展のために人並み以上の努力を惜しまない	所属組織に忠誠心を抱くこと
20 代	50.2(3,856)	75.1(5,487)	64.8(4,990)
30 代	49.7(4,329)	79.5(6,936)	71.5(6,242)
40 代	52.8(1,906)	84.3(3,046)	78.5(2,842)
50 代	57.4(1,088)	84.2(1,597)	84.1(1,600)
60 代	55.8(153)	82.1(224)	85.1(235)

239

第Ⅱ部　各国の労働制度，教育制度および高度専門職の働き方

表8-15　エンジニアが重視して所属組織に求める信頼点　　　　　　　　（%（人））

	所属組織の戦略の透明性	負うべき社会的責任に対する所属組織の姿勢	所属組織の事業は社会的意義がある	所属組織の経営理念
G.E. 出身	34.6(996)	32.9(938)	47.9(1,266)	29.4(845)
非 G.E. 出身	34.0(7,375)	36.2(7,793)	40.8(7,963)	27.1(5,887)

表8-16　エンジニアの所属組織への態度　　　　　　　　　　　　　　　（%（人））

	所属組織の目標やその事業の将来に夢をもつ	所属組織の発展のために人並み以上の努力を惜しまない	所属組織に忠誠心を抱くこと
G.E. 出身	48.3(1,275)	77.5(2,047)	69.5(1,839)
非 G.E. 出身	51.5(10,056)	79.4(15,538)	71.8(14,070)

表8-17　エンジニアの職業に対する態度（%）

	そう思う	そう思わない	どちらともいえない	合計（%（人））
私はこの職業におおむね満足している	77.4	12.5	10.1	100(22,317)
友人にこの職業はやりがいのあるすばらしい職業であると言える	62.0	12.5	25.4	100(22,241)
この職業を選んでよかったと思う	72.9	5.9	21.2	100(22,230)

格取得ルートでは，大きくは異ならないが，ややエンジニアスクール出身者の方が全ての項目について高い傾向がある。出身校の違いは組織に対する項目では大きな差はなく，むしろ世代間の違いの方が大きいということがいえるだろう。

　次に「エンジニア」という職業に対する就業観を比較する。表8-17は彼らの仕事に対する態度である。職業への満足，友人に誇れる職業であること，職業選択に対することなど，「エンジニア」であることに満足している者が多く，これは資格取得ルート，世代に有意差がない（付表8-17-1，付表8-17-2）。

　図8-2に示すのは，「この職業は一生続けられる価値のある職業だと思う」という問いに対する世代別，「エンジニア」の資格取得ルート別の回答のうち，「そう思う」と回答した者のみを示したものである。両ルートとも加齢効果は見られるものの，リタイヤ前の50代でさえ一生続けられる価値のある仕事であると考える者は40%に満たない。さらに全体的にG.E.出身者の方が非G.E.出身者より現職に対する「一生続けられる価値のある仕事」という評価が低い。若年層は今後，転職したり，職位が変わることを想定して

図 8-2 資格取得ルート別エンジニアの職業観「一生続けられる職業だと思う」

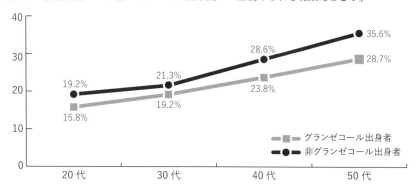

いると予想されるが，50代の上位のカードルに就いている G.E. 出身者がこのように回答していることは，先述したように年齢が高くなるほど残業している者の比率が高くなっていたことと関係している可能性があり，エリート層は疲弊しきっているのかもしれない。

5 現代フランスにおける「エンジニア」およびカードルの就業状況

　本節では先行研究で述べられている状況および，本分析で検討してきた状況が最新のフランスの調査にも現れているかを確認する。以下では 2017 年版の DARES（フランス労働省の研究・調査・統計局）と INSEE（フランス国立統計経済研究所）による労働時間調査報告書をもとに，現在のフランスのカードルおよび高度専門職の働き方について概観する。用いる報告書は INSEE の 1984 年，1991 年，1998 年，2005 年，2013 年の労働時間のデータを比較した *Synthese. stat: L'organisation du temps de travail*（2015 年）[15] と *Emploi, chômage, revenus du travail édition 2017 - Insee Références, edition 2017 Fiches -Temps et conditions de travail*（雇用状況の調査 2017 年版）[16] である。

　Synthese.stat: L'organisation du temps de travail に示されている 2013 年調査によれば，1 週間に 55 時間以上働くカードルおよび高度専門職は 12.2％（男性

---

15 http://dares.travail-emploi.gouv.fr/IMG/pdf/synthese_stat_no_12_-_conditions_de_travail_vol.2_.pdf
16 https://www.insee.fr/fr/statistiques/2891736?sommaire=2891780

のみは14.9％）であり，公務員や他職が2～5％であるのに対して非常に長時間労働している者が多い（DARES 2015: 9）。出勤日数では，カードルおよび高度専門職のうち週7日間であると回答した人々が2％であるが，他職では0.4～1.2％と少ない（DARES 2015: 14）。図8-3に示すのは，カードルおよび高度専門職の勤務体制の変化である。1984年頃からすでにカードルおよび高度専門職の中にも固定時間で就業している人々と自己裁量で就業している人々，その他の勤務体制の人々がそれぞれ3分の1ずついることがわかる。自己裁量の勤務体制のカードルおよび高度専門職は2013年，最も多い36％であるが，1991年の44％をピークに徐々に減少している。また固定時間で就業するカードルおよび高度専門職は1984年では最も多い比率であったが，現在は30％とやや減少傾向にある。

　そして，超過労働の支払いに関する質問では，「毎日，予定時間を越えて働く従業員比率」で最も多いのはカードルおよび高度専門職の15％であり，次いで準専門職の11％であり，他職は5％程度である。その中で休暇や給与で補償される人の割合は他職の場合，約半数が何らかの補償を受け，残りの半数は受け取れない状態だが，カードルおよび高度専門職では約80％が支払われないと回答しており，自己裁量の名のもとに「サービス残業」をしている姿が読み取れる（DARES 2015: 135）。そして勤務時間外出社に関する質問では，「過去12カ月の間に呼び出された割合」で週に1回以上と回答したのはカードルおよび高度専門職が最も多く，約8％であり，他職の2～5％より多く，月に1～4回でもカードルおよび高度専門職が最も多い18％であり，他職の6～11％に比べて多い（DARES 2015: 146）。「家で仕事を行った頻度」でも，週に1回以上では，カードルおよび高度専門職が8％（男性は10％）と最も多く，他職では2～4％であり，1カ月に1～3回程度では，カードルおよび高度専門職では11％（男性は13％），他職では1～3％である。カードルおよび高度専門職には，他職に比べてかなり過酷な状況で就業している人々が多いことがわかる。ただし，休暇について5週間が全体的に最も多い中，平常業務が厳しいことから，カードルおよび高度専門職は8週間以上取得することが義務付けられているため[17]，8～9週間が30％，10週間以上が24％と他職に比べて非常に多い。これらのことから裁量労働という固定的で

17　多くのカードルは，就業日数で管理される雇用制度下にあるため，8週間が確保されている。言い換えれば，彼らは8週間が確保されなければエンドレスで時間外労働が蔓延するような働き方をしている。

図 8-3 カードルおよび高度専門職の質的変化（就業体制の違い）

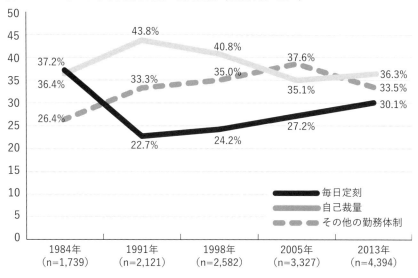

出所：DARES 2015 Tableau6.2 から抜粋して作成

はない就業形態の中で「サービス残業」で長時間労働しているカードルおよび高度専門職であるが，休暇については他職より多く，「時間」を自己コントロールできているという感覚が彼らを動機付けていると考えられるのである。

次に Emploi, chômage, revenus du travail édition 2017 報告書によれば，年間の法定労働時間の 1607 時間に対し，全労働者の平均は 1691 時間で 84 時間多く働いている。その中でも特に多いのがカードルおよび高度専門職の 1852 時間と非常に長時間労働している（DARES 2017: 113）。その働き方は，典型的ではない働き方をしている人々の比率でもその違いがうかがえる。一般の労働者や二交代・三交代制で夜間（20h-00h），深夜（00h-5h），土日に就業する人々は，夜間 21％，深夜 9％，土曜日 46％，日曜日 25％，「自宅でも仕事をする」3％であり，サービス業や警察，消防などの公務員などの就業がシフトによってこのような就業パターンになる。カードルおよび高度専門職も夜間 34％，深夜 7％，土曜日 29％，日曜日 18％，「自宅でも仕事をする」37％という回答をしており，その蓄積が上記に示した（シフトだけでは説明しきれないような）不規則な長時間労働となって現れている可能性が高い（DARES 2017: 113）。ただし，給与においても，2014 年データによるとカードルおよび高度

第Ⅱ部　各国の労働制度，教育制度および高度専門職の働き方

専門職の平均月給が €4100（約 55 万円）であり，一般労働者の平均月給
€1630（約 22 万円）の約 2.5 倍とその差は非常に大きい（DARES 2017: 131）。こ
れらの報告書からもカードルおよび高度専門職の長時間労働および高所得が
読み取れた。彼らは非常に集中して長時間に耐えて就業しているが，休暇，
給与は一般労働者の 2 倍またはそれ以上が与えられているため，第 4 節でも
示したように仕事満足度は高く，働き方に大きな不満は持っていない。

6　高学歴者としての「エンジニア」に おける資格取得ルート，世代による傾向

　ここまで第 1 〜 3 節では高学歴者としての「エンジニア」の社会的属性や，
キャリア，その構造について「エンジニア」の資格取得ルート別，世代別に
分析し，彼らを取り巻く社会関係資本，中心部に配置されている「エンジニ
ア」の構造，彼らの転職行動，彼らが受け取る経済的報酬，彼らが就業する
セクターの構造を検討した。第 4 節では「エンジニア」の志向，組織観，就
業観について資格取得ルート別，世代別に検討した。第 5 節ではフランス労
働省の調査データから彼らの長時間労働について検討した。本節ではこれら
を踏まえて，以下の 4 点について議論を行う。
　一つ目は社会関係資本について，親の職業と高学歴者の関係を検討したと
ころ，特にフランスでエリートとして非常に高い地位におかれるカードルに
就いている父親を持つ者の「エンジニア，管理職」就業率が非常に高かった。
Bourdieu（1978）が強く訴えるように，親の仕事が子供の進路に強く影響を
与えていることが本稿で用いたエンジニア・データからも確認できた。資格
取得ルートとして，準備クラス経由で G.E. を修了している者の父親がカー
ドルである比率は最も高く，特に「エンジニア」のカードルである比率が高
かった。そして準備クラス以外のルートで G.E. に入学した「エンジニア」
の父親も「エンジニア」や一般カードルの比率は高かったが，準備クラス経
由の G.E. 出身者の父親より「エンジニア」の比率が低かった。そしてそれ
は G.E. 以外のエンジニアスクールの「エンジニア」にも同様のことが現れ
ており，父職の「エンジニア」比率，一般の管理職の比率が両方のルートの
G.E. 出身者よりも少なかった。エリートと称される「エンジニア」が，「エ
ンジニア」の大衆化により，職業達成が「開放的」になると期待されていた
が，G.E. に入ることと同様に難関だと言われる準備クラス経由の「エンジ

244

第 8 章　フランスの管理職・専門職の長時間労働とノブレスオブリージュの瓦解

ニア」が現在も最も強力な社会関係資本を有しており，最も優位な選択をしていることが確認された。そして彼らのうち，若年層は高額の所得が得られる金融・保険業に中高年層よりも多く従事していた。ただし，経済的報酬が少なくても公的機関・半官半民企業等に勤務する傾向は G.E. 出身者に多く，彼らには経済的報酬目的で所得を上昇させたいという志向をもつ者ばかりではないことが確認された。そのため，難関 G.E. 出身者は経済的報酬よりも組織の社会的意義や社会的威信を重視して就業する傾向があると考えられる。

「エンジニア」の大衆化による労働状況の開放性についてであるが，準備クラス経由の G.E. 出身者に高所得者比率，重点分野の職種への就業比率，公的機関・半官半民組織比率の高さが見られ，その違いは特徴的に現れていた。そしてそれは父職，母職の影響も色濃く残っており，文系だけでなく，理系高学歴者である「エンジニア」というエリート層においても，エンジニアスクール出身者において学歴インフレが起こっていることが確認された。他方，伝統的なエリートコースで「エンジニア」になった人々が有利なポジションに就く構造が継続していることが示された。特に年収や勤務地にその優位さに違いが現れており，彼らにおいても親の影響が子世代に残存していた。従って「エンジニア」の資格の開放による現象からみても，父職の影響が子世代に強く残るという相似構造が，階層の上下の関係の中だけでなく，エリート層の中にも残存しているといえよう。ただし，難関 G.E. 出身者には難関準備クラス出身者ではない人々もおり，彼らの就業産業，職業等には大きな違いが見られなかったことから，父職の影響を緩和する上で特別枠が一定の機能を果たしていることが確認できたことも重要な点である。

二つ目に「エンジニア」の就業産業であるが，石油・鉱物等の採取業と金融・保険業の G.E. 出身者の所得が非常に高かった。石油・鉱物等の採取業には工業省が管轄している Mines de Paris（パリ国立高等鉱業学校）から多く入職しており（ただし，石油・鉱物等の採取業だけでなく，他のエネルギー系にも入職している），金融・保険業へもグループ A からの出身者が多く就業していることが明らかになっている。いずれも非常に難易度の高い G.E. であることから，「（社会関係資本の影響も大きい）受験勝者」は，高い経済的報酬を受け取っているということが確認された。

三つ目に「エンジニア」は総じて他職よりも経済的にも優遇される傾向にあるが，彼らのワークライフバランスに関する意識は若い世代ほど，生活を重視している傾向があった。特に 40 代以上の中高年は 1 週間当たり 10 時

245

第Ⅱ部　各国の労働制度，教育制度および高度専門職の働き方

間以上残業する者の比率が若年層よりも高く，世代的に重責を担う年齢となり，長時間労働をしているカードル層の姿があった。そして就業観としてはその働き方を受け入れている回答が多く，カードル職に就くからには長時間労働はやむを得ないと考えている「エンジニア」が多いことがうかがえた。従って，ワークライフバランスに関しても長時間労働であるにもかかわらず，彼らの満足度は低くなかった。性別で「エンジニア」のワークライフバランスに関する満足度を検討すると，男性が中高年になると長時間労働をしているのに対して，女性は中高年になると長時間労働が減少しており，職場における女性差別に対する罰金を設けているフランスでさえ要職に女性が就いている比率が低く（課長職に就任している人のうち女性の比率は40％未満），まだまだ女性の社会的地位の低さが垣間見えるが，それと同時に，彼女らのワークライフバランスに対する満足感が低くないことが興味深い。彼女らは男性と同じように生活を犠牲にして働くことが「平等」を勝ち取ったことにはならないと考えているのかもしれない。また，20％未満ではあるが中高年の女性のカードル層は，やはり男性同様1週間に10時間以上残業をしている者がおり，女性でも特別な管理職は長時間就業していることが示された。

　四つ目に「エンジニア」が重視する所属組織のあり方について検討した結果，信頼できる組織であるか否かについて重視する態度はG.E.出身者か否かに有意な差はなく（p>.05），多くの「エンジニア」が非常に重要であると考えていた。組織の経営戦略に透明性があること，社会的責任を果たす組織であること，経営理念がしっかりしていること等，社会との関係を重視する「エンジニア」の姿が確認された。これらは，社会に承認されたエリートとして組織を通して果たすべき役割が遂行できる組織であることが，彼らにとって重要な要素であることを示すと言えるだろう。言い換えると彼らが教育されてきたノブレスオブリージュとして，そのような組織に従事することが重要だと考えていると解釈できるのである。しかし，これらの調査項目を世代別に分析したところ，20〜30代も重要だと回答しつつも，40代以上の「エンジニア」と大きく差が開いていた。初期に公的機関に勤めて，後に民間企業に転職するのではなく，早い時期に民間企業，特に金融・保険業に勤める若年層が少なくないということは，「エンジニア」のノブレスオブリージュそのものに瓦解の兆しが現れているのかもしれない。

246

おわりに

　本章ではフランスの高度専門職である「エンジニア」のキャリア，行動，態度に着目して，エリート層における差異について検討してきた。まずフランスの「エンジニア」の行動や態度を分析するに当たり，フランスのカードル，エンジニアが日本での管理職，エンジニアとどのように違うのかを説明した。データ分析部では，「エンジニア」の資格取得ルート別にどのように就業の場面において違いが現れるのかについて，キャリア，社会関係資本，就業場所，就業産業，転職行動，所得，職種，仕事への態度，労働時間，組織への態度等について検討を行った。

　その結果，フランスの「エンジニア」らのうち，難関 G.E. 出身者は経済的に優位な産業に就業する人々が多かったが，必ずしも給与が高くない公的機関や半官半民企業に勤務する人々の比率も多かった。彼らの就業に影響する学校教育には親の職種の影響が大きく，エリート層と言われる「エンジニア」間においても，その資格取得に至るまでの学校のレベルと父職の「エンジニア」比率の高さに明確に表れていた。そして彼らの就業観は就業する組織が，社会的に不正をせず，社会的意義があることが重要であり，自身もその組織への忠誠心をもつことを重視しているという，エリートのノブレスオブリージュを感じさせるものであった。しかし，近年，増加傾向にあるビジネス・スクール，金融・保険業に勤務する G.E. 出身者らの増加などから，公的機関に勤め，社会的貢献を行うことを目指さない「エンジニア」が若年層に見られ，ノブレスオブリージュの瓦解が危惧される。彼らの働き方は，長時間労働が常態化しており，疲弊していることがうかがえたが，資格取得ルートにかかわらず，専門職としてのエンジニア志向が見られ，一様に仕事を重視する職業コミットメントの高さが見えた。

　本章の分析から，「エンジニア」は開放されたように見えたが，資格取得ルート間での差異が様々な要素に存在し，エンジニアスクール出身者は高学歴を重ねても必ずしも優位にはなっておらず，学歴インフレが起こりつつあることがうかがえた。しかし，彼らはどのルートで「エンジニア」になっても，エリートとしての態度だけでなく，専門職としての志向も合わせもち，仕事に注力し，また長時間労働することに耐えうるメンタリティを持っていることが明らかになった。ただし，若年層の就業に対する態度や就業産業が，40 代以上と大きく異なっていることから，「エンジニア」の資格取得ルート以上にグローバル化による産業構造の変化やマルチメディアにおける業務の

第Ⅱ部　各国の労働制度，教育制度および高度専門職の働き方

内容の変化などによる世代間格差の方が大きく，次世代の選抜的競争的状況をくぐり抜けてきたエリート層の仕事に対する姿勢はノブレスオブリージュから遠ざかりつつあるのかもしれない。

藤本 昌代

参考文献

Bell, D. (1973, May). The coming of the post-industrial society. *The Educational Forum*, *40*(4), 574-579（内田忠夫他訳『脱工業社会の到来―社会予測の一つの試み』ダイヤモンド社，1975 年）.

Ben-David, J. (1971). *Scientist's role in society*. Prentice-Hall（潮木守一・天野郁夫訳『科学の社会学』至誠堂，1974 年）.

Boltanski, L., & Goldhammer, A. (1987). *The making of a class: Cadres in French society*. Cambridge University Press.

Bouffartigue, P. (2008). Précarités professionnelles et action collective: La forme syndicale à l'épreuve. *Travail et Emploi*, *116*, 33-43.

Bouffartigue, P., & Bocchino, M. (1998), Travailler sans compter son temps? : Les cadres et le temps de travail. *Travail et Emploi*, *74*, 37-50.

Bouffartigue, P., & Bouteiller, J. (2000). Les cadres et les 35 heures. *Travail et Emploi*, *82*, 37-52.

Bouffartigue, P., & Bouteiller, J. (2003). A propos des normes du temps de travail: De l'érosion de la norme fordienne aux normes émergentes. *Revue de l'IRES*, *42*, 1-23.

Bouffartigue, P., Gadéa, C. & Pochic, S. (2011). *Cadres, classes moyennes: Vers l'éclatement*. Armand Colin «Recherches»

Bouffartigue, P., & Pochic, S. (2001). Cadres nomades: Mythe et réalités. A propos des recompositions des marchés du travail des cadres. *Sociologia del Lavoro*, *85*, 96-106.

Bourdieu, P. (1978). Classement, déclassement, reclassement. *Actes de la Recherche en Sciences Sociales*, *24*(1), 2-22.

Calmand, J., Giret, J. F., Guégnard, C., & Paul, J. J. (2009). Why Grandes Écoles are so valued? In 17th annual workshop of the European Research Network on Transitions in Youth IREDU, Burgundy University. "Youth transitions at risk? Insecurity, precarity and educational mismatch in the youth labour market", Sep. 2009, Dijon, France. halshe-00419388.

Carr-Saunders, A. M., & Wilson, P. A. (1933). *The professions*. Oxford University Press.

Céreq (2014). *Quand l'école est finie: Premiers pas dans la vie active de la génération 2010. Enquête 2013*. Centre d'études et de recherches sur les qualifications.

Céreq (2015). *Training & Empoyment*, *No.116*, March-April 2015.

CNCP（フランス国立職業資格認定委員会）のウェブサイト（RNCP［CNCP が提供している国家職業認定のリストのサイト］2017 年 1 月 13 日取得，http://www.rncp.cncp.gouv.fr）.

Coutrot, T., & Guignon, N. (2002). Negociation sociale et performance economique: Le cas des 35 heures. *Travail et Emploi*. *92*, 95-113.

DARES (2015). *L'organisation du temps de travail.* (2021 年 5 月 25 日取得，https://dares.travail-emploi.gouv.fr/sites/default/files/pdf/synthese_stat_no_12_-_conditions_de_travail_vol.2_.pdf)．

DARES (2017). *Emploi, chômage, revenus du travail, Édition 2017* (2018 年 1 月 31 日取得，https://www.insee.fr/fr/statistiques/2891736?sommaire=2891780)．

Davis, M. (1996). Professional autonomy: A framework for empirical research, *Business Ethics Quarterly, 6*, 441-460.

Davoine, L., & Méda, D. (2008). Importance and meaning of work in Europe: A French singularity, *Document de Travail, 96-2.*

Donnelly, J. (1996). Defining the industrial chemist in the United Kingdom, *Journal of Social History, 29*, 779-796.

道家達将（1995）．『科学と技術の歩み』岩波書店．

Duru-Bellat, M. (2006). *L'inflation scolaire: Les disillusions de la méritocratie.* Du Seuil (林昌宏訳『フランスの学歴インフレと格差社会』明石書店，2008 年)．

藤本昌代（2004）．「研究者・技術者のキャリアパスと志向」日置弘一郎・川北眞史編著『日本型 MOT―技術者教育からビジネスモデルへ』(pp. 37-59)．中央経済社．

藤本昌代（2005）．『専門職の転職構造―組織準拠性と移動』文眞堂．

藤本昌代（2007）．「産業・労働問題と世代論―「豊かさ」の産業間格差」『フォーラム現代社会学』6，25-34．

Fujimoto, M. (2008). Employment systems and social relativity from the perspective of pay and benefits for science and technology researchers and engineers. *Japan Labor Review, 5*(3), 61-82.

Fujimoto, M. (2012). Mobilite, implication et satisfactions professionnelles comparees des ingenieurs au Japon, en France et dans la Silicon Valley. *Ingenieurs et Scientifiques de France Enquete Ingenieurs 2012 Resultats,* 27-28.

藤本昌代（2013）．「開放的社会構造における多様な人的ネットワークの交差―米国・シリコンバレーのフィールドワーク調査より」『経済学論叢』64(4)，147-171．

Fujimoto, M. (2017). Difference in hierarchical disparities seen in the employment structure and the educational eystem of Japan and France. *Society of the Advancement of Socio-Economics 29th Proceedings.*

Genin, É. (2014). Quels facteurs influencent la satisfaction des cadres à l'égard de l'équilibre des temps (personnel et professionnel)? @ *GRH, 1*(10), 87-107.

葉山滉（2008）．『フランスの経済エリート―カードル階層の雇用システム』日本評論社．

IESF (Ingénieurs et Scientifiques de France) (2012). *Ingénieurs 2012 23e enquête d'Ingénieurs et Scientifiques de France.*

INSEE (2017). *Fiches - Emploi – Emploi, chômage, revenus du travail – Insee Références – Édition 2017* (フランス労働省の労働力調査報告書 2017 年度版　Retrieved from https://www.insee.fr/fr/statistiques/2891738?sommaire=2891780)．

Jackiewicz, A., & Minel, J. L. (2003). L'identification des structures discursives engendrées par les cadres organisationnels. *TALN 2003,* 95-107.

Jacquot, L., & Setti, N. (2006). Les ambivalences des 35 heures dans un organisme de sécurité sociale ou l'utopie du temps choisi. The dynamics of selected time: What personal «temporal equivalences»? *Temporalités,* 4.

第Ⅱ部　各国の労働制度，教育制度および高度専門職の働き方

柏倉康夫（2011）．『指導者はこうして育つ―フランスの高等教育　グラン・ゼコール』吉田書店．

Kornhauser, W. (1962). *Scientists in industry: Conflict and accommodation*. University of California Press.

Maugeri, S. (2016). Qu'est-ce que «manager»?: *La Nouvelle Revue du Travail* [The new work review].

三好信浩（1979）．『日本工業教育成立史の研究―近代日本の工業化と教育』風間書房．

文部科学省（2014）．『平成23年度生涯学習施策に関する調査研究：諸外国における後期中等教育後の教育機関における職業教育の現状に関する調査研究 報告書』．

村上陽一郎編（1981）．『知の革命史7　技術思想の変遷』朝倉書店．

村田弘美(2011)．「フランスの実践型人材養成システム―見習い訓練制度のしくみと実際」『Works Review』6，132-145．

野原博淳（2014）．「フランスの高度人材の活用と課題」文部科学省科学技術・学術政策研究所，講演録-298．

尾高邦雄（1995）．『尾高邦雄選集 第3巻　社会階層と社会移動』夢窓庵．

奥田栄（1996）．『科学技術の社会変容』（シリーズ・社会科学のフロンティア第3巻）日科技連出版社．

Prost, M., & Zouinar, M. (2015). De l'hyper-connexion à la déconnexion: Quand les entreprises tentent de réguler l'usage professionnel des e-mails. *Perspectives Interdisciplinaires sur le Travail et la Santé, 17*(1).

盛山和夫編著（2008）．『変動する階層構造―1945-1970』日本図書センター．

清水耕一（2006）．「フランスの自動車産業における35時間労働」『岡山大学経済学会誌』37(4)，13-35．

総務省統計局（2018）．『賃金構造基本調査　平成29年』（平成30年2月発表）（2018年4月29日取得，https://www.e-stat.go.jp/dbview?sid=0003085570）．

橘木俊詔（2015）．『フランス産エリートはなぜ凄いのか』中央公論新社．

Thoemmes, J. (2009). Collective bargaining and intermediary regulation in France: The case of mandating employee representatives. *Revue Française de Sociologie, 50*(4), 817-841.

Thoemmes, J. (2016). Three worlds of professional and managerial staff in France. *Relations Industrielles/Industrial Relations, 71*(2), 299-322.

Thoemmes, J., & Escarboutel, M. (2009). Executives: A social group being restructured in light of social activities. *Informations Sociales, 15*(3), 68-74.

Thoemmes, J., Kanzari R., & Escarboutel, M. (2011). Temporalités des cadres et malaise au travail: High skilled employees working time and work stufferings. *Revue Interventions Économiques, 43.*

Toffler, A. (1980). *The third wave*. Bantam Books（徳山二郎監修，鈴木健次他訳『第三の波』日本放送出版協会，1980年）．

第 8 章　付 表

付表 8-1　エンジニアの性別構成（%）

	準備クラス―G.E.	その他ルート―G.E.	G.E. 以外の エンジニア	合計(%(人))
男性	7.1	1.0	91.9	100(29,579)
女性	7.5	1.2	91.3	100(7,556)

（以後，表ではグランゼコールは，G.E. と省略する）

付表 8-2　エンジニアの世代別構成（%）

	準備クラス―G.E.	その他ルート―G.E.	G.E. 以外の エンジニア	合計(%(人))
20 代	6.2	0.6	93.2	100(14,041)
30 代	7.7	1.2	91.1	100(13,184)
40 代	7.9	1.3	90.8	100(5,783)
50 代	8.4	1.4	90.3	100(3,180)
60 代	7.3	1.3	91.4	100(947)

付表 8-9-1　エンジニアが就業する産業別年収（%）

	€40,000 以下	€40,001 ～ €53,000	€53,001 ～ €75,000	€75,000 以上	合計(%(人))
農林水産業	61.1	13.6	13.3	12.1	100(745)
石油，鉱物等の採取業	9.7	13.0	21.5	55.7	100(759)
食品，飲料，タバコ， 動物資料製造業	38.0	16.3	17.2	28.5	100(1,048)
織物，衣料品，皮革， 履き物製造業	31.9	25.7	19.9	22.5	100(191)
木工，紙，印刷業	28.2	19.9	21.4	30.5	100(482)
石油精製業	11.8	16.5	28.2	43.5	100(170)
化学工業	22.0	20.2	22.4	35.4	100(1,552)
製薬業	24.4	18.5	23.6	33.5	100(665)
プラスチック，ガラス， 非金属鉱物製造業	28.2	19.9	19.1	32.8	100(539)
機械及び設備を除く 鉄鋼，金属製品製造業	28.3	19.6	24.7	27.4	100(929)
コンピューター関連， 電子機器製造業	21.9	19.6	25.9	32.6	100(1,470)
電気製品製造業	21.1	25.5	20.3	33.2	100(868)
機械，機器， 兵器製造業	25.6	21.2	26.0	27.2	100(1,784)

第Ⅱ部　各国の労働制度，教育制度および高度専門職の働き方

付表 8-9-1　エンジニアが就業する産業別年収（%）

	€40,000 以下	€40,001 ～ €53,000	€53,001 ～ €75,000	€75,000 以上	合計(%(人))
輸送および航空関連 機器製造業	21.2	24.7	29.0	25.1	100(4,039)
その他の産業： 修理や機器設置業	32.8	20.2	22.1	24.8	100(801)
電気，ガスなどの 配給産業	19.3	24.6	26.6	29.5	100(1,664)
水，衛生，廃棄物管理 と修復業	45.3	18.0	16.6	20.1	100(561)
BTP　建設業	39.7	22.4	19.7	18.2	100(2,058)
貿易，修理関連	36.7	14.1	20.2	28.9	100(460)
輸送，物流，倉庫	26.4	22.6	25.1	26.0	100(793)
レストラン経営	31.7	18.3	21.7	28.3	100(60)
出版，放送業	37.8	13.3	22.2	26.7	100(135)
通信業	19.6	20.1	28.1	32.3	100(1,181)
銀行, 保険, 金融機関	13.0	12.0	25.5	49.5	100(1,411)
IT サービス, および ソフトウェア関連	39.7	21.9	18.6	19.8	100(3,714)
エンジニアリング企業	51.6	20.4	15.8	12.2	100(2,264)
(CNRS, INRIA,….) (国立科学研究所など の) 研究機関	55.2	14.6	19.0	11.1	100(1,079)
公共事業	28.2	18.9	26.9	26.0	100(1,253)
教育機関	55.7	19.0	14.5	10.7	100(777)
病院などの 衛生管理機関	39.7	20.6	16.3	23.4	100(252)
芸術，娯楽	55.6	11.1	9.5	23.8	100(63)
国際機関, 大使館等の 他国管轄機関	39.0	7.3	17.1	36.6	100(41)
その他のサービス業	39.8	17.1	17.5	25.6	100(1,835)

第 8 章　付表

付表 8-9-2　エンジニアが就業する製造業の分野別年収（%）

	€40,000 以下	€40,001 〜 €53,000	€53,001 〜 €75,000	€75,000 以上	合計(%(人))
飛行機	26.0	27.2	25.9	20.9	100(1,465)
宇宙船	21.6	26.5	29.3	22.5	100(324)
自動車	16.5	22.1	32.6	28.8	100(1,790)
鉄道	22.8	26.1	24.4	26.7	100(307)
その他	26.2	24.1	27.0	22.7	100(141)

付表 8-9-3　エンジニアが就業する金融業の分野別年収（%）

	€40,000 以下	€40,001 〜 €53,000	€53,001 〜 €75,000	€75,000 以上	合計 (%（人）)
ネットワーク構築	37.5	10.0	27.5	25.0	100(40)
資金調達と コンサルタント	14.6	12.5	16.7	56.3	100(192)
トレーディング ルーム	5.8	5.3	17.5	71.4	100(206)
アセット マネジメント	10.1	13.8	11.9	64.2	100(109)
保険	15.9	14.2	27.8	42.0	100(176)
金融情報システム	14.3	14.3	35.5	35.8	100(467)
その他	10.3	9.9	23.6	56.2	100(203)

第Ⅱ部　各国の労働制度，教育制度および高度専門職の働き方

付表 8-10-1　グランゼコール出身者の就業する産業分野（%）

	G.E. 出身の エンジニア	G.E. 以外の エンジニア	合計(%(人))
農林水産漁業	13.8	86.2	100(745)
石油・鉱採取業	17.3	82.7	100(759)
飲食たばこ製造業	9.6	90.4	100(1,048)
繊維産業	3.1	96.9	100(191)
木工・製紙業	0.4	99.6	100(482)
石油精製業	7.1	92.9	100(170)
化学工業	5.9	94.1	100(1,552)
製薬業	6.8	93.2	100(665)
プラスチック・ガラス等製造業	8.5	91.5	100(539)
金属製品製造業	5.2	94.8	100(929)
コンピューター関連製造業	16.7	83.3	100(1,470)
電気製品製造業	10.4	89.6	100(868)
機械・兵器製造業	9.0	91.0	100(1,784)
輸送・航空関連機器製造業	14.6	85.4	100(4039)
その他機器設置業	7.6	92.4	100(801)
電気・ガス	17.1	82.9	100(1,554)
水・衛生・廃棄物処理	14.8	85.2	100(561)
建築業	5.6	94.4	100(2,058)
貿易	5.2	94.8	100(460)
輸送・物流	12.7	87.3	100(793)
宿泊・レストラン業	8.3	91.7	100(60)
出版・放送業	18.5	81.5	100(135)
通信業	15.6	84.4	100(1,181)
金融・保険業	22.3	77.7	100(1,411)
IT サービス業	10.1	89.9	100(3,714)
技術業	8.2	91.8	100(2,264)
政府系研究機関	22.2	77.8	100(1,079)
公共業	18.3	81.7	100(1,253)
教育業	11.2	88.8	100(777)
病院・衛生業	9.9	90.1	100(252)
芸術・娯楽	12.7	87.3	100(63)
国際機関	12.2	87.8	100(41)
その他のサービス業	15.2	84.8	100(1,835)

付表 8-10-2　エンジニアのうち高所得者が従事する産業（%）

	€ 30,000 未満	€30,000~ € 40,000 未満	€40,000~ € 50,000 未満	€50,000~ € 70,000 未満	€70,000~ € 100,000 未満	€ 100,000 以上	合計(%(人))
農林水産漁業	29.8	25.7	15.5	15.2	6.8	7.1	100(651)
石油・鉱採取業	1.0	6.0	13.5	22.1	25.1	32.3	100(736)
飲食たばこ製造業	9.8	25.2	17.1	18.0	15.0	14.9	100(1,000)
繊維産業	7.2	20.6	27.2	21.1	12.8	11.1	100(180)
木工・製紙業	5.0	19.4	21.0	22.5	18.8	13.3	100(458)
石油精製業	4.2	5.4	16.9	28.9	24.7	19.9	100(166)
化学工業	4.3	14.7	20.9	23.2	18.7	18.1	100(1,495)
製薬業	4.5	17.3	19.1	24.4	16.0	18.7	100(643)
プラスチック・ガラス等製造業	4.3	19.6	21.0	20.2	15.5	19.3	100(509)
金属製品製造業	3.6	21.5	20.5	25.8	15.7	12.9	100(889)
コンピューター関連製造業	2.5	16.1	20.4	27.0	19.1	14.9	100(1,412)
電気製品製造業	2.5	16.0	26.3	21.0	19.6	14.6	100(840)
機械・兵器製造業	3.3	20.0	21.9	26.7	17.6	10.5	100(1,731)
輸送・航空関連機器製造業	2.4	16.6	25.4	29.8	16.0	9.8	100(3,928)
その他機器設置業	3.4	25.5	21.4	23.4	14.0	12.3	100(757)
電気・ガス	1.5	14.9	25.5	27.6	18.2	12.3	100(1,500)
水・衛生・廃棄物処理	9.9	30.4	19.6	18.1	11.7	10.3	100(514)
建築業	5.4	29.2	24.3	21.4	9.8	9.9	100(1,898)
貿易	7.9	18.1	16.5	23.7	17.3	16.5	100(393)
輸送・物流	4.2	19.6	23.4	26.0	13.8	13.1	100(766)
宿泊・レストラン業	4.1	12.2	22.4	26.5	10.2	24.5	100(49)
出版・放送業	8.0	17.7	15.9	26.5	14.2	17.7	100(113)
通信業	2.0	13.7	21.0	29.5	18.7	15.1	100(1,127)
金融・保険業	1.3	7.9	12.6	26.6	19.6	32.0	100(1,352)
IT サービス業	4.6	29.3	24.0	20.4	12.5	9.2	100(3,388)
技術業	8.0	39.5	22.1	17.2	7.6	5.7	100(2086)
政府系研究機関	30.5	21.4	15.7	20.4	8.2	3.8	100(1,005)
公共業	6.6	17.8	19.9	28.3	17.0	10.4	100(1,191)
教育業	25.5	26.5	20.6	15.8	7.8	3.8	100(717)
病院・衛生業	10.5	20.5	23.6	18.6	14.1	12.7	100(220)
芸術・娯楽	9.1	27.3	15.9	13.6	11.4	22.7	100(44)
国際機関	13.5	18.9	8.1	18.9	10.8	29.7	100(37)
その他のサービス業	6.2	22.2	20.3	20.9	14.1	16.3	100(1,543)

第Ⅱ部　各国の労働制度，教育制度および高度専門職の働き方

付表 8-11-1　出身校別仕事満足度（%）

		満足	不満足	どちらとも いえない	合計(%(人))
雇用保障	GE	64.2	7.5	28.4	100(2,723)
	非 GE	62.3	8.7	29.0	100(20,033)
仕事の内容	GE	83.4	10.2	6.4	100(2,723)
	非 GE	82.9	9.5	7.6	100(20,033)
キャリア形成の 機会	GE	51.5	27.0	21.5	100(2,723)
	非 GE	52.2	25.8	22.1	100(20,033)
職場の人間関係	GE	72.2	10.7	17.1	100(2,723)
	非 GE	70.3	11.1	18.6	100(20,033)
ストレスレベル	GE	27.0	40.6	32.4	100(2,723)
	非 GE	26.7	42.2	31.1	100(20,033)
作業負荷	GE	27.7	40.3	32.0	100(2,723)
	非 GE	28.4	39.2	32.3	100(20,033)
仕事の自立性 （自己裁量）	GE	78.7	11.9	9.4	100(2,723)
	非 GE	78.0	11.4	10.6	100(20,033)
専門性を高める 機会	GE	60.3	20.6	19.1	100(2,723)
	非 GE	61.7	21.0	17.3	100(20,033)
タスクの多様性	GE	75.5	10.0	14.5	100(2,723)
	非 GE	75.6	10.6	13.9	100(20,033)
仕事の創造性	GE	58.4	17.0	24.6	100(2,723)
	非 GE	53.2	17.7	29.1	100(20,033)
報酬および ボーナス	GE	48.8	30.6	20.6	100(2,723)
	非 GE	50.0	30.8	19.2	100(20,033)
ワークライフ バランス	GE	50.2	31.8	18.0	100(2,723)
	非 GE	52.0	30.9	17.1	100(20,033)

付表 8-11-2　セクター別仕事満足度（%）

		満足	不満足	どちらとも いえない	合計(%(人))
雇用保障	民間	59.7	9.2	31.2	100(18,989)
	公・半官半民	77.1	5.6	17.3	100(3,738)
仕事の内容	民間	82.7	9.9	7.4	100(18,989)
	公・半官半民	84.6	7.8	7.6	100(3,738)
キャリア形成の 機会	民間	53.2	25.7	21.1	100(18,989)
	公・半官半民	46.7	26.9	26.4	100(3,738)
職場の人間関係	民間	70.7	11.0	18.3	100(18,989)
	公・半官半民	69.9	11.2	18.9	100(3,738)
ストレスレベル	民間	25.6	42.8	31.6	100(18,989)
	公・半官半民	32.7	37.9	29.5	100(3,738)
作業負荷	民間	27.6	40.0	32.5	100(18,989)
	公・半官半民	32.2	36.4	31.4	100(3,738)
仕事の自立性 （自己裁量）	民間	78.4	11.1	10.5	100(18,989)
	公・半官半民	76.5	13.4	10.1	100(3,738)
専門性を高める 機会	民間	60.3	20.6	19.1	100(18,989)
	公・半官半民	61.7	21.0	17.3	100(3,738)
タスクの多様性	民間	75.6	10.6	13.8	100(18,989)
	公・半官半民	75.4	10.2	14.4	100(3,738)
仕事の創造性	民間	54.1	17.4	28.5	100(18,989)
	公・半官半民	52.6	18.6	28.8	100(3,738)
報酬および ボーナス	民間	50.3	30.8	18.9	100(18,989)
	公・半官半民	47.6	30.3	22.1	100(3,738)
ワークライフ バランス	民間	50.5	32.1	17.4	100(18,989)
	公・半官半民	58.6	25.5	15.9	100(3,738)

第Ⅱ部　各国の労働制度，教育制度および高度専門職の働き方

付表 8-17-1　資格取得ルート別エンジニアの職業に対する態度（%）

		そう思う	そう思わない	どちらともいえない	合計(%(人))
私はこの職業におおむね満足している	GE	12.7	10.8	76.5	100(2,660)
	非 GE	12.4	10.0	77.5	100(19,657)
友人にこの職業はやりがいのあるすばらしい職業であると言える	GE	12.9	26.2	60.8	100(2,649)
	非 GE	12.5	25.3	62.2	100(19,592)
この職業を選んでよかったと思う	GE	6.4	21.0	72.6	100(2,647)
	非 GE	5.8	21.2	73.0	100(19,583)

付表 8-17-2　世代別エンジニアの職業に対する態度（%）

		そう思う	そう思わない	どちらともいえない	合計(%(人))
私はこの職業におおむね満足している	20 代	11.6	9.8	78.6	100(7,722)
	30 代	12.6	10.5	76.9	100(8,753)
	40 代	13.9	10.6	75.5	100(3,638)
	50 代	13.0	9.0	78.0	100(1,928)
	60 代	9.4	7.2	83.3	100(276)
友人にこの職業はやりがいのあるすばらしい職業であると言える	20 代	12.0	23.4	64.6	100(7,709)
	30 代	13.3	26.2	60.5	100(8,732)
	40 代	13.0	27.4	59.6	100(3,620)
	50 代	10.6	26.1	63.3	100(1,907)
	60 代	7.0	29.7	63.4	100(273)
この職業を選んでよかったと思う	20 代	5.4	20.6	74.0	100(7,701)
	30 代	6.1	21.7	72.2	100(8,722)
	40 代	6.5	21.4	72.1	100(3,628)
	50 代	5.9	21.5	72.6	100(1,906)
	60 代	5.9	16.8	77.3	100(273)

第 **9** 章

科学技術立国スイスの研究支援人材

―リサーチ・アドミニストレーターの実態と動向―

はじめに

　イノベーションの源泉として大学が国の競争力に果たす役割が注目され (Rosenberg & Nelson 1994)，最先端の研究開発を担う人材をめぐって，国際獲得競争が顕在化している（Chaloff & Lemaitre 2009, OECD 2009）。資金の多様化や研究活動の国際化など，大学の研究者をめぐる環境が大きく変化するなか，複雑化する業務を担う研究支援職（RMA[1]）が近年各国で発生している。とはいえ，高度人材[2]の重要性が議論され，研究者や技術者については考察がすすむ一方で（National Economic Council 2011），RMA をめぐる知見の蓄積は未だ限定的である。この状況に鑑み，本章では先進工業国スイス連邦の事例をとおして，大学の研究者を支えている高度専門人材にフォーカスをおき，その実態と動向を報告する。

　対象国をスイスとした理由は三つある。第 1 に，天然資源の乏しい小国ながら早期に工業化を遂げて科学技術立国の礎を築いた同国は，事例として着

1　RMA は Research Managers and Administrators の略称である。研究者を支援する人材群は業務内容が多様であり，国や地域，さらには組織や部局によって呼称が異なる。アメリカでは「リサーチ・アドミニストレーター」「プロジェクト・マネジャー」などが一般的だが，日本では「研究マネジメント人材」とも呼ばれ，政府の報告書などでは「URA（ユニバーシティ・リサーチ・アドミニストレーターの略語）」が普及している。数多くの国や自治体をかかえる欧州では，混乱を避けるために「RMA」に統一化する努力が進んでいる。本章でも「RMA」を用いるが，適宜「研究支援者」「高度専門人材」「研究者をサポートする人材群」といった表現も併用する。
2　村上（2015）が指摘するとおり，高度人材（highly-skilled labor）という言葉は広く普及しているものの収斂した定義はなく，高等教育を受けた人を広く指すことが多い。本章では，大学院教育（とくに博士号）修了者を「高度専門人材」とする。

第Ⅱ部　各国の労働制度，教育制度および高度専門職の働き方

目に値する。第2に，スイスに学び働く外国人の数が多く，人材の国際移動と人的資源の確保という観点から有意義な知見が期待できる。第3に，小国スイスには大学や助成機関の数が少なく，限定的な観察でも一般性の高い考察の抽出につなげやすい。

　本章は2部構成である。前半では国際統計，サーベイ，文献資料などをもとに，科学技術立国スイスの特性を検討する。後半では現地で行った面接調査の結果をまとめ，研究支援に携わる人材の実態と動向を考察する。

1　科学技術立国スイス

▶1-1　早期工業化と産業の構造転換

　九州よりやや小さい国土に，日本の総人口の1割にもみたない800万人が住むスイスは小国であり，国土の約7割が山岳地帯で，水以外の天然資源に乏しい。とはいえ世界銀行の統計によれば，国民1人当たりが生み出す国内総生産は日本の約2倍にあたり，世界で最も生活水準の高い国の一つである。その背景には，同国が欧州でも極めて早い時期に工業化を遂げて，科学技術を発展の主軸に据える「科学技術立国」としての礎を築いた歴史がある。

　アルプス山脈に抱かれる美しい国土からは酪農が連想されがちだが，スイスは早期に民間資本主導で構造転換を成し遂げ，経済活動の中枢を農村から工場に移行した。総人口に占める工業就業者の割合は1800年には既に12%に達し，東北部の綿工業を軸に高い生産技術を進展させた（黒澤 2002: 145-154）。イギリスに次いで，ベルギーと並び世界でも2番目に産業革命を遂げたスイスでは，外国人を含めた製造業従事者の割合は1900年に45%にまで増加している（Church & Head 2013: 192-195）。

　独語圏で発達した繊維工業に加えて，仏語圏で生まれた時計工業は機械産業を発展させ，技術の精密化が工業・技術立国スイスを支えた。酪農・畜産で始まった食品産業で必要とされた農薬，麻や綿を原料とした繊維産業で必要とされた染料などが，現在スイスの輸出を支える化学産業を発達させ，さらに製薬産業を生みだしている（江藤・岩井 2015: 3-4）。また繊維工業は水力発電を必要としたため，スイスの豊富な水資源を利用する技術が発達し，電

3　スイスの原型は，農村共同体三州による1291年の相互援助同盟に始まった。その後周辺の地域が各々固有の制度を保ちつつ緩やかにまとまって発展し，1848年に現在のスイス連邦となった。同国の特色である地方分権主義はこの歴史を反映している（Church & Head 2013）。

力産業の創出につながった（Katzenstein 1985: 174-175）。欧州の主要工業国として台頭していた隣国ドイツからは技術移転に加えて教育制度を取り入れ，質の高い労働力の育成を目指して早くからエンジニアリング教育に公的資金を投じている。その結果スイスは，繊維工業から機械工業，低賃金から高賃金，人材の流出から流入へと，産業・経済・社会の構造転換を遂げて現在に至っている（黒澤 2001, Gugerli, Kupper & Speich 2010）。

▶1-2　高い研究開発水準

　早期に工業化を遂げたスイスは，二つの大戦と冷戦を通じて中立国の立場を保持し安定した政治体制をつくりあげ，欧州有数の金融センターに成長した（黒澤 2001）。その一方で科学技術力の向上を経済成長の主軸にすえ，戦後から一貫して研究開発活動に力を入れている。次節で詳述するとおり，官民合計の研究開発費は主要国でも極めて高い水準にある。世界経済フォーラムが毎年公表する『国際競争力レポート』のランキングでは 2009 年から首位を維持しており，「質の高い基礎研究を行う科学研究機関」や「イノベーションを創出する密接な産学連携」がその要因とされている（WEF 2018）。

　以下に，スイスにおける研究開発の水準の高さを，論文の数と質・研究者のネットワーク力・特許数・人的資源といったデータで概観してみる。

　スイス教育研究イノベーション省によれば，2011 年から 2015 年に各国の

図 9-1　国民 100 万人当たり科学論文出版本数（2011-2015 年の年間平均）

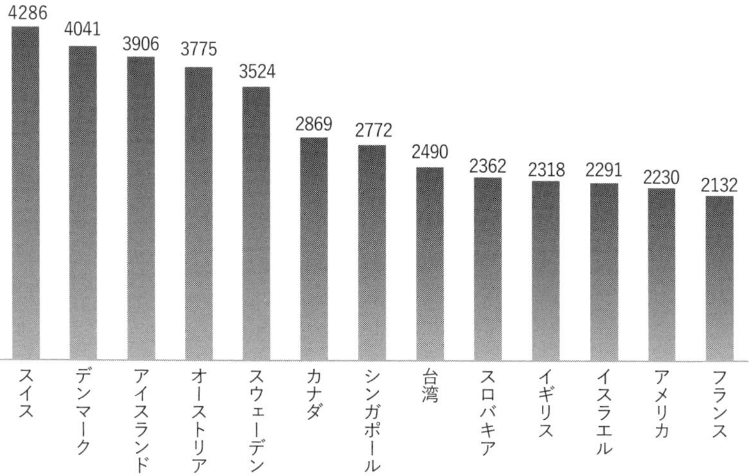

出所：SERI 2017

第Ⅱ部　各国の労働制度，教育制度および高度専門職の働き方

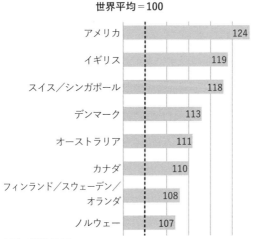

図9-2　科学論文のインパクト指数（2011-2015年）

出所：SERI 2017

研究者が出版した科学論文の数は，国民1人当たりに換算すると，スイスが世界1位であった（図9-1）。また研究者1人当たりの論文数では，イタリアに次ぐ2位と報告されている（SERI 2017: 6）。

さらに引用頻度で論文の質を図る「インパクト指数」においては世界平均を大きく上回り，スイスはアメリカ・イギリスと共に最高水準である（図9-2）。ことに「テクノロジー・エンジニアリング・情報科学」「物理・化学・地質科学」「農学・生物学・環境科学」「生命科学」の研究成果が顕著であり，2007～2011年の5年間平均では全領域で1位であった（SERI 2017: 85-88）。次の5年間（2014－2018年）になると「テクノロジー・エンジニアリング・情報科学」「物理・化学・地質科学」ではシンガポール，「農学・生物学・環境科学」ではオランダ，「生命科学」ではイギリスにそれぞれ首位の座を明け渡したものの，これらすべての領域で2位を保ち健闘している（SERI 2020: 18）。被引用数がトップ10％のエリート科学論文（以下「トップ10％論文」）に着目すると，2010～2014年までの統計で，科学論文の総出版数に「トップ10％論文」が占める割合では，全国トップがスイスとアメリカ（19.0％），次いでオランダ（18.9％），シンガポール（18.1％），イギリス（18.0％）となっている。国民1人当たりに換算した数で，2007～2014年までの統計でスイスが首位を保ち続けており（SERI 2017: 10, SERI 2020: 32-33），同国の研究活動の質の高さを示している。

研究活動の国際化が進展する中で，スイスの研究者は国境を超えた研究プロジェクトで高い生産性を示している。スイスの研究者が国外の研究者と連携して国際研究に携わった割合は，すべての領域の平均値でみると，2008年から2012年の統計でロシア（83％）に次ぐ2位の79％，2014～2018年になると南アフリカ（87％）とロシア（85％）に次いで3位の84％であり（SERI

2020: 34)，スイスの研究者が国際的なネットワークを構築し，質の高い研究活動を旺盛に行っていることが示唆される。国内の人材のみで実施された研究活動の割合は，2008〜2012年の20.8％から，2014〜2018年の15.6％へと大きく減っており，スイスにおける研究活動がますます国際化している様子がみてとれる。なかでも「物理学・化学・地球科学」領域の国際連携がめざましく，2008〜2018年までの10年間に出版された論文の96％が，他国の研究者との共著であった（SERI 2017: 5-11, SERI 2020: 37）。

　スイスの研究者が国際的なネットワークを構築し，質の高い研究活動を旺盛に行っていることが示唆される。

　知的財産は国の研究開発活動の活発さを示す指標となるが，スイスは国民1人当たりの特許出願数で，絶対数では突出するアメリカや中国に大きく差をつけ，首位の日本に次いで2位である。なお国際共同研究から生まれた特許の出願率では，2位のイギリスやオーストリアを大きく引き離し，スイスがトップであった（SERI 2016: 91）。OECDが開発した「三極パテント（triadic patent）」は国際的に流通する高価値特許の指標だが，図9-3に見られるとおり，人口100万人当たりの数で，スイスは日本を抜いて1位である（SERI 2018: 14）。

　科学技術立国としてのスイスの特性は，研究開発を様々な立場から支える

図9-3　人口100万人当たりの三極パテント数（2013年）

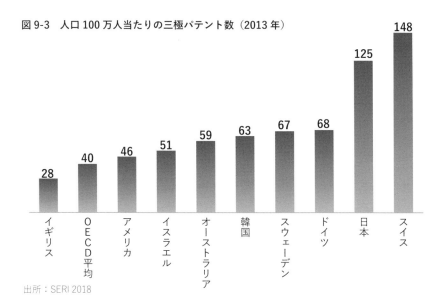

出所：SERI 2018

人的資源の蓄積にも現れている。科学技術領域の就業者が労働者人口に占める割合は，2014年度の統計で42％と，欧州の最高水準であった（SERI 2016: 75）。なかでも博士号取得者など高度専門人材層の厚みが特徴的であり，次節で詳察する。

▶1-3 基礎研究活動を牽引する高等教育セクター

2015年度研究開発費の対GDP比は，イスラエル（4.25％）と韓国（4.23％）に次いでスイス（3.42％）が高く，OECD諸国平均（2.38％）とEU加盟国平均（1.96％）を大きく上回る。さらに高等教育セクターが受け取る研究開発費がGDPに占める割合は，OECD諸国でも最高水準である（OECD 2017b: 99-100）。小さな政府を標榜するスイスは，欧州他国と同様に民間投資主導型であり，研究開発支出の75％（2015）を企業が負担する。とはいえ企業は主に応用研究と実験開発の推進役であり，基礎研究の中軸は大学である。

2012年度に同国の研究開発費内訳は，応用研究（40.6％）・実験開発（29％）・基礎研究（30.4％）であったが，そのうち基礎研究費の約8割は大学に配分されている（SERI 2016: 38）。大学に配分される研究開発費の対GDP比は，デンマークやスウェーデンと並びOECD諸国でも最高水準である（OECD 2017b: 100）。科学技術立国スイスの研究活動に大学が果たす役割は大きい。2014年から2018年までに同国で出版された科学論文の7割以上は，大学の研究者によるものであった（図9-4）。

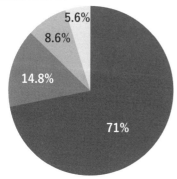

図9-4 スイスの科学論文：主体別内訳（2014-2018年）

出所：SERI 2020

高等教育セクターで研究開発活動を担うのは，二つの連邦工科大学，四つの連邦研究機関[4]，各カントン（州）[5]が運営する10の総合大学，9

---

4 ポールシェラー研究所（PSI）・連邦森林雪氷景観研究所（WSL）・連邦材料試験研究所（Empa）・連邦水科学技術研究所（Eawag）を指し，計3000人近い研究者が基礎研究を行っている。四つの連邦研究機関と二つの連邦工科大学は合わせて「ETHドメイン」と呼ばれている。
5 ドイツと同様に連邦制をとるスイスは，26のカントン・準カントンと2324のコミューンと呼ばれる地方自治体（市町村）から成る。カントンは通常「州」と訳されるが，実際にはそれ

つの専門大学（UAS[6]）の全 25 機関である（SERI 2016）。なかでも連邦工科大学のチューリッヒ校（ETH Zürich）とローザンヌ校（EPFL）は国際ランキングの上位常連校であり（SERI 2016: 15[7]），ことに「自然科学・数学」「情報・コミュニケーション技術」「工学・製造・建築」といった科学技術領域の評価が極めて高い。

　1855 年創設の ETH Zürich は，もともとはエンジニアを育成する技術専門学校として設立されたが，1909 年には博士号の授与を開始し正式に工科大学となった[8]（Gugerli, Kupper & Speich 2010: 126-128）。化学・数学・物理学といった領域で高い研究業績をあげ，卒業生や教官から 21 人のノーベル賞受賞者を輩出している[9]。一方 EPFL は，建築界に貢献する人材を育成する私立校として 1853 年に創立された。1869 年には州立ローザンヌ大学の工学部として公立化，1969 年に連邦機関として国有化され，2000 年代には大幅な組織編成でローザンヌ大学から数学・物理・化学部を併合し，生命・バイオ工学科が新設されている。ETH Zürich と EPFL 両校とも事業活動収入の約 4 分の 1 を外部受託資金が占めており（ETH Zürich 2016，EPFL 2016），研究機関として高い競争力を有する[10]。

　　それが憲法と法律を有し，国家のような高い独自性で機能している（増本 2010）。大学を含めた教育制度も国ではなくそれぞれのカントンが所轄する。

6　1990 年代には科学技術開発を支える労働力不足が懸念され，専門性の高い実践教育を行う機関として UAS（Universities of Applied Science）が設置された。毎年スイスで養成されるエンジニアの 3 分の 2 は UAS の卒業生とされる（SERI 2016: 42）。近年では UAS に研究機関としての役割も期待されており，後述の Inosuisse は助成プログラムを通じて UAS と中小企業との連携を進めている。なお UAS の直訳は応用技術大学となるが，日本では政府系文書を中心に UAS よりも独語の fachhochschule が定着しているという指摘もあり，本章では「専門大学」の訳語を用いている。

7　高等教育のグローバル化を背景に様々な組織が大学を格付している。Quacquarelli Symonds 社とタイムス社によるランキング（2019 年度）では，ETH Zürich がそれぞれ 7 位と 11 位，EPFL が 12 位と 35 位につけた。次に高順位だったのは，チューリッヒ大学（78・90 位），ジュネーブ大学（108・135 位），ベルン大学（139・110 位）などの総合大学である。

8　工科大学である ETH Zürich においても，設立当初から文学や言語の講座が置かれ，法律・経済・歴史などを専門にする教官が複数配置されていたことは興味深い。1960 年代末にはマサチューセッツ工科大学（MIT）のスローン経営学大学院を引き合いに，学内で社会科学系カリキュラムを構築する重要性が議論され（Gugerli, Kupper & Speich 2010: 161），1999 年に人文と社会科学を統合する学部が新設された。

9　現代物理学の父と言われるアルベルト・アインシュタイン，X 線の発見者ヴィルヘルム・レントゲン，遺伝子の法則性を発見したハー・ゴビンド・コラナ，ゲーム理論に貢献した数学者フォン・ノイマンなど。

10　1990 年代になると，アメリカの大学をモデルにして，学部横断的な研究と産学連携のための環境整備が進んだ。EPFL では近隣企業の誘致を図って学内に大型研究棟が建設され，現在は 13 の施設に 160 社近い企業が拠点を置き，約 2000 人の企業関係者が大学の研究者と連携して応用研究を行っている。

2 スイスに集積する高度専門人材

▶2-1 博士課程に高い留学生の割合

スイスの国際競争力は留学生の集積度にも顕れている。図9-5は，就学生全体に占める外国人の割合を，博士・修士・学士課程に分けて示したものだが[11]，スイスの場合，博士学生の半数以上は留学生である。学士レベルでは9.8%とさして高い数値ではなく，修士レベル（28.5%）でもイギリス（36.9%）に及ばない。しかし博士課程の留学生割合は54.3%と，スイスが各国を凌いで1位である[12]。ETH Zürichでは学生の外国籍比率はさらに高く，2016年度の調査で学士の19.3%，修士の40.6%，MBAの40.9%，博士の70.8%を占めている[13]（ETH Zürich 2016）。

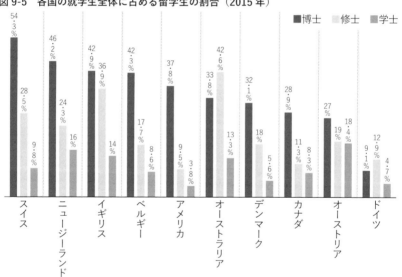

図9-5　各国の就学生全体に占める留学生の割合（2015年）

出所：OECD統計を基に作成
https://stats.oecd.org/Index.aspx?DataSetCode=EDU_ENRL_MOBILE#

11　OECD統計から就学生全体に留学生が占める割合が高い国を抽出し，参考のためにスイスと教育制度が類似するドイツのデータを加えた。
12　統計上はルクセンブルクの留学生比率が群を抜いて高い。とはいえ2003年までは国内に大学が存在せず，同国民は歴史的に近隣国で高等教育を受けてきたという。特殊な状況を鑑みて，ルクセンブルクは本考察からは外している。
13　スイスでは高校にあたる後期中等教育の卒業試験（Matura）に合格すれば，基本的にどの大

第9章　科学技術立国スイスの研究支援人材

　さらにスイスの特徴は，科学技術領域に外国籍の人材が集積している点である。ことに「情報・コミュニケーション技術」(78.2%)「工学・製造・建設」(73.7%)「自然科学・数学・統計学」(69.0％)の留学生割合が顕著に高い（図9-6）。博士課程に応募するには修士号か同等のトレーニングを有することが条件であるため，これらの領域で既に専門性を積んだ人材が，より高度な教育や機会を求めて外国からスイスに留学していると考えられる[14]。

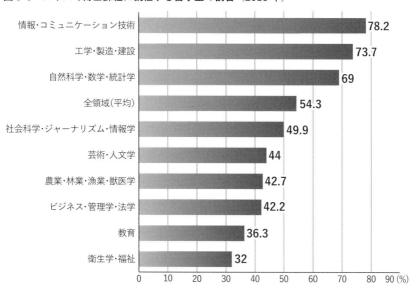

図9-6　スイスで博士課程に就任する留学生の割合（2015年）

出所：OECDオンライン統計のデータを基に作成
　　　https://stats.oecd.org/Index.aspx?DataSetCode=EDU_ENRL_MOBILE#

　学や学部にも進学できる。その一方で進級や卒業は厳しく管理される。ETH Zürichを例にとれば，初年度修了時の進級試験に2度不合格となれば退学となるが，2012年から2016年に行った在籍者調査によれば，入学者の3分の1は学士課程で中途退学，その約半数は1年目修了前に退出している。なお進級試験合格者の約9割が学士号を取得し，さらに卒業後は（他校への進学や就職を選択した3％を除き）ほぼ全員がETH Zürichの修士課程に進み，その2割は同大学で博士号を取得した。なお同校出身の博士学生は53％であり，残りは主に他国からの留学生と推定される（ETH Zürich 2016: 15）。

14　多言語が併用されているスイスでは異なる文化が共存しやすく（増本2010），さらに近年では共通語として英語が普及している（阿部1995）ことが，留学生が集積しやすい環境をつくっている可能性がある。とはいえ学士課程の留学生割合はさほど高くないことや，他の英語圏でも博士学生の外国人比率は46.2％（ニュージーランド），42.9％（イギリス），37.8％（アメリカ），33.8％（オーストラリア），28.9％（カナダ）と，スイスほど高くないことから，同国に博士留学生が際立って多い理由は大学院教育の質の高さにあると仮説を立てることが出来る。

第Ⅱ部　各国の労働制度，教育制度および高度専門職の働き方

▶2-2　在留する留学生と研究開発人材の増加

　スイスの大学院で学んだ高度専門人材は，卒業後どのように流動するか。

　連邦統計局が 2015 年に行った調査によれば，スイスに留学した学生の 60 ～ 74% が，卒業して 1 年後に労働力として国内に留まっていた（SKBF 2018: 201）。また 2012 年に ETH Zürich が博士課程の大学院生 3721 人を対象に行ったサーベイによれば（回答率 59%），32% が「博士号取得後スイスに留まる」，13% が「就労ビザがおりれば留まる」と回答し，約半分が卒業後に国内に滞留する意思を示している。

　スイスでは博士号取得後に研究者が国外で研鑽を積むことが強く奨励されている。同サーベイによれば「留まらない」（13%）「わからない」（42%）という回答も半数近くあったが，卒業後の海外研修を想定した回答であった可能性がある。アカデミックポストを志す研究者たちの実態と動向を欧州各国で比較した調査によれば，かつては"国外で催される学会に参加"していれば研究者として国際性があるとみなされていたが，近年は"本格的な留学経験"が不可欠とされる傾向にあるという。ことにスイスでは，海外で長期にポスドク経験を積むことが，若手研究者の昇進条件として「義務化されている」という指摘もある（Brechelmacher et al. 2015: 25）。スイス国立科学財団（SNSF）では若手研究者を対象に 50% という高い採択率で海外研修グラントを支給しており，2016 年には 758 人がこの助成金に応募している（SNSF 2016）。こういった海外研修生の多くが，海外研修終了後には，研究環境水準の高いスイスに戻っている可能性も十分に考えられる。

　実際に，スイスで研究に携わる外国人の伸びを，統計が捉えている。図9-7 はスイス国内で研究開発に従事する人数の推移だが，12 年間でその数は 36% も増加し，2000 年には全体の 3 分の 1 程度だった外国人の割合が，2012 年にはほぼ半数まで拡大している。研究者に占める外国人の割合も同様に高く，2017 年には大学で 52%，企業で 51% となっ

図 9-7　スイスの研究開発従事者国籍別割合の推移

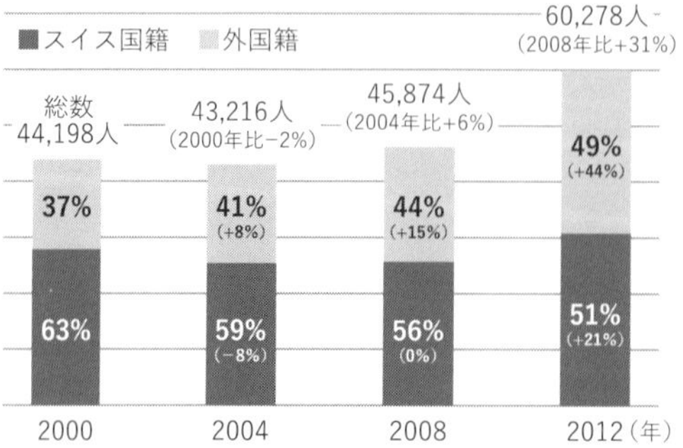

■スイス国籍　■外国籍

総数
44,198人

43,216人
（2000年比-2%）

45,874人
（2004年比+6%）

60,278人
（2008年比+31%）

出所：スイス連邦統計局（FSO）

第 9 章　科学技術立国スイスの研究支援人材

ている (SERI 2020: 19)。博士課程で流入した高度人材がスイス国内に蓄積され、科学技術力の向上に貢献して、人的資源となって同国の比較優位を形成している可能性がある。

▶2-3　高度専門人材のキャリア選択

　前述の ETH Zürich 調査によれば、ことに博士学生の就職希望先トップは「企業」(37 %) と「大学」(31 %) であった。全体の 7 割近くが、企業への就職を第 1 希望もしくは第 2 希望と答えている (ETH Zürich Human Resources 2012: 19)。この結果は、スイスでは博士号を保持する CEO の割合 (25%) が、ドイツ (45%) ほどではないものの、イギリス (7%) やフランス (6%) に比べて高いことを指摘した Davoine & Ravasi (2013) の研究結果と整合する。スイスには世界最大の食品会社 Nestlé、製薬化学の Roche と Novartis、商品取引の Glencore、金融サービス大手の UBS や Credit Suisse、産業機械・重電の ABB など多国籍企業が集積しており、これら巨大組織のマネジメント職が博士号取得者の受け皿となっていると考えられる。[15] またスイスには、先端的な技術力で高い世界市場含有率を有する製造企業も多い。工科大学や専門大学 (UAS) などの卒業生が、高度な専門性を活かして国内の技術系企業に就職し、マネジメントや研究開発に従事している可能性も高い。

　一方同調査で、アカデミック キャリアを第 1 もしくは第 2 希望とした回答者は、合わせて 54％に達した。大学で研究を続けてファカルティーとなるオプションは、多くの大学院生にとって自然な選択肢といえる。とはいえ毎年輩出される博士号取得者数に対して、ファカルティーのポストは限られており、大学への就職は狭き門である。Brechelmacher et al. (2015: 21-28) の調査は、スイスの大学でも、先行きの見えにくい環境に置かれた若手研究者が、多くのストレスを抱えていると指摘している。

　そこで着目に値するのが、大学院で積む高度なトレーニングを活かして研究者を支援するキャリアである。次節からは「研究支援者」という職種に焦点をあて、スイスにおける高度専門人材の実態を検証したい。

15　スイス企業のトップマネジャーには際立って外国人の比率が高い（スイス 64%・フランス 22%・ドイツ 27%・イギリス 46%）ことが指摘されている（Davoine & Ravasi 2013: 158-159）。

第Ⅱ部　各国の労働制度，教育制度および高度専門職の働き方

3　研究活動を支える高度専門人材

▶3-1　研究支援職の発生

研究開発に関する統計の国際基準とされる OECD の『フラスカティ・マニュアル[16]』は，研究開発活動に関わる人材として「研究者（研究を実施し，概念・理論・モデル・技術の測定・ソフトウェアまたは操作方法の改善もしくは開発を行い，新しい知識の着想または創出に従事する専門家）」と「技術者（主に研究者の指導の下に，概念の応用や実際的方法および研究機器の利用に関わる科学技術的な任務を遂行し研究開発に参加する人材）」の他に，「支援スタッフ」という項目を設けている。支援スタッフは「Ｒ＆Ｄプロジェクトに参加，あるいはそうしたプロジェクトと直接に関係している熟練および未熟練の職人，管理者，秘書・事務スタッフ」と定義される（OECD 2015）。

研究者でも技術者でもない「研究支援者（以下，RMA と略記）」という職種の発生には，研究資金の多様化や研究活動の国際化で，1990 年代以降，大学をめぐる環境が大幅に変化した背景がある。各国政府はこぞって大学に配分する研究支援（競争的外部資金）の規模を拡大。それに伴い申請や管理といった手続きが複雑化し，研究者の負担が増えて本来業務が削れる現状が，アメリカ・日本・欧州で同様に指摘されている（Kulakowski & Chronister 2006, 東京大学 2009, Poli 2018）。ことに欧州では，科学技術分野で台頭するアメリカ[17]やアジアに競合しようと，EU 域内の研究者を連携させる大規模プロジェクトが増加しており，その適正管理のための制度構築と RMA 人材の育成が急がれている（Andersen 2018）。

RMA は所属先の組織（大学・助成機関など）や部署（研究推進部・学部レベルの研究室・産学連携部など）ごとにその呼称が異なり，また学内の立ち位置や担当業務によって定義が曖昧であることから[18]，これまで実態の把握が難しかっ

16　各国の科学・技術統計の信頼性と比較可能性を高めるために策定され，1963 年の初版以来，改訂が繰返されている。ここに挙げたのは最新の 2015 年版に掲載された定義である。なお和訳は『科学技術指標 2017』を参考にした。

17　アメリカでは第二次大戦前後に増大した科学技術予算を背景に，1940 年代にリサーチアドミニストレーターという職種が発生している。さらに 40 年代後半には研究支援者の職能団体が発生し組織化が進んだ（Beasley 2006）。

18　鳥谷・稲垣（2011）は日本の研究機関を対象にアンケートを行い，研究支援部署において様々な業務が混在している状況を明らかにした。矢野・村上・林（2013）による東京大学の事例は，学内の異なる拠点で研究支援者の活動状況が多様であることを示した。これらの調査報告

270

た。しかし近年は，各国がその育成を政策課題としたことで知見の蓄積が進んだ。その結果，多岐にわたる RMA の活動範囲や担当業務が体系化されつつある（Kulakowski & Chronister 2006, 高橋・吉岡（小林）2016, Andersen et. al. 2018）。また従来 RMA の主軸機能は，「プレアワード」（研究者が外部資金を取得するまでの情報収集や申請資料の作成支援）・「ポストアワード」（グラント取得後の予算管理や報告書の作成）・「技術移転」（特許出願やライセンス活用など知的財産の管理）に大別されてきたが（Landen & McCallister 2006），さらに大学ガバナンスの見地にもとづいた長期的戦略も RMA の重要な業務とされている（山野 2016）[19]。

▶3-2 スイスの研究支援人材

スイスにおいても競争的資金が果たす役割は年々高まりを見せている。大学の研究費総額に学外からの調達資金が占める割合は，2000 年の 14.9% から 2014 年の 25.3% へと増加した[20]。これに伴い複雑化する業務を担い，研究者をサポートする人材が必要となっている。

図 9-8 は研究開発従事者の総数（フルタイム換算）とセクター別の割合を，2000 〜 2012 年まで 4 年ごとの推移で示したものである。総数の増加だけでなく，大学で研究開発に従事する人材の伸びが見てとれる。さらにスイスの場合，研究開発従事者のうち「技術者」と「支援スタッフ」が占める割合が他国に比べて際立って高いことが指摘されている（SERI

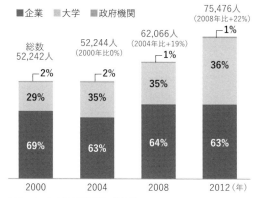

図 9-8　スイスの研究開発従事者セクター別割合の推移

出所：スイス連邦統計局（FSO）

は Andersen et al.（2018）が捉えた欧州の状況に類似する。高橋・吉岡（小林）（2016）は研究支援業務の多様性が専門人材の普及定着を妨げうると警鐘をならし，日本国内に 700 人いるとされる研究支援職の多義性の背景を分析している。
19 イギリスの高等教育セクターを考証する Whitchurch（2006）は，1970 年代までは研究・教育活動を行うファカルティーと財務・人事などを担うスタッフに明瞭な棲み分けが存在したが，大学のマネジメントをめぐる専門職が急速に多様化するなか，近年は「ハイブリッド型」の職種が発生しつつあると述べている。
20 ETH Zürich EUGA の面接で入手したデータ。

第Ⅱ部　各国の労働制度，教育制度および高度専門職の働き方

2016: 75)。RMA という職種に特化した統計はないものの，前節までの考察と合わせれば，スイスに留学し博士課程のトレーニングを受けた高度専門人材が，研究支援職についている可能性が推察できる。

4　スイスの研究活動を支える制度と人材

本節以降，スイスの国立大学と助成機関において研究者を支援する RMA と人事担当者を対象に行った面接調査の考察をまとめる[21]。知見の蓄積が少ない研究支援者の実態を捉えることが目的である。調査の結果，スイスに 2 校しかない国立大学（ETH Zürich と EPFL）と，研究助成機関として中心的な役割を果たす国立科学財団（SNSF）およびイノベーション促進局（Innosuisse）で働く RMA には，博士号など高等学位保持者の比率が極めて高いことがわかった。

▶4-1　連邦工科大学の RMA[22]

スイスの科学技術研究を牽引する ETH Zürich と EPFL の両校ともに，学長直下の中央組織に研究業務を総括する副学長が置かれ，研究活動の支援・技術移転の促進・施設の管理運営といった業務を学部縦断的に担当している。

外部研究資金を扱う部門では，助成機関の属性別に国内・国外・学内・非営利に担当が分かれ，案件の数や規模に合わせて RMA が配分されている[23]。リサーチ・オフィスなどと呼ばれるこれらの部署はもともと，研究者のニーズにアドホックに対応する 1，2 人のスタッフで始まっている。1980 年代後半ごろからは，研究活動の促進を成長戦略の中軸にすえた経営陣の意向を反映して徐々に研究支援の規模が拡大し，幾度かの改編を経て有機的に組織化

21　2015 年 8 月と 2018 年 1，2 月に，約 40 人の関係者を対象にスイス国内で半構造化面接（インタビュー）を行った。内訳は大学の RMA が 25 人，助成機関の RMA が 4 人，関連機関（職能組織，政府機関など）の RMA が 4 人，その他の関係者が 6 人である。調査テーマに重要な位置付けにあると判断した人物（部署統括者や長期勤務者など）に対しては最高 3 回まで繰り返し面接を行い，可能な限りデータの信頼性を確認した。加えて有益な関連情報を有すると判断した関係者にも面接を行った。回答者の属性を記した表を章末に掲載してある。
22　研究支援業務のうち主に研究助成を担当する部署に調査の対象を絞ったため，技術移転部署に関する考察は含んでいない。
23　近年欧州では若手研究者を対象に任期付きポストが増加しているという報告があるが（Fumasoli, Goastellec, & Kehm 2015），RMA にはファカルティーのように制度化された終身在職権がなく，基本的に任期なしのポストが一般的ということである。少なくとも工科大学と助成機関における RMA は，半年ほどの試用期間でパスすれば実質的に無期限の採用となり，研究者に比べて雇用が安定している印象がある。

第9章　科学技術立国スイスの研究支援人材

されてきた。

　ETH Zürich では，国内・学内の研究助成を扱う「リサーチ・オフィス（OR）」，海外からの競争的資金を担当する「欧州連合グラント・アクセス（EUGA）」，産業界からの助成金の運営や技術移転を担う「ETH トランスファー」が，それぞれに独立した部署として研究者のサポート業務を行っている。

　OR は研究副学長のサポート・国内グラントのプレアワード業務・学内の競争的研究費の運営・研究活動に関わる倫理規程などを担当する。1980 年代まではリサーチ・アドミニストレーションといっても若手研究者育成のための奨学金管理業務が主な仕事であり，そのほか学内でニーズが発生する度に，サービス業務担当副学長のオフィスが少数のスタッフで臨機応変に対応していたという。その後，大学経営の効率化を図る制度改革が導入されて（Gugerli, Kupper, & Speich 2010），研究業務を担当する副学長ポストが設置され，1990 年代半ばまでに現在の OR の原型ができあがった。副学長の支援業務が大きな位置を占めている[24]。

　OR の RMA[25] 6 人全員が博士号とポスドク経験を有する。博士号の取得分野は多岐にわたり（物理学・生物学・神経科学・環境科学・経済学・地質学・哲学），経歴も多様で（助成機関でグラント審査の支援・政府機関で政策立案・企業や大学で研究プロジェクトのマネジメント），倫理哲学の領域で博士号を取得した RMA が研究活動をめぐる倫理案件を担当している。RMA 業務はマニュアル化しにくい暗黙知であることが多く，OR では勤続年数 10 年以上のベテラン（最長者は 20 年）が半数を占める。5 人がスイス国籍だが少なくとも 4 人は海外からの移住者で[26]，男女比は 1:1。人事担当者は，RMA が博士号を持つことは「重要である」と回答している。

　EUGA は欧州連合（EU）など国外からの競争的資金を担当し，プレアワード・ポストアワードの両業務を行っている。EU がアメリカやアジア諸国との競争を意識して科学技術研究の助成規模を拡大するなか，1997 年に ETH Zürich とチューリッヒ大学の支援部署が合体して現在の EUGA となった。

24　OR のスタッフは副学長と定期的（ほぼ毎週）に会合しブリーフィングやブレーンストーミングを行っている。

25　2015 年 8 月から 2018 年度 2 月の間に，2 人の RMA が転出した。1 人は科学研究領域でマーケティング会社を創業，もう 1 人は学内の別オフィスに異動している。

26　スイスは二重国籍を認めているため「永住権を持った外国人」と「国籍所有者」の区分けは難しく，面接調査で個別に確認するしかない。

273

第Ⅱ部　各国の労働制度，教育制度および高度専門職の働き方

当初 3 人だった職員数は現在 20 人である。

　EUGA の RMA14 人のうち 6 人が博士号，残り多数が修士号を保持する。メンバーの多様な専門領域（歴史学・社会学・国際法・生物学・生命科学・芸術史・リスク科学など）や経歴（研究員・教育省職員・コンサルタント・広報官・データサイエンティストなど）をチームとして活かしながら，国内外でネットワークを構築し，新規の助成プログラムや EU 政策の動向といった情報収集を積極的に行っている[27]。RMA のうちヘッド 2 人を含めた 10 人がスイス国籍保持者で，ドイツ出身が 3 人，フランス・ギリシアの出身がそれぞれ 1 人であり，男女比は 1:1。勤続年数は 20 年以上のベテランを筆頭に 6~8 年の人材が多く，離職率は極めて低いという回答だった。人事担当者は，RMA の採用条件に博士号は絶対的に必要ということではない（it's not an absolute necessity）と回答しており，むしろ協調性・適応性・柔軟性や異質性に対する許容度の高さが重要だと述べている。

　一方 EPFL の研究支援はもともとポストアワードのみを扱う部署であったが，2013 年にリサーチ・オフィスが新設されてプレアワードに力をいれた体制が開始した[28]。2017 年以降組織編成を繰り返し，現在はグラント・法務・研究施設関連・技術移転の 4 部門で構成される。このうち研究助成を扱う部署では，スタッフ約 20 人のうち 8 割がファカルティーと直に接するプレアワード部門に属する。「プログラム・マネジャー」の 10 人中 9 人が博士号を有し，1 人は修士号取得後に EU の大型プロジェクトに関わった。なおポストアワードの担当者には異なるスキルセットが求められ，博士号は要求されない。

　EPFL で働くプログラム・マネジャーの専門分野は多岐にわたり（生化学・生物学・生態学・ミクロ技術・コミュニケーション・政治学・物理学・開発経済学[29]），出身国も多様（少なくとも 5 人はスイス国籍，ベルギー 2 人，フランス 3 人，オーストリア 2 人，イタリア 2 人），男女比は 1:4 である。開発経済学で博士号を取得した

27　研究者の問い合わせ窓口である OR のオフィスはキャンパス中心の本部棟に位置する。一方で，大学の研究者と地元の中小企業との産学連携支援も業務に取り込んでいる EUGA は，キャンパスから少し離れた市街の雑居ビルにオフィスを構えている。

28　2012 年に大学がファカルティーにサーベイを実施した結果，グラント取得後に発生する業務よりも，外部資金を獲得するための情報収集や申請資料の作成支援などのサポートが必要であることが判明した。

29　「RMA には生物学を専門にしていた人材が多い」と複数の回答者が述べた。その理由として，収集したデータの体系的な整理・分析という生物学者としてのトレーニングが RMA の業務に適しているからという指摘と，ここ数十年間に生物学で博士号を取得した人材が増加し国内の民間市場が飽和状態であるためという指摘があった。

RMA が倫理関連業務を担当している。2017 年にはアメリカの政府系機関で
ポスドクのトレーニングを修めた RMA が採用され、欧州圏外のグラントを
対象にした業務を担当している。[30] RO は新体制で稼働し始めたばかりのため、
RMA の勤続年数や離職率に関する情報は得られなかった。人事担当者は、
RMA が博士号を保持することは「非常に重要」であり、採用条件にも課し
ていると回答している。

▶4-2 研究助成機関の RMA

　スイスの公的な助成機関は国立科学財団（SNSF）とイノベーション促進局
（Innosuisse）[31] であり、その拠出金の比率は約 7:1 である。1952 年創設の SNSF
は、もともとは戦後経済復興のための雇用創出プログラムとして設置され、
後に官民連携の組織となった。自然科学から社会科学や工学と多岐にわたる
分野を対象に、基礎研究の促進と人材の育成をミッションとする公的支援の
中心的役割を果たしている。一方 Innosuisse は、応用研究の助成や起業家支
援、技術移転の促進を担当する連邦政府の機関である。専門大学（UAS）が
手がける応用研究開発の多くが Innosuisse の競争的資金を受けている。2017
年に連邦工科大学が受託した外部資金のうち SNSF と Innosuisse からの研究
費が占めた割合は、ETH Zürich でそれぞれ 40.7% と 7.1%、EPFL で 31.4%
と 7% であった（ETH Zürich 2016, EPFL 2016）。

　助成機関で研究者を支援する RMA は「科学官（scientific officers）」と呼ば
れる。科学官は毎期ごとに提出される申請書が適切な審議を受け、採択され
た案件が円滑に助成を受けられるよう、一連のプロセスを管轄する。具体的
には、プロポーザル（研究提案書）の内容を把握し、利益相反などの不正を防
止するため政府の規制や助成機関の規約に照合する作業、適切な評価チーム
に適合させる作業、審査会議における記録の作成、合否の通達、採択された

30　アメリカの助成機関ではグラント応募規定などの諸条件が欧州とは異なるため、その知識に精
　　通した元研究者が専門人材として雇われたケースである。スイスでは 2014 年 2 月の国民投票
　　で移民制限案が僅差で可決された。その後スイスと EU 間には労働者の自由な移動を保証する
　　協定が結ばれたため EU 国籍者の雇用は問題視されないが、工科大学を含む連邦の組織におい
　　て EU 圏外からの人材登用は実質的に極めて難しくなっている。国民優遇措置という政治的な
　　プレッシャーのなかであえてアメリカ出身の RMA を採用したことに、スイスの国立大学が研
　　究資金の多角化を極めて真剣に捉えている実状が窺われる。研究助成金の国際獲得競争の熾烈
　　化を背景に RMA のニーズが高まり、高度専門人材の国際移動が今後も促される可能性が考え
　　られる。
31　経済教育研究省の下で応用開発領域の研究助成を担当していた技術革新委員会（CTI）が、政
　　府の制度編成で 2018 年度に Innosuisse と改名した。

275

第Ⅱ部　各国の労働制度，教育制度および高度専門職の働き方

プロジェクトのフォローアップなどである。審査と合否の判断は専門家（各領域に精通する研究者，大学教授など）100 人で構成される研究審議会の評価チームが行う。いってみれば科学官は研究者と審査チームの橋渡し役である。科学官は通常各案件を開始から終了まで担当する。

SNSF 本部のスタッフ 280 人中，98 人が科学官である。時には研究を審議する評価チームの人選に加わったり，SNSF の長期ビジョンを検討する話し合いに参加することもある。そのため，科学技術の現状を見きわめ展望を見すえるための専門性が求められる。人事担当者は，科学官を務める RMA は最低でも修士号が必要であり，さらにリーダー役の要職となれば博士号に加えてポスドクの実績が求められると述べる。SNSF 科学官の 70 人（71.4%）が博士号，24 人（24.5%）が修士号，4 人（4.1%）が学士号を有している[32]。

Innosuisse には「プログラム・マネジャー」「サイエンス・アドバイザー」とよばれる RMA がおり，その約 4 割が博士号保持者である[33]。SNSF に比べてその割合は少ないが，科学的素養は極めて重要な採用条件だと人事担当者が述べている。Innosuisse の管轄は応用開発であり，そのグラント審査には企業（おもに中小企業）関係者も含まれるため，RMA は産業界にも積極的に触手を伸ばしてネットワークを構築する必要がある。そのため研究者としての知見以上に OJT でスキルを習得できる実践力が重視されており，大学院を卒業したばかりの若手人材も数多く登用されている。

5　スイスにおける研究支援人材の実態

これら 4 組織の RMA には，博士号など高等学位保持者の比率が極めて高いことに加えて，いくつか共通の特徴がみられた[34]。以下に，属性・キャリアパス・適性・就業観に分けて考察を述べる。

32　SNSF 人事部担当者から入手した統計（2018 年 5 月現在）。
33　Innosuisse 人事部担当者から入手した統計（2018 年 1 月現在）。
34　質的調査においては，文字テキストや非言語的情報の「周辺に存在する様々な意味での文脈」を明らかにする作業が必要となるが（佐藤 2002: 17-32），その際には可能な限り解釈の主観性を抑えて，社会科学調査としての客観性を確立する努力が重要である（盛山 2013）。本章では解釈の妥当性を証するためできる限り回答者の言葉は原文（の和訳）のままで記した。また議論上重要であり文脈をとりいれて解釈する必要があると判断した語彙や文章は，英語の原文を括弧内に表記した。中略箇所は「……」と示してある。なお回答者への守秘義務を遵守するため，引用は通し番号で記載し，組織名も最小限に抑えた。

276

▶5-1 属性

5-1-(1) 科学的な素養

RMAに求められる属性として共通したのは「科学的な素養（scientific background）」であった。「サイエンスがわかっている（who knows science）」という判断基準として，博士号（時には修士号）やポスドクといった学歴・経歴がシグナルとなるケースが多い。なお科学的素養とは，専門領域の深い知識ではなく，以下に集約される経験値を指す。

第1に，プロポーザル（研究提案書）の内容把握に必要な基礎科学知識である。

> ［元研究者としての知識や経験は］研究費の申請書をレビューする際，内容を理解するのに役に立っていると思います。私は物理領域の担当ですが，キーワードを拾うだけでも［研究内容の］大まかな理解につながるので，この申請書はこの［領域の評価チーム］に担当してもらおうという判断ができるわけです。申請書に使われる語彙はかなり専門的ですから，研究者としての経験は非常に助けになります。……私の博士論文は物理・化学・数学などを融合した学際的な領域で取り組みました。ですから［研究者から送られてくるプロポーザルの］要旨を読んで課題を理解し，大切なポイントや欠落部分をおさえることができるのです。（回答者 #17）

第2に，グラント申請の経験といった実践的知識である。体験知から研究者に的確なアドバイスを与えることが可能となる。

> 私たちの仕事は研究者を支援して彼らが研究業務に集中できるようにすることです。気の利いたアドバイスで，彼らが落とし穴を避けられるように手伝うこともできます。これまでに蓄積してきた経験を使って……，例えばそれをやったら研究費を打ち切られるよとか，こんな表現を使えば後々問題が生じにくいよといった，転ばぬ先の杖を手渡してあげることができるのです。そういった細かい戦術が［グラントの申請プロセスには］大切なのです。（回答者 #17）

第3に，研究者として培う批判的思考力や問題解決力である。RMAに最も必要な条件として複数の回答者が「情報を収集し，体系化して分析し，臨

---

35 RMA採用に際して人事担当者が博士号を条件として強調する度合いは，機関や部署により異なっている。基礎研究を扱う助成機関では「博士号取得者であることが望ましく，最低でも修士は必要」とされ，応用研究を扱う助成機関でも概ね同様の回答だった。一方，大学の研究支援オフィスでは「絶対必要条件ではないが役にたつ」（国内プレアワード部署），「コアの必要条件ではない」（国外プレ・ポストアワード部署），「絶対に必要」（国内・国外プレアワード部署），「不必要」（国内・国外ポストアワード部署）という回答であった。

第Ⅱ部　各国の労働制度，教育制度および高度専門職の働き方

機応変に問題解決するための想像力」といった，大学院やポスドクの経験を通して身につけるスキルを挙げている。さらに，発生する課題は領域も性質も多岐にわたり，パターン化して処すことができないため「他者に頼らない独立心」（回答者 #1）（回答者 #11）や「諦めずに解を出す執念」（回答者 #1）の重要性も指摘された。

> ［RMA として］高い分析力が求められます。……まずはどこに問題の根源があるのかを明確にする必要があります。課題が見えてきたところで，解決案としていくつかのオプションを考え，妥当性を判断しなくてはなりません。さらに，法務関連の案件などでは誰にコンタクトするのか状況を的確に分析するスキルが必要です。（回答者 #9）

> ［博士課程では］論文を書きあげる課程で，自分 1 人で結果を出していくことを学びます。誰の力も借りずに問題解決したり，また［必要であれば］誰から助けを得るべきかを判断する力はライフ・スキルです。いってみれば博士課程とは独り立ちすることを学ぶ場であり，そのプロセスで身につける問題解決能力は，どんなキャリアでも必要とされるものです。……（研究者としてのトレーニングを通じて）先を見据えて自己管理することを学んだと思います。（回答者 #17）

　なおファカルティーの研究内容を理解するための科学的知識と，元研究者としての実践的なスキルセットの，どちらが RMA としてより重要かという問いに対しては，「可視化できない［実践的］スキルが重要」（回答者 #11）と「どちらも同じくらい重要」の見解が双方示された。

5-1-(2)　信頼関係の醸成

　元研究者としての経験や知識が，ファカルティーとの間に「文化の共有」（回答者 #29）をもたらし，信頼感を醸成しうる。ファカルティーの「話し言葉（language）を知っている」という表現を使った回答者が複数いたが，単に専門用語に精通しているといったテクニカルな側面でなく，研究者のマインドセットがわかっているという心理面が強調された。

> このオフィスにいる RMA はみんな異なるバックグラウンドを持っています。たとえ自分の専門が生物学でも［こうして］数学者の研究をサポートできるのは，かつて同じ研究者だったという経験値があるからです。ファカルティーがどんな風に考えるのかを理解できるのです。研究者を支援するには，彼らの業界言語が話せて，彼らの世界をよく理解している必要があります。（回答者 #11）

> ［アカデミック］コミュニティーの業界文化を知るには少なくとも4，5年
> 以上は研究活動に携わった経験が必要だと思います。実験結果が出た時の
> 高揚感や焦燥感，結果を待っている間の落ちつかない気持ち……そういっ
> た，研究にまつわる様々な心理を理解できるか［が業界文化］なのだと思
> います。（回答者 #36）

> ［RMA が博士号を持っていることは］非常に重要です。主に心理的な側面
> が大切なのではないかという気がします。……ファカルティーに信頼して
> 受け入れてもらえるか。博士号を持っていると知ると相手も違った態度で
> 接してきます。受け入れて心を開いてもらうために，最低限必要なのだと
> 思います。（回答者 #1）

> 博士号を持っていることでファカルティーが心を開いてくれやすいですし，
> 関係構築がしやすくなります。大切なのは信頼関係ですから。（回答者
> #34）

　前述の OECD 定義を用いるなら，研究者とは「新しい知識の着想または
創出に従事する専門家」である。先例がないテーマや切り口を研究として発
展させていくのが大学の研究者の仕事であり，そのプロセスは「孤高の行
為」（回答者 #36）といえる。RMA 自身が「研究の難しさを身をもって体験し
た」（回答者 #17）ことが，研究者が抱える諸処の課題に親身に寄り添うこと
を可能にしており，そこに生まれる信頼関係が研究の円滑化を支えていると
推察される。

▶5-2　キャリアパス

　回答者の経歴には細かいバリエーションがあるが，「アカデミック・タイ
プ」と「回遊タイプ」に大別できる。

5-2-(1)　アカデミック・キャリアからの転向

　第1のタイプは，研究者予備軍としてのキャリアパスを歩んだあとにアド
ミニストレーションに転向したケースである。海外などでポスドク経験を有
する場合が多いが，20代後半から30代にキャリアパスを再考したと述べて
いる。

> ポスドクとして1，2年もすると……昇進するか退出するか（up or out）
> という無言のルールが少しずつ見えてくるわけです。大学にファカルティー
> として残れるのはほんの一部です。……もともとは研究者を目指していた

人材のプールが［私のように RMA になるケースが］あります。（回答者 #8-1)

　例外なく，研究支援に転職した時点では RMA という専門職の存在すら知らず，意識もしていなかったと述べている。タイプ 1 のような RMA が研究者から支援者に移行するプロセスは急速な転換ではなく「気がつけば」という緩やかなものだったと考えられる。アカデミックな就職先を待つ間に一時的な研究支援のポストを積み重ねるうち，サポート業務の比重が増えていったという回答が多かった。

　　助教授だったとき，競争的資金を外部から取ってくることの大変さを味わいました。……グラントの審査プロセスがどうなっているのか，いつも不思議でした。……ですから［助成機関で］研究費を配分する側に立ってみることに非常に興味を持ちました。研究支援の向こう側はどんなメカニズムなのだろうかと。そのポストに就けば研究はできないことはわかっていました。だからとりあえず 1 年くらい試してみようかという軽い気持ちで始めたのです。その後また研究に戻ろうと。結局休符を置いた期間が長くなり，今に至っています。（回答者 #27-2)

　また自分たちのキャリアパスは緩やかに展開していった（"evolved"）とする一方で，研究者から支援者への転向を「飛び越える "make the big jump"」（回答者 #27）「飛び出す "jump out"」「あちら側にいく "crossed to the […] side"」（回答者 #36）と不可逆的な表現を用いて述懐する回答者が多かった。第 6 節でこの点に立ち返って考察を述べる。

5-2-(2)　多様なセクターを回遊

　第 2 のタイプが，多様なセクターでの経験を有する人材群である。彼らの多くは，興味を持ったテーマを研究しようと博士課程に進学したが，必ずしも大学の教授職をキャリア・ゴールには設定しておらず，比較的早期に「このまま研究者でいたいのか」と自問したと回答している。そのため在学中や卒業後にとりあえず一度アカデミックな環境を出てみるという選択をし，非営利や産業界で実務経験を積んだ人材が少なくない。自らのキャリアパスを回顧して「これまでだいぶ迂回してきた」と答えた RMA は次のように述べた。

　　博士課程にいる学生は，本当にこのまま科学者として大学でキャリアを積んでいきたいのか，それとも企業に就職したいのかと常に自問していると思います。私の場合，会社勤めにもさほど興味がありませんでした……［そ

の一方で，教授として］申請書を書いたり，研究室を運営したり，学会で発表したりするキャリアは本望ではなかったのです。アカデミックな環境は気に入っていましたし，そこに身を置けることは重要でした。新しいテーマや新しいアイデアといった知の最先端に常に触れていられるわけですから。……研究者を支援しながら大学に残るというこの仕事はとてもユニークではないかと思っています。（回答者 #11）

研究は好きでしたが，ラボにこもっていたいとは思いませんでした。この点ははっきりしていたといえます。自分にはソフトスキルがあると感じていたのですが，純粋な研究環境では［自らの長所が］活かせないなと感じました。とはいえ研究は好きだったので全く辞めてしまいたくはありませんでした。だから大学で研究支援を行うこの仕事を試してみることにしたのです。（回答者 #17）

回遊型といえるこのタイプは多様な地域や業種で経験を重ねている[36]。採用の際に，その経歴の異色さは人事担当者によってポジティブに評価され[37]，登用の決定打となることもある。また，かつて産業界でファンドレイジング（資金調達）に関わったり国際機関や政府で助成プロジェクトを担当していたといった例は，貴重なネットワークをもたらすとして研究支援の現場でも高く評価されていた[38]。なお大学と助成機関の間で RMA が移動するケースもみられた。

▶5-3 適性

5-3-(1) 高い対人調整能力

研究支援オフィスの業務には，申請書の補助や予算の管理運営といったテクニカルな業務だけでなく，学内外の関係者との橋渡しといった対人的な作業も含まれる。リサーチ・アドミニストレーションは，申請書作成の補助や予算の管理運営といった研究活動のテクニカルな業務を担当するだけでなく，学内外の関係者とのネットワーク構築といった橋渡しを司る部署でもある。

研究支援に携わる人材の多くに共通する特性などを可視化させる目的で，2016 年に世界各国の RMA を対象に実施された RAAAP（Research Administra-

---

36 河口（2004）は高度人材の国際移住パターンに「回遊」という仮説をあてはめた考察を行っている。山口編（2015）は分野横断的な知的営みを指す概念として「回遊」を用いている。

37 研究活動の主体者から支援者や管理官に転向した人材群を「起業家精神にあふれるタイプ」とする指摘もあった（回答者 #36）。

38 このように支援人材による組織や国境を越えた移動は，研究者の移動とは異なる知識の普及を促す可能性も示唆している。

第Ⅱ部　各国の労働制度，教育制度および高度専門職の働き方

tion as a Profession）調査によれば，組織の中で担う責任の重い RMA ほど，支援人材に求められる条件として他者と協働できる「コラボレーション能力」や「コミュニケーション能力」といった“ソフト・スキル（soft skill）”を重視しているという（Kerridge & Scott 2018）。RAAAP 調査の報告は，「チームの一員としての協調性」（回答者 #13）「多種多様なファカルティーと接する際の外交手腕」（回答者 #8-1）「コミュニケーション能力」が強調され，高い対人調整能力が RMA の適性として抽出された，本調査の結果とも合致する。

　この背景には，研究を取り巻く環境の変化が影響していると考えられる。海外のグラントを担当する RMA は「年々肥大化する」（回答者 #20）EU の政策に精通し，新しいグラントに関わる最新情報などに常に触れている必要がある。そのため国内外の関係者とのネットワークを築くことが重要であり，EU 本部のあるブリュッセルやスイス他地域への出張も頻繁である。

　さらにスイスでは高学歴者のパートタイム雇用が浸透している。研究支援の職場でもワークシェアリングが多く，RMA 人材は連携して互いの業務をカバーし合う必要がある。そのためしっかりとしたコミュニケーションを保障できる高い対人力（“people skills”）が必要とされる[39]。

5-3-(2)　サポート業務に対するコミットメント

　当然のことながら，RMA の存在意義は研究者を様々な側面で「支える」ことにある。従って RMA 人材にはサポート業務に対する徹底的なコミットメントが求められる。

> 科学者として身を引く覚悟ができていない元研究者は，科学官としてキャリア転向をすることに非常に時間がかかります。というのも，純粋に研究者を目指していた人材群……は他人を支える経験を［必ずしも］してきていないし，大学院でもその種のトレーニングを受けていません。（回答者 #28）

　そもそも「支援するという行為に生きがいを感じるかどうかは生まれつきの気質」という見方も示された（回答者 #17）。とはいえサポート業務に必要な適性とは何かを抽出し，わかりやすく可視化できれば，ある種の心得（マインドセット）として後天的に修得することも十分に可能と考えられる[40]。

　サポート業務への興味を有する場合，研究活動から支援業務に移行する際

39　例えば ETH Zürich の EUGA オフィスでは，できるだけ壁を排除した細長い部屋に机が向き合って配置され，毎日定時に 90 分間のミーティングが行われる。空間や時間を共有することで情報を交換しやすい環境づくりが進んでおり，このような職場で日々効率よく業務をこなすには，高い対人力が求められる。

第9章　科学技術立国スイスの研究支援人材

にも「大きく飛び越える」という感情は希薄となり，RMA というキャリア転換は比較的スムーズだと推察される。ある人事担当者は，研究者としての経験が長い人材を RMA として採用する際には「どのような心境でサイエンスを去ろうとしているのか，はっきりと見極めることが重要」（回答者 #17）と述べている。

▶5-4　就業観

以上で見てきたとおり，スイスの国立大学と助成機関で働く RMA には博士号など高等学位保持者の比率が極めて高い。大学院やポスドクで得た知識や経験が現在のキャリアに役立っているかという問いに，該当者のほぼ全員が肯定的な回答をしている。研究支援という職業に対しても高い満足度が示され，その理由として，(1)知的活動への近接性，(2)非ルーチン的業務，(3)ワークライフバランスといった要因があげられた。

5-4-(1)　知的活動への近接性

「最先端の研究を推進する人々と働くことで知的好奇心を満たされる」「これまで培ったアカデミック・トレーニングを活用して科学者コミュニティーの手伝いができる」といったコメントが多くの回答者から聞かれた。

> 極めて優秀な人材と常に接していられるのです。ここ［大学］には新しいサイエンスや技術が息吹いています。昨日不可能だったことが今日は可能になっている。それを実現していく人々と毎日関われるのは，特別なことです。彼らは皆，自分たちの仕事［研究］を心底楽しんでいる。研究者とはそういう人種なのです。アカデミアの真髄がそこにあるわけで，私たちの支援業務を通して彼らの負担が少しでも軽くなるなら……それは非常に喜ばしいことです（回答者 #8-1）

知的活動への近接性を重視する傾向は，大学と助成機関の RMA に共通してみられ，さらにアカデミック・キャリアから転向したタイプと回遊型タイプの両方で観察された。

5-4-(2)　業務内容の非ルーチン性

RMA は OJT でスキルを積み上げていくことが多いため「初めは非常に苦労することが多い」（回答者 #37）「慣れるまでに 2，3 年はかかった」（回答者

40　一例として，次節で触れる RMA の職能団体などが，年次総会のセッションで支援人材の適性などを議論する場を設けたり，スキルセット修得のワークショップを行うことも可能である。

283

第Ⅱ部　各国の労働制度，教育制度および高度専門職の働き方

#1）という指摘があった。ことに研究副学長の補佐を担当するオフィスでは，学内で発生する多種多様な案件が持ち込まれるために，業務内容がルーチン化しない。この点に高い満足度が示されていることが特徴的であった。

> とてもやりがいのある仕事です。……1日たりとも同じではないのです。担当する案件は当然ひとつひとつ違いますから……自分がどうしてその判断をしたのか，理由書で異なる議論を展開しなくてはいけません。（回答者 #29）

> ……毎日のように解決すべき新しい課題が運ばれてきます。創造力に富むファカルティーは同時に新規のトラブルを生み出す能力にも長けていると冗談を言っているほどです［笑］。ともかくいつも何か新しい課題に直面しています。だから飽きることがありません。（回答者 #1）

　博士号保持者はもともと知的生産活動を好むタイプの人材群と考えられる。複雑な案件には「創意工夫を凝らして問題解決する必要があり，常に刺激がある」と複数の RMA がコメントしている。大学院やポスドクの経験を通じて，不確定要素の多い環境で問題解決をするトレーニングを受けた RMA は，「複雑で前例がない」（回答者 #2-1）案件に対応する業務を，ある種の知的作業とみなす傾向があるとも考えられ，それが業務への高い満足度を引き起こしている可能性がある。

5-4-(3)　ワークライフバランスのとりやすさ

　「大幅なフレクシビリティがある」（回答者 #1）と複数の RMA が述べ，支援職は研究職と比べて仕事と家庭が両立しやすいという所見が多く聞かれた。自分もパートナーも研究畑出身だと述べた RMA は，家庭を築きながら両方がアカデミック・ポストに就く難しさを指摘した上で，このように述べている。

> 科学者としてのキャリアは困難です。でも大学の研究支援者［というキャリア］は［科学者が抱える］諸々の負担なしに，限りなくサイエンスの近くにいることが可能です。朝から晩まで実験室で過ごさなくても，好きなように科学について語ったり考えたりすることができるのです。（回答者 #2-1）

　今回の調査で対象となった RMA には生活の質を重視する性向がみられ，大学でも助成機関でも，博士号を持つ研究支援者の6割から8割がパートタイムを選択している。スイスにおいてはワークシェア制度が浸透しているが，ことに就学年齢の児童を抱える RMA は，ワークライフバランスがとりやす

い点をキャリアの大きなメリットと考えていることがわかった。[42]

6. 研究支援人材のアイデンティティーを めぐる考察

スイスで研究支援に携わる高度専門人材との面接調査で顕在化したのは，職業アイデンティティーをめぐる複雑な心理である。研究職から支援職に移行するプロセスで，何かを「飛び越えた」と表現したRMAが複数存在したことは既述したが，研究者としての経歴が比較的長いRMAにも，「サイエンス」や「リサーチ（研究活動）」に対する深いアタッチメント（執心・愛着）が観察された。

▶6-1 アイデンティティーをめぐる矛盾

6-1-(1)「科学から身を引く」という自覚

「あなたの職業を一言で表すと何か」という問いに対し，「科学者」「研究者」という返答は皆無であり，回答の大半は「アドミニストレーター」「コーディネーター」であった。さらに，研究者としての経歴が比較的長かったRMAに「"自分はまだ科学者"だと感じるか？」と問いかけたところ，その全員が「自分は科学から身を引いた（I left science）」という種の回答をしており，キャリア転換を強く意識している様子が推察された。また今回調査の対象だった4機関の人事担当官全員が，博士号保持者などの高度専門人材をRMAとして採用する際には，「科学から身を引く」という自覚を見極めることが非常に重要と指摘している。[43]

> このオフィスに勤めた時点で……科学に別れを告げてもらわないと。私に言わせるならこれは基本中の基本です。そうでないと常にもどかしい思いをすることになります。学術的な研究を行っている人々を"支援する"わ

---

41 スイスでは高学歴の共働き家庭にパートタイム雇用が珍しくないとされる。

42 スイスでは家事・育児を圧倒的に女性が負担している状況を，統計局のサーベイ調査が浮き彫りにしている（FSO 2018: 12）。研究者としての経歴や専門性を活かしつつ，私生活とのバランスがとりやすいRMAという職種が，同国の高学歴女性にとって極めて有効なキャリア・オプションになっている可能性がある。とはいえ今回の調査はあくまでも雇用の安定性が高い連邦政府機関の職員を対象としたものである。

43 SNSFとInnosuisseでは，研究支援人材の採用面接において「科学から身を引く心の準備があるか（Are you ready to leave science?）」と質問することで期待値の調整を行い，またその回答や反応を確認していることがわかった。

285

第Ⅱ部　各国の労働制度，教育制度および高度専門職の働き方

> けであって，もはや自分がその活動に関わるわけではなくなるのです。（回
> 答者 #28)

> ……この仕事で一番難しいのは人選ですね。はっきりと研究活動の“マネ
> ジメント”がしたいという人を選ばないとうまくいかない。…確かに私たち
> が行う業務は全て大学の研究につながっています。しかし私たち自身が研
> 究活動をするわけではありません。それをはっきりと理解していないと，常
> に不満を抱えることになります。（回答者 #12-2)

　「もどかしい（"frustrated"）」という表現が複数の会話に登場した。面接の
対象となった RMA の大半は，前節で述べたとおり仕事に対して高い満足度
を示している。しかし「科学から身を引く」と自覚し決断をしていない場合
は，人事担当者の言葉を借りれば「いつもどこか心ここにあらずという感じ
が漂う」(回答者 #28) 状況に陥ってしまう。

　RMA というキャリアに対する期待値と実際の業務にミスマッチが生じる
場合，高度専門人材の未活用や喪失にもつながる。下記は助成機関の人事担
当者のコメントである。

> 自分はなんのためにここにいるのか［をよく理解して，RMA として］果た
> すべき役割を正しく把握していないと，4～5年もするとモチベーションを
> なくして，若い人材がどんどん輝きを失っていく。これが続くとスイスの科
> 学にとって，よくないのではと心配しています。（回答者 #28)

　一般に博士号保持者などの高度専門人材は給与も相対的に高く，彼らの雇
用は組織にとっても高い投資となる。高度専門人材の未活用や人的資源への
投資コストの未回収を避けるためにも，RMA 人材がどのような心境でサイ
エンスから身を引くのかを，本人も雇用側もはっきりと見極めることが重要
だと考えられる。

6-1-(2)「科学」や「研究」へのアタッチメント

　本調査に回答したスイスの RMA 全員が，自分は「科学から身を引いた」
と言及している。その一方で，自分と科学との距離感に未だ曖昧さを残し，
研究コミュニティーへの強いアタッチメント(愛着・執心)を示すケースもあった。

> ［勤めていた政府の統計機関］では国内の研究データを扱って，いってみれ
> ば研究の立会人になったわけです。そして今，自分はこれまでのキャリア
> を統合している。研究者，研究のアドバイザー，研究の立会人［といった
> キャリア］を介していまは支援者をやっている。つながっていると思ってい

第9章　科学技術立国スイスの研究支援人材

ます……一度も研究をやめたとは思いません……サイエンスとも研究とも完全に手を切ったわけではありません……今はこれまでと別のタイプの研究活動をしていると考えられないこともない。科学者を対象に調査研究を行っているような感じです。(回答者 #27)

　15 〜 20 人単位の研究者が参加する大型プロジェクトの管理官は，RMAの仕事を実験結果を待つ研究者にたとえている。

この領域［研究支援業務］では，私たちは論文を出版するということはもうありません。とはいえプロポーザルが通れば，研究プロジェクトが開始する様子を見て取ることができるわけです……研究のマネジメントとは実験のようなものです。実施要綱に従って実行し，最後には良い結果を出したいわけです。［グラントを申請・受託・実施する］一連の手続きには流れやステップがあって，［私たち関係者が］大切にしている哲理もあるわけです（"We have a philosophy that we always follow"）。(回答者 #12-3)

　この回答者はさらに「科学者ですから実験願望があるわけです」と，現在形で自らの心情を表現している。例えばファカルティーのニーズを見極めるためにサーベイなどの「新しいメソッド」を導入して研究者の「反応」を見ていると，支援業務を社会実験になぞらえて語っている。支援オフィスで働く同僚の RMA たちについても「［私と同様に］みんな科学者だ（My colleagues are also scientists)」と述べている。根っからの科学者だから……といったニュアンスであろうが，一連の会話からは「ステップを踏んで実験しデータを収集する」「好奇心」「客観性」など一般に科学者というキャリアを連想させる表現が浮かび上がった。そこには科学コミュニティーに対する深いアタッチメントが観察される。大学という環境のなかで間接的ではあっても研究活動に関わっているという心理が，RMA というキャリアを選んだ高度専門人材を動機付けている可能性がある。

▶6-2　社会的認知度の低さ

　ここで RMA という職種をめぐる社会的評価の問題を簡単に検討したい。
　スイスで行った面接調査で回答者の複数が「自分の職業を人に説明する際に少し戸惑う」という指摘をしており，その理由として，研究支援というキャリアの社会認知度の低さをあげた。

私たちの仕事ぶりは学内ではよく知られていると思います。とはいえ大学

第Ⅱ部　各国の労働制度，教育制度および高度専門職の働き方

> を一歩出れば，そもそも私たちのような職種は数が少ないわけで，おそらく誰も知らないのではないかと思います。警官という職業は誰でも知っています。大学教授は研究をしたり教えたりする仕事だということもよく知られている。しかし私たち［研究活動の］アドミニストレーターがどんな風に［社会に］役立っているのかわかっている人は恐らく少ないでしょう。（回答者 #8-1）

　「時にはファカルティーでさえも私たちの存在を知らない」（回答者 #11）との回答もあった。さらに「［RMA という］職業が存在すること自体，学生だった時には知らなかった」というコメントが複数聞かれた。

　大学院でトレーニングをうけた人材が，将来のオプションを模索する過程でアドホックに身につけたスキルが，結果として RMA に必要な専門性の蓄積につながり「予期せずそれがキャリアとなっていることに驚くケースが多い（"It's something that often comes as a surprise to people."）」という見解も聞かれた（回答者 #36）。これは「年間数百名にのぼる人材が新たに研究支援職に就いているにもかかわらず，その多くはキャリアとして意識もせぬままこの職業に足を踏みいれているのだ」というアメリカのリサーチ・アドミニストレーターに関する記述（Kulakowski & Chronister 2006）に酷似する。時間と場所を異にしても研究支援を行う人材をめぐる状況が大きく変わっていないことが推察される。

　競争的資金の増加で研究支援を専門とする人材の役割が増す一方で，RMA がキャリアとして認識されていない一因として，支援職が扱う業務の多義性（高橋・吉岡（小林）2016）があげられる。その結果，専門性が可視化されにくく，Poli（2018）が言うところの「見えない労働力」と位置付けられ「ファカルティーからは往往にして（より専門性の低い）事務スタッフと間違って理解される」こともある（Rhoades 2010: 41）。欧州他地域においては，研究支援職が「末梢的労働力（peripheral workers）」と一蹴されるという指摘さえ聞かれている（Kimber 2003, Allen-Collinson 2009）。スイスにおいては博士号取得者が研究支援を行っているケースが多く，アメリカや欧州他国と比べて RMA の専門性が比較的確立している可能性はある。とはいえ RMA という職種の社会認知度が低いことに変わりはなく，キャリアとしてのプレスティージ（威信）が認められるのは，あくまでも大学や助成機関などに限定されている。

　小国スイスの場合，研究活動に関わる大学や関連組織の数が限られている

上，国内には複数の言語・文化圏が独立して機能しており，それぞれの地域に必要とされるRMAの市場規模はさらに小さい。このため国内ではキャリアとして可視化されるまでの規模に至らず，その専門性の高さにもかかわらず，研究支援者の職業的地位尺度が不明確なままとなっている[44]。その結果，研究職から支援職へ転換するスイスの高度専門人材は，「科学者ではなくなる」ことを自ら強く意識しながらも科学コミュニティーとの距離感に執心する，職業アイデンティティーをめぐるジレンマのような状況に置かれているとも考察できる。

7 欧州におけるRMA職業化の動き

資格認定制度の導入による研究支援職の専門職業化（professionalization）の動きがスイスの国内外でみられている。

▶7-1 研究支援の専門資格プログラム

SNSFやInnosuisseなど助成機関が集中する首都ベルンにおいて，2007年頃から，大学における科学研究の管理運営体制を強化する必要性が議論され始めた。これをきっかけに2009年に関係機関や専門大学（UAS）などがRMAを専門資格化する案を査定，州立の総合大学であるベルン大学で2011年から研究支援の専門資格プログラム（CSA）が開始した。

全18日間のプログラムは6モジュールで構成され，参加者は初日と最終日の半日ワークショップに加えて「研究をめぐる政策環境」（2日間），「資金調達と多角化戦略」（3日間），「プロジェクト管理」（4日間），「研究活動の学際化・越境化」（2日間），「研究の規模拡大とクオリティ・コントロール」（3日間），「助成機関とのコミュニケーション方法とマーケティング戦略」（3日間）といったクラスを受講する。欧州内の人材移動促進を目的にボローニャ・プロセスが導入され，異なる国で取得される単位を相互に認定する「欧州単位互換蓄積制度（ECTS）」が開発されたが（詳しくは第3章），CSAの全行程を修了する受講者は11 ECTS，論文提出後に4 ECTS，合計15 ECTSを修得で

---

44 スイス社会における研究支援職の認知度を向上させたいかという問いに対して「こんなものだと思っている」（回答者#8-1）といった消極的回答や，「RMAはサポート役であり舞台裏に徹すべき人材。ファカルティーが支援者の役割を理解しているなら，別段私たちの職業を可視化させる必要はない」（回答者#11）という見解が聞かれた。RMAの職業的地位尺度を高めたいという強い動機付けは本調査では観察されなかった。

第Ⅱ部　各国の労働制度，教育制度および高度専門職の働き方

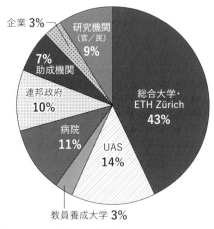

図9-9　CSAプログラム参加者の所属内訳（2011-2018年）

出所：ベルン大学CSA事務局

きる（1単位は約25〜30時間分の学習に相当）。参加費は9800スイスフラン（約107万円）で，毎年約15人がプログラムを修了し単位を取得している。興味のあるモジュールだけを選んで受講することも可能である。

2018年までの参加者はのべ110人で，その半数以上は博士号保持者であった。内訳は大学マネジメントの担当者（36%），コンペテンスセンター（異なる研究機関が参加する大型プロジェクトの推進機関）の調整担当官（38%），研究者（26%）である。参加者の所属セクターも多岐にわたっており（図9-9）[45]，RMA職がスイス社会の広範囲に浸透している可能性を強く示唆している。また，CSAは主にドイツ語圏のRMAを対象にしたプログラムであるが，フランス語圏の大学や研究機関のRMAも同じニーズを持つと思われ[46]，スイスの科学研究を支える人材群の実態をより正確に把握していくために，今後は調査の対象を広げていく必要がある。

▶7-2　研究支援者の国際ネットワークと職能団体の発生

RMAというキャリアの職業化をめぐりスイス国外でも動きが見られる。ここ十数年の間に，イギリスや欧州各地で研究支援に関わる教員・事務職員・企業関係者が職能団体を形成しはじめ[47]，2014年には「欧州RMA協会（EARMA）」が発足した。各国のRMAをつなぐ大規模な組織であり，もともとは欧州内の様々な大学や研究機関でEUの大型研究プログラムを担当していたRMA人材たちが，相互に連携して効果的に情報収集を行おうと構築した，非公式のネットワークだった。1994年に主要メンバーがロンドンに集

45　ベルン大学のCSA担当者との面接で入手したデータ。
46　現在同プログラムはドイツ語で提供されているが，ここ数年でCSAのニーズが広く認識されるとともに，英語によるカリキュラムの必要性が論じられている。
47　ことにベルギー，オランダ，スカンジナビア諸国のRMA職能団体が活発だという。

まり最初の企画会が行われ，2019 年 4 月現在，個人会員 210 人に加えてお
よそ 140 の大学や研究機関から 1300 人以上が参加する組織に発展している[48]。
欧州の各都市で年次総会が開かれ[49]，会員のスキルアップを図る教育活動や事
例紹介など，情報交換の場として機能している。EARMA のメンバーはほぼ
全員が博士号や修士号の保持者であり，スイス以外の欧州地域でも研究支援
をキャリアにしている高度専門人材が浸透していると推察できる。2017 年
のサーベイ調査ではメンバーの男女比は 3:7 であった。2019 年度総会の参加[50]
者 920 人（1 割以上は欧州域外から）は前年度（700 人）の 3 割増しという急速
な成長を遂げている[51]。

　専門資格プログラムの設置や EARMA による職能化，RAAAP 調査による
研究支援人材の特性や属性の可視化といった国内外の動向は，スイスの研究
支援人材をめぐる職業意識や流動性に影響を与える可能性もあり，今後の展
開が注目される。

おわりに

　最先端の科学研究を支える高度専門人材の育成と獲得が注目されるなか，
スイスを事例に，未だ知見の蓄積が少ない研究支援者の実態と動向について
考察を試みた。
　極めて早い時期に工業化を遂げて科学技術立国の礎を築いたスイスには，
質の高い高等教育機関があり，外国で既に専門性を積んだ人材が博士留学生
として集積している。彼らが卒業後も国内に滞在してスイスの研究開発活動

48　2017 年にはブリュッセル郊外の Leuven に事務オフィスが設置され，スタッフ 1 人が常駐して
　　いる。同協会の運営予算は約 7 割が年次総会などからの収入，1 割強が会費，7 〜 8 ％がス
　　ポンサー収入である。政治的介入を避けるために各国政府や欧州連合からの補助は皆無である。
49　EARMA 事務局スタッフおよび理事メンバーから入手したデータによると，これまでの年次総
　　会はウィーン（1996, 2013），バルセロナ（1997, 2008），ダブリン（1998, 2012），アム
　　ステルダム（1999），ハイデルベルク（2000），ストックホルム（2001），ブダペスト
　　（2002），ポルトガルのファロ（2003），ブカレスト（2004），ジェノア（1995, 2005），パ
　　リ（2006），ワルシャワ（2007），コペンハーゲン（2009），スロベニアのリュブリャナ
　　（2010），ポルトガルのブラガンサ（2011），エストニアのタリン（2014），オランダのライ
　　デン（2015），スウェーデンのルーレオ（2016），マルタのヴァレッタ（2017），ブリュッセ
　　ル（2018），ボローニャ（2019）で開催された（開催年度）。EARMA が欧州内の特定地域だ
　　けでなく，広範囲を巻き込んだ活動であることが示唆される。
50　スイスではまだ年次総会は開催されていないが，本調査で面接の対象となった RMA の多くが
　　EARMA の年次総会に出席していた。また発足直後の 1995 年から 98 年まで EARMA 代表を
　　つとめたシグルド・レトウ（Sigurd Lettow）博士はスイス出身であった。その後 2018 年ま
　　でにイギリス・ベルギー・デンマーク・アイルランドから代表が選出されている。
51　EARMA 事務局から入手した統計（2019 年 4 月現在）。

を担い，人的資源として同国の科学技術を支えている可能性がある。小国スイスでは研究大学のファカルティーポストが極めて限られており，これら高度専門人材の一部が大学で研究支援者になっていると考えられる。

スイスで研究支援に携わる人々の実態を捉えるために，ETH Zürich・EPFL・国立科学財団（SNSF）・イノベーション促進局（Innosuisse）の4機関でRMAを対象に面接調査を行った。その結果，スイスの国立大学と助成機関で働くRMAには博士号取得者などの高度専門人材が多く，科学的素養を有する人材の比率が極めて高いことがわかった。RMAには，暫定的なアカデミックキャリアを積み重ねるなかで，研究者から支援者に転向したケースと，異業種を回遊してきたケースとがあった。

スイスのRMAは多くの場合，研究者と類似した経験値（博士課程のトレーニングやポスドクの経験）を有する一方で，調整業務に必要な対人力やサポート業務に対するコミットメントなど，研究者とは異なる資質が求められていることが示された。さらに異なる業種を回遊した多彩な経歴は採用の際に高く評価されていることが確認された。より厳密な論証は今後の課題となるが，大学と助成機関の間を研究支援人材が移動している可能性もある。

博士号を保持するスイスのRMAは，(1)知的活動への近接性，(2)業務の非ルーチン性，(3)ワークライフバランスの取りやすさなどを理由に，研究活動のサポート業務に高い満足度を示していた。高度な専門性を有しながらも仕事と生活のバランスを重視する人材にとって，RMAという職種は有用なキャリアオプションになっていると考えられる。

スイスのRMAは研究職から支援職へのキャリア転換に際し，自ら「科学者ではなくなる」ことを強く意識していることがわかった。その一方で，サポート業務を科学実験と捉えるなど，研究活動に対するアタッチメントも観察された。小国スイスでは研究支援のポストが限られるため，RMAという職業が社会で広く認知される規模に至っていない。高い専門性を持ちながら彼らの地位を示す指標が不明確なことが，RMA人材の間にこのようなジレンマを引き起こしている可能性が示された。

スイスの事例は，高度人材が専門性を活かせるRMAという職種を社会に確立し，キャリアとして定着させることの意義や重要性を示唆している。水準の高い科学技術研究を推進するには，研究者を支える質の高い支援人材を蓄積することが不可欠である。資格認定制度を整備し，人材の最適活用につながる役職づくりをすすめ，RMAを研究者と並ぶ高度専門職として位置付

けていく努力が，日本をはじめ，科学技術立国を目指す国や地域で望まれている。

ヤング 吉原 麻里子

付表：面接調査対象者リスト（実施順）

回答者番号	タイプ	回答者番号	タイプ
1	研究支援者（大学）	23	研究支援者（職能組織）
2	研究支援者（大学）	24	研究支援者（大学）
3	研究支援者（大学）	25	研究支援者（政府機関）
4	研究支援者（大学）	12-2	研究支援者（大学）
5	その他関係者	26	研究支援者（大学）
6	その他関係者	27	研究支援者（助成機関）
7	その他関係者	28	研究支援者（助成機関）
8	研究支援者（大学）	29	研究支援者（助成機関）
9	研究支援者（大学）	30	研究支援者（大学）
10	その他関係者	31	研究支援者（大学）
11	研究支援者（大学）	32	研究支援者（大学）
12	研究支援者（大学）	33	研究支援者（大学）
13	研究支援者（大学）	8-3	研究支援者（大学）
14	研究支援者（大学）	2-2	研究支援者（大学）
15	研究支援者（大学）	34	研究支援者（大学）
16	研究支援者（大学）	35	研究支援者（大学）
17	研究支援者（大学）	27-2	研究支援者（助成機関）
18	研究支援者（大学）	36	研究支援者（職能組織）
19	その他関係者	37	研究支援者（助成機関）
20	研究支援者（大学）	38	研究支援者（職能組織）
21	研究支援者（大学）	12-3	研究支援者（大学）
8-2	研究支援者（大学）	39	その他関係者
22	その他関係者	23-2	研究支援者（職能組織）

第Ⅱ部　各国の労働制度，教育制度および高度専門職の働き方

参考文献

阿部汎克（1995）．「スイスの言語状況とアイデンティティ―四言語体制強化の憲法改正案をめぐって―エスニシティと EU」『国際政治』110, 99-113.

Allen-Collinson, J.（2009）. Negative 'marking': University research administrators and the contestation of moral exclusion. *Studies in Higher Education*, 34(8), 941-954.

Andersen, J.（2018）. The European research environment. In J. Anderson, K. Toom, S. Poli, & P. Miller, *Research management: Europe and beyond*. Elsevier Inc.

Andersen, J., Toom, K., Poli, S., & Miller, P.（2018）. *Research management: Europe and beyond* (pp. 31-59). Elsevier Inc.

Baumgartel, H.（1957）. Leadership style as a variable in research administration. *Administrative Science Quarterly*, 2(3), 344-360.

Beasley, K. L.（2006）. The history of research administration. In S. Anderson, K. Toom, S. Poli, & P. Miller, E.C. Kulakowski & L.U. Chronister（Eds.）, *Research administration and management*. Jones & Bartlett Publishers.

Brechelmacher, A., Park, E., Ates, G., & Campbell, D. F. J.（2015）. The rocky road to tenure – Career paths in academia. In T. Fumasoli, G. Goastellec, & B. M. Kehm（Eds.）, *Academic work and careers in Europe: Trends, challenges, perspectives* (pp. 13-40). Springer.

Chaloff, J., & Lemaître, G.（2009）. Managing highly-skilled labour migration: A comparative analysis of migration policies and challenges in OECD countries. *OECD Social, employment and migration working papers, No. 79*. OECD Publishing.

Church, C. H., & Head, R. C.（2013）. *A concise history of Switzerland*. Cambridge University Press.

Davoine, E., & Ravasi, C.（2013）. The relatives stability of national career patterns in European top management careers in the age of globalisation: A comparative study in France/Germany/Great Britain and Switzerland. *European Management Journal*, 31(2), 152-163.

EPFL（2016）. *PANORAMA 2016: Annual financial statements*.

ETH Zürich（2016）. *Annual report 2016*.

ETH Zürich Human Resources（2012）. *Results of the doctoral survey 2012*.

江藤学・岩井晴美（2015）．『スイスのイノベーション力の秘密競争力―世界一の国に学ぶ』日本貿易振興機構.

FSO（2018）. *Statistical data on Switzerland 2018*. Federal Statistical Office.

Fumasoli, T., Goastellec, G., & Kehm, B. M.(Eds.).（2015）. *Academic work and careers in Europe: Trends, challenges, perspectives*. Springer.

Gugerli, D., Kupper, P., & Speich, D.（2010）. *Transforming the future: ETH Zurich and the construction of modern Switzerland 1855-2005*. Chronos Verlag.

Katzenstein, P. J.（1985）. *Small states in world markets: Industrial policy in Europe*. Cornell University Press.

河口充勇（2004）．「「回遊」型移住に関する一考察：香港を事例として」『ソシオロジ』48(3), 67-83, 142.

Kerridge, S., & Scott, S. F.（2018）. Research administration around the world. *Research Management Review*, 23(1), 1-34

Kimber, M.（2003）. The tenured 'core' and the tenuous 'periphery': The casualisation of academic work in Australian universities. *Journal of Higher Education Policy & Management*, 25(1), 41-

294

50.

北場林（2013）．「スイス」，研究開発戦略センター『海外調査報告書 競争力のある小国の科学技術動向（2013 年版）』（第 1 章，pp. 3-29），（独）科学技術振興機構研究開発戦略センター．

Kulakowski, E. C., & Chronister, L. U. (2006). The future of research administration in the 21st century: Looking into the crystal ball. In E. C. Kulakoski & L. U. Chronister (Eds.), *Research administration and management*. Jones and Barlett Publishers.

黒澤隆文（2001）．「スイス」財務省財務総合政策研究所『経済の発展・衰退・再生に関する研究会』報告書（第 6 章，pp. 139-165），2001 年 6 月．

黒澤隆文（2002）．『近代スイス経済の形成―地域主権と高ライン地域の産業革命―』京都大学学術出版会．

Landen, M., & McCallister, M. (2006). The research administrator as a professional: Training and development. In E. C. Kulakoski & L. U. Chronister, (Eds.), *Research administration and management*. Jones and Barlett Publishers.

増本浩子（2010）．「スイスにおける多言語・多文化主義」『神戸大学文学部紀要』*37*，17-33．

村上由紀子（2015）．『人材の国際移動とイノベーション』NTT 出版．

National Economic Council (2011). *A strategy for American innovation: Securing our economic growth and prosperity*.

OECD (2008). *The global competition for talent: Mobility of the highly skilled*. OECD Publishing.

OECD (2015), *Frascati manual 2015: Guidelines for collecting and reporting data on research and experimental development, the measurement of scientific, technological and innovation activities*. OECD Publishing.

OECD (2017a). *Education at a glance 2017: OECD Indicators*. OECD Publishing.

OECD (2017b). *Science, technology and industry scoreboard 2017: The digital transformation*. OECD Publishing.

Poli, S. (2018). Who are today's research managers? In J. Andersen, K. Toom, S. Poli & P. F. Miller, *Research management: Europe and beyond*. Elsevier Inc..

Rhoades, G. (2010). Envisaging invisible workforces: Enhancing intellectual capital. In G. Gordon & C. Whitchurch (Eds.), *Academic and professional identities in higher education: The challenges of a diversifying workforce*. Routledge.

Rosenberg, N., & Nelson, R. (1994). American universities and technical advance in industry. *Research Policy, 23*(3), 323-348.

佐藤郁哉（2002）．『フィールドワークの技法―問いを育てる，仮説をきたえる』新曜社．

盛山和夫（2013）．『社会学の方法的立場―客観性とはなにか』東京大学出版会．

SERI (2016). *Research and innovation in Switzerland 2016*. State Secretariat for Education, Research and Innovation.

SERI (2017). *Scientific publications in Switzerland, 2006-2015 – A bibliometric analysis of scientific research in Switzerland*. State Secretariat for Education, Research and Innovation.

SERI (2018). *Higher education and research in Switzerland*. State Secretariat for Education, Research and Innovation.

SKBF (2018). *Swiss education report 2018*. Swiss Coordination Centre for Research in Education.

第Ⅱ部　各国の労働制度，教育制度および高度専門職の働き方

SERI（2020）. Scientific pablications in Switzerland, 2008-2018: A bibliometric analysis of scientific research in Switzerland. State Secretariat for Education, Research and Innovation.

SNSF（2016）. *Statistics 2016.* – full version（2018 年 4 月取得，http://www.snf.ch/en/theSNSF/profile/facts_figures/statistics/pages/default.aspx#）.

高橋真木子・吉岡（小林）徹（2016）.「日本の URA の役割の多様さとその背景，総合的な理解のためのフレームワーク」『研究 技術 計画』*31*(2)，223-235.

東京大学（2009）.「大学関係予算に関する教員緊急アンケート報告」.

鳥谷真佐子・稲垣美幸（2011）.「リサーチ・アドミニストレーターの現状と課題」『大学行政管理学会誌』*15*, 33-40.

Whitchurch, C.（2006）. Who do they think they are?: The changing identities of professional administrators and managers in UK higher education. *Journal of Higher Education Policy and Management*, *28*(2), 159-171.

World Economic Forum（2018）. *The global competitiveness report 2017–2018.* WEF.

山口栄一編（2015）.『イノベーション政策の科学―SBIR の評価と未来産業の創造』東京大学出版会.

山野真裕（2016）.「大学のリサーチ・アドミニストレーターの導入と変遷に関する日米比較―リサーチ・デベロップメント機能の拡大―」『大学経営政策研究』*6*，69-82.

矢野正晴・村上壽枝・林輝幸（2013）.「我が国のリサーチ・アドミニストレーターの現状と制度設計―東京大学の事例を中心として」『広島大学高等教育研究開発センター大学論集』*45*，81-96.

ヤング吉原麻里子・玄場公規・玉田俊平太（2015）.「スイスにおけるリサーチ・アドミニストレーターの制度設計」『研究イノベーション学会 第 30 回年次学術大会講演要旨集』*30*，351-357.

第**10**章

仏ジャーナリストの専門職化と専門教育の変容

―組合組織が支えるジャーナリズム学校の序列化―

はじめに

　フランスで働くジャーナリストのなかで，ジャーナリスト養成に関する専門教育を受けた経験を持つ人の割合は，ここ数十年の間で増加し続けている。表10-1のデータを見ると，記者証（carte de presse[1]）を新たに付与されたジャーナリストのなかで，ジャーナリスト養成のための専門教育を受けた割合は倍増している。2008年の時点で，何らかのジャーナリストの仕事に関する専門教育を受けた経験がある人は，約60％であり，特に，正規課程で学んだ率の伸びが顕著である。正規課程で「ジャーナリズム[2]」の学位を取得した割合は，1990年は16.2%だったのに対し2008年は41.2%にまで上昇し，約20年間で2倍以上の増加が見られる。ジャーナリストにとって「ジャーナリズム教育」の学位の重要性が増していることがわかる。高等教育機関の学位取得者が，ジャーナリストの労働市場のなかで多数派を占めるようになっている。

　フランスにおけるジャーナリズム教育の歴史は古い。初めてジャーナリズ

1　記者証とは，一定の基準をもとにジャーナリストに発行するジャーナリストの証明書である。記者証を取得していることは，ジャーナリストとして正規に仕事をしていることを示す（1-3で詳説）。

2　アメリカ，フランスともに，ジャーナリスト養成の専門教育課程及びその学位は「ジャーナリズム（journalism/journalisme）」と呼ばれるのが通例である。フランスでは「ジャーナリズム学校（école de jounalisme）」と呼ばれ，アメリカで最初のジャーナリスト養成課程ができたコロンビア大学でも，「ジャーナリズム学校（School of Journalism）」という学校・課程名である。

第Ⅱ部　各国の労働制度，教育制度および高度専門職の働き方

ムの専門教育が行われるようになるのは 19 世紀末であり，アメリカでジャーナリズム教育が始まるのとほぼ同時期であるといえる。アメリカでジャーナリストのジョーゼフ・ピューリツァーがコロンビア大学にジャーナリズム学科を創設したのは，1904 年である。一方，フランスでは，1899 年にエミール・デュルケムら社会科学者が中心となって始めた私立学校で，ジャーナリズム教育のコースが設立されている[3]。時期だけを見れば，フランスはアメリカよりもジャーナリズム教育が早く始まった国といえよう。

　けれども，フランスでジャーナリストの養成にジャーナリズム学校が大きな役割を果たすようになるのは，20 世紀も後半になってからである。1980 年代から徐々にジャーナリズム教育を行う学校や専攻が増え，これらの課程で学ぶ学生の数も倍増する[4]。現在，ジャーナリズム学校は 39 校，大学の学部や専攻プログラムが 35 コースあり，ジャーナリスト養成のための専門教育は計 74 課程存在する[5]。ジャーナリズム学校と学生数の増加に伴いジャーナリズム学校間の競争は激化しており，学生の高学歴化も指摘されている

表 10-1　新規記者証取得者のジャーナリズム教育歴[6]

ジャーナリズム教育歴（%）／年	1990	1998	2008
認定校	8.9	14.8	21.6
非認定校（大学のジャーナリズム教育専攻を含む）	7.3	8.1	19.6
正規課程で学位を取得（小計）	16.2	22.9	41.2
交互制職業教育	NC	NC	8.7
継続的職業教育	*17*	*25*	*9.9*
ジャーナリズム教育全体（小計）	*33.2*	*47.9*	*59.8*
ジャーナリズム教育の経験なし（その他）	66.8	52.1	40.2

出所：Leteinturier-Laprise & Mathien（2010）より

3　最も古いジャーナリズム学校である l'Ecole supérieure de journalisme de Paris の前身にあたる。

4　ジャーナリズム学校だけでいえば，1993 年にわずか 9 校だったが，2016 年には 39 校となり 20 年間の間で 4 倍以上に増加している。Lafarge & Marchetti（2011: 74）は，1980 年代からジャーナリズム教育を専攻する生徒数も倍増したと指摘している。

5　教育雑誌 Etudiant の 2012 年の記事によれば，39 のジャーナリズム学校が存在し，10 校が認定校，その他 29 が非認定校，35 の大学においてジャーナリズムコースが存在し，4 つの認定校が含まれる。ここでの認定校とは，74 課程あるジャーナリズム教育の中で，CPNEJ（Commission paritaire Nationale de l'Emploi des Journalistes：ジャーナリスト全国労使共同雇用委員会）が，教育内容を審査し認定された 14 のジャーナリズム学校を指す。それ以外の教育課程を非認定校と呼ぶ。詳しくは，認定校の基準や優位性なども含め 2-1 で述べる。

6　この表のデータは，新規記者証取得者（CPNEJ 発表）を対象に，Leteinturier-Laprise & Mathien（2010）が，対象者の専門教育歴を調査したデータである。論文には新規取得者の中の「ジャーナリズム教育」を受けた者の数値しか示されていないが，全体の分布をわかりやすくするため，その他（正規課程や職業教育を含めないジャーナリズム教育の経験）のデータも表 10-1 に追加している。

（Neveu 2013, Lafarge & Marchetti 2011）。

▶本章の構成

　若い世代のジャーナリストにとって，ジャーナリスト教育を経た上で職業キャリアをスタートすることが，一般的になってきている。この状況を踏まえ，本稿では以下の点を明らかにしていきたい。まず，フランスにおいて，ジャーナリストという専門職が社会的に認められ，地位を得ていくプロセスを紐解くことによって，ジャーナリストが置かれている社会的な文脈を明らかにする（1節）。その上で，ジャーナリストの労働市場や社会的地位の変化が，プロフェッショナリズム教育にどのような変化をもたらしたのかを検証する（2節）。フランスのジャーナリストのキャリアや教育制度について考察する際，組合組織の存在やその活動，それらによってつくりあげられた承認システムに踏み込まずには，十分に説明をすることは難しい。そのため本章では，教育システムと組合活動の両面からジャーナリストの専門職化の歴史を見ていきたい。

　具体的には，はじめに第一次世界大戦後から活発化するジャーナリストの組合の活動に着目する。ジャーナリスト組織が，ジャーナリストの権利や労働環境の改善に果たした役割と，専門性の確立や他の職業との差別化・差異化に関わった経緯を検証する（1節）。次に，組織化・専門化の中で形成されたフランス独自の特性を踏まえ，これらのジャーナリスト組織が，ジャーナリズム教育の確立やジャーナリズム学校へもたらした影響を分析する（2節）。

1　ジャーナリストという専門的職業 —組織化と社会的地位

　フランスと日本の間で，ジャーナリストの立場に関して決定的に違う部分がある。それは，フランスのジャーナリストが，専門家として一定の社会的地位を得るだけでなく，専門性を持つ労働者として国家からも承認されている点である。国家から認められる存在とはどういうことか。それは，政府や行政などの国家組織に認定されているということではなく，法体系のなかに，ジャーナリストという職業が位置付けられているという意味である。

　本節では，はじめにジャーナリストたちが専門職化を目指すようになった背景を概観し（1-1），その上で，ジャーナリストが組織化した歴史的プロセ

第Ⅱ部　各国の労働制度，教育制度および高度専門職の働き方

スを明らかにする（1-2）。そして，組織化と集団的な活動を通じて認められた法的なジャーナリストの地位（1-3）と，そこから派生した独自のシステムを詳述する（1-4）。

▶1-1　ジャーナリストの専門職化が進んだ背景

　ジャーナリストという言葉が職業として用いられるようになる19世紀後半は，ジャーナリストをめぐる社会環境に大きな変化があった時代である。

1-1-(1)　職業集団の組織化と組合運動の高まり

　19世紀末に，職業集団が組織化され組合運動が活発化する。大森（2006）によれば，18世紀前半から熟練労働者を中心として職業別の組織化（共済組合：sociétés des secours mutuelles）が始まり，徐々に広範囲の労働者が参加するようになる。だが，労働者の団結は法的に可能となるのは，1884年に，職業組合を組織する自由（結社の自由）と，労働者の職業的集団の利益を求める権利を認める法律ができて以降である。[7] この法律により団結権や争議権が事実上承認され，ストライキや団体結成を後押しした。[8] 1895年，フランスで最も歴史が古く最大の組合組織といわれるCGT（労働総同盟）が結成された。CGTは，1906年のアミアン大会で，「一切の政党からの独立」と「労働者個々人の政治思想の自由」を掲げ（アミアン憲章），サンディカリズム[9]の基礎となる。このように，19世紀末から20世紀にかけてこの時代は，フランスで労働組合の活動が活発化し，一定の地位を手に入れた時代だった。また，1919年に，国際的な労働基準の制定や監視を目的としてILO（国際労働機関）が設立され，国際的にも労働者の労働環境について問題提起された時期でもある。

1-1-(2)　メディア産業の変化―大家族 (grande famille) から企業 (entreprise commerciale) へ

　19世紀後半，ジャーナリストを取り巻くメディア産業にも大きな変化が

7　1884年3月21日の法律を淵源とするL.2131-2条は「同一の職業に属する者による職業組合または職業的社団は自由に設立されることができる」と定めている。

8　大森（2006: 35-37）を参照。

9　19世紀末から20世紀初頭にかけ，フランスをはじめとして，イタリア，スペインなどで労働運動が起こる。CGTは，アミアン憲章の中でサンディカリズム（労働組合主義）とは，日常的には労働条件の改善であり，究極的には資本家階級の打倒と労働者に対する搾取と抑圧との闘いであると謳っている。「ゼネ・スト（la grève générale）」は，その実現手段としての経済的直接行動である。さらに労働組合は社会改造の基礎である生産と分配の団体であり，特定の政党や宗派の思想を組合内に持ち込まないことを掲げる。

起こる。新聞の市場規模の飛躍的な拡大である。例えば，当時の日刊紙 *Le Petit Journal* の発行部数は，1869 年には 25 万部だったが，1890 年にフランスの新聞としては初めて 100 万部を超えた[10]。このように，19 世紀末から 20 世紀初めにかけ，新聞の市場が拡大することで，新聞社は大企業となっていく。このメディア産業の変化は，そこで働くジャーナリストの環境にも変化をもたらした。Valentin（1936）は，その当時のジャーナリストの働き方の変化を以下のように指摘している。ジャーナリストと経営者は，立場は違ったがそこに信頼関係があり共同作業者（collaborateur）という認識があった。このことから，ある程度の社会保障も個別の関係性の中で補われていた。つまり，会社でありながら大家族（grande famille）的な経営方針や協力のもとで，新聞事業は成り立っていた。だが，20 世紀初頭に販売部数が飛躍的に伸びる中，新聞事業はより「大人数の共同作業者」によって，より複雑なサービスを提供する大規模事業となる。こうした変化は，雇用者と被雇用者が大家族的に支え合う関係性を変質させた。具体的には，作業の分業化によって個々人の給与が低下し，退職金が払われない事例が相次ぐなど，ジャーナリストの立場は弱まっていった[11]。急速な分業化・産業化と労働環境の変化に伴い，ジャーナリストは経営者と協力して紙面を作り上げる「共同作業者」から，利用・搾取される「単なる被雇用者」へと変化した。

1-1-(3)　ジャーナリストは専門的職業か？

『新聞年鑑（*Annuaire de la presse*）』によると，1880 年代以降，ジャーナリストとして働く人の数は一気に 3 倍近く増加し，ジャーナリズムに関する仕事・雇用は増加している[12]。だが，ジャーナリストという言葉は存在したものの，ジャーナリストが専門職（profession）として認められていたとは言い難い。例えば，19 世紀半ばに発行された職業事典では，「ジャーナリスト」の項目はあるが記述はなく，「作家の欄を見よ（voir hommes de lettres）」とのみ記載されており，作家の欄には以下のような説明書きがなされている。

「まだ人気がなく作家としての道を歩み始めた若者の多くは，ジャーナリストになることで作家としてのキャリアを始める。なぜなら，本を書くよりもニュースや記事を書く方が簡単だからである。」（Dictionnaire des professions

---

10　Martin（1996: 101）を参照。
11　Valentin（1936: 1-3）を参照。
12　1885 ～ 1914 年の *Les annuaires de la presse*（『新聞名鑑』）に記載されたジャーナリスト数を見ると，パリ・地方ともに，1885 年の 1000 人前後から 1900 年の 2800 人前後へと急増していることがわかる。

第Ⅱ部　各国の労働制度，教育制度および高度専門職の働き方

1851: 315）

　上記のように，作家の説明のなかでジャーナリストの仕事は，作家を目指す若者が作家で生計を立てられるようになるための足掛かりの仕事として説明される。その後，19世紀末に出た職業事典に初めて「ジャーナリスト」の詳しい記述が登場する。

　「ジャーナリズムは，一般に言うところの専門的職業ではない。だからこそ，ジャーナリズムは，弁護士，教授，作家，科学者など，一般的に知識を必要とする職業集団の中に見出される。」（Dictionnaire des professions 1880: 305-306）
　「活版印刷の職人は，たとえ仕事がなくても見習い期間を終了すれば，職業として職人であるし，医者や弁護士もたとえ客がいなくても彼らが，医者や弁護士であることは変わらない。だが，ジャーナリストは新聞に記事を書いて初めてジャーナリストであり，証明する学位も証明書も，研修もない。」（Ibid.: 306-307）

　ここでも，ジャーナリズムの仕事は新聞社で記事を書き編集をするジャーナリストではなく，他の知識や教養を持つ職業集団が担うものだと評されている。さらに，ジャーナリストは，研修も専門性を証明する学位もない不安定で不確かな仕事であると批判的に語られている。この時代のジャーナリストたちは，労働条件や給与などの面で厳しい状況に立たされた上，専門職業人としてもその地位を軽視される二重の苦しみのなかにいた。

▶1-2　ジャーナリスト組合の活動とその特殊性
1-2-(1)　足踏みを続ける初期の組合活動
　労働者として厳しい立場に追い込まれ，かつ職業的侮蔑を受けていたジャーナリストたちが団結し，社会的・職業的承認と保障を求めて組織化を目指すのは自然な流れであろう。
　職業組合の組織化が認められた19世紀末に，ジャーナリストも職業集団を組織し始める。1886年にジャーナリストも参加するキリスト教系出版者組織（Corporation des publicistes chrétiens）が結成され，1895年にジャーナリストと作家による組合組織（SJEF：Syndicat des journalistes et des écrivains français）と

第 10 章　仏ジャーナリストの専門職化と専門教育の変容

なる。これらの組織は他の職業別労働組合と同時期に活動をスタートしたもの，労使交渉やジャーナリストの地位向上に結び付くような活動には至らなかった。他の職業組合のように全体を束ね活動する組織となりえなかったのは，思想的制限と参入障壁があったからである。まず，この組合は，キリスト教カトリック系のメディア業者だけを対象とした組織だった。さらに，カトリック系のジャーナリストであれば誰でも参加できたわけではなく，出版社や新聞社などで 1 年以上働いた実績があり，会員の 2 人以上の推薦がいるといった加入条件もあった。こうした制限から，1909 年 208 人，1921 年249 人と参加者数は限定的にならざるをえなかった[13]。この組織の会員には，退職金が保障されていた。これらの厳しい条件は，その権益保護のための制限であったともいえる[14]。SJEF はイデオロギーと利害は共有していたが，ジャーナリストの社会的地位の改善のような職業集団全体に関わる活動は乏しかった[15]。

1-2-(2)　ジャーナリストによるジャーナリストのための組織

　　ジャーナリストの組合活動の中心となるのは，1918 年に設立した Le Syndicat des journalistes-SJ（1925 年に，Syndicat National des Journalistes-SNJ となる）である。SNJ は，1925 年には加盟者が 1000 人を超え，1920 年代後半には2000 人を超えるまでの大組織に発展する[16]。先に述べた SJEF との会員数の差が，結成後わずか 10 年ほどで 10 倍以上となった理由は，少なくとも二つある。一つ目は，SJEF が参加に対し一定のハードルを設け，小説家や出版業者なども含む複数の職業からなる組織だったのに対し，SNJ はジャーナリストとして働く労働者一般を対象とする組合組織だった点である。SJEF は宗教家や貴族などの他の職業や階層も運営に関わる組織だったが，SNJ は，ジャーナリストだけが参加し，ジャーナリストによって運営される初めての組合組織であった[17]。二つ目は，SNJ は政治的・宗教的制限から自由だった点である。ジャーナリストとして仕事をしていれば，政治的・宗教的思想に関係なく参加することができた。この組合組織の登場により，ジャーナリスト

---

13 Ruellan（2014: 22-23）.
14 組合に蓄えられた限られた退職金の利権を守るために，新たな参加者を制限する結果となったことも一因といえ，次に頭角を表す SNJ は，経営者や国家に労働者の保護や権利の保障（不当解雇時の保障や退職年金など）を訴えていくことになる。
15 Ruellan（2014: 22-31）.
16 会員数の変化については以下の機関紙を参照。*Le Bulletin du Syndicat des journalistes* (*BSJ*),1918-1925, *Le Journaliste*, 1928-1930.
17 Ruellan（2014）, p.11.

303

第Ⅱ部　各国の労働制度，教育制度および高度専門職の働き方

が労働者として集団で戦い権利主張することが可能となり，組合活動が本格的に始動する。

　次節以降（1-3，1-4）で詳しく述べるように，フランスのジャーナリストの地位向上や組織化において中心となってきたのは，これらの組合組織である。ジャーナリスト協会（association）も存在するが，医療，農業，環境といったいずれも専門分野に特化した協会であり，全国レベルですべてのジャーナリストを対象にした協会組織は見当たらない[18]。「ジャーナリスト」一般を対象にして活動する職業集団の役割は，フランスにおいては現在に至るまで組合組織が担っている。

▶1-3　ジャーナリスト法の成立（Loi de 1935, Loi Brachard）

　1920年代に勢いを増したジャーナリスト組合は，1935年にフランス労働法の中に，ジャーナリストの条項を制定することに成功する。これが1935年法（Loi de 1935 または Loi Brachard）である。この法律を通して，ジャーナリストたちは自身の社会的地位の向上と労働者としての権利を勝ち取ろうとした。1935年法の起案の基となったのは，1919年から1932年の間に，SNJと企業間で行われた労働協約に関する提案と交渉である[19]。同時期にSNJは，不当解雇や補償不足に関する訴えを起こし，少しずつ認めさせてきた。この時期の訴訟の主な種類は，解雇に対する訴え，給与，そして不当な転載に対する訴えであった[20]。こうしたジャーナリストの労働環境の様々な問題と，これら訴訟や交渉の実績がその後の労働協約となり，10年にもわたる法制化への訴えを経て1935年法を実現させた[21]。

18　あえてあげるとすれば，AJE（ヨーロッパジャーナリスト協会：Association des journalistes européens）のフランス支部がそれにあたる。だが，あくまでAJE（1962年発足）に合わせてできた一支部に過ぎない。逆に，アメリカでは，非営利の全国組織の協会がジャーナリズム倫理・教育やジャーナリストの地位向上に対して積極的に関わってきた。もちろん，The NewsGuild-CWA（新聞労働組合，1933年発足）などの組合組織も存在するが，1909年に発足したSPJ（プロフェッショナル・ジャーナリスト協会：Society of Professional Journalists）や1922年発足のASNE（新聞編集者協会：American Society of News Editors）など，組織化の先頭を切ってきたのは協会（association）である。

19　1919-1932年の間，SNJが，メディア企業を交渉しつくりあげてきた，共同協約が基となって1935年法がつくられた（Valentin 1936）。

20　Le journaliste, no.30, aout 1925, no.111, mars 1936 を参照。

21　Ruellan（2014: 41-47）。その当時，国会議員でSNJの組合員であった Émile Brachard のジャーナリストの環境や問題を調査した報告書（Rapport Brachard）もこの法律制定に大きな役割を果たした。

第10章　仏ジャーナリストの専門職化と専門教育の変容

1-3-(1)　ジャーナリストに関する定義付け

　この法律の条文の初めに，ジャーナリストとして認められる条件が記されている。その条文によると，ジャーナリストとは「通信社や日刊誌，週刊誌でジャーナリストとして働き，収入の大部分をジャーナリズムに関することから得ている者[22]」である。一応の定義はされているが，この記述は曖昧である。なぜなら，ジャーナリストには医者や弁護士のように国家資格はなく，明確な規定を決めることは難しい。だが，この定義付けをすることに拘ったのは，こうした内容を労働法に盛り込むことで，専門職ではないと揶揄されがちなジャーナリストという職業の正当性をアピールする狙いがあった。

1-3-(2)　アマチュアジャーナリストや広告業との分離

　条文のなかで，編集に直接関わる共同制作者（編集兼翻訳者・速記者・校正者・デザイナー・写真家兼記者）も同等の地位とみなすと細かく指定しているのに対し，不定期で参加している者や，広告代理店を除外することが明記されている。他の職業，特に広告やジャーナリストを主な職業としない人々との差別化を図ろうとした。この頃，ジャーナリストと名乗る人のなかには，たまたま新聞に記事を書いただけの者や，一定のモラルや仕事の質を担保できない者も多く含まれていた。区別の明記は，こうした人々と定期的にジャーナリズムの仕事をする自分たちジャーナリストを区別したいという意図があった[23]。また，ここでの差別化・定義付けは，ジャーナリストの副業を妨げる狙いもあった。定義を「収入の大部分をジャーナリズムに関することから得ている者」としたのは，ジャーナリストの職業自体が，副業を妨げ専業にすることでしか定義できないほど曖昧だったともいえる[24]。

1-3-(3)　労働者・専門家としてのジャーナリストの法的保護

　この法律のなかで重要なものの一つが，ジャーナリストが失業や違法契約，不当解雇にあった場合に申し立てをできる手段（解雇時の違約金義務や有給保障，調停委員会の設置）を盛り込んだことである。社会保険や給与なども重要な課題とされていたが，これらの項目以上に雇用契約上の保障を優先した。その

---

22 現在は，ここに放送メディアで働くことが追記されている。1935年法（ジャーナリストの職業的立場に関する法30条a）を参照。
23 Valentin（1936: 20-22）.
24 ここでの差別化は，報道の信頼性が低いアマチュアジャーナリストだけでなく，知識人や小説家といった層も想定されていた。なぜなら，この時期，知識人や小説家などが，ジャーナリズムの仕事に関わることはよくある事例であり，「収入の大部分」と定義することで，こうした人々が副業的に行う仕事との差別化を図ろうとした。

第Ⅱ部　各国の労働制度，教育制度および高度専門職の働き方

理由は，1920 年台後半から労働協約（convention collective）の交渉を続けてき
たが，なかなか経営者側との合意を得ることができず，一度締結した労働協
約を反故にされることもあったからである。[25]ジャーナリストたちが雇用契約
に拘ったのは，社会からは蔑視を受け経営者からはその立場を軽視されてい
た，その状況ゆえである。[26]

1-3-(4)　フランスにおける労働法・労働協約の重要性

　上述のように，ジャーナリストが専門職としての地位を獲得していく過
程——ジャーナリストの法的保護や他の職業との差別化において，組合組織
と労働法が核となっている。ジャーナリスト組合は，1935 年法を基軸に，
メディア企業と交渉を進め労働協約を充実させてきた。[27]職業別組合組織が基
本であるフランスにおいて，労働協約は産業別に締結され，この協約は組合
員に限らず，非組合員にも拡張適用される。[28]この拡張適用制度が存在するた
め，8％ 程度の組合組織率でありながら，労働協約の適用率は 9 割を超えて
いる。[29]その産業分野を代表すると認められた組合によって締結された産業別
協約は，当該産業の全雇用者に効力の対象を拡張され，一定の強制力を持つ。
こうしたフランスの労働法や労働協約の特性が，ジャーナリストの専門職化
を後押ししてきた。だが，近年，労使交渉に関する法改正により，産業別協
約優先の原則が崩れつつある。1971 年以降の企業内労使を促進する政策に
加え，2004 年のフィヨン法により「産別協約の適用除外という形を採るこ
とで，企業別協約により産別協約を下回る労働条件を定めることが可能」
（山本 2014）となった。「評価給制度が浸透しているため，過去には産別規制
の中心であった賃金の規制力」が減退しているとジョベール（2014）が指摘

---

25 1931 年に労働協約を新聞社と組合共同で締結したが，個々の新聞社は従わないことが多かっ
た（Da Lage 2011: 28-31）。
26 その後，1935 年法の成立を契機として，労働協約のなかで他の補償制度も徐々に充実されてい
く。
27 戦後，1954 年に初めて，フランスのジャーナリスト全体を対象とする労働協約（la prémiere
convention collective）が，メディア企業との間に結ばれた。
28 ジョベール（2014: 57）によれば「1936 年，産業レベルの交渉は法律によって労働関係にお
ける規範を定める最も重要な交渉レベルと認められ，この 1936 年の法律は，ある労働協約に
よって当該産業および当該地域の全労働者がカバーされるという（労働大臣による）拡張適用
制度を定めた。「産業部門別労働協約」が「職業の法」とみなさ」れるようになった。
29 例えば，2012 年の労働協約適用率を見ると，フランスが 98%，日本 17,5%，スペイン
77,5%，イタリア 80%（2010 年のデータ），ドイツ 58,3%，イギリス 29,3%，アメリカ 12%
である。他国と比べても，高い適用率であることがわかる（ICTWSS, 2013）。小山（2013:
67）は，「1936 年法では最も代表的な労働組合による協約への署名が部門別協約の拡張適用
の条件とされ，後には代表的組合に団体交渉・協約締結権が独占的に認められるに至った」と
指摘している。

第 10 章　仏ジャーナリストの専門職化と専門教育の変容

するように，こうした法や政策の影響で，賃金交渉などの面において労働協約の形骸化が起こっている点に留意する必要がある。さらに，産業別の個別の事情も考慮せねばなるまい。ジャーナリストの労働協約の具体的な対象の基準やそこにまつわる諸問題については，次項で詳述する。

▶1-4　独自の承認システム「記者証（carte de presse）」がもたらしたもの
1-4-(1)　フランス独自の記者証システム

　この法律に組み込まれたもう一つの重要な項目は，記者証の発行権限である。フランスにおいてジャーナリストに交付される記者証（carte d'identité des journalistes professionnels，通称 carte de presse）は，ジャーナリストとして認められた証でもあり，その身分を証明する役割も果たす。この記者証システムは，他国とどんな違いがあるのか。アメリカにも記者証（press pass）は存在する。だが，これは大統領府や各州などの行政機関が行う記者会見や取材の際に，行政機関が一定の基準をもとに発行するものであって，認定基準は各行政機関に委ねられている[30]。日本でも省庁での取材などの際に記者証などが発行されることがある。これは，行政機関ではなく記者クラブという各分野（各省庁や裁判所など）に設けられている団体が発行するものである。この記者クラブは，大手メディアを中心に組織された任意団体であり，記者証の発行権限や基準を持つ。一方，フランスの記者証は，アメリカのように行政機関から発行されるわけでも，記者クラブなどの任意団体からでもなく，労働法の規定のなかで認められている点で独持である。この記者証は法で認められている一方で，その審査や承認，発行権限は，専門の委員会によって管理され独立している。この記者証委員会（CCIJP-Commission de la Carte d'Identité des Journalistes Professionnels）は，ジャーナリスト組合組織とメディア企業の代表で構成され，行政機関はそのプロセスに介入しない。またこの委員会は，組合組織とメディア企業が同数の票を持ち，労働者としてのジャーナリストの代表である組合組織が記者証発行に大きな権限を持っている[31]。日本で記者証を取得する（記者クラブに所属する）ためには，大手メディアに所属することが条件となることが多く，大手メディアで働くことができない場合は，記者証の

30　大統領府をはじめ各州が一定の基準のもと，記者証（press pass）を発効している（Code of Federal Regulations,Part 9b-Regulations governing department of state press building passes を参照）。

31　1935 年法の確立に尽力した SNJ は，現在でもこの委員会の組合代表のなかで半数以上の票を保持する。

第Ⅱ部　各国の労働制度，教育制度および高度専門職の働き方

入手や記者クラブの参加は高い障壁となる。一方，フランスの記者証は，仕事の実績や大半の収入をジャーナリズムに関する仕事から得ているかどうかが審査条件になる[32]。そのため，ジャーナリストの所属先（どのメディア企業に所属するか，またはフリーランスなのか）と記者証取得の条件は切り離されている。このことは，ジャーナリストがメディア企業からの自律性を維持するために大きな役割を果たしている。

1-4-(2)　記者証の権威化と記者証委員会の影響力

1936 年に記者証委員会（CCIJP）が設立され，記者証の発行が開始された。国内最大のジャーナリスト組合が中心になって立ち上げた制度とはいえ，その当時の影響力は限定的であった。だが，1944 年のフランス解放時（Libération）に，対独協力をしたジャーナリストの追放（épuration）が行われた際，CCIJP は対独協力をしたジャーナリストを粛清・追放する委員会として機能した。1944 年 10 月 31 日，臨時政府はジャーナリストとして働くためには，対独協力を行っていなかったことを証明したうえで「新たな記者証（la nouvelle carte de presse）」を取得することを義務付けた。1946 年 6 月 30 日にその命令が解かれるまでの間，記者証はジャーナリストとして働くために公的で必須のものとなった[33]。記者証取得が義務となったのはわずか 2 年弱のことだが，記者証の所有は，ジャーナリストにとって名誉でもあり，占領期・国土解放運動期の自らの活動を示す証明にもなった。戦後の対独協力者の追放に記者証認可のシステムが深く関わったことで，「記者証」に「まともなジャーナリスト」という象徴的意味が付与された。こうして，記者証を付与する機関として CCIJP（その背後にあるジャーナリズム組合）は，記者証と共に影響力を拡大した。

　一方で，ジャーナリズム組織が CCIJP 運営を担い記者証を与える権限を持つことは，法律に明文化されているわけではないという批判もある[34]。CCIJP が独占的に発行する記者証は，ジャーナリストのキャリアにも影響を及ぼすようになっている。Chalvon-Demersay & Pasquier（1990）は，テレビ・ラジオ番組の司会者に関する調査で，活動内容に差がない場合，記者証を持つジャーナリストの方が信用される傾向があることを指摘している[35]。

---

32 記者証を申請する基準として，最低 3 カ月は，ジャーナリストとして働く必要がある。これを証明するために，記者証申請の際に，雇用主から発行された証明書の提出が必要となる。

33 詳しくは，CCIJP のサイト「Histoire de la "Carte de presse"」部分を参照。

34 Da Lage（2011: 36）.

1-4-(3)　記者証に関わる税制優遇策

　ジャーナリストにとって記者証が権威を持った理由は，単なる名誉や象徴的意味だけでなく経済的な理由も大きい。記者証を持つジャーナリストには税制的な優遇策（l'abattement fiscal）が取られている。Da Lage（2011: 55）は，「多くのジャーナリストにとって彼らがカードを維持しようとするモチベーションは，この税制優遇措置による」と指摘している。記者証システムが出来て以降，記者証を持つジャーナリストの所得に対し 30％控除が認められていた。1999 年にこの制度は撤廃されたが，その代替策として職務上必要な経費として 7650 ユーロを上限に控除を受けることができる税制優遇制度が適用されている[36]。だが，1999 年の新しい制度では，記者証だけでは税制優遇措置を受けるための証明に十分ではなくなった。この改正以降，国はジャーナリストとして働いている実態がない者が税制優遇を得ることを防ぐため，雇用契約書など労働実態を示す書類の提出を義務付けた[37]。このように，1999 年以前に比べればその効力は限定的であるものの，ジャーナリストの仕事をするうえでの財政的・税制的優遇の面でも記者証が権威を保ち続けているといえる。

1-4-(4)　労働協約の対象基準の拡大

　ジャーナリストに対する労働協約は，特定のメディア企業に正規雇用で勤めるジャーナリストを想定しているために，様々なメディア企業で仕事を行うフリーランスのジャーナリストが，その保護の対象となりにくいという問題があった。1974 年のクレサール法（Loi Cressard，ジャーナリストに関する労働法の一部改正）によって，「報酬の額や形態がどのようなものであれ」職業的ジャーナリストの労働契約と見なされるようになった（Article L7112-1）。つまり，フリーランスの形態で働いているジャーナリストも労働協約の対象範囲に含めることが法律で保障されたのである。

---

35 さらに，1985 年にテレビの司会者で記者証を取得しているのは，全体の内 4 分の 1 だが，有名司会者 30 人に限ると半数以上に上る（Chalvon-Demersay & Pasquier 1990: 222-227）。

36 1999 年まであった所得に対する 30％の控除に比べ，現在の制度は，優遇される上限が限定され，具体的な経費申告が必要となるため，当時強い反対があった。新たな優遇策は，allocations pour frais d'emploi（労働経費に関わる手当）の制度を用い，ジャーナリストの仕事として必要な経費であったことを国に申請し認められれば，7650 ユーロを上限に控除が適用される。

37 国は，この優遇制度において，記者証の所持だけでは申請資格を満たさないとしている。だが，正当な業務であったと証明するために，専門家として働いていることを示す雇用契約書とともに，記者証の提示が求められており，実質的には，証明する書類の一つとして記者証を取得している必要がある。

第Ⅱ部　各国の労働制度，教育制度および高度専門職の働き方

1-4-(5)　記者証システムと労働協約が阻む新規参入

このように，ジャーナリストに対する労働協約の対象範囲は徐々に広がりを見せてきた。だが，この法改正においても漏れ落ちるのは，ピジスト（pigiste）の存在である。ピジストとは，フリーランスのなかでも書いた記事のページ数において報酬を得，継続的な契約ではなく単発の仕事を主とするジャーナリストを指す。ピジストは，記者証取得者のなかでも2割以上（2013年で全体の21%，7933人）を占め，記者証を取得していないものを含めればより多くのピジストたちが働いていることになる。ピジストがどうして労働協約の対象から漏れてしまう傾向にあるのか。それは労働協約の規定と記者証制度が関係している。

まず，クレサール法における労働契約の定義の問題がある。この法のもとでも，労働協約の対象となるのはジャーナリストが主要な仕事であり収入源であるという定義が維持される[38]。ピジストのように単発の仕事を主とする者が，常にこの条件を満たすことは難しい。次に，記者証制度がもたらす弊害がある。ジャーナリストの労働協約の第6条で，「労働協約の対象となっているどの企業も，3カ月以上現行の記者証の資格を持っていない，または記者証の申請がされていないであろう職業的ジャーナリストを雇うことはできない」としている。これにより，メディア企業で職を得るために，ジャーナリストは記者証を取得することが必須となり，企業側も記者証を取得している（またはその見込みが十分にある）ジャーナリストを雇う選択をする。この記者証を取得（または維持）するためには，過去12カ月の収入の大部分が，メディア企業でジャーナリストとして働いて得た報酬である必要がある。だが，収入が不安定なピジストたちが，生計を立てるため他の仕事で収入を補おうとすることはまま起こりうる。つまりこのような状況下では，収入や立場が不安定なジャーナリストは，いつまでたっても記者証の取得や企業の正規雇用にはたどり着けない。一時的に仕事が増え記者証が取得できたとしても，継続的に記者証を更新できなければ，正規雇用を継続することは難しくなる[39]。ジャーナリストの労働組合側は，ジャーナリストの専門性と立場を保護するため，収入の壁を設け記者証制度によってその質の維持を目指し，企業にも

---

[38] CFDT の "Loi Cressard" を参照（http://www.journalistes-cfdt.fr/loi-cressard）。
[39] 記者証の1度目の申請は，過去3カ月以上ジャーナリストとして雇用されたことを証明することが条件であり，2度目以降の更新申請は，過去12カ月で同様のことを証明しなければならず，記者証の更新（継続して記者証を維持すること）の方がハードルは高くなる。

310

第 10 章　仏ジャーナリストの専門職化と専門教育の変容

その基準を守るよう求めてきた。しかし、これらの専門性や自律性を守ろうとする取り組みは、新たにジャーナリストの労働市場への参入を目指す層（他業界や若い世代）の大きな障壁ともなっている。

2　ジャーナリズム学校の拡大と ジャーナリスト組合の影響

前節で論じてきたように、フランスのジャーナリストは組合組織の活動を通じて、法的システムの中に自らを位置付け、そこから生まれた記者証システムの権威を高めることによって、ジャーナリストの専門職としての地位を確立してきた。こうした組合組織や承認システムは、ジャーナリストの職業教育とどのように結びついているのだろうか。

▶2-1　ジャーナリズム学校〈界〉の現在 ── 需要の拡大と学校の増加

本章冒頭で論じたように、フランスではジャーナリストが労働市場に参入する際に、ジャーナリズム教育の重要度が増している。Lafarge & Marchetti (2011) は、全国紙や放送メディアで働くために、ジャーナリズム系のディプロムや教育を受けていることがほぼ必須になり、単に研修に参加する段階でも必要になりつつあると指摘している[40]。この背景には、1960 年代以降、高等教育機関へ入学する学生数が倍増し（高等教育の大衆化）、1980 年代から 1990 年代にかけてジャーナリストの雇用需要が拡大したこと、そして 1960 年代から始まるジャーナリズム学校〈界〉内の変化が関わっている。

まず、フランスでは 1980 年代から 1990 年代にテレビ・ラジオの民営化が始まり、テレビ・ラジオの局数が増大し放送メディアの影響力が拡大した。それに伴い、放送メディアに関わるジャーナリストも相当数必要となったため、ジャーナリストの数（記者証の発行数）も倍増した。ジャーナリズム学校界が変化し始めるのはそれより 20 年ほど遡る。1960 年代後半から、いくつか大学機関がジャーナリストの専門教育に乗り出した。それまでジャーナリズム学校に独占されていた教育市場に、大学教育機関との競争が生まれる。1990 年代になると、フランスの大学機関全体が専門職教育に本格的に参入し始める[41]。こうした大学教育の変化に伴い、ジャーナリズム教育だけの単科

40　詳しくは、Marchetti（1997: 199-208）を参照。
41　大前（2013）を参照。

311

校であるジャーナリズム学校の数も増加し，ますます競争は激化した。例えば，1993 年には わずか 9 校だったジャーナリズム学校は，2005 年には 25 校，2016 年に 39 校と，90 年代以降増加し続けている[42]。

2-1-(1)　ジャーナリストの労働市場で存在感を見せる認定校
(Écoles reconnues)

　フランスのジャーナリズム学校の大きな特徴は，専門家であるジャーナリストから認められた 14 のジャーナリズム学校—認定校（Écoles de journalisme reconnues par la profession）—が存在することである。一般的には，「専門家から認められた学校」と称される認定校は，ジャーナリストの労働協約に学校名が記載され，正式に認められた学校を指す。この労働協約とジャーナリズム学校との関わりは，後に詳説する (2-3)。初めて労働協約内に認定校が記載されたのは，ESJ de Lille と CFJ de Paris の 2 校で，この 2 校の独占は 70 年代半ばまで続く。1970 年代半ばから 1980 年代初めにかけ，ジャーナリズム教育を行う大学機関が認定校に指定され計 5 校となる[43]。ジャーナリズム教育の競争が激化する 1990 年代以降，1994 年には 8 校，2007 年には 13 校と，認定校も増加していく[44]。

　これらの認定校を卒業したジャーナリストの割合は，記者証を取得しているジャーナリスト全体から見て 12.2%（2000 年）から 18.6%（2016 年）へと，徐々にではあるが着実に増加している。記者証の総数は年によって変化が見られるが，認定校卒の記者証取得者数はここ 15 年増加し続けている[45]。記者証の新規取得者内の分布を見ると，さらにその重要性がわかる。2008 年に記者証を取得し，かつジャーナリズム教育の経験があるジャーナリストの内訳は，認定校出身者（36.1%），非認定校出身者（32.8%），その他（31.1%）と，認定校出身者が若干多いものの大きな差はない。ただ，74 課程存在するなかで認定校は 14（非認定校が 60）であり，全体の 2 割以下（18.92%）であることを考えると，認定校の学生は高確率で記者証を取得していることがわかる[46]。認定校

41　大前（2013）を参照。

42　詳しくは，Repères et références statistiques 2017,2009 内の高等教育機関の構造と学校数の変化（Évolution du nombre d'établissements et structures de l'enseignement supérieur）を参照。

43　1976 年 に，UER de l'université des sciences sociales de Strasbourg, I.U.T. (de Tours) et U.P.T.E.C de Bordeaux が認められ，ついで 1981 年に Celsa Sorbonne Université が認められた。

44　詳しい変化については，「ジャーナリスト全国労働協約（Convention collective nationale des journalistes）」の付帯条項（Annex）を参照。

45　CCIJP の例年発表している記者証取得者の内訳データを参照（2000 ～ 2016 年）。

第 10 章　仏ジャーナリストの専門職化と専門教育の変容

全 14 校の一学年の総学生数が 504 人（2013 年までは 13 校で 476 人）であるのに
対して，2007 ～ 2016 年の認定校卒業者の新規の記者証取得数は，平均 308
人である。ここから見ても，認定校を卒業することは，ジャーナリストの
ファーストキャリアであり信用性にも直結する記者証取得に有利なことがわ
かる。[47]

2-1-(2)　「認められたジャーナリズム学校」の優位性

認定校からの学位を得ることは，単にジャーナリストたちから認められた
学校であること（名誉）以外に，どのような利点があるのか。

2-1-(2)-1 課される研修期間の短縮

認定校を卒業した学生は，研修期間を短縮することができる。記者証の志
望者は，申請の前年度に 3 カ月以上，正規に（契約期間が限定されていても）メ
ディア企業からジャーナリストとして雇われていれば，記者証を申請する資
格を持つ。だが，その申請資格を得る前提条件がある。ジャーナリズムの分
野での仕事経験がない者（débutants）は，申請資格を得るために 2 年の研修
期間を経る必要がある。[48] この記者証申請の有資格者となるために義務付けら
れている 2 年の研修期間を，認定校の卒業者は，1 年に短縮することができ
る。つまり，認定校の卒業生は，他の学校よりも早く記者証を申請できる立
場にいる。この研修期間短縮の措置は，新規の記者証申請書類にも，14 校
の認定校の名前入りで明記されている。

2-1-(2)-2 組合組織・記者証委員会からの支援

労働協約のなかで「契約当事者（ジャーナリストとして雇用契約を結ぶ者）は，
認定校を支援する」ことが明記されており，認定校は組合組織を含むジャー
ナリストの職業集団に認められ，支援される存在である。認定校は，記者証
委員会やジャーナリズム組合などにより，ジャーナリズム教育や学校プログ
ラムを紹介する際に取り上げられ，推薦・紹介されるため，単なる承認以上
に，度々他の学校と差別化した価値を付与されることになる。記者証委員会
のサイトや組合組織のサイトで，認定校の情報が紹介されている一方で，他

46　2016 年に記者証を取得した 3 万 5294 人の内, 認定校卒業者数は 6562 人(全体の 18.6%)で
　　ある。

47　認定校卒の新規取得者のなかには, その年度の卒業生だけが含まれるわけでないだろう。ただ,
　　高等教育機関でジャーナリズム教育を専攻している生徒数が約 8000 ～ 9000 人前後であるこ
　　と（2000 ～ 2016 年）, 新規取得数が約 1500 ～ 2000 人前後であることを考慮すると, や
　　はり優位性は明らかである。

48　「ジャーナリスト全国労働協約」の第 13 項を参照。

313

第Ⅱ部　各国の労働制度，教育制度および高度専門職の働き方

の学校や教育プログラムに関する記述は見あたらない[49]。

2-1-(2)-3 メディア産業からの承認

　近年，日刊紙 *Figaro* が Figaro Étudiant でジャーナリズム学校のランキング（表10-2）を発表している[50]。このなかで認定校が上位を独占している。ランキングだけでなく，ランク付けの基準からも認定校の優位性が見える。Figaro Étudiant（2016年）の調査では，まず認定校であるだけで基礎点 10pt が加算される。認定校であることが，学校の優秀さを表す一つの基準となっていることがわかる。さらに，卒業生を雇う企業側も認定校を高く評価している。ランク付けを決める項目に，大手メディアが高評価を下す学校や，採用実績がある学校を選ぶ項目がある[51]。そのなかで高い得点を得ているのは，圧倒的に認定校が多い[52]。採用実績では，ランキング 30 位以内に入る非認定校は平均 0.5pt であるのに対し，認定校は平均 2pt と 4 倍以上にもなる。また，望ましい学校の項目でも，非認定校（平均 0.3pt）に対し認定校（平均 2.7pt）と，メディア企業からの評価も認定校が大きく上回る。また，これら認定校のなかでも，認定時期が早いほど学校のランキングが高くなる傾向がある[53]。

　さらに，次のアンケート（表10-3）を見ても，認定校の優位性が見える。これは，主要メディアで採用に関わる権限を持つ編集長（または副編集長）に対してジャーナリズム学校への評価を尋ねたものである。日刊紙，テレビ局，通信社など人気の高い大手メディアほど，認定校と非認定校との間に特筆すべき違いが「認められる」と答えている割合が高い。Ruellan（2001）は，学校の名声に応じてメディアで得られる職が変わると指摘する。認定校が人気の理由は，これらの学校が数年のうちに有給で働く一時的な立場を得る確率が高いからである。一方，非認定校の卒業生はあまり需要のない分野を選ぶ傾向があり，従って，ピジストの立場（一時的な立場）さえ得にくい。このように，一時的には不安定な立場であっても，最終的に，名声ある認定校の卒業生は

---

49 ジャーナリストの四大組合（SNJ, CFDT-Journalistes, FO-Journalistes, SNJ-CGT）のうち，ジャーナリズム学校の記載があるのは，SNJ と CFDT-Journalistes で，いずれも「認定校」は専用ページで紹介されているが，その他の学校の情報は見あたらない。サイトアドレスは，参考文献を参照。

50 本論文では，ランキング発表された 30 位のうち，20 位以内を抜粋して表示している。

51 Figaro や France 2 （公共放送）などの新聞やテレビなどの大手メディアがアンケートに回答している。

52 2013 ランキング（Figaro Étudiant）にも高評価の学校を選ぶ項目があるが，同様に認定校の得点が高い。

53 後発で認定され順位が高かったのは，グランゼコール（エリート校）の Science Po （パリ政治学院）が 2009 年に創設した Ecole de journalisme de Sciences Po （3位）のみであった。

第 10 章　仏ジャーナリストの専門職化と専門教育の変容

表10-2　ジャーナリズム学校のランキング[54]

順位	学校名	総合点	非評価基準		取得学位	評価基準				
			入学資格（学位）	授業料（€）		認定校	交互制職業教育	奨学金	望ましい学校	前年度の採用実績
1	ESJ Lille	53	Bac+3	4500	I	○	○	10	8	5
2	CFJ Paris	49	Bac+3	4960	I	○	○	9	5	5
3	EDJ Sciences Po Paris	47	Bac+3	0-13000	I	○	○	12	4	4
4	IPJ - Paris-Dauphine	45	Bac+3	4960	I	○	○	9	4	2
5	IJBA Bordeaux	43	Bac+3	256 (FU)	I	○	○	7	4	2
6	CUEJ Strasbourg	40	Bac+3	256 (FU)	I	○	○	3	5	2
7	EPJT Tours	37	Bac	184 (FU)	II	○	○	6	3	3
8	CELSA Neuilly-sur-Seine	35	Bac+3	256 (FU)	I	○	○	4	1	0
9	EJCAM Marseille	34	Bac+3	256 (FU)	I	○	/	6	1	2
10	EJT Toulouse	3	Bac+2	3750	I	○	/	9	4	0
11	IFP Paris	29	Bac+3	256 (FU)	I	○	/	2	0	1
12	EJDG Grenoble	28	Bac+3	1300	I	○	/	1	1	1
13	IUT Lannion	27	Bac	184 (FU)	I	○	/	6	1	0
14	EDC Cannes	27	Bac	184 (FU)	I	○	/	6	0	1
15	CFPJ Paris	20	/	Gratuit	II	/	○	0	2	3
16	ESI Pro Paris, Lille, Montpellier	18	/	Gratuit	II	/	○	0	1	2
17	ISCPA,Lyon, Paris, Toulouse	18	Bac	6900	II	○	○	0	0	1
18	IICP Paris	15	Bac	6900	II	○		0	0	0
19	ISFJ Paris	15	Bac	5700	II	○		0	0	0
20	ESJ Paris	13	Bac	6030	II	/		1	2	0
20	IEJ Paris, Marseille, Strasbourg	13	Bac	5820	II	/		0	1	1

出所：Figaro Étudiant（web）2012 年 3 月 13 日の記事より筆者が作成

テレビ・新聞ともに全国規模のメディアに行く傾向があると指摘する。Leteinturier-Laprise & Mathien（2010）も同様に，認定校の卒業生が，比較的簡単に最も有名なメディア（一般紙や雑誌，全国ネットのテレビ局など）に入社することができると指摘している。このように，認定校の学校歴は，就職というジャーナリストの初期キャリアに直接結び付く優位性があるといえる。

2-1-(3)　認定校の基準の曖昧さ

　では，様々な点で優位に立つ認定校はどのような基準で決められているのか。認定校の審査を行う CPNEJ（ジャーナリスト全国労使共同雇用委員会 – La Commission Paritaire Nationale de l'Emploi des journalistes）は，ジャーナリズムの教育課程は，コミュニケーションや他の部門の教育とは区別されなければならず，労働協約に書かれている職業教育の精神に則りその審査基準がつくられるべきだとしている。だが，求められる実践は「批判精神」や「現代史に関

54　〔評価基準の項目について〕取得学位は，RNCP（全国職業資格総覧）という国家から認められた職業・学位資格のなかで，Bac+5 以上（Ⅰ），Bac+3―4（Ⅱ），Bac+2（Ⅲ）でランク分けしている。奨学金（Bourses）は，ジャーナリズムに関する奨学金（15 個の奨学金）の内，各学校が獲得した数を指す。望ましい学校の項目（Écoles Préférées）は，学校へ高評価を受けたメディア企業の数を指す。

第Ⅱ部　各国の労働制度，教育制度および高度専門職の働き方

表 10-3　認定校に関するアンケート[55]

	「認定校と非認定校の間で特筆すべき違いが認められるか？」						
		認められる		認められない		わからない	
	回答合計数	回答数	％	回答数	％	回答数	％
日刊紙	28	13	46.43	5	17.86	10	35.71
大衆雑誌	46	14	30.43	17	36.96	15	32.61
専門誌	36	7	19.44	8	22.22	21	58.33
通信社	9	7	77.78	2	22.22	0	0
ラジオ	7	2	28.57	4	57.14	1	14.29
テレビ	16	7	43.57	5	31.25	4	25
ネット	3	0	0	3	100	0	0
合計	145	50	37.48	44	30.34	51	35.17

出所：Le Champion（2010）より

する教養」を得られるような教育といった曖昧なものであり，授業内容の指定も「メディアの歴史」や「情報の収集と研究」といった程度であり，具体的な授業内容に関する説明はない[56]。また，認定校の仕組みは 1950 年代から始まっているが，この認定校の基準が公表されたのは 2000 年代になってからである。2006 年に，CPNEJ は認定校に求める基準を公開し，定期的に教育内容を確認し認定校を再認定する仕組みを始めた。けれど，この基準が明示される以前は認定校を決めるプロセスや基準は公開されておらず，それまでに認定された学校の基準は曖昧なままである。また，これらの基準公開以降，2006 年代以前に認定された学校が認定を取り消された例はない[57]。認定校を評価する側の企業も明確な理由で評価しているとは言い難い。Le Champion（2010: 94-96）は，多くのメディア幹部は，ジャーナリズム教育機関について相対的な知識しか持ち合わせておらず，認定校と非認定校の区別は曖昧であると指摘する。にもかかわらず，認定校を知る者は認定校により大きな信頼を置き，認定校を一種「質の保証」のように捉えている。そして，評価する理由として挙げるのは，「真面目さ」や「専門性」といった印象で

55 これは，Le Champion（2010）によって，2009 ～ 2010 年にかけて，主要メディア（全国週刊誌，地方週刊誌，発行部数の高い雑誌，専門誌，通信社，ラジオ，テレビ，ネットメディア）の編集長（または副編集長）1216 人にアンケートを行い，155 の回答を得た結果から作成されたデータである。

56 詳しくは，認定の基準の定義に関わる取り決め（Accord portant définition de critères de reconnaissance 2008）を参照。

57 CPNEJ は，提出される報告書をもとに 5 年ごとに認定校の再審査を行う。だが，取り消された例は，いずれも 2006 年以降に認定された学校である。

第 10 章　仏ジャーナリストの専門職化と専門教育の変容

ある。

　このように認定校は，職業集団であるジャーナリスト組合からも，採用を決める企業からも「優秀な学校」であると見なされているが，その評価軸は企業・職業集団側ともに，曖昧さが残る。認定校はいかにして他の学校と比べて優位な位置を得るに至ったのか。ジャーナリズム教育が要請される社会的な背景を検証し（2-2），その上で，認定する根拠を与えているジャーナリスト組織（組合組織や記者証委員会）との関係を明らかにする（2-3）。

▶2-2　職業的倫理問題と教育への要請

　フランスでジャーナリストの職業倫理に関する教育がどのように議論され，具体的に展開されてきたのか。ジャーナリストの専門職教育の必要性が高まるのは，19 世紀末から 20 世紀初頭にかけ，ジャーナリストのモラルが度々問題になったことがきっかけである。

2-2-(1)　ドレフュス事件がもたらした余波

　19 世紀末に起こったドレフュス事件[58]は，ユダヤ・反ユダヤの対立だけでなく，知識人間の対立やジャーナリズムの問題も浮き彫りにした。この事件に前後して，政府が報道の自由を制限し抑圧を強めつつあった。さらに，一部の知識人たちは，大学世界や「日和見主義の」政治家と距離を取り，積極的に社会問題に意見・介入していく意義を訴えていた[59]。そんな状況下で起きたこの事件は，メディア人や知識人を二分した。アルフレド・ドレフュス氏が不確かな情報の流布によりスパイ容疑で有罪判決を受けたのは，不当であるとして再審を要求するドレフュス派と，再審に反対する反ドレフュス派に分かれた。この際，報道のされ方にも疑義が上がり，ジャーナリズムの倫理も問題となった。こうした状況下で，ドレフュス派であったデュルケムら知識人たちは，社会科学を中心とした新たなエリート教育を行う学校を立ち上げた。この教育の一つに，ジャーナリズム教育が採用された。ただ，ここでのジャーナリズム教育は，あくまで政治哲学・知識人の養成のための一分野で

---

[58] 1894 年，軍人だったアルフレド・ドレフュスは，ドイツのスパイだと疑われた。反ユダヤ系の新聞『自由言論』がこれをスクープで報じ，彼は有罪判決を受けるが，無罪を主張し続けた。これに応じて，エミール・ゾラを代表とした知識人やジャーナリストが彼の無罪や虚偽報道の問題性を訴えた。

[59] 例えば，デュルケムは，公的な問題に対して知識人も関わるべきだと考えたのに対し，ブリュンティエールは，知識人は，大学のなかで研究に専念すべきだと考えていた（Chupin, 2008: 59-61）。

317

第Ⅱ部　各国の労働制度，教育制度および高度専門職の働き方

しかなかった。[60]

2-2-(2)　金満主義メディアへの危機感

　ドレフュス事件後も，1910 〜 1920 年代にかけ，メディアの共謀・買収事件が相次いだ。[61]こうした問題に呼応するように，1920 〜 1930 年代にジャーナリストのモラルやマニュアル本が次々と出版される。[62]モラルの失墜が露呈しメディアの信頼性が失われたことが，本格的なジャーナリズム学校が設立されるきっかけをつくったといえる。ジャーナリズム教育の萌芽が見られるのはアメリカと同時期だが，本格的にジャーナリストのモラルや職業論が顕在化するのは，フランスでは 1920 年代以降であった。[63]

▶2-3　認定校と組合組織の不可分な関係

　20 世紀初頭のジャーナリズム学校は，ジャーナリストたちや社会から職業教育機関とみなされているとは言いがたい状況であった。Goulet（2009: 31-32）は，「多くの職業人にとって，職務はもっぱら現場で習得されるものであり，その時代のジャーナリストたちは，合理化された教育形式に反対しており，文体は何よりもまず才能であると考えていた」と指摘する。このように，ジャーナリズム学校は単なる専門学校と見なされ，職業教育の場として認められていたとは言い難い状況だった。だが，ジャーナリストの組合組織の協力・支援を受けることによって，徐々に職業教育機関として認められていくこととなる。

2-3-(1)　1930 年代—ジャーナリズム学校の発展と組合組織のつながり

　ジャーナリズム学校界のなかで盤石な地位を保つ認定校は，どのようにしてその地位を獲得したのか。1910 〜 1920 年代にかけ，ESJ de Lille や ESJ

60　Goulet（2009）や Chupin（2008）が指摘するように，この当時のジャーナリズム教育は，社会科学の私立校の一分野としてあり，ジャーナリズム専用の学校として存在したわけでない。

61　1914 年に起きた「affaire Rochette」や 1925 年の「affaire Marthe Hanau」など。詳しくは Jeanneney（1975: 126-134）の "sur la vénalité du journalisme financier entre les deux guerres" を参照。

62　具体的には，『ジャーナリズム 20 の講義（Le Journalisme en 20 leçons）』（Robert de Jouvenel 1920），『良いジャーナリストになるために；実践マニュアル（Pour devenir un bon journaliste, manuel pratique）』（Pierre Davesne 1931），『ジャーナリズムを学ぶ 18 講義（Le journalisme appris en 18 leçons）』（André Rival 1931）などがある。

63　ジョーゼフ・ピューリッツァーは，アメリカで 19 世紀末に出現したイエロージャーナリズムに対抗し，専門職としてジャーナリストを養成するために，1904 年にコロンビア大学にジャーナリズム学科を創設した。そこで彼は，お金ではなく，モラル，教育，特性からなるジャーナリストの階級意識の必要性を強調した（Shudson 1978: 144-159）。このように，ジャーナリズムの専門教育化が本格化したのはアメリカの方が一足早かった。

318

Paris のようにジャーナリズムを専門課程にした学校が登場する。この2校が，ジャーナリズム学校として認知されたのは，ジャーナリスト組合の力が大きい。1935年法で，ジャーナリストの地位を強化し，記者証の審査プロセスに関わる力を持ったジャーナリストの組合は，ジャーナリストという専門職の権威や承認に独占的ともいえる影響力を持つようになる。これらの組合組織はなぜジャーナリズム学校に協力したのか。一つは，この時期に問題になっていたジャーナリズムの腐敗を改善する手段になると考えたからである。もう一つは，教育に関わることで，組合組織や記者証システムをさらに強化・正当化しようとしたからである[64]。一方で，できたばかりのジャーナリズム学校が，記者証や組合組織の考え方に従属的にならざるをえなかった。この状況を利用し，組合はジャーナリストという職のさらなる権威化のために，ジャーナリズム学校やその学位を利用し，積極的にその教育プログラムに介入していく。1924年に設立された ESJ de Lille は，カトリック系の組合組織（les syndicalistes catholiques, le syndicat des journalistes français）の支援を受けて拡大を果たす。一方，ESJ Paris は，指導者の交代をきっかけに1930年代から SNJ の支援を受けるようになる。SNJ は，組合員であるジャーナリストが教鞭をとることや，より実践的な授業を盛り込むことなどを条件に，学校改革に関わった[65]。組合側は，ジャーナリスト学校にお墨付きを与え，かつ学校の教育方針やプログラムに具体的に介入していった。

2-3-(2)　戦時期の対独政策とドゴール政権の影響―政治的位置と組合組織との距離

　戦後のドゴール政権やレジスタンスは，様々な形でメディア業界の立て直しや新たな仕組みづくりに関わった。それは，戦後すぐの記者証の発行審査への介入（1-4-(2)）や放送メディアのコントロールなど多岐にわたり[66]，ジャーナリズム教育も例外ではなかった。ドイツ軍からの解放に導いたレジスタン

---

64 組合活動家の René Sudre は，ジャーナリストに不足していた職業知識やモラルの向上のため，組合組織がジャーナリズム学校を利用しようと考えていたと述べている（Delporte 1999: 28）。

65 SNJ は，ESJ Paris の教育に協力する条件を提示している（Chupin 2008: 124-125）。

66 特に影響力が強かったのは，放送メディアである。1940年のドイツ軍侵攻によって，多くのラジオ局はドイツ軍の管理下に置かれた。だが，第二次世界大戦後，レジスタンス運動のリーダーであったドゴールがつくった臨時政権によって，ラジオ・テレビ部門は政府に管理・統制されるようになる（la Radiodfiffusion française-RDF）。この組織は，レジスタンス運動のなかでの音声・映像メディアの構想をもとに作られている。例えば，初代の RDF 長官だった Jean Guignebert は，レジスタンス運動に参加した組合活動家であり，全国抵抗評議会（Conseil National de la Resistance）の一員であった。

第Ⅱ部　各国の労働制度，教育制度および高度専門職の働き方

スとの距離が，戦後のジャーナリズム学校の位置付けを決める大きな鍵となった。1946 年に創立された CFJ は，レジスタンスの活動家，特にその中心的存在だった Phillipe Viannay の支援で生まれた。CFJ は，組合活動家と経営者との協力を取り付け，より現場に対応した「ジャーナリズム教育」を進めた。ESJ de Lille と比べれば新しい学校だった CFJ は，開校当初からジャーナリスト組合（SNJ）の機関紙にその活動が度々紹介されている。戦前からあった ESJ de Lille は，ドイツ軍占領時代に，対独協力を行っていた。だが，ヴィシー政権寄りの新聞にも，レジスタンスを支持する新聞にも，研修生を派遣していた。このことで，戦後もジャーナリズム学校界でその地位を保つことができたのである。ただ，ヴィシー政権との協力が目立った ESJ Paris は同じようにはいかなかった[67]。この汚名により，ESJ Paris の位置は戦後，周辺化していくことになる。

2-3-(3)　労働協約に書き込まれる認定校

　戦後，レジスタンスの活動家であったジャーナリストや組合活動家たちを中心に，新たなジャーナリズム教育がつくられていくなかで，認定校の仕組みも出来上がる。フランスの労働社会のなかで大きな影響力を持つ労働協約は，この認定校の定義付けとも密接に結び付いている。1956 年に初めて労働協約にジャーナリストのための専門的な教育（formation professionnelle）に関する内容が盛り込まれ，ジャーナリストによって認められたジャーナリズム学校が誕生する。ここで重要なのは，認定校の誕生とその正当性は，労働協約によって裏付けられているという点である[68]。労使交渉の協議のなかで決定され，労働協約に書き込まれるということは，組合組織などの職業集団，交渉相手であるメディア企業双方からその価値と意義を認められることを意味する。さらに，フランスにおいて労働協約は労働分野において準法令的な位置付けを持つことから，間接的に国家システムに認められた公的な存在となる。この際，初めて認められた 2 校は，既述のように組合組織と深いつながりを持つ ESJ de Lille と CFJ である。この 2 校は，ジャーナリズム学校のランキング，メディア企業からの評価ともに，他を引き離してトップに立つ。現在の労働協約においても，職業教育に関わる項（第 13 項）で，「その目的

67　Chupin (2008: 132-134).
68　現在，認定校の認定を行う CPNEJ は，1974 年の労働協約改定を機に発足された組織であり，この時点までは，労使交渉・労働協約の改定交渉のなかで，実質的に認定校の仕組みがつくられ，認定校が選出されている。また現在の認定校も，労働協約によって正当性を担保している点は変わらない。

第 10 章　仏ジャーナリストの専門職化と専門教育の変容

（未経験者が可能な限り十分な一般的・技術的な教育を受けること）のために，契約当事者は，CFJ と ESJ de Lille，並びに同じ目的を持つ機関を支援することを約束する」と，初の認定校である CFJ と ESJ de Lille のみ校名を挙げて述べられている。このように労働協約に明記されることで，初代の認定校 2 校はその地位の正当性をさらに強固なものにしている。ジャーナリストの組合組織と共に発展してきたこの 2 校を筆頭に，認定校として認められた順にジャーナリズム学校の序列化は進んでいる。

　上記のように，ジャーナリストの組合組織は，初期からジャーナリズム教育に積極的に関わり，戦後，自らが学校の選定や審級に関わる仕組みをつくりあげることで，影響力を増し差異化にも深く関わってきた。そして公的文書であり，組合組織がその内容に大きな影響力を及ぼす労働協約を裏付けにすることで，実際には曖昧な部分の残る選抜システムを，ある一定の正当なもののように見せている。こうした経緯を経て，専門教育の重要性が増す今，ジャーナリスト組織の影響力は確固たるものになっている。

おわりに

　これまで論じてきたように，ジャーナリストの組合組織は，職業としての地位向上に貢献し，記者証システムという「ジャーナリスト」と「その他」を差異化するシステムをつくりあげてきた。このシステムは，労働法と労働協約という公的制度に裏打ちされることで，その正当性を高め，これらのシステムを運営し変更を加えることができる組合組織や記者証委員会の権威化にも貢献してきた。

　徐々に労働市場への影響力を拡大してきたジャーナリストの職業集団は，ジャーナリズム教育にも積極的に関わり，特定の学校の権威化にも大きな役割を果してきた。2 節で見てきたように，ジャーナリズム教育のなかで大きな影響力を持つジャーナリズム学校は，組合組織や組合の活動家の支援によって誕生，または維持されてきた。さらに，労働協約や組合組織を基盤とする委員会によって，「ジャーナリストの職業集団」が関与できる「認定校」という承認システムをつくりあげた。これらのジャーナリスト組合や記者証委員会によって選別・聖別された学校は，ジャーナリズム学校が増加し序列化が進む中で，さらに存在感を増している。

---

69 「ジャーナリストの全国労働協約」の第 10 項参照。

第Ⅱ部　各国の労働制度，教育制度および高度専門職の働き方

　労働協約がその産業界のなかで大きな影響力を持つフランスにおいて，そのなかに学校名が明記されることは，実利的・象徴的意味を持つ。具体的な優遇策に留まらず，記者証申請の審査書類や労働協約など，公的な制度や文書のなかで「認定校」の存在や学校名が強調されることは，象徴的な効果を持つ。さらに，「正式な学校」であることがメディアや組合のジャーナリズム教育に関する言説を通して絶えず強化され正当化されることによって，ジャーナリズム学校間，またジャーナリストの労働市場において，特定の学校とその卒業生の地位は高まる。これが増加するジャーナリズム学校市場の競争原理のなかで，「認定校」の存在をますます有利なものとさせ，「正式かつ優秀な学校」としてその支配的な位置を強化していく。「正式・優秀な学校」と見なされ，優位な位置に立つ「認定校」。この「認定校」に値するかどうかは，組合組織とのつながりや親和性といった可視化されない要素によって決定されており，決定プロセスの妥当性に疑問が残る。けれども，ジャーナリストの教育・キャリアにとって，どのジャーナリズム学校に通うのかは大きな意味を持つフランスにおいて，これら特定の学校が他の学校との差異化を強化し続けている。

松村 菜摘子

参考文献

Chalvon-Demersay, S., & Pasquier, D. (1990). *Drôles de stars, la télévision des animateurs*. Aubier.

Charon, J. M. (2014). *Les médias en France*. La Découverte.

Charton, E. (1880). *Dictionnaire des professions ou guide pour le choix d'un état*. Hachette.

Charton, E. (Ed.) (1851). *Guide pour le choix d'un état, ou dictionnaire des professions indiquant les conditions de temps et d'argent pour parvenir à chaque profession, les études à suivre, les programmes des écoles spéciales, les examens à subir, les aptitudes et les facultés nécessaires pour réussir, les moyens d'établissement, les chances d'avancement ou de fortune, les devoirs*. F. Chamerot.

Charton, E. (Ed.) (1880). *Dictionnaire des professions ou guide pour le choix d'un état*. Hachette.

Chupin, I. (2008). *Les écoles du journalisme: Les enjeux de la scolarisation d'une profession (1899-2008)*. Thèse, Université Paris-Dauphine, Donneur de grades.

Da Lage, O. (2011). *Obtenir sa carte de presse et la conserver*. Victoires.

Davesne, P. (1931). *Pour devenir bon journaliste: Manuel pratique*. Librairie Bernardin Bréchet.

Delporte, C. (1999). *Les journalistes en france, 1880-1950: Naissance et construction d'une profession*. Éd. du Seuil.

Devillard, V., Leteinturier, C., Rieffel, R., & Lafosse, M. F. (2001). *Les journalistes français à l'aube de l'an 2000. Profils et parcours*. Pantheon-Assas.

Goulet, V. (2009). Dick May et la première école de journalisme en France en 1899 communication à la journée d'étude. *Journalistes et Sociologues*, *16*, 27-44.

Jeanneney, J-N. (1975). Sur la vénalité du journaliste financier entre les deux guerres. *Revue Française de Science Politique*. *25*(4), 717-738.

ジョベール，アネット（2014）．「フランスにおける団体交渉の最近の展開―伝統，制度の刷新と現在の検討課題」（独）労働政策研究・研修機構『海外労働情報：フォーカス―フランス』，55-60.

Jouvenel, de R. (1920). *Le journalisme en 20 leçons*. Payot.

小山敬晴（2013）．「フランスにおける労働組合の自由と労働組合の代表性の関係の一考察」『比較法学』*47*(2)，61-102.

Kuhn, R. (1995). *The media in france*. Routledge.

Lafarge, G., & Marchetti, D. (2011). Les portes fermées du journalisme: L'espace social des étudiants des formations «reconnues», *Actes de la Recherche en Sciences Sociales*. *189*, 72-99.

Le Champion, R. (2010). Les représentations collectives des formations initiales en journalisme et leur efficacité en question. *Les Cahiers du Journalisme*, *21*, automne 2010, 86-109.

Leteinturier-Laprise, C., & Mathien, M. (2010). Une profession fragilisée: Les journalistes français face au marché de l'emploi. *Quaderni: Communication, Technologie, Pouvoir*, *73*, 97-114.

Marchetti, D. (1997). Contribution à une sociologie des transformations du champ journalistique dans les années, 80 et 90. À propos d' "événements sida" et du "scandale du sang contaminé," *thèse de sociologie*. EHESS.

Marchetti, D., & Ruellan, D. (2001). *Devenir journalistes: Sociologie de l'entrée sur le marché du travail*. La Docuentation Française-DDM-CRAP.

Martin, M. (1996). *Médias et journalistes de la république*. O. Jacob.

松村文人（2004）．「フランスにおける労使関係と労働組合の変化」『大原社会問題研究所雑誌』*549*，12-32.

Neveu, E. (2013). *Sociologie du journalism*. La Découverte.

大前敦巳（2013）．「フランスの文科系大学学部における職業専門化の 2 つの展開―1960 年代以降の伝統的大学と新構想大学の関係に着目して―」『上越教育大学研究紀要』*32*，75-85.

大森弘喜（2006）．「19 世紀フランスにおける労使の団体形成と労使関係」『経済系』*227*，20-52.

Rieffel, R. (2003). La profession de journaliste entre 1950 et 2000. *Hermès, La Revue*, *35*, 49-60.

Rival, A. (1931). *Le journalisme appris en 18 leçons*. A. Michel.

Ruellan, D. (1997). *Les «Pro» du journalisme: De l'état au statut, la construction d'un espace*. Presses Universitaires de Rennes.

Ruellan, D. (2001). Socialisation des journalistes entrant dans la profession. *Quaderni: Figures du Journalisme: Critique d'un Imaginaire Professionnel*, *45*, Automne 2001, 137-152.

Ruellan, D. (2007). *Le journalisme ou le professionnalisme du flou*. Presses de l'Université de Grenoble.

Ruellan, D. (2014). *Le journalisme défendu: Modèles de l'action syndicale*. Presses universitaires de Rennes.

Sauvage, M., & Veyrat-Masson, I. (2012). *Histoire de la télévision française: De 1935 à nos jours*. Nouveau Monde Editions.

第Ⅱ部　各国の労働制度，教育制度および高度専門職の働き方

Schudson, M. (1978). *Discovering the news: A social history of American newspapers*. Basic books.

Valentin, F. (1936). *Un essai d'organisation professionnelle par voie législative: Le statut des journalistes, étude critique de la loi du 29 mars 1935*.

山本陽大 (2014).「産業別労働協約システムの国際比較―ドイツ・フランスの現状と日本の検討課題（特集 産業別労働組合の役割）」『日本労働研究雑誌』*56*(11), 74-84.

ジャーナリスト組織・教育に関するインターネットサイト一覧

C. C. I. J. P. (2018). *Histoire de la "Carte de presse"*. Retrieved from <http://www.ccijp.net/article-1-histoire-de-la-carte-de-presse.html> 2018 年 5 月 27 日アクセス.

C. C. I. J. P. (2018). *Ecoles de Journalisme dispensant un Cursus de formation reconnu par la Convention Collective Nationale des Journalistes*. Retrieved from <http://www.ccijp.net/article-12-ecoles-de-journalisme-dispensant-un-cursus-de-formation-br-reconnu-par-la-convention-collective-nationale-des-journalistes.html> 2018 年 5 月 27 日アクセス.

CFDT (2018). *Loi Cressard*. Retrieved from <http://www.journalistes-cfdt.fr/loi-cressard> 2018 年 5 月 27 日アクセス.

CFDT-Journalistes (2018). *Formations au journalisme reconnues*. Retrieved from <http://www.journalistes-cfdt.fr/rubriques/formations-au-journalisme-reconnues> 2018 年 5 月 27 日アクセス.

FO-Journalistes (2018). *Syndicat général des journalistes Force Ouvrière*. Retrieved from <https://journalitesfo.fr/>, 2018 年 5 月 25 日アクセス.

SNJ (2018). *Formation, Les formations reconnues, Les quatorze écoles*. Retrieved from <http://www.snj.fr/content/les-quatorze-%C3%A9coles> 2018 年 5 月 27 日アクセス.

ジャーナリスト組織・教育に関する資料

Accord portant définition de critères de reconnaissance, 2008 (par CPNEJ).

Annuaire de la presse française, 1880-1891, (par directeur Émile Mermet), no. 1-12.

Annuaire de la presse française et du monde politique, 1892-1905, (par directeur Henri Avenel), no. 13-24, ancienne Maison Quantin.

Convention collective nationale des journalistes du 1er novembre 1976, refondue le 27 octobre 1987. Etendue par arrêté du 2 février 1988 (JO du 13 février 1988).

ICTWSS: Database on Institutional Characteristics of Trade Unions, Wage Setting, State Intervention and Social Pacts in 51 countries between 1960 and 2014.

Journal officiel, 1935, Journal officiel de la République française. Lois et décrets.

Le Syndicat des journalistes, 1918-1925, Le Bulletin du Syndicat des journalistes (BSJ).

Le Syndicat national des journalistes, 1928-, Le Journalistes.

Ministère de l'enseignement supérieur de la recherche et de l'innovation, *Repères et références statistiques* 2009, 2017.

Rapport Brachard, No. 4516 Chambre des députés Quinzième Législature, session de 1935, Annexe au procès-verbal de la séance du 22 janvier 1935.

The Code of Federal regulations of the United States of America, Part 9b-Regulations governing department of state press building passes, United States. Division of the Federal Register, U.S. G.P.O.1939.

終章

今後の高等教育修了者の働き方の展望

　本章では，第Ⅰ部，第Ⅱ部で議論してきたことを踏まえて，今後の高等教育修了者の働き方についての展望を述べる。

　第1章では，各国の教育訓練システムについて，職業訓練制度の発達の度合い，入学試験や選抜の有無，進級や卒業の厳格さ，教育コストの負担，学校教育管理の主体などに焦点を当てながら議論した。

　企業による職業訓練が発達した国々では複線型の教育制度が導入され，若者の進路が早期に決定される。そして，充実した職業訓練を通じた就労ルートが確立しているため，これまで高等教育の履修率が相対的に低水準であった。また，高等教育を含む教育制度を（国ではなく）州が管轄するドイツやスイスの例から，若者の就学パターンは各州の政治経済的背景に依拠すること，すなわち，ドイツであれば大手企業が多く訓練ポストが豊富な南部の州では，大学進学資格の取得がより厳格であり，分岐型の中等教育制度がより維持されていることがわかった。企業による職業訓練が低調であったフランスにおいて，高学歴化が隣国より早期に進展したことも社会背景を反映している。

　また，欧州大陸諸国では，フランスのグランゼコールなど一部の例外を除くと，高等教育入学に試験を課さないが，入学後の進級や卒業が厳しく管理されているため，ドロップアウトの烙印が押されることへの恐怖心が，安易な大学入学への歯止めとなっていることがわかった。教育費が無償でありながら，大学進学率がそう高くないもう一つの背景であろう。中等教育の段階から進級や卒業のタイミングが人それぞれであること，さらに，入学のタイミングも必ずしも同時でない国もあり，同級生という言葉の意味合いが我々

325

の感覚とは異なることも理解できた。すなわち，日本企業特有の「強い同期意識」は，必ずしも，日本型雇用システムの結果だけではなく，むしろ，同年齢の学生は同時入学することが当たり前という教育制度とも大いに関連していると言えよう。

　こうした発見が日本に与える示唆は少なくない。最近は，新卒一括採用の是非が問われることが多いが，欧州諸国の例からは，大学生の卒業時期がそもそも人それぞれであるため一括採用が有効なオプションとはなり得ない。すなわち，日本の教育制度が変化し，学生の就学パターンがより多様化すれば，一括採用も自然に変化していくと予想される。教育費の無償化が議論されているが，ドイツ・フランス・スイスの例からわかったことは，若者全員がその恩恵に預かっている訳ではないことである。これらの国々では，中等教育の段階から続く厳しい進級管理，早期の職業コースと一般教育コースの選択，そして，大学入学資格の取得というういくつかの段階で，若者により自分に相応しい進路を考えさせる仕掛けがある。大学教育は公立中心で，私立は周辺的，かつ，有償である。これらの仕組みがなく，大学が乱立する我が国において，無償化を導入するにはどのようなステップが必要なのか再考の余地があろう。そうした仕組みを構築できないのであれば，無償化というよりアメリカ型の奨学金の拡充がより現実的な路線であろう。

　第2章では，第1章の発見に基づき，各国の採用，研修，昇進など雇用システムの比較を行った。フランスでは，厳しい選抜が行われる上位グランゼコール卒業生とその他の国立大学出身者の間で採用や昇進の機会が大きく異なる。すなわち，企業が教育機関名を重要なシグナルと見なしていることがわかった。しかも，そのことを臆するどころか，堂々と採用や昇進における条件として活用する慣習があった。逆に，大学のランクがより不透明なドイツやスイスでは，企業関係者が博士号取得者であることが多いが，実際，複数の文献研究から，ドイツでは主要企業のマネジメント関係者の45％が博士号取得者であることが確認された。すなわち，早期に進級，卒業し，博士号まで到達することを優秀さの証左とする筆者の言う「タテの学歴」が採用や昇進において活用されている。

　欧州では，企業が提示する採用の条件は，その職務内容，昇進の可能性，報酬などが様々であり，若者は企業名のみならず，その他の条件をいくつも考慮の上就職先を決めなければならない。日本の大学生の大企業重視の姿勢

がしばしば話題になるが，それは，一括採用のみならず，初任給や初任配属に交渉の余地がない（なかった）という，一律の採用条件とも関連している。ファミリー企業の多い欧州では，中堅企業が大企業と競って優秀人材に好条件を提示することがある。また，配置転換が限定的なため誤ったポストで入社するとそこから抜け出すことがより困難であることから，入社時のポストには慎重にならざるを得ない。逆に，日本では，ポストや昇進可能性を明示しない採用方法が定着したことから，学生に企業名以外の選択肢が与えられず，その結果，大企業が優秀な若者を独占してきたと理解することができよう。そのことが，今日，タレントマネジメントやグローバル人事に伴う早期抜擢に大企業が踏み込めないことを示唆している。

　日本でも最近はコースや部門を指定して採用する機会が増えているようだが，今後，そうした動きが，初任給や昇進可能性ともリンクするようになれば，若者も自然と企業名以外の条件を重視することになろう。そして，自分が志向する将来の方向性により相応しい教育訓練投資を積極的に行うことになり，そのことが教育改革を後押しすることにもなろう。

　第1章と第2章からわかったことは，日本の特徴と言われているものは，必ず，それらを取り巻く諸制度との関連があるということである。従って，そうした特徴を変革したいのであれば，個別企業のみならず官民共同で制度の再設計を行う必要があろう。ただし，そのためには，目指す方向性について十分に議論されることが大前提である。

　第3章では，欧州の高等教育に大きな変革をもたらしたボローニャ・プロセスに焦点を当て，欧州高等教育圏の構築を目指す政治的背景や目的，次々に打ち出される施策や枠組み，ツールを整理し，「調和」と「標準化」の間で揺れ動く欧州の高等教育の実情や課題を概観した。かつては不可能といわれた欧州高等教育圏の構築という超国家的一大事業は，各国が様々な野心と葛藤を抱えながらも，現在も着々と進められている。ボローニャ・プロセスの展開によって，国境を越えて学位・資格の承認システムが整備され，人材モビリティの活性化や国際共同教育や研究の促進など，一定の成果は報告されている。他方で，ボローニャ・プロセスで打ち出された数々のツール（例：共通学位制度，ECTS，ディプロマ・サプリメントなど）の活用法や雇用可能性などにおいて，依然課題は残されている。ボローニャ・プロセスの理念として掲げられた各国の高等教育制度の多様性を尊重し，「調和」を保持しつつも，

国境を越えた労働市場へのアクセスやモビリティの活性化，雇用可能性の向上などを目指す上で求められる「標準化」については，各国がどこまで受容できるかが引き続きの論点となるであろう。

　第4章では，先進諸国の労働時間，失業率，職業構造などを概観し，各国が長時間労働の軽減にどのように取り組んでいるのかについて確認した。アメリカは労働時間を削減する動きがほとんど見られず，ホワイトカラー・エグゼンプション適用の基準が下げられようとしており，イギリスもまた「オプト・アウト」に署名し，労働時間規制の対象外となり，週48時間を超えて就労する管理職がおり，その基準が下げられようとしている。フランスでもカードルと呼ばれる上位管理職や高度専門職の長時間労働にまでメスを入れて議論されるようになったが，実際にはカードルや高度専門職の労働時間は現在も非常に長く，休日勤務や自宅に仕事を持ち帰る人々が少なくない。さらにカードル職の基準が下げられつつあり，フランスでも高度専門職，高等教育修了の管理職の過重労働は広がりを見せている。そのなかで欧州で最もGDPが高いドイツは，最も労働時間が短く，週当たり35時間労働を法制化している。さらに「労働4.0」における仕事の場所と時間の柔軟化では，電子ネットワークなどの技術的な問題だけでなく，人々の規範や制度的要素が長きに横たわっていたことを私たちに考えさせる。しかしながらドイツにおいても民間企業の「サービス残業」は存在する。現在，日本では働き方改革と言われつつ，多くの制度が私たちの働き方を縛る。特に格差に着目するあまり，高等教育修了者の働き方については看過されがちであり，多くの人々がバーンアウトすることに対応できていない。高等教育への機会を開放しても，高等教育修了者を格差の観点だけから見ていたのでは，若者に対して就業の場における自己実現，希望は与えきれない。これだけ増加したホワイトカラー，高等教育修了者の働き方について，もっと分析的に現実を捉えることが重要である。

　また，専門職の研究経緯を概観してきたなかで，専門職にかつて求められた愛他的態度やノブレスオブリージュが，現在は要件ではないと考えられている点があった。特に欧州では公的機関に勤める専門職が多く，政策決定にも重要な役割を果たす人々が多い。第8章の展望にも述べたが，改めてすべての専門職にこの態度が不要であるのかということや同じ職種であっても社会的環境が私的セクターにある人々と公的セクターにある人々で，その態度

や行動に求められることが違うことを検討する必要があろう。職業分類は常に社会構造，産業構造と連動して流動するものであるが，新興専門職団体はその職業威信，権力向上のためにいろいろな制度確立に働きかけていることが昔から知られており，また，このことは職業が社会から消失したり，生まれたりする新陳代謝のなかで，常に起こり続ける運動であることに鑑み，今後もその動きを検討するべき要素であるといえよう。

　第5章では，ドイツの職業教育訓練制度と雇用システムの最近の変化について議論した。ボローニャ・プロセス導入に伴う学位取得期間の大幅な短期化により高等教育進学率が急速に上昇したドイツの労働市場は，欧州諸国のなかでも特に大きな変貌を遂げていた。

　大卒者の急増は，当然のことながら，学位の価値を低下させ，大卒者というだけではもはや幹部候補とはみなされなくなっている。同時に，労働市場の参入者は，これまでのような職業訓練修了者とエリートである大学卒業者（ディプロムやドクター）という単純な構図から，学卒者については，バチェラー，マスター，ドクター，そして，職業訓練修了者も，伝統的デュアルシステム修了者と，（学卒者でもある）DSP修了者まで多様化している。

　大手企業の研修や採用のプロセスからは，各社とも，インターンシップやワーキングステューデントと言われる就学中のパート就労を，優秀人材を見極める採用プロセスの一つとして活用していることがわかった。もともと職務主義が浸透しているため，インターンの立場からは，企業を知る以上に，自分に相応しい分野や職務を特定すること，企業の立場からも，（人事部ではなく）それぞれの部署が，日々の業務を通じて人材を見極めるという具合である。

　他方，変化の方向性はより複雑で多様化している。かつて幹部養成の登竜門と言われたトレイニープログラムは，その要素を残しながらも，より一般的な大卒者の（採用後の）内部育成プログラムとして，あるいは，（大企業であれば）グローバル採用やグローバルタレントマネジメントの一環としての特徴も帯びてきている。従って，日本化，あるいは，アメリカ化が進展していると捉えられなくもない。また，人気職種の職業訓練では，研修生の多くが大学入学資格を保有，修了後に企業に入社しないことを問題視する声も聞こえている。直近のデータを見る限り，DSPについては，かつてのように職業資格と学位の両方を取得できるものから，職業資格は取得できないタイプ

329

が主流となってきたようだ。これらの傾向は，職業別労働市場と言われたドイツの労働市場や技能形成がより柔軟なものに変化していることを示唆している。

　採用における学位重視の度合い，バチェラーとマスターの給与差，あるいは，労使交渉の適用拡大の業種による差などを見ても，ドイツでも雇用システムの多様化が進展していると言えそうである。その一方で，これまで各企業が独自に行っていた DSP において，ソーシャルパートナーによるワーキンググループが発足し，今後，研修内容や待遇などに，より明確な基準を設けようという動きが出ている。このように，コーディネーションの劣化と強化が錯綜するドイツの制度変化は日本と共通するものがある。

　第 6 章では，これまで築き上げてきた国内制度の独自性の保持と国際対応との狭間で苦慮するフランスの高等教育制度を取り上げた。留年・中退などの学生の学習困難や若年層の高い失業率といった国内問題を抱えながらも，世界大学ランキング上位へのランクインを意識した教育研究の国際競争力強化，そしてボローニャ・プロセスをはじめとする欧州標準化への対応に追われるフランスは，「国際競争力」と「職業専門化」の二つを主たる課題として教育改革を展開している。学歴社会と言われるフランスにおいて，ますます多様化・複雑化する学位・免状・資格はインフレを起こしており，まずはそれらを一元的にわかりやすく整理し，また雇用可能性と結び付けることで学位・免状の市場価値を高める試みが政府主導で進められている。その政策ツールとして，社会が共有できるプラットフォームといえる国家資格枠組み（RNCP）が構築され，学位・免状を一種の職業資格として扱うなど，教育訓練と労働市場との接続をいかに図るかが，大きな関心となっている。

　本章第 1 節では，学位・免状の制度改革を踏まえ，職業志向の教育プログラムや学位・免状の増設，新しい大学入学制度，そして一般大衆型の大学とエリート養成型のグランゼコールの二元構造に起こっている各役割の相互接近の動きなど，フランス高等教育の近年の変化についてまとめている。第 2 節では，インフレによる学位・免状のわかりにくさの問題を抱えるフランスが，学位の抜本的整理を行い，職業と関連付ける形で学位内容を明確化し，大学評価とともに教育の質を担保している状況を確認した。また，民間や業界団体などが設立した職業資格については，国の厳格な審査を経ることで初めて公的資格として社会に認知されるメカニズム（RNCP）が構築されており，

330

終章　今後の高等教育修了者の働き方の展望

フランスの学位・免状・資格が，教育と労働との接続を常に意識した上で，政府主導のもとに管理，運用されている点は注視すべきであろう。

第7章では，フランスの高等教育の無償化においても非常に高い失業率の問題があることを踏まえ，若年層の学歴別，離学後のキャリアについてCéreqのデータによる検討とインタビューの内容を検討した。Céreqのデータからは，先行研究どおり，教育年数より，選抜的な試験を通っていることの方が重視され，特に文系の高学歴者に学歴インフレが起こっており，進路選択に社会関係資本が影響していることが確認された。また，インタビューでも，文系の高学歴者の就職への苦労とグランゼコール出身者，技術専門学校出身者（2年間の短期大学）などの有利な就業状況から，教育年数よりも理系重視，職業訓練重視の状況が明らかになった。日本でも高等教育の無償化が議論されるが，日本の4倍も存在するフランスの若年層の失業者を取り巻く問題について議論しなければ，無償化では解決できない問題に気付くことができないのではないだろうか。

第8章では，エリートと呼ばれる「エンジニア」資格取得者間でも資格取得ルートの違いにより，就業する業種，職種，所得，中心地への配属等々で差が見られ，「エンジニア」の大衆化は「エンジニア」間に格差を生み出していることが明らかになった。しかし，高度専門職としての態度には大きな違いは見られず，むしろ，世代間格差の方が大きく，若年層の組織コミットメントや社会への貢献意欲が低下し，金融・保険業へ流れるエンジニアの姿があった。また，40代以上の上位職の管理職が若年層よりも長時間労働しており，彼らは自らの仕事を「一生続けられる職業」と思わない比率が高く，エリート層の精神的な疲労，エリートとして果たすべき役割への誇りの減退などがうかがえた。

グローバル化は，人々に大量の情報を与え，各国に国際競争力強化を促した。社会は専門性重視規範を強め，優秀な若者を集めるために可視的な能力評価基準を共有する制度をつくり，若者は労働市場を求めて流動する。競争的な環境のなかで，流動的で高度な専門性を持った労働力が補充されやすい状況があるとすれば，就業の場を維持するために人々の労働時間は長くなる可能性がある。それは失業に怯える人々だけでなく，選抜的な試験をくぐりぬけたエリート層にも及ぶ。高度専門職・管理職の長時間労働による精神的，

331

肉体的疲労は，ノブレスオブリージュを放棄させ，経済的報酬を求めるエリートへと転換させてしまうかもしれない。かつては固定的な時間に縛られず，自宅で仕事ができることの利便性で電子ネットワーク化が重視されたが，現代では休日に電子ネットワークにつながらない権利が議論されている。裁量労働という無制限な働き方について，日本も「労働4.0」について考えるべきではないだろうか。

　第9章では，最先端の科学研究を支える高度専門人材の育成と獲得が注目されるなか，スイスを事例に，まだ知見の蓄積が少ない研究支援者（RMA）の実態と動向について考察を試みた。前半では国際統計，サーベイ，文献資料などをもとに，科学技術立国スイスの特性を検討した。極めて早い時期に工業化を遂げて科学技術立国の礎を築いたスイスには，質の高い研究活動を行う大学があり，博士課程に外国から多くの留学生が集まっている。ことに科学技術領域で高度専門人材が育成され，少なくともその一部はスイス国内で研究活動の支援業務に携わっていることが示唆された。後半では現地で行った面接調査の結果に基づき，研究支援に携わる人材の実態と動向を考察した。

　スイスのRMAには，研究者としてキャリアを歩んだのちに支援者に転向したケースと，多様なセクターや職種を介して研究支援業に就役したケースがあることがわかった。多くの場合，研究者と類似した経験値（博士課程のトレーニングおよびポスドクの経験）を有する。その一方で，調整業務に必要な対人力やサポート業務に対するコミットメントなど研究者とは異なる資質や特性が求められ，多様な経歴も採用の際にポジティブに評価されることが確認された。より厳密な論証は今後の課題となるが，大学と助成機関の間を研究支援人材が移動している可能性もある。博士号を保持するスイスのRMAは，(1)知的活動への近接性，(2)業務の非ルーチン性，(3)ワークライフバランスの取りやすさなどを理由に，研究のサポート業務に高い満足度を示した。最先端研究との関わりを重視しつつ生活の質を優先させる場合，高度専門人材にとって，RMAという職種は有用なキャリアオプションになりうる。またスイスのRMAは，研究者から支援者にキャリアを転換する際に「科学者ではなくなる」ことを強く意識している。その一方でサポート業務を科学実験になぞらえるなど，研究活動に対するアタッチメントも観察された。RMAという職業が広く認知されておらず社会的な地位を把握する指標が不明確であ

ることが，支援職のアイデンティティをめぐるジレンマを引き起こしている
可能性がある。

　スイスの事例は，RMA という職種を高度専門人材の受け皿として社会に
確立し，キャリアとして定着させることの意義や重要性を示唆する。水準の
高い科学技術研究を推進するには，質の高い支援人材を蓄積することが不可
欠である。近年スイス国内外で RMA を専門職業化する動きが見られるが，
研究支援者の資格認定制度を整備し，研究者と並ぶ高度専門職として位置付
けていく努力が必要であろう。

　第 10 章では，フランスの専門職のなかでも，ジャーナリストに焦点を当
てた。ジャーナリストという職業が専門職として成立し，職業集団が組織化
されていく過程と，これらの職業集団と密接に関わる職業教育の変容を扱っ
た。

　19 世紀末，新聞市場が急速に拡大するとともに，新聞に記事を書き，
ニュースを追いかけ報道する「ジャーナリスト」の需要も拡大する。だが，
「ジャーナリスト」は，独立した専門職としては認められず，給与や社会保
障も不十分だった。こうした職業的侮蔑と厳しい労働環境を打開しようと，
労働者は組合を組織した。この「労働組合」という職業集団の地道な活動が
実り，各企業や業界全体でのジャーナリストの専門職としての地位は徐々に
向上した。具体的には，ジャーナリストに関する労働法の成立，公的な記者
証制度，業界全体に影響力のある労働協約の締結など，法的システムのなか
にジャーナリストという職業を位置付け，法的な裏付けによる実利と承認を
獲得した。このように，ジャーナリストの社会的地位と労働環境の向上には，
組合組織の活動とそれに伴う法的・社会的システムの確立が大きな役割を果
たしていることがわかった。

　ジャーナリストの職業教育は，組合組織や労働協約，記者証制度など，
ジャーナリストの職業集団がつくりあげてきた組織や仕組みと複雑に絡まっ
ている。戦前に始まる職業教育の黎明期から，教育方針や内容に組合組織は
積極的に関わり，戦後，職業訓練を目的にした教育機関が増加するなかで，
職業集団は，学校間の選別や評価にも常に大きな影響力を持つようになった。
なぜなら，労働協約や組合組織を基礎に，「ジャーナリストの職業集団」が
高く評価する学校を選抜・認定するシステムをつくりあげたからである。職
業集団により「正式・優秀」であると評価された学校は，メディア業界内で，

特に就職やそのきっかけを得る段階で有利な位置を獲得し維持し続けている。だが一方で，組合組織との親和性が高い学校が評価される傾向が見られ，それらの評価・選定を決定するプロセスは可視化されていないことも明らかになった。

　労働組合組織の発達や運動の過程と深く関わり，ジャーナリストの社会的・法的地位を強化していったフランスの事例の検証は，日本のジャーナリストたちが自らを支える基盤を持たない脆弱さを露呈させる。例えば，フランスの記者証システムは，法的な裏付けをもとに，組合組織とメディア企業が共同運営する委員会によって運営される。一方，日本の記者証は，一部の大手メディア企業で構成され，その他のジャーナリストの参加への障壁は高く，所属企業から独立してジャーナリストがそれらの決定や審査に関わる権限を持たない。日本のジャーナリストの専門職のキャリアや職業教育の実態と課題を正確に把握するためにも，専門職としての社会的位置付けを獲得する過程やそれを裏付ける組織や制度の成り立ちを掘り下げて検討することが重要であろう。

　以上のように，本書では欧州大陸諸国の教育と雇用（および，その後のキャリア）について，その両者の補完性に注目しながら，検討してきた。これらの発見は，日本の教育や雇用におけるいくつかの課題を浮き彫りにしている。戦後の教育改革により早期に大学進学率が上昇した日本では，私立大学の新設や増設がその受け皿となったが，一部の大学では経営上の問題が露見している。欧州では比較的規模の大きい国公立大学が，教育の裾野を支えてきたことを考えると，個別の大学に補助金を提供する現在の教育体制について，効率性や教育の質という点から懸念はないだろうか。

　日本の強い同期意識の背景には，入学さえすれば卒業は約束されているという教育制度の特徴がある。その理由として大学が学生の獲得を重視するあまり，安易な学位授与が行われていることはないか。高等教育無償化も，世帯所得のみを条件とし学力要件を一切要求しない2019年9月の決定は妥当だったのだろうか。国際競争力や大学院進学率の低さを考えると，優秀な成績で大学院に進学する若者にもっと充実した奨学金制度があっても良いのではないか。これまで若者の職業訓練を担ってきた企業内訓練の限界から，教育機関に対する期待が高まっている。

　他方，教育機関が中心に職業訓練を行ってきたフランスやスウェーデンよ

り企業の関与が強いドイツ語圏で若者の失業率が低く，産業競争力も高い。このことを考えると，個別企業の枠を超えた訓練カリキュラムの策定など何らかの企業間コーディネーションが考えられないだろうか。日本の経済団体もいくつかの提案を行っているが，分野ごとの専門性がますます重要となっている今日，これまでのようなオールジャパンの提案が果たして実効性を持つか疑問もある。高等教育の充実に加え，デジタル化に対応する技術の標準化やリカレント教育の重要性を考えたとき，大学教育を含めた教育訓練制度として何を目指すのか，誰が担うのかという全体像の議論が不可欠であろう。

　また，高等教育修了者の入職後のキャリア，働き方については，日本だけでなく，欧州でも長時間労働，サービス残業の存在が解決されない問題として横たわり，高学歴者の就業環境への無関心さが浮き彫りになった。過重労働により，彼らの健全な精神が蝕まれ，社会に対するノブレスオブリージュを喪失し，功利主義に走るエリートを量産してはならないし，また高学歴化の制度のはざまで社会的認知が低い専門職の存在も忘れてはならない。

　今後，ますます高学歴化が進み，専門職は増加し続ける。教育，雇用，職業の関係の理解，それらをつなぐ制度の整備が急務である。

謝　辞

　欧州各国に関する専門家は多いが，高等教育制度の統一化における欧州諸国の対応，それに伴う企業の対応，その状況下で就業する専門職に焦点を当てた研究はまだまだ少ない。本書ではそのような背景から，欧州の高等教育制度と雇用制度の変遷と高等教育を受けた人々の専門職としてのキャリア，職業生活への調査結果をまとめた。

　我々は多様な経歴，ディシプリン（社会学・経済学・教育学・政治学）を持つメンバーであり，それぞれが知り合った経緯は多様である。しかし，数少ない欧州の高等教育修了者に関する本をまとめたいと思いが一致し，（当時）イタリア在住，アメリカ西海岸在住，フランス留学中，（当時）東京在住，京都在住と，国外居住者が3名もいるなか，スカイプや直接面談を重ね，多くの専門家がおられるなかで恐れ多いと思いつつ，我々の視点を伝えたいという思いで出版原稿の完成にこぎ着けた。ここに至るまでに我々は多くの人々のお世話になっている。以下，筆者ごとの謝辞を述べる。

　藤本のパート（序章，第4章，第7章，第8章）は，文部科学省の2014〜2017年の科学研究費助成事業（科学研究費補助金）「基盤研究C」による研究成果である。助成金の付与に感謝する次第である。また，フランス社会科学高等研究院（École des hautes études en sciences sociales，以後，EHESSと略記）のフランス日本財団（Fondation France-Japon，以後，FFJと略記）の理事長であるセバスチャン・ルシュバリエ（Sebastien Lechevalier）教授に2012年12月から2013年1月まで客員教授として，2015年夏から1年間，客員研究員として受け入れられたことも調査を行う上で非常に大きな助けとなった。後に本書の共同研究者となった野田文香氏と松村菜摘子氏ともEHESSで出会っている。また彼のつくったしくみによって多くの日本人研究者がEHESSをハブとして欧州各地に研究者ネットワークを広げることができている。ここに記して感謝を述べたい。そしてこの期間，在外研究の機会を与えてくれた同志社大学および社会学部社会学科の同僚の諸先生に感謝したい。

　また2011年から現在まで長きにわたって多様なアドバイスを与えてくれ，

2012年のエンジニア調査への参画の機会を与えてくれたChantal Darsch氏（元CEFI研究部長）に深く感謝する。さらに南仏の労働経済学・労働社会学研究所（LEST）の野原博淳教授にご指導，ご協力を頂いた。野原教授とは2017年から科研費（基盤研究B）で共同研究の機会を得ることができ，2018年から正式にLESTの客員研究員になれるよう紹介して頂き，南仏の調査を順調に進めることができている。記して御礼申し上げたい。LESTでは所長から温かく迎えて頂き，多くの研究者とのディスカッション，共同研究で多くの刺激を受けた。さらにマルセイユのCéreqでも，多くのデータや情報を与えて頂き，ここでも所長をはじめとする多くの研究者に助けられた。感謝申し上げる。その他，お名前を挙げるのを省略させて頂くが，フランスで多くの研究者にいろいろな情報を与えて頂いたことに深く御礼申し上げる。

（藤本昌代）

　山内のパート（第1章，第2章，第5章）は，2012〜2017年までの長期に渡る在外研究が基礎となっている。前半はUC Berkeley，後半は南仏LESTに滞在しながら，教育訓練システムを中心に雇用システムを取り巻く諸制度の多国間比較を行った。

　UC Berkeleyでご一緒したGerhard Bosch教授（当時，Duisburg Essen大学IAQ所長）には，連邦職業教育訓練機構（BIBB）やドイツ企業をご紹介頂き私のドイツ研究の端緒を与えて頂いた。同じくUC BerkeleyのIRLEで出会ったRenate Neubäumer教授とはその後，日独の若者の入職プロセスに関する共同発表を行っている。LESTでは，所長のAriel Mendez教授，Eric Verdier教授，Phillipe Mosse教授，Antoine Vion准教授らと欧州の教育，福祉，企業統治などについてしばしば意見交換した。日本では，ドイツ日本研究所所長のFranz Waldenberger教授，Stephan Heinrich研究部長，当時のVincent Lesch研究員，Sarah Tanke研究員らとの会話から様々な気付きや助言を頂いた。Waldenberger教授とは日本企業のグローバル人事に関する共同研究なども行っている。

　また，本研究の一部は同志社大学 技術・企業・国際競争力研究センターが情報処理推進機構（IPA）から受託したソフトウェアエンジニアの国際比較調査のために開始したものである。研究責任者の中田喜文教授，共同研究者でありLESTをご紹介頂いた野原博淳教授，また，欧州研究のきっかけとなったUC Berkeleyの滞在のスポンサーとなって頂いたSteven Vogel教授，

James Lincoln 教授らにも感謝の意をお伝えしたい。比較雇用システムを専攻した LSE 時代から今日に至るまで，様々な研究者との出会いが本書の礎となっている。

（山内麻理）

野田のパート（第 3 章，第 6 章）は，文部科学省科学研究費助成事業「若手研究 B」（2017 ～ 2019 年）による研究成果である。2015 年 10 月から 1 年間，EHESS に客員研究員として受け入れて頂き，そこでの多様な専門分野の研究者，そして欧州やフランス現地での行政機関や高等教育機関の研究者や実務家との交流の機会は，調査研究における視点の幅を広げる上で大変有益なものとなった。

欧州職業訓練センター（CEDEFOP）の Slava Pevec Grm 氏，フランス国民教育省・高等教育研究省の Patricia Pol 教授，職業教育訓練省・全国職業資格委員会（CNCP）の Brigitte Bouquest 氏，大学評価機関（HCERES）の François Pernot 教授や Solange Pisarz 氏，パリ政治学院（Sciences Po）の Christine Musselin 教授，パリ東クレテイユ大学（旧パリ 12 大学）の Stéphanie Mignot-Gérard 准教授や Francisca Cabezas 氏には，本著にかかわる調査研究にご協力いただき，大変貴重な知見を頂いた。

また，同時期に EHESS での客員研究員としてご一緒させて頂き，本著の編者としてのノウハウをご教示くださった同志社大学の藤本昌代教授と国際教養大学の山内麻理教授に心から厚く御礼を申し上げたい。今回，自身の教育学分野だけでは知り得なかった労働や雇用，資格システムなどについて，お二人の幅広くかつ深い専門知識と豊富なご経験から様々なことを学ぶ機会に恵まれた。そしてこの貴重な出会いの場を与えてくださった EHESS, FFJ 理事長のセバスチャン・ルシュバリエ教授にも感謝の意を申し上げる。

（野田文香）

ヤング吉原のパート（第 9 章）は，文部科学省の 2014 ～ 2017 年度科学研究費助成事業（科学研究費補助金）基盤研究（B）（海外学術調査）の支援で行った，スイス（2015 年 9 月，2018 年 1・2 月）とベルギー（2018 年 1 月）現地調査の成果である。

玄場公規博士（法政大学）には，研究支援人材というテーマを再訪する貴重な機会を頂戴し，長期にわたり温かくご支援頂いている。玉田俊平太博士

（関西学院大学）には，イノベーション人材に関する議論と幅広いご知見から学んでいる。立命館大学および法政大学では，調査の度に親切な事務サポートに支えられてきた。稲垣美幸博士・鳥谷真佐子博士（金沢大学），田中耕司博士（京都大学），矢野正晴博士（東京大学）からは，日本の研究支援をめぐる現状について貴重な洞察を頂いた。高橋真木子博士（金沢工業大学）には，研究イノベーション学会のパネル発表や情報交換を通じて知的な刺激を与えて頂いた。

欧州調査では，EARMA・EPFL・ETH・FSO・HUMANE・Innosuisse・SNSF・SuisseCORE・Swisscom・ベルン大学の方々に，長時間，時には複数回に渡り温かく迎えて頂いた。欧州連合という地域の特性からか，国境を感じさせない人脈とスピード感溢れるネットワーキングで力強く支えて頂き，有意義な情報を幾重にも提供頂いた。ニッチな専門性で研究者のサポートに徹し，しなやかに人生を楽しむ欧州・アメリカ・日本のRMAとの交流から，多くの示唆に富む刺激を頂戴している。

最後に共著者の方がたに深くお礼を申し上げたい。教育を専門領域とされる野田文香博士からは，その知見から学んでいるだけでなく，編者として大変お世話になった。松村菜摘子氏の高い専門性に，励まされた。藤本昌代・山内麻理博士には，内容に関する専門的な助言に加え，社会科学者としての真摯な姿勢と編者としての気配りに学ぶことばかりであった。素晴らしいチームにお声がけ頂き，見事なリーダーシップで本著を出版に導いてくださった藤本博士に，あらためて心からの感謝を申し上げたい。

（ヤング吉原麻里子）

松村のパート（第10章）は，所属する立命館大学の博士課程後期課程国際研究支援（2017年度）による調査とパリ・ディドロ大学に留学中（2017～2018年度）に行った調査の成果である。パリ・ディドロ大学での交換留学では，ジャーナリズムコース長であるIgor Babou氏のご好意でジャーナリズムのマスター課程に所属させて頂いた。ここでの経験から，実際の養成課程の実情，フランスの研究蓄積や最新の動向に触れることで本研究を進める上で大きな学びを得るとともに，今後のフランスのジャーナリストの職業教育の研究をさらに広げていくための多くの気付きを得ることができた。

本書の共著者の方々から，メディアの分野に留まらず教育や専門職研究の分野で，日仏両方の職業社会や教育制度に関する貴重なアドバイスを頂き，

本当に多くのことを学ぶ機会を頂いたことに，深くお礼を申し上げたい。そして，共著者の先生方をはじめ様々な出会いのきっかけをつくってくださり，こうして本書に執筆させて頂く機会をくださった，藤本昌代教授に深く感謝申し上げたい。

(松村菜摘子)

令和元年 10 月

藤本 昌代
山内 麻理
野田 文香
ヤング 吉原 麻里子
松村 菜摘子

索　引

事項索引

あ行

アイデンティティー ················· 285, 289
アイビーリーグ ······························ 020
アカデミックキャリア ······· 269, 279, 283, 292
アカデミックポスト ······················ 268
アクレディテーション ···················· 087
アタッチメント（執心・愛着）······· 285-287
アビトゥア ·········· 015, 027, 038, 131, 135, 137

一般学士課程（リサンス，Licence）··· 010, 168
一般的技能 ································· 012
イノベーション ······················ 259, 261
異文化の共存 ······························ 267
インターンシップ ························· 141
インパクト指数 ··························· 262

エクセレンスイニシアチブ ·········· 035, 135
エートス ································· 111
エラスムス計画 ··························· 024
エラスムスプログラム（ERASMUS: European
　Region Action Scheme for the Mobility of
　University Students）···················· 086
エレバン会議 ······························ 083
エンジニア ·········· 219-221, 223-241, 244-247
エンジニア資格　221
エンジニアスクール
　········· 032, 221, 224, 225, 228-231, 233, 236, 239

欧州RMA協会（EARMA）············· 290, 291
欧州共通学位制度 ····················· 083, 161
欧州共通履歴書（EUROPASS）·········· 092
欧州高等教育圏における質保証の基準とガイド
　ライン（ESG: Standards and Guidelines for
　Quality Assurance in the European Higher
　Education Area）························· 088
欧州高等教育資格枠組み（QF-EHEA: Qualifi-
　cations Framework for the European High-
　er Education Area）····················· 089
欧州高等教育質保証登録簿（EQAR: European
　Quality Assurance Register for Higher Edu-
　cation）································· 088
欧州資格枠組み（EQF: European Qualifica-
　tions Framework）·············· 011, 090, 183
欧州職業教育単位制度（ECVET: European

Credit System for Vocational Education and
　Training）······························· 091
欧州単位互換システム ···················· 036
欧州単位互換蓄積制度（ECTS）········ 085, 289
欧州チューニング（Tuning Educational Struc-
　tures in Europe）························ 089
応用技術大学 ······························ 265
オックスブリッジ ····················· 020, 039
オプト・アウト ······················ 105, 117
オブリ法 ······················ 107, 117, 221, 222
オブリ法Ⅱ ································· 107

か行

解雇 ······································· 108
解雇4要件 ································· 108
解雇4要件のルール ······················ 215
会社経理統制令 ··························· 052
外部研究資金 ······························ 272
外部質保証 ································· 088
外部受託資金 ······························ 265
回遊 ··································· 279, 281
科学官（scientific officers）············ 275, 282
科学技術指標 ······························ 270
科学技術予算 ······························ 270
科学技術立国 ················ 259, 260, 263, 264
科学技術力 ·························· 261, 269
化学産業 ································· 260
科学的な素養（scientific background）········ 277
科学論文の出版数 ····················· 262-264
学習者中心（student-centered）の学習 ······· 083
学修成果（ラーニングアウトカム）·········· 086
各州文部大臣常設会議 ················· 026, 129
学歴インフレ
　···· 194, 196, 197, 207, 210, 211, 214, 216, 223
家事・育児 ································· 285
カトリック系 ······················ 303, 319
カードル（cadre）······ 050, 108, 220-224, 226,
　227, 237, 239, 241-244, 246
カントン（州）···························· 264

機械産業 ································· 260
基幹学校 ····························· 025, 128
企業特殊的技能 ··························· 012
技芸免状（BMA）························· 163
記者証 ··············· 297, 307, 310, 312, 313, 319

342

技術移転 261, 271, 272, 275
技術者 259, 270, 271
技術者学校 126
技術者免状（BT） 163
技術短期大学部（IUT: Instituts Universitaire de Technologie） 167
技術短期大学部免状（DUT：Diplôme Universitaire de Technologie） 167
技術バカロレア 014, 164, 198, 199
技術リセ 015
基礎学校 128
ギムナジウム 025, 027, 128
ギャップイヤー 142
キャリア（パス） 269, 276, 279, 280, 283-288, 290-292
教育訓練システム 011, 047
教職教育高等大学院（ESPÉ：Écoles Supérieures du Professorat et de l'Éducation） 179
競争的（外部）資金 270, 271
共同作業者 301
業務の多義性 271, 288

組合組織 297, 300, 303, 306, 307, 311, 313, 318-322
グランゼコール（Grandes Écoles） 010, 015, 019, 020, 031, 050, 171, 196, 198-201, 204-206, 211, 212, 220, 224-237, 239-241, 244, 245, 247
グランゼコール準備級（CPGE: Classes Préparatoires aux Grandes Écoles） 175
グランゼコール評議会 032
グラント審査 276
クレサール法 309
訓練可能性 069

権威 309, 311, 319
権威化 308, 319, 321
研究開発
　——従事者・人材 259, 264, 268, 269
　——水準 261
　——費・支出 261, 264
　——活動 261, 262, 264
　——費の対GDP費 264
　応用研究 275
研究活動の国際化 259, 262, 270
研究支援
　プレアワード 271, 273, 274, 277
　ポストアワード 271, 273, 274, 277
　プロポーザル（研究提案書） 275, 277
研究支援者・研究支援職・リサーチアドミニストレーター・RMA

——の定義 259, 284
——の（国際）ネットワーク 261, 263, 274, 276, 281, 290
——のストレス 269
——の多義性 271, 288
ETHの—— 272
EPFLの—— 274
——のマインドセット 278
——の社会的地位 289
——の専門資格プログラム（CSA） 289, 290
——の資格認定制度 289
職能団体 270, 283, 290
プロジェクト・マネージャー 259
プログラム・マネージャー 274
サイエンス・アドバイザー 276
研究資金の多角化・多様化 270, 275
研究者 270
　——としての国際性 268
　——のマインドセット 278
研究者・技術者 112, 114
研究助成機関 275
研究マネジメント人材 259
研究審議会 276
研修期間 313
研修統合型二元学習プログラム 138

交互制職業教育 018
厚生労働省 107
高等教育機関事前登録システム（Admission Post-Bac: APB） 168
高等教育修了者 103, 116, 119, 212
高等教育制度 012, 125
高等師範学校 032, 172
高度人材（highly-skilled labor）・高度専門人材 259, 266, 269, 291
　——の未活用 286
　——の国際移動・流動性 268, 275
　高等学位保持者 272, 283
国際競争力 266
国際競争力レポート 261
国際標準職業分類（International Standard Classification of Occupations） 101
国民投票 275
国民優遇措置 275
国免状（Diplomes d'Etat） 166
コスモポリタニズム 213
コスモポリタン 112
国家免状：Diplôme national 165
個別的解雇 108
コペンハーゲン宣言（Copenhagen Declaration） 077

343

索　引

コペンハーゲン・プロセス————011, 014, 077
コミューン————————————264
コメット（COMETT: Community Programme
　for Education and Training for Technology)
—————————————————079
雇用システム————————————047
コレージュ————————————015
コンクール————————————033
コンピテンス————————————090

さ行

差異化————————————321, 322
最低賃金保障制度————————————104
裁量労働————————————107, 223
サービス残業————————100, 107, 243
差別化————————————305, 306, 313
産学連携————————261, 265, 270, 274
産業革命————————————260
産業間格差————————————207, 209
産業の構造転換————————260, 261
産業別協約————————————306
三極パテント（triadic patent)————263

資格・免状なし（Aucun diplôme)————197
シグナル効果————————————059
実科学校————————————025, 128
失業保険————————————108
失業率————————————102, 103
実習型二元学習プログラム————138
質保証制度（Quality Assurance)————087
実務実習学期————————————133
シーフル（CIFRE: Conventions Industrielles
　de Formation par la Recherche)————171
社会現代化法（Loi de modernisation sociale)
—————————————————183
社会保障制度————————————212
ジャーナリスト協会————————————304
ジャーナリスト組合
————————302, 304, 306, 311, 317, 319, 321
ジャーナリズム学校
————————297, 298, 311-314, 318-322
ジャーナリズム教育————297, 298, 311-318, 320
社会的地位————————————299, 304
上海交通大学ランキング————162
上海ショック————————————162
終身在職権————————————272
従前学習（prior learning)————081
集団的解雇————————————108
集団的労働時間————————————221
準備学校————————————031
準備クラス

————206, 225, 226, 228, 229, 232, 233, 235, 244
ジョイント・ディグリープログラム————081
生涯学習（の）レジーム————009, 038
生涯教育————————————203, 215
上級技術者課程（STS :Sections de Technicien
　Supérieur)————————————031, 166
上級技術者免状（BTS: Brevet de Technicien
　Supérieur)————————————166
上級専門学校————————————015, 036
商業・経営・会計学校————————032
承認システム————————307, 311, 321
職業アカデミー————————————133, 137
職業学士課程（Licence Professionnelle)————169
職業教育訓練（VET: Vocational Education
　and Training)————————————077
職業教育修了証（BEP)————————164
職業組合————————————300, 302
職業訓練制度————————————012, 123
職業集団————————300, 302, 304, 313, 317, 321
職業団体————————————110
職業適性証————————————014
職業バカロレア（Bac professionnel)
—————014, 030, 036, 164, 197, 199
職業分布————————————103
職業別就業構造————————————101
職業別労働市場————————————061, 125
職業リサンス————————————030
職業リセ————————————015
職種別技能————————————012
職能化————————————291
新卒一括採用————————————052
信頼関係————————————278

スタージュ————————————019, 051
ストレス————————————269

税制優遇————————————309
世界経済フォーラム————————————261
全国職業資格総覧（RNCP: Répertoire Nation-
　al des Certifications Professionnelles)
—————————————————014, 183
全国職業資格認証リスト————————215
専門学校（Écoles Spécialisées)————126, 179
専門教育————————————297, 312
専門職————109-112, 118, 119, 297, 300, 301, 305,
　311, 319
専門職業化（professionalization)————289
専門性————————————299, 302
専門大学（UAS)
————034, 036, 126, 131, 133, 136, 265, 269, 275
専門的職業————————————299, 301

344

索 引

早期工業化 260
総合学校 026, 129
総合大学 034, 126, 131, 133, 264
総実労働時間 099, 104, 106, 107
ソーシャルパートナー 136, 140
卒業試験（Matura） 266
ソルボンヌ宣言（Sorbonne Declaration） 080

た行

大学院教育 267
大学科学技術教育免状（DEUST: Diplôme d'études Universitaires Scientifiques et Techniques） 168
大学ガバナンス 271
大学入学資格 017, 131
大学ランキング（大学の格付け） 265
大家族 300
対人力（"people skills"） 282
第二次大戦 270
ダイレクトエントリー 048, 141
多課程学校 026, 129
多言語の併用 267
多国籍企業 269
脱商品化 007
「タテ」の学歴 019
ダブルディグリー 204
タリフ 150
タレントマネジメント 055
単位互換蓄積制度（ECTS） 161, 289

知的好奇心 283
知的財産 263
知の欧州（"Europe of Knowledge"） 080
地方自治体 264
地方分権主義 260
長期勤続 103
長時間労働 099, 100, 103-105, 116, 117, 207, 219, 220, 222, 223, 238, 244, 246

ディサテーション 145
ディプロマ・サプリメント（Diploma Supplement） 088
ディプロム 011, 126
デュアルシステム 012, 015, 126-129, 131, 136
転職 103, 104, 280

ドクトレート 145
特別高等教育機関（Grands Établissements） 179
ドゴール政権 319
トレイニープログラム 049, 141-146, 156

な行

内部質保証 088
内部労働市場 023, 061, 064, 125
ナショナル・インフォメーションセンター 079

二元学習プログラム 018, 052, 127, 136, 140
認定校（Écoles reconnues） 298, 312-316, 318, 320-322

ネットワーク 276, 282

ノブレスオブリージュ 118, 219, 223, 246-248
ノーベル賞 265

は行

バイエルン州 026
ハイフライヤー 050
ハイブリッド型 271
バカロレア（Baccalauréat） 030, 164, 199, 200
博士学院（École Doctorale） 171
博士学生の就職希望先 269
バーデンヴュルテンベルク州 026, 135, 139
パートタイム雇用 282
パブリックスクール 065
パラレル・アドミッション（Admissions Parallèles） 176
パルクールシュップ（parcoursup） 031, 169

比較優位 269
ピジスト（pigiste） 310, 314
非認定校 298, 312, 316

ファンドレイジング（資金調達） 281
フォーチュン500 067
ブカレスト会議 083
複線型教育制度 015, 128
普通バカロレア 014
普通リセ 015
プラクティクム 051, 144
プラハ会議 081
ブレアワード 271
プレスティージ（威信） 288
プログラム・マネジャー 274
プロジェクト・マネジャー 259
プロポーザル（研究提案書） 275, 277
文理格差 194

ペトラ（PETRA: Action Programme for the Vocational Training of Young People）プロ

345

グラム 079
ベルゲン会議 080
ベルリン会議 080

法定労働時間 105
法律・行政学校 032
補習科修了証（MC） 163, 164
ポスドク経験 268, 275, 279
ホリデイワーク 145
ホリデージョブ 141
ボローニャ宣言（Bologna Declaration） 075, 161
ボローニャ・プロセス 008, 010, 011, 075, 125, 161, 289
ホワイトカラー・エグゼンプション 104, 105, 116, 117

ま行

マギスター 011, 126
マジョリティの引力 209
マトゥラ 027
マリーキュリー（Marie Curie Action）プログラム 079

見えない労働力 288
ミッテルシュタンド 057
見習い訓練制度（apprentissage） 018, 214
見習い訓練セクション（SA：Section d'Apprentissage） 164
見習い訓練センター（CFA：Centre de Formation d'Apprentis） 018, 164

メトリーズ 010

モラル 305, 317, 318
モーレス 111

や行

ユーロパス語学能力パスポート（Europass Language Passport） 092
ユーロパス・サーティフィケイト・サプリメント（Europass Certificate Supplement） 092
ユーロパス・ディプロマサプリメント（Europass Diploma Supplement） 092
ユーロパス・モビリティ（Europass Mobility） 092
ユーロパス履歴書（Europass Curriculum Vitae） 092

ヨコの学歴 019, 037

ら行

利益相反 275
理系重視 196
リスボン承認規約（The Convention on the Recognition of Qualifications concerning Higher Education in the European Region） 079, 085
リスボン戦略（Lisbon Strategy） 076, 161
リセ 015
留学生 266-268

ルクセンブルク 266
ルーベン会議 081

レジスタンス 319
レベルIV 200, 201
レベルV 200
連邦研究機関 264
連邦工科大学 264
連邦工科大学のRMA 272
連邦制 264

労働4.0 106, 117
労働協約 304, 306, 307, 309, 310, 312, 315, 320, 321
労働時間 117
労働時間制度 104, 106, 107
労働法 304, 306
ローカル 112
ローカル・マキシマム 215
ロンドン会議 081

わ行

ワーキングステューデント 051, 141, 145
ワークライフバランス 284

欧字・数字

B

BEP 197-199

C

CAP 197-199
CDD 203, 207, 231
CDD（Contrat à durée déterminée），interim 198
CDI 203, 207
CDI（Contrat à durée indéterminée），fonctionnaire, travail indépendant 198

346

索　引

CTI（Commission des Titres d'Ingénieur）
....172

D

DAX30..019
disponibilité....................................064

E

Écoles de commerce, gestion et comptabilité
....172
Écoles d'ingénieurs.........................172
ECTS...............................086, 289
ETH ドメイン...............................264
EU 労働時間指令.........................105

F

Ferry 法...181

I

ISCO-08...101
IUT（Institut universitaire de technologie）
....031

L

Loi Cressard...................................309
LMD 制度.......................................167

O

OECD の『フラスカティ・マニュアル』........270

P

PISA...............................016, 017
PLOTEUS.......................................077

Q

qualifications................................089

R

RMA..259
RNCP..215

S

stage...173

U

Universités.....................................165
URA..259

V

VAE..014
VIE...051

1935 年法...........................304, 306

人名索引

あ行

アルフレド・ドレフュス...............317
アルベルト・アインシュタイン............265
ヴィルヘルム・レントゲン.............265
エスピン＝アンデルセン...............007
エマニュエル・マクロン.................161
エミール・デュルケム...........298, 317
尾高邦雄...111

か行

ゲアハルト・シュレーダー............154

さ行

ジェローム・カラベル...................033
ジョーゼフ・ピューリツァー...............298

た行

田尾雅夫...110
竹内洋..109
ドュリュ＝ベラ...............................016

は行

ハー・ゴビンド・コラナ.................265
葉山滉.....................................221, 226
ピーター・キャペリ.......................055
フォン・ノイマン............................265
フンボルト...............................035, 133

ら行

ルイ 15 世.......................................172

347

索　引

欧字

A

Allen-Collinson, J. 288
Andersen, J. 270
Andrews, F. M. 112

B

Bauer, M. 019, 060, 061, 065
Beasley, K. L. 270
Bellat, M. D. 197, 211, 212, 214, 227
Berthoin 181
Bertin-Mourot, B 019, 060, 061, 065
Bourdieu, P. 033, 211, 227, 244
Brechelmacher, A. 268, 269

C

Carr-Saunders, A. M. 109
Chaloff, J. 259
Chalvon-Demersay, S. 309
Chronister, L. U. 270, 288
Church, C. H. 260

D

Da lage, O. 309
Davoine, E. 019, 060, 065, 269
Davoine, L. 195

E

Evans, P. 060, 061, 063

F

Fouchet 181
Fumasoli, T. 272

G

Goastellec, G 272
Goulet, V. 318
Gouldner, A. W. 112
Gugerli, D. 261, 265, 273

H

Hartmann, M. 064, 066
Head, R. C. 260
Hoffman, N. 037

K

Katzenstein, P. J. 261
Kehm, B. M. 272
Kulakowski, E. C. 270, 288

Kupper, P. 261, 265, 273

L

Lafore, R. 181
Landen, M. 271
Le Champion, R. 316
Lemaitre, G. 259
Leteinturier-Laprise, C. 315

M

Marchetti, D. 311
Mathien, M. 315
Maurice, M. 050
Mayer, M. 060
McCallister, M 271
Méda, D. 195
Merton, R. K. 111
Moutsios, S. 093

N

Nelson, R. 259

O

Orange, S. 167

P

Parsons, T. 110
Pasquie, D. 309
Pelz, D. 112
Phillipe Viannay 320
Poli, S. 288
Powell, J. 068

R

Ravasi, C. 019, 060, 065, 269
Rhoades, G. 288
Rosenberg, N. 259
Ruellan, D. 314

S

Schwartz, R. 037
Speich, D. 261, 265, 273
Streeck, W. 062

T

Thelen, K. 017
Turner, R. H. 033

V

Valentin, F. 301
Van Zanten, A. 033

Verdier, E.————————————009, 038

W

Whitchurch, C.————————————271
Whittington, R.————————————060

企業・団体名索引

あ行

アーヘン工科大学————————————133
イノベーション促進局（Innosuisse）————272, 275
ウォートン————————————055
エコール・ポリテクニーク
　（l'École polytechnique）————————172
欧州委員会————————————077
欧州経済共同体————————————078
欧州高等教育質保証協会（ENQA: European
　Association for Quality Assurance in Higher
　Education）————————————088
欧州裁判所（European Court of Justice）————078
欧州質保証機関国際ネットワーク（INQAAHE:
　International Network for Quality Assur-
　ance Agencies in Europe）————————088
欧州自由貿易連合諸国————————————077
欧州理事会————————————076
欧州連合（EU）諸国————————————074

か行

記者証委員会————————————307, 308, 313
技術革新委員会（CTI）————————————275
教育省（BMBF）————————————140
キリスト教系出版者組織（Corporation des
　publicistes chrétiens）————————302
キリスト教民主同盟————————————026, 129
金属産業労組（IG メタル）————————106, 153
グランゼコール評議会（CGE: Conférence des
　grandes écoles）————————————173
ケルン大学————————————135
高等教育研究省————————————014
高等師範学校（ENS: l'École
　normale supérieure）————————172
国立工芸院（Conservatoire National des Arts
　et Métiers）————————————179
国立土木学校（École nationale des ponts et
　chaussées）————————————172
コレージュドフランス（Collège de France）
　————————————179

さ行

シアンスポ————————————033
シーメンス————————————143, 146, 148
社会科学高等研究院（École des Hautes
　Études en Sciences Sociales）————179
社会民主党————————————026
ジャーナリストと作家による組合組織（SJEF
　—Syndicat des journalistes et des écrivains
　français）————————————302
ジュネーブ大学————————————265
職業教育訓練担当大臣————————————077
スイス連邦
　——研究機関————————————265
　　　ポールシェラー研究所（PSI）————264
　　　連邦材料試験研究所（Empa）————264
　　　連邦森林雪氷景観研究所（ESL）————264
　　　連邦水科学技術研究所（Eawag）————264
　——連邦統計局————————————268
　——工科大学————————————264, 272, 275
　　　連邦工科大学チューリッヒ校（EHT）
　　　　————265-269, 271-273, 275, 282, 290
　　　ETH ドメイン————————————264
　　　連邦工科大学ローザンヌ校（EPFL）
　　　　————————265, 272, 274, 275
　——国立科学財団（SNSF）————268, 272, 275, 276
　——教育研究イノベーション省————————261
全国職業資格委員会（CNCP: Commission Na-
　tionale de la Certification Professionnelle）
　————————————185

た行

タイムス社————————————265
ダイムラー————————————143, 146, 147
チューリッヒ大学————————————265, 273
ドイツテレコム————————————146, 150
東京大学————————————270

は行

ハイデルベルグ大学————————————135
パリ国立高等鉱業学校（École nationale
　supérieure des mines de Paris）————225

349

索　引

パリ政治学院（Sciences Po）⋯⋯⋯⋯176
パリ政治研究院（Institut d'Études Politiques
　de Paris）⋯⋯⋯⋯⋯⋯⋯⋯⋯⋯⋯⋯179
ベルン大学⋯⋯⋯⋯⋯⋯⋯⋯265, 289, 290

ま行

マサチューセッツ工科大学（MIT）⋯⋯265
マックスプランク研究所⋯⋯⋯⋯⋯⋯062
ミュンスター大学⋯⋯⋯⋯⋯⋯⋯⋯135
ミュンヘン工科大学⋯⋯⋯⋯⋯⋯⋯133
ミュンヘン大学⋯⋯⋯⋯⋯⋯⋯⋯⋯135

ら行

連邦職業教育訓練機構（BIBB）⋯⋯137, 140
連邦労働・社会省（BMAS）⋯⋯⋯⋯106
労働政策研究・研修機構⋯⋯⋯⋯024, 101
ローザンヌ大学⋯⋯⋯⋯⋯⋯⋯⋯⋯265

欧字

A

ABB⋯⋯⋯⋯⋯⋯⋯⋯⋯⋯⋯⋯⋯⋯269

C

CCIJP⋯⋯⋯⋯⋯⋯⋯⋯⋯⋯⋯⋯⋯308
Céreq（Le Centre d'études et de recherches
　sur les qualifications）⋯⋯197, 200, 211, 213
CFJ⋯⋯⋯⋯⋯⋯⋯⋯⋯⋯⋯⋯320, 321
CFJ de Paris⋯⋯⋯⋯⋯⋯⋯⋯⋯⋯312
CGT⋯⋯⋯⋯⋯⋯⋯⋯⋯⋯⋯⋯⋯300
CNCP（フランス国立職業資格認定委員会）
⋯⋯⋯⋯⋯⋯⋯⋯⋯⋯⋯⋯⋯⋯⋯215
CPNEJ⋯⋯⋯⋯⋯⋯⋯⋯⋯⋯⋯⋯316
Credit Suisse⋯⋯⋯⋯⋯⋯⋯⋯⋯⋯269

D

DARES（フランス労働省の研究・調査・統計局）
⋯⋯⋯⋯⋯⋯⋯⋯⋯⋯⋯⋯⋯224, 241
Duisburg-Essen 大学⋯⋯⋯⋯⋯⋯⋯140

E

ENA⋯⋯⋯⋯⋯⋯⋯⋯⋯⋯⋯032, 065
ENS⋯⋯⋯⋯⋯⋯⋯⋯⋯⋯⋯⋯⋯032
EPFL⋯⋯⋯⋯⋯⋯265, 272, 274, 275
ESCP Europe⋯⋯⋯⋯⋯⋯⋯⋯⋯176
ESJ de Lille⋯⋯⋯⋯⋯⋯⋯312, 319–321
ESJ Paris⋯⋯⋯⋯⋯⋯⋯⋯⋯⋯⋯319
ESSEC⋯⋯⋯⋯⋯⋯⋯⋯⋯⋯⋯⋯176
ETH Zürich⋯⋯⋯265–268, 272, 273, 275, 282

F

fachhochschule⋯⋯⋯⋯⋯⋯⋯⋯⋯265
FSO⋯⋯⋯⋯⋯⋯⋯⋯⋯⋯⋯⋯⋯285

G

Glencore⋯⋯⋯⋯⋯⋯⋯⋯⋯⋯⋯269

H

HCÉRES: Haut Conseil de l'évaluation de la
　recherche et de l'enseignement supérieur
⋯⋯⋯⋯⋯⋯⋯⋯⋯⋯⋯⋯⋯⋯⋯187
HEC⋯⋯⋯⋯⋯⋯⋯⋯⋯⋯032, 065
HEC パリ⋯⋯⋯⋯⋯⋯⋯⋯⋯⋯⋯176

I

IESF（L'association Ingénieurs et scien-
　tifiques de France）⋯⋯224, 226, 227
ILO⋯⋯⋯⋯⋯⋯⋯⋯⋯⋯⋯⋯⋯300
IMD⋯⋯⋯⋯⋯⋯⋯⋯⋯⋯⋯⋯⋯037
Innosuisse⋯⋯⋯265, 272, 275, 276, 285, 289
INSEE（フランス国立統計経済研究所）⋯⋯241

K

Kimber⋯⋯⋯⋯⋯⋯⋯⋯⋯⋯⋯⋯288

L

Le Syndicat des journalistes-SJ⋯⋯⋯303

N

National Economic Council⋯⋯⋯⋯259
Nestlé⋯⋯⋯⋯⋯⋯⋯⋯⋯⋯⋯⋯269
Novartis⋯⋯⋯⋯⋯⋯⋯⋯⋯⋯⋯269

O

OECD
⋯⋯016, 017, 020, 037, 102, 259, 263, 264, 279

Q

QQI⋯⋯⋯⋯⋯⋯⋯⋯⋯⋯⋯⋯⋯092
Quacquarelli Symonds⋯⋯⋯⋯⋯⋯265

R

Roche⋯⋯⋯⋯⋯⋯⋯⋯⋯⋯⋯⋯269

S

SERI⋯⋯⋯⋯⋯⋯⋯⋯⋯⋯⋯262–265
SKBF⋯⋯⋯⋯⋯⋯⋯⋯⋯⋯⋯⋯268
SNJ⋯⋯⋯⋯⋯⋯⋯⋯⋯303, 304, 319
SNSF⋯⋯⋯⋯⋯⋯⋯⋯⋯⋯⋯⋯289
Staufenbiel⋯⋯⋯⋯⋯⋯⋯⋯144, 151

StepStone⋯⋯⋯⋯⋯⋯⋯⋯⋯⋯⋯⋯⋯⋯143

U

UAS（Universities of Applied Science）⋯265
UBS⋯⋯⋯⋯⋯⋯⋯⋯⋯⋯⋯⋯⋯⋯⋯⋯269

V

VDI（ドイツ技術者協会）⋯⋯⋯⋯⋯⋯154

W

WEF⋯⋯⋯⋯⋯⋯⋯⋯⋯⋯⋯⋯⋯⋯⋯⋯261

X

X（École Polytechnique）⋯⋯⋯⋯032, 065

■ 執筆者紹介 ■

藤本昌代 ふじもと・まさよ （同志社大学社会学部　教授）　編著者

同志社大学大学院文学研究科博士後期課程社会学専攻修了，博士（社会学）。主な業績として「行政改革直後の公的研究機関のアノミーから安定期への通時的分析—10 年後の成員の態度変容」『年報　科学・技術・社会』，28，3-22，（2019），「フランスの就業構造と高学歴者のキャリア：学歴インフレと不平等」『同志社社会学研究』21，1-24，（2017），「高流動性社会における就業者の組織への忠誠心と互酬性—米国西海岸シリコンバレーの専門職の転職行動から」『ソシオロジ』，60（1），3-21，（2015），『専門職の転職構造—組織準拠性と移動』文眞堂（2005）（組織学会高宮賞，日本労務学会学術賞）等。

山内麻理 やまうち・まり （国際教養大学　客員教授）　編著者

ロンドン・スクール・オブ・エコノミクス 修士，慶應義塾大学　博士（商学）。主な業績として「SAP の成功：ドイツの制度環境からの一考察」SEC ジャーナル（2018），「ドイツ職業教育訓練制度の進化と変容：二極化とハイブリッド化の兆し」日本労務学会誌（2016），Employment Systems in Japan's Financial Industry: Globalization, Growing Divergence and Institutional Change, BJIR（2016），『雇用システムの多様化と国際的収斂—グローバル化への変容プロセス』慶應義塾大学出版会（2013）（労働関係図書優秀賞，日本労務学会学術賞）等。

野田文香 のだ・あやか （東北大学高度教養教育・学生支援機構　准教授）　編著者

ジョージワシントン大学教育大学院高等教育研究科修了，博士（教育学）。主な業績として，『アメリカの大学に学ぶ学習支援の手引き』ナカニシヤ出版（2017）（谷川裕稔編），"Restructuring quality assurance frameworks: A comparative study between NIAD-QE in Japan and HEEACT in Taiwan," Higher Education Evaluation and Development, 2018,「フランスの高等教育における分野別コンピテンス育成をめぐる国家資格枠組み（NQF）の役割と機能」『大学教育学会誌』（2017）等。

ヤング吉原麻里子 やんぐ・よしはら・まりこ （スタンフォード大学国際異文化教育研究プログラム　講師，立命館大学大学院　客員教授）

スタンフォード大学博士（Ph.D. 政治学）。主な業績に『世界を変える STEAM 人材：シリコンバレー「デザイン思考」の核心』朝日新書（2019），『イノベーション政策の科学：SBIR の評価と未来産業の創造』第 2 章（山口栄一編）東京大学出版（2016），『Industrializing Knowledge: University-Industry Linkages in Japan and the United States』第 13 章（Branscomb, Lewis M. et. al. 編）MIT Press（1999）等。

松村菜摘子 まつむら・なつこ （立命館大学大学院社会学研究科博士後期課程）

立命館大学大学院社会学研究科博士前期課程応用社会学専攻修了，社会学（修士）。現在，同研究科博士後期課程に所属。主な業績として "La porte fermée au champ journalistique japonais—les dispositions et les propriétés de cadres dans les grandes sociétés de médias—", Cahier multiculturel de la Maison du Japon 12（2019），等。

■ **欧州の教育・雇用制度と若者のキャリア形成**
　国境を越えた人材流動化と国際化への指針　　　　　　　　　　　〈検印省略〉

■ 発行日──2019年11月16日　初 版 発 行
　　　　　 2021年 8 月26日　　第 2 刷発行

■ 編著者──藤本昌代・山内麻理・野田文香

■ 発行者──大矢栄一郎

■ 発行所──株式会社　白桃書房

　　　　　 〒101-0021　東京都千代田区外神田 5 - 1 - 15
　　　　　 ☎03-3836-4781　🅕 03-3836-9370　振替00100-4-20192
　　　　　 http://www.hakutou.co.jp/

■ 印刷・製本──藤原印刷株式会社

© Masayo Fujimoto, Mari Yamauchi, & Ayaka Noda 2019 Printed in Japan
ISBN 978-4-561-26731-7　C3034

本書のコピー，スキャン，デジタル化等の無断複製は著作権法上での例外を除き禁じられています。
本書を代行業者等の第三者に依頼してスキャンやデジタル化することは，たとえ個人や家庭内の利
用であっても著作権法上認められておりません。

JCOPY 〈出版者著作権管理機構 委託出版物〉
本書の無断複写は著作権法上の例外を除き禁じられています。複写される場合は，そのつど事前に，
出版者著作権管理機構（電話 03-5244-5088，FAX 03-5244-5089，e-mail：info@jcopy.or.jp）の許諾
を得てください。
落丁本・乱丁本はおとりかえいたします。

好 評 書

D. L. ブルスティン編著, 渡辺三枝子監訳

キャリアを超えて　ワーキング心理学　　　　本体価格 6400 円
—働くことへの心理学的アプローチ

金井壽宏・鈴木竜太編著

日本のキャリア研究　　　　　　　　　　　　本体価格 3800 円
—組織人のキャリア・ダイナミクス

今城志保著

採用面接評価の科学　　　　　　　　　　　　本体価格 3800 円
—何が評価されているのか

海老原嗣生・荻野進介著

名著 17 冊の著者との往復書簡で読み解く　人事の成り立ち　　本体価格 2315 円
—「誰もが階段を上れる社会」の希望と葛藤

松島桂樹著

学生主体のコーチング型教育　　　　　　　　本体価格 1750 円
—ゼミ授業で学生は成長する

古野庸一著

「働く」ことについての本当に大切なこと　　本体価格 2315 円

―――――――――― 東京　白桃書房　神田 ――――――――――

本広告の価格は本体価格です。別途消費税が加算されます。